Anna Catarina Emmerich

Vida e Paixão
do Cordeiro de Deus

ECCLESIAE

Vida e Paixão do Cordeiro de Deus
Anna Catarina Emmerich
1ª edição — fevereiro de 2022 — CEDET

Tradução de propriedade da Minha Biblioteca Católica
e publicada em comum acordo entre ambas as editoras.

Os direitos desta edição pertencem ao
CEDET — Centro de Desenvolvimento Profissional e Tecnológico
Av. Comendador Aladino Selmi, 4630 — Condomínio GR2, módulo 8
CEP: 13069–096 — Vila San Martin, Campinas-SP
Telefone: (19) 3249–0580
e-mail: livros@cedet.com.br

Editor:
Verônica van Wijk Rezende

Revisão:
José Lima

Preparação de texto:
Juliana Tessari Coralli

Diagramação:
Pedro Spigolon

Capa:
José Luiz Gozzo Sobrinho

Leitura de provas:
Luiz Fernando Alves Rosa
Tamara Fraislebem
Flávia Regina Theodoro

Conselho editorial:
Adelice Godoy
César Kyn d'Ávila
Silvio Grimaldo de Camargo

ECCLESIAE
www.ecclesiae.com.br

Reservados todos os direitos desta obra.
Proibida toda e qualquer reprodução desta edição por qualquer meio ou forma, seja ela eletrônica, mecânica, fotocópia, gravação ou qualquer outro meio de reprodução, sem permissão expressa do editor.

Sumário

CAPÍTULO I
Introdução: família, amigos, infância e mocidade de Jesus......... 11
*De nosso Divino Salvador,
como plenitude e consumação dos tempos* 11
Da família altamente privilegiada de Nosso Senhor 13
Dos discípulos do Senhor, e de outras pessoas bíblicas 17
Infância de Nossa Senhora e seu noivado com São José........... 20
Anunciação e visitação de Nossa Senhora 25
A viagem a Belém e o nascimento de Nosso Senhor 29
*Os ascendentes dos três Reis Magos
e a viagem destes a Belém*.. 35
Apresentação de Jesus no Templo e fuga para o Egito 41
*Da mocidade de Jesus. Sua permanência em Jerusalém
onde ensina aos doutores da lei
e é encontrado pelos pais no Templo.* 45
A vida do Senhor, até o começo de suas viagens apostólicas...... 48
As viagens apostólicas de Jesus, antes do seu batismo no Jordão 50
Vida pública de João Batista 53
O batismo de Jesus e o jejum de quarenta dias 56
Eleição dos primeiros discípulos e o milagre de Caná............... 60
Resumo do primeiro ano da vida pública de Jesus................... 63
Resumo do segundo ano da vida pública de Jesus 65
Resumo do terceiro ano da vida pública de Jesus 70
*Notas gerais sobre a personalidade de Jesus
e seu modo de ensinar* 73
Dos milagres de Jesus... 82
*De Judas, o traidor, e de seu procedimento
na Última Ceia, em Betânia*.. 87
Da antiga Jerusalém 88

CAPÍTULO II
A Última Ceia 95
Preparativos para a Ceia Pascal 95
O Cenáculo ou Casa da Ceia 96
Disposições para a refeição pascal 99
Jesus vai a Jerusalém 100
A Última Ceia Pascal 102
O lava-pés 107
Instituição da Sagrada Eucaristia 110
Instruções secretas e consagrações 114
Oração solene de despedida de Jesus 118

CAPÍTULO III
Jesus no Monte das Oliveiras 123
Jesus, com os apóstolos, a caminho do Horto de Getsêmani 123
Jesus atribulado pelos horrores do pecado 125
Tentações da parte de Satanás 127
Jesus volta para junto dos três apóstolos 129
Anjos mostram a Jesus a enormidade dos seus sofrimentos e consolam-no 131
Mais imagens de pecados que atormentam o Senhor ... 133
Visões consoladoras: anjos confortam Jesus 144
Judas e sua tropa 147
A prisão do Senhor 152

CAPÍTULO IV
Jesus conduzido a Anás e Caifás 157
Maus tratos que sofreu a caminho da cidade 157
Lamentações dos habitantes de Ofel 161
Preparativos dos inimigos de Jesus 165
Uma visão geral sobre a situação em Jerusalém àquela hora 167
Jesus diante de Anás 171
Jesus é conduzido de Anás a Caifás 174

O tribunal de Caifás 175
Jesus diante de Caifás 177
Jesus é escarnecido e maltratado em casa de Caifás 183
A negação de Pedro 186
Maria no tribunal de Caifás 189
Jesus no cárcere 192
Judas aproxima-se da casa do tribunal 194
O julgamento de Jesus na madrugada 195
Desespero de Judas 197

CAPÍTULO V
Jesus perante Pilatos e Herodes 201
Jesus é conduzido a Pilatos 201
O palácio de Pilatos e os arredores 204
Jesus perante Pilatos 206
Origem da Via Sacra 211
Pilatos e a esposa 213
Jesus perante Herodes 216

CAPÍTULO VI
**Jesus é açoitado, coroado de espinhos
e condenado à morte** 221
Jesus reconduzido a Pilatos 221
Jesus é preterido em favor de Barrabás 223
A flagelação de Jesus 225
Maria Santíssima durante a flagelação 230
Jesus é coroado de espinhos e escarnecido pelos soldados 233
Ecce homo 235
Reflexão sobre estas visões 238
Jesus condenado à morte na Cruz 240

CAPÍTULO VII
Jesus leva a Cruz ao Gólgota 249
Jesus toma a Cruz aos ombros 249

A primeira queda de Jesus sob a Cruz 253

O encontro de Jesus com a Santíssima Mãe.
Segunda queda de Jesus debaixo da Cruz. 254

Terceira queda de Jesus sob a Cruz. Simão de Cirene................. 257

Verônica e o sudário.. 258

A quarta e quinta queda de Jesus sob a Cruz.
As compassivas filhas de Jerusalém... 260

Jesus no Monte Gólgota.
Sexta e sétima queda de Jesus e seu encarceramento................. 262

Maria e as amigas vão ao Calvário... 265

CAPÍTULO VIII
Crucificação e morte de Jesus 269

Os carrascos despem Jesus para a crucificação
e oferecem-lhe vinagre.. 269

Jesus é pregado na Cruz 272

Elevação da Cruz 276

A crucificação dos ladrões.. 277

Os carrascos tiram à sorte as vestes de Jesus................................ 279

Jesus crucificado e os ladrões... 279

Primeira palavra de Jesus na Cruz 282

Eclipse do Sol. Segunda e terceira palavras de Jesus na Cruz...... 284

Estado da cidade e do Templo durante o eclipse do Sol 287

Abandono de Jesus. A quarta palavra de Jesus na Cruz. 288

Quinta, sexta e sétima palavras de Jesus na Cruz.
Morte de Jesus.. 292

O tremor de terra. Aparição dos mortos em Jerusalém................ 296

Outras aparições depois da morte de Jesus................................... 302

José de Arimatéia pede a Pilatos o corpo de Jesus...................... 306

O Coração de Jesus trespassado por uma lança.
Esmagamento das pernas e morte dos ladrões............................. 308

A descida de Jesus aos infernos 310

Resumo da vida da Serva de Deus Anna Catarina Emmerich 317

Quando eu me recordo!...

Quando eu me recordo!...
Por quantas veredas, tão longas e duras,
Forradas de espinhos, de mil amarguras,
Passei solitária, de pés a sangrar!...
Sem luz nem conforto, sozinha a lutar...
Até que chegando a um desvio afinal,
Julgava esgotar-se-me a força vital!
Mas eis que encontrei quem trilhava na frente
O mesmo caminho tão longo e pungente,
por sobre os espinhos, de pés a sangrar,
Sozinho, nos ombros a Cruz a levar!...
Então transformou-se-me em doce alegria
A dor e amargura da vida sombria!
Quando eu me recordo!...

ANNA VON KRANE

CAPÍTULO I
Introdução: família, amigos, infância e mocidade de Jesus

DE NOSSO DIVINO SALVADOR,
COMO PLENITUDE E CONSUMAÇÃO DOS TEMPOS

A Escritura Sagrada diz: "Quando veio a plenitude dos tempos, enviou Deus o seu Filho, nascido de mulher, sujeito à Lei, a fim de reunir os que estavam debaixo da Lei, para que recebêssemos a adoção de filhos" (Gl 4, 4–5).

Essas palavras nos ensinam que, com a vinda do Redentor a este mundo, começou uma era nova, que a Escritura Sagrada chama de plenitude e consumação de todos os tempos.

A era de Jesus Cristo foi a plenitude dos tempos porque nele se cumpriram todas as predições dos profetas. Foi-o também porque em Jesus Cristo começou a última e perfeita era.

Quantos períodos já tinham passado antes de começar esta última e mais sublime era! Segundo o que nos ensinam as ciências, tanto as profanas como as sagradas, já a haviam precedido muitos e, em parte, longos espaços de tempo. Assim a era sideral, em que foram criados por Deus os astros, com os respectivos movimentos e desenvolvimentos; depois a era telúrica, em que a Terra, até então uma massa ígnea em fusão, começou a formar em si uma crosta firme, mais e mais espessa. Depois a era orgânica, em que Deus ornou e encheu a Terra de plantas e animais; afinal a era histórica, que teve princípio com a criação dos primeiros homens. Mas esta última teve ainda diversos períodos; pois no princípio ficaram os homens sob o império da lei natural, que Deus lhes gravou em letras indeléveis na consciência; com ela todos os homens conhecem o que devem fazer ou deixar de fazer, e por isso Deus exige de todos os homens a observância dessa lei, mesmo dos pagãos que não o conhecem. Mas Deus não se contentou com isso; quis entrar em relação com os homens pela graça e conduzir aqueles que lhe obedecessem a uma união mais íntima consigo.

Mas também nesse desígnio procedeu gradualmente. A primeira aliança foi a que começou pela escolha de Abraão para ser pai do povo de Israel e acabou com a promulgação da Lei, no Monte Sinai. Em conseqüência dessa aliança, entrou o povo de Israel em relações mais estreitas com Deus. Recebeu d'Ele um culto novo, novas leis e a promessa consoladora de que do seu seio proviria o Salvador. Para esse fim, serviam todas as leis especiais, cerimônias e preceitos do Velho Testamento; até dos pecados e das desgraças do povo israelita sabia o Senhor, pela sua Divina Providência, dirigir os efeitos, de modo que lhe serviam aos divinos desígnios. Sob esse ponto de vista encara a Serva de Deus especialmente a formação daquela família, da qual devia nascer o Divino Salvador.

Quando o Redentor apareceu neste mundo, terminou a Velha Aliança, porque estava realizado o seu fim: os bons, entre os judeus, e também entre os gentios, reconheceram o seu estado pecaminoso e a necessidade da salvação, desejando ansiosos pelo Messias.

Começou então uma segunda aliança, abundante em graças, a qual foi confirmada no Monte Sião, em Jerusalém, pela vinda do Espírito Santo, no dia de Pentecostes. Com essa Nova Aliança, que durará até o fim do mundo, principiou a consumação dos tempos, na qual foi proporcionada aos homens pecadores a salvação abundante em Jesus Cristo e pela qual somos elevados do estado de servidão ao estado de liberdade e à dignidade de filhos de Deus.

Da família altamente privilegiada de Nosso Senhor

O evangelista São Mateus começa a genealogia do Divino Salvador, segundo a sua humanidade, com as seguintes palavras: "Livro da genealogia de Jesus Cristo, filho de Davi, filho de Abraão".

Reduz assim a linhagem do Salvador a Abraão, o pai do povo de Israel. Jesus descendeu dele por Judá e Davi; era, portanto, da tribo de Judá e da família real de Davi. Catarina Emmerich narra a seguinte visão:

> Vi a linhagem do Messias dividir-se em Davi em dois ramos. À direita passou a linha através de Salomão, acabando em Jacó, pai de José, esposo de Maria. Essa linha corria em direção mais alta; partia em geral da boca e era inteiramente branca, sem cores. As pessoas ao lado da linha eram todas mais altas do que as da linha oposta. Todas seguravam na mão uma haste de flor, do tamanho de um braço, com folhas semelhantes às da palmeira, que se dependuravam em volta do ramo. Na ponta da haste havia uma flor em forma de sino, branca, com cinco estames amarelos, que espalhavam um pó fino. Três membros desta linha, antes do meio, contados de cima, estavam eliminados, enegrecidos e ressequidos. As flores variavam em tamanho, beleza e vigor; a de José era de grande pureza, com as pétalas frescas e brancas, era a mais bela. Vi esta linha unir-se pelo fim com a linha oposta, por um raio de luz; a significação sobrenatural e misteriosa desse raio me foi revelada: referia-se mais à alma e menos à carne; tinha algo da significação de Salomão; não sei explicá-lo bem.
>
> A linha da esquerda passou de Davi por Natan até Heli, que é o verdadeiro nome de Joaquim, pois recebeu este nome só mais tarde, como Abrão o de Abraão. Eu sabia o motivo desta troca e talvez o saberei de novo. José foi chamado muitas vezes nas minhas visões "filho de Heli". Toda essa linha vi passar mais baixo; tinha diversas cores e manchas aqui e acolá, mas saía depois mais clara. Era vermelha, amarela e branca; não havia azul. As pessoas ao lado eram menos altas do que as do lado oposto; tinham ramos mais curtos, pendentes para o lado, com folhas verde-amarelas e denteadas, as quais rematavam em um botão avermelhado, da cor rosa silvestre; em parte estavam vigorosos, em outra parte murchos; o botão não era tanto um botão de flor, mas um ovário, e sempre fechado.
>
> Santa Ana descendeu, pelo pai, da tribo de Levi; pela mãe, de Benjamin. Vi alguns de seus avós carregarem a Arca da Aliança, muito

piedosos e devotos, e notei que receberam nessa ocasião raios dos mistérios, os quais faziam referência à descendência: Ana e Maria. Vi sempre muitos sacerdotes freqüentarem a casa paterna de Ana, como também a de Joaquim; daí o parentesco com Isabel e Zacarias.

No ramo de Salomão havia diversas lacunas; os frutos estavam mais separados, mas as figuras eram maiores e mais espirituais. As duas linhas tocaram-se várias vezes; três ou quatro membros, talvez, antes de Heli, se cruzaram, acabando afinal em cima, com a Santíssima Virgem Maria. Creio que nesses cruzamentos já vi principiar o sangue da Santíssima Virgem.

Os membros eliminados significam provavelmente ascendentes pecaminosos do Salvador. Se bem que Ele mesmo seja o Santo dos santos e também tenha por Mãe uma Virgem Imaculada e por pai nutrício São José, houve, todavia, pecadores e pecadoras entre os seus antepassados, por exemplo, o Rei Salomão, Asa, Jorão, Acaz, Manassés, Tamar e Betsabé; até duas pagãs: Raabe e Rute. Com certeza Jesus assim o permitiu, para manifestar a sua misericórdia e o seu amor para com os pecadores, e também a intenção que tinha de fazer participar da Redenção os gentios e conduzi-los à eterna bem-aventurança.

Segundo as narrações de Anna Catarina Emmerich, eram os avós de Maria Santíssima piedosos israelitas que estavam em íntimas relações com os essênios, os quais formavam uma espécie de ordem religiosa.

"Vi os avós da Santíssima Virgem", conta Anna Catarina,

> gente extraordinariamente piedosa e simples, que alimentava secretamente o vivo desejo da vinda do Messias prometido. Vi-os levar uma vida mortificada; os casados muitas vezes fizeram a promessa de mútua continência durante certo tempo. Eram tão piedosos, tão cheios de amor a Deus, que os vi freqüentemente sozinhos no campo deserto, de dia e também de noite, clamando por Deus com um desejo tão veemente, que arrancavam as vestes do peito, como para deixar que Deus entrasse pelos raios de Sol, ou como para saciar com o brilho da Lua e das estrelas a sede que os devorava do cumprimento da promissão.

INTRODUÇÃO: FAMÍLIA, AMIGOS, INFÂNCIA E MOCIDADE DE JESUS

Segundo Anna Catarina, chamava-se Emorun a avó de Santa Ana e teve do matrimônio com Stolanus três filhas, uma das quais Isméria, que foi mais tarde a mãe de Santa Ana. Ana tinha uma irmã mais velha, chamada Sobe e uma mais moça, com o nome da Maharha e uma terceira, que era casada com um pastor.

O pai de Ana, de nome Eliúde, era da tribo de Levi, ao passo que a mãe pertencia à tribo de Benjamin. Ana nasceu em Belém, mas os pais foram depois viver em Séforis, perto de Nazaré. Após a morte de Isméria, Eliúde morava no Vale de Zabulon. Ali se encontraram Ana e Joaquim e travaram conhecimento. O pai de Joaquim, Matthat, era o segundo irmão de Jacó, pai de São José. Joaquim, cujo nome legítimo era Heli, e José eram descendentes, pelo lado paterno, da estirpe de Davi.[1] Joaquim e Ana, depois de casados, levaram uma vida piedosa e caridosa, primeiro em casa do pai, Eliúde, depois em Nazaré.

A filha mais velha recebeu o nome de Maria Heli; conheceram, porém, que esta não era filha da promissão. Ana e Joaquim rezavam muitas vezes com grande devoção e davam muitas esmolas. Assim viveram 19 anos depois do nascimento da primeira filha, em contínuo desejo da filha prometida e em crescente tristeza. Além disso ainda eram insultados pelo povo. Quando um dia Joaquim quis oferecer um sacrifício no Templo, recusou-o o sacerdote, repreendendo-o por sua esterilidade. Joaquim, muito abatido, não voltou a Nazaré, mas viveu cinco semanas escondido, com os rebanhos, ao pé do Monte Hermon.

Com isso aumentou ainda a tristeza de Ana, que chorou e rezou muito. Um dia, quando rezava com grande aflição, eis que lhe apareceu um anjo, anunciando-lhe que Deus lhe ouvira a oração. Mandou-a ir a Jerusalém, onde se encontraria com Joaquim na Porta Áurea.

Na noite seguinte lhe apareceu de novo um anjo, dizendo que conceberia uma filha santa; e escreveu o nome de Maria na parede.

---

1   José e Joaquim tinham a mesma avó. Depois da morte do primeiro marido, Matan, pai de Jacó, ela se casou com Levi. Dessa união nasceu Matthat, pai de Joaquim.

Joaquim teve também a aparição de um anjo; foi por isso ao Templo, ofereceu um sacrifício e recebeu nessa ocasião a bênção da promissão ou Santo da Arca da Aliança.²

Ana e Joaquim encontraram-se deveras na Porta Áurea, transbordando de alegria e felicidade. Ali, diz Catarina Emmerich, "lhes veio aquela abundância da divina graça, pela qual Maria recebeu a existência, somente pela santa obediência e pelo puro amor de Deus, sem qualquer impureza dos pais".

Desse modo, após muitos anos de oração fervorosa, alcançou esse santo casal, Joaquim e Ana, aquela pureza e santidade, que os tornou aptos para receberem, sem o fomento da concupiscência, a santa filha, que foi escolhida por Deus para ser a Mãe do Redentor.

---

2   Dessa bênção da promissão conta Anna Catarina o seguinte: "Quando Eva foi formada, vi que Deus deu uma coisa a Adão: era como se torrentes de luz emanassem de Deus, aparecendo-lhe em forma humana, da fronte, da boca, do peito e das mãos e se unissem numa esfera de luz, que entrou no lado direito de Adão, do qual Eva foi tirada. Somente Adão o recebeu. Era este o germe da bênção de Deus. Por ter comido do fruto proibido, foi tirada a Adão essa bênção de geração pura e santa em Deus. Vi a segunda Pessoa Divina descer com algo em forma de cutelo na mão e tirar a bênção de Adão, antes deste consentir no pecado.

Abraão recebeu depois a bênção da promissão, quando o anjo o abençoou; após ele, também Moisés, do qual veio a Arca da Aliança. Vi este mistério ou a bênção em uma espécie de invólucro, como um conteúdo, um ser ou uma força. Era pão e vinho, carne e sangue; era germe da bênção antes do primeiro pecado, conservada aos homens pela religião, que lhes possibilitou, pela piedade, uma estirpe mais e mais purificada, que finalmente terminou em Maria, que concebeu pelo Espírito Santo o Messias, há tempos desejado.

Vi diversas vezes o Sumo Sacerdote, estando no Santo dos Santos, empregar a bênção da promissão, como uma arma ou uma força, movendo-a de um lado para outro, para conseguir proteção ou bênção, concessão de uma graça pedida, um benefício ou um castigo.

Não a tocava com as mãos nuas. Mergulhava-a também na água, para fins santos, a qual se dava a beber, como bênção. Isméria, mãe de Santa Ana, bebeu também dessa água e foi assim disposta para a conceição de Ana. Esta não bebeu da água sagrada, pois a bênção já estava com ela".

Quem quiser informar-se mais sobre o santo mistério da Arca da Aliança ou o germe da bênção, leia *A vida pobre e a dolorosa Paixão de Nosso Senhor Jesus Cristo e sua Santíssima Mãe*, 4ª ed. Pustet, Regensburg (Introdução LXIX e 5, 10, 14, 15, 52, 67–69).

Dos discípulos do Senhor, e de outras pessoas bíblicas

Para facilitar a leitura e a compreensão do livro, damos algumas informações sobre os discípulos de Jesus e outras pessoas mencionadas freqüentemente durante a narração, informações colhidas das comunicações de Anna Catarina Emmerich.

Zacarias e Isabel, os santos pais de São João Batista, moravam em Juta, perto de Hebron. Por sua conhecida virtude e descendência reta de Aarão, gozavam ambos de alta estima do povo. Zacarias figurava como chefe de todos os sacerdotes que moravam em Juta.

Isabel era filha de Emerenciana, irmã de Isméria, que era a mãe de Santa Ana. Por isso a Escritura Sagrada chama Isabel de prima de Maria.

Maria, Mãe de Jesus, tinha uma irmã mais velha, de nome Maria Heli, cujos filhos eram Tiago, Sadah e Heliachim.

Uma filha de Maria Heli era chamada pelo nome do pai — Maria de Cléofas, que quer dizer Maria, filha de Cléofas.[3] Esta teve do primeiro marido, Alfeu, três filhos: Judas Tadeu, Simão e Tiago, o Menor, e uma filha, Suzana. Alfeu, que era viúvo, trouxe para esse matrimônio um filho, de nome Mateus, antes chamado Levi, que mais tarde tinha uma aduana[4] perto de Betsaida, no Lago Genesaré. Do segundo matrimônio, com Sabas, teve Maria de Cléofas um filho, de nome José Barsabás, chamado na Escritura Sagrada "José". Depois da ascensão de Jesus, foi ele, junto com Matias, escolhido para um deles ocupar entre os apóstolos o lugar de Judas; a sorte designou Matias. Do terceiro matrimônio de Maria de Cléofas, com Jonas, irmão mais moço do sogro de São Pedro, nasceu Simeão, que, depois do martírio de seu irmão Tiago, o Menor, lhe sucedeu na cadeira de Bispo de Jerusalém.

Todos esses filhos de Maria Heli e Maria de Cléofas se tornaram discípulos de Jesus, alguns até apóstolos (Judas, Simão, Tiago e Ma-

---

3 De acordo com o texto, o nome da mulher de Cléofas era Maria Heli, a quem comumente a tradição se refere como Maria de Cléofas. Ao longo da obra, porém, Maria de Cléofas é Maria, filha de Maria Heli e Cléofas.
4 Repartição encarregada de cobrar impostos.

teus). Quatro filhos de Maria de Cléofas são chamados no Evangelho (Mt 13, 55) "irmãos (isto é, parentes) de Jesus".

Pedro e André eram irmãos de um mesmo pai e mãe; eram filhos de Jonas. Ambos viviam de pescaria e moravam no Lago Genesaré; Pedro em Cafarnaum, André em Betsaida. Pedro casou com a viúva de um pescador, a qual lhe trouxe do primeiro matrimônio dois filhos e uma filha; esta será provavelmente a Santa Petronila, muitas vezes mencionada como filha de São Pedro. Pedro, porém, não teve filhos; tinha quase a idade de Judas Tadeu, cinco anos mais que Jesus. André tinha dois anos mais do que Pedro. Era pai de dois filhos e duas filhas; depois da sua vocação ao apostolado, viveu em perfeita continência.

Tiago, o Maior, e São João Evangelista eram também irmãos, filhos de Zebedeu; a mãe chamava-se Maria Salomé e era filha de Sobe, irmã de Santa Ana e, portanto, tia da Mãe de Deus. Foi ela que um dia apresentou os filhos ao Salvador, pedindo-lhe que os colocasse um à sua direita e o outro à sua esquerda, no reino do Céu. São Tiago tornou-se o apóstolo da Espanha; seu sepulcro, em Compostela, é um lugar célebre de romaria. São João pregou em Éfeso, na Ásia Menor, onde morreu, na idade de mais de 100 anos, sendo o único dos apóstolos que teve morte natural. Era o discípulo predileto do Salvador, não somente por sua fidelidade, singeleza e amor, mas também por causa de sua vida casta e pura.

O apóstolo São Filipe morava em Betsaida e foi conduzido a Jesus por André.

Bartolomeu era essênio. O pai, Tolmai, era descendente do Rei Tolmai de Gessur, cuja filha era casada com o Rei Davi. Como escrivão, Bartolomeu era conhecido de Tomé, que tinha a mesma profissão e vivia em Arimatéia.

De Judas Iscariotes falaremos por extenso mais adiante neste capítulo.

O santo apóstolo Matias era natural de Belém e pregou o Evangelho na Palestina.

O apóstolo São Paulo pertencia à tribo de Benjamin e era natural de Gischala, a três léguas do Monte Tabor. Os pais mudaram-se mais tarde para Tarso. Em Jerusalém, teve Paulo como mestre o célebre doutor Gamaliel. Antes da conversão, era partidário zeloso da Lei de Moisés e por isso adversário encarniçado dos cristãos.

O santo evangelista Marcos era pescador perto de Betsaida e tornou-se um dos primeiros discípulos de Jesus.

São Lucas Evangelista era natural de Antioquia; estudou pintura na Grécia e depois medicina e astronomia em uma cidade do Egito. Durante a vida de Jesus, não se associou a Ele, nem aos apóstolos, ficando muito tempo indeciso, até que foi confirmado na fé pelo próprio Senhor, no Domingo de Páscoa, em Emaús.

Cléofas, que junto com Lucas foi favorecido com a aparição de Jesus, era neto do tio paterno de Maria de Cléofas.

José de Arimatéia (assim chamado porque era natural de Arimatéia) e Nicodemos eram escultores. Ambos moravam em Jerusalém e eram membros do Conselho do Templo.

Merece menção especial a família de Lázaro, que tinha íntimas relações com Jesus e sua Santíssima Mãe. Vindo Jesus a Betânia, onde morava Lázaro, ou a Jerusalém, hospedava-se geralmente em casa de Lázaro, um edifício em forma de castelo, rodeado de jardins e plantações. A irmã de Lázaro, Marta, tinha dois anos menos e Madalena nove anos menos do que ele. Uma terceira irmã, chamada Maria, a silenciosa, que era considerada louca, não é mencionada nos Evangelhos. Depois da morte dos pais, coube a Madalena por sorte o castelo de Magdala, na banda oriental do Lago de Genesaré. Na idade de onze anos ali se instalou com grande pompa e começou a levar uma vida suntuosa. Ainda muito moça, deixou-se arrastar a aventuras amorosas, tornando-se assim um escândalo para os irmãos, que viviam muito simples recolhidos em Betânia.

No começo do segundo ano da vida pública de Jesus, Madalena assistiu a um dos sermões do Divino Mestre e ficou inteiramente perturbada e arrependida; pouco depois ungiu os pés do Salvador em casa de Simão Zebulon e recebeu nessa ocasião a consoladora certeza de que os pecados lhe foram perdoados. Mas pouco tempo depois recaiu nos mesmos vícios. Pelos insistentes rogos de Marta, deixou-se levar para assistir mais uma vez à pregação de Jesus. Enquanto o Salvador falava, saíram os maus espíritos de Madalena que, muito contrita, se juntou às santas mulheres.

Lázaro recebeu uma prova especial do amor de Jesus na milagrosa ressurreição, depois do corpo já lhe haver estado quatro dias no sepulcro. Outros pormenores sobre Lázaro, Marta e Madalena se encontram nas páginas 60–65 deste capítulo.

O Evangelho e também a vidente mencionam muitas vezes as "santas mulheres"; além das já conhecidas, Maria Heli, Maria de Cléofas, Marta, Madalena, Maria Salomé, mulher de Zebedeu, e Suzana, filha de Alfeu, pertenciam ao grupo das santas mulheres ainda as seguintes:

1. Verônica (propriamente Seráfia), prima de São João Batista e cujo marido, de nome Siraque, era membro do Conselho do Templo.
2. Maria Marcos, mãe de João Marcos, que morava fora dos muros de Jerusalém, defronte do Monte das Oliveiras.
3. Joana de Cusa, viúva sem filhos, natural de Jerusalém.
4. Salomé, também viúva; morava em casa de Marta, em Betânia; era parenta da família por um irmão de José.
5. Suzana, de Jerusalém, filha do irmão mais velho de José, Cléofas, e deste modo parente da família, como Salomé.
6. Dina, a samaritana, que falara com Jesus no poço de Jacó e que se juntara às santas mulheres, depois da conversão.
7. Maroni, a viúva de Naim, cujo filho, Martialis, Jesus ressuscitara dos mortos.
8. Maria Sufanitis, moabita, que Jesus livrara de um mau espírito.

Infância de Nossa Senhora e seu noivado com São José

Maria tinha três anos e três meses quando fez o voto de associar-se às virgens santas, que se dedicavam ao serviço do Templo. Antes da partida, fizeram na casa paterna uma grande festa, à qual estiveram presentes cinco sacerdotes, que sujeitaram Maria a uma espécie de exame, para ver se já chegara à idade de juízo e madureza de espírito para ser admitida no Templo. Disseram-lhe que os pais tinham feito por ela o voto, que não devia beber vinho ou vinagre, nem comer uvas ou figos. Maria ainda acrescentou que não comeria nem peixe, nem especiarias, nem frutas senão uma espécie de pequenas bagas amarelas; que não beberia leite, dormiria na terra e se levantaria três vezes durante a noite para rezar.

Os pais de Maria ficaram muito comovidos com estas palavras. Joaquim abraçou a filha, exclamando, entre lágrimas: "Ó, minha querida filha, isto é duro demais; se assim queres viver, teu velho pai não te verá mais". Foi um momento de profunda comoção. Os sacerdotes, porém, disseram que se devia levantar só uma vez para a oração, como as outras virgens, acrescentando ainda outras circunstâncias atenuantes, como, por exemplo, que devia comer peixe nas grandes festas.

Maria ofereceu-se também para lavar as vestes dos sacerdotes e outras roupas grossas.

> No fim da solenidade, vi que Maria foi abençoada pelos sacerdotes. Ela estava em pé, num pequeno trono, entre dois sacerdotes; aquele que a abençoou estava-lhe em frente, os outros atrás. Os sacerdotes rezaram alternadamente em rolos de pergaminho e o primeiro abençoou-a, estendendo as mãos sobre ela. Tive nessa ocasião uma maravilhosa visão do estado íntimo da santa menina. Vi-a como que iluminada e transparente pela bênção do sacerdote e sob seu coração, em glória indizível, vi a mesma imagem que também vi na contemplação do santo mistério na Arca da Aliança. Em uma forma luminosa, igual à do cálice de Melquisedeque, vi figuras brilhantes, indescritíveis, da bênção da promissão. Era como trigo e vinho, carne e sangue, que tendiam a unir-se. Vi, ao mesmo tempo, que sobre essa aparição o Coração da Virgem se abriu, como a porta de um Templo, e o mistério da promissão, cercado como que de um dossel, guarnecido de misteriosas pedras preciosas, lhe entrou no coração aberto; era como se a Arca da Aliança entrasse no Templo. Depois disso, encerrava o Coração da Virgem o maior bem que naquele tempo havia no mundo. Desaparecendo essa imagem, vi apenas a santa menina cheia de ardente devoção e amor. Vi-a como que extasiada e elevada acima da Terra.

Joaquim e Ana viajaram com Maria para Jerusalém. Em procissão solene foi a menina introduzida ao Templo; depois de oferecido um sacrifício, erigiu-se um altar por baixo de um portal. Maria ajoelhou-se nos degraus, enquanto Joaquim e Ana lhe puseram as mãos na cabeça, proferindo orações de oferecimento. Um sacerdote cortou-lhe então um anel do cabelo, queimou-o em um braseiro e vestiu-a de um véu pardo. Dois sacerdotes conduziram Maria muitos degraus para cima, à parede divisória que separa o Santo do resto do Templo e colocaram-na em um nicho, do qual se via o Templo, embaixo. Depois um sacerdote ofereceu incenso no altar próprio.

> Vi brilhar sob o Coração de Maria uma auréola de glória e soube que continha a promissão, a bênção santíssima de Deus. Essa auréola aparecia como que cercada pela Arca de Noé, de modo que a cabeça da Santíssima Virgem sobressaía acima da arca. Depois vi a figura da Arca de Noé transformar-se na da Arca da Aliança, cercada pela aparição do Templo. Então vi desaparecer essas formas e sair da auréola brilhante a figura do cálice da Última Ceia, diante do peito de Maria, aparecendo-lhe diante da boca um pão assinalado com uma cruz. Dos lados lhe emanavam numerosos raios de luz, em cujas extremidades apareciam muitos mistérios e símbolos da Santíssima Virgem, como, por exemplo, os nomes da Ladainha de Nossa Senhora, em figuras. Do ombro direito e do esquerdo cruzaram-se dois ramos de oliveira e cipreste sobre uma palmeira pequena, que vi aparecer atrás de Maria. Entre esses ramos vi as formas de todos os instrumentos da Paixão de Jesus. O Espírito Santo, com asas luminosas, parecendo mais figura de homem do que de pomba, pairou sobre a aparição. No alto vi o Céu aberto, com a Jerusalém Celeste no centro, com todos os palácios, jardins e habitações dos futuros santos; tudo estava cheio de anjos; também a auréola de glória que cercava Maria estava cheia de cabeças de anjos.
>
> Então desapareceu a visão gradualmente, como aparecera. Por fim vi somente o esplendor sob o Coração de Maria, e nele o luzir da bênção da promissão. Depois desapareceu também essa visão e vi apenas a santa menina, consagrada ao Templo, guarnecida de seus adornos, sozinha entre os sacerdotes.

Maria despediu-se dos pais e foi entregue às mestras: Noemi, irmã da mãe de Lázaro, e a profetisa Ana, outra matrona.

Então vi uma festa das virgens do Templo. Maria tinha de perguntar às mestras e às meninas, uma a uma, se queriam deixá-la ficar junto delas. Era o costume adotado. Depois fizeram uma refeição e no fim houve uma dança; estavam umas em frente às outras, duas a duas, e dançando formavam figuras: cruzes, etc.

De noite Noemi conduziu Maria ao seu quartinho, de onde se podia ver o interior do Templo. O quarto não formava um quadrado regular; as paredes estavam marchetadas de triângulos, que formavam várias figuras. Havia no quarto um banquinho, mesinha e estantes nos cantos, com diversos repartimentos para guardar objetos. Diante desse quartinho havia um quarto de dormir e um guarda-roupa, como também a cela de Noemi.

As virgens do Templo usavam vestido branco, comprido e largo, com cinta e mangas muito largas, que arregaçavam para o trabalho. Estavam sempre veladas.

Maria era, para sua idade, muito hábil; vi-a trabalhar, fazendo já pequenos lenços brancos, para o serviço do Templo. Vi a Santa Virgem passar o tempo parte na morada das matronas (com as outras meninas), parte na solidão do quarto, em estudo, oração e trabalho. Trabalhava em ponto de malha e tecia, sobre varas compridas, panos estreitos, para o serviço do Templo. Lavava as toalhas e limpava os vãos do Templo. Vi-a muitas vezes em oração e meditação.

Além das orações prescritas no Templo, Maria Santíssima tinha como devoção especial o desejo contínuo da Redenção, que lhe constituía uma ininterrupta oração da alma. Guardava esse desejo como um segredo e fazia as devoções às escondidas. Quando todas dormiam, levantava-se do leito para orar a Deus. Vi-a muitas vezes se desfazer em lágrimas e rodeada de celestial esplendor, durante a oração.

A alma da Virgem parecia não estar na Terra e gozava muitas vezes de consolações celestes. Tinha um desejo indizível da vinda do Messias, e na sua humildade apenas se atrevia a desejar ser a serva mais humilde da Mãe do Salvador.

Tendo as virgens no Templo alcançado certa idade, casavam-se e deixavam o serviço. Quando chegou, porém, o tempo de Maria, ela não quis deixar o Templo; mas disseram-lhe que devia casar.

"Eu vi", conta Catarina Emmerich,

que um sacerdote muito idoso, que não podia mais andar (provavelmente o Sumo Sacerdote), foi transportado por alguns outros, numa cadeira, para diante do Santíssimo e rezou, lendo em um rolo de pergaminho que lhe estava em frente, sobre uma estante, enquanto se queimava um sacrifício de incenso. Extasiado em espírito, teve uma aparição, sendo-lhe a mão colocada sobre o rolo, onde o dedo indicador mostrava a palavra do profeta Isaías: "E sairá uma vara do tronco de Jessé e uma flor lhe brotará da raiz" (Is 11, 1). Quando o ancião voltou a si, leu esse verso e conheceu-lhe a significação ensinada na visão.

Enviaram, portanto, mensageiros por todo o país, convocando todos os homens solteiros da estirpe de Davi ao Templo. Reuniram-se muitos deles no Templo, em vestes de gala, e foi-lhes apresentada a Virgem Santíssima. Vi ali um jovem muito piedoso da região de Belém; tinha também implorado sempre, com ardente devoção, a vinda do Salvador prometido e vi-lhe no coração o grande desejo de ser o esposo de Maria. Esta, porém, se recolheu à cela, derramando lágrimas abundantes, e não podia conformar-se com o pensamento de ter de renunciar à virgindade. Então vi que o Sumo Sacerdote (segundo a inspiração recebida do Céu) distribuiu ramos a todos os homens presentes, com ordem de marcar cada um o seu ramo com o respectivo nome e segurá-lo nas mãos, durante a oração e o sacrifício. Feito isso, todos entregaram os seus ramos, que foram colocados sobre um altar, diante do Santíssimo; anunciou-lhes o Sumo Sacerdote que aquele cujo ramo florescesse seria destinado por Deus a desposar a Virgem Maria de Nazaré. Enquanto os ramos estavam diante do Santíssimo, continuaram os homens a oferecer sacrifícios, a rezar; vi que aquele jovem clamava instantemente a Deus, com os braços estendidos, em um dos átrios do Templo, e rompeu em lágrimas, quando todos receberam os seus ramos e foram informados que nenhum florescera e, portanto, nenhum dentre os presentes fora destinado a ser o esposo dessa Virgem.

Vi depois que os sacerdotes do Templo procuraram de novo, nos registros das gerações, se havia ainda um descendente de Davi que tivessem saltado. Como, porém, fossem marcados seis irmãos de Belém, de um dos quais já há muito tempo não havia notícias, procuraram o domicílio de José e acharam-no, num lugar não muito longe de Samaria, situado em um ribeiro, onde morava sozinho, perto do ribeiro, trabalhando em serviço de outros mestres. Estaria talvez na idade de 33 anos.[5]

---

5 "José era o terceiro, entre seis irmãos. Os pais, já falecidos, tinham habitado um vasto edifício fora de Belém, o antigo solar de Davi, cujo pai, Isaí ou Jessé, já o possuíra. Restavam, porém, no tempo de José, apenas os muros do edifício principal. Nos quartos de cima moravam José e os irmãos, com o mestre, um velho judeu. Vi-os brincar nos

À ordem do Sumo Sacerdote, veio José com a sua melhor roupa ao Templo de Jerusalém. Teve também de segurar um ramo durante o sacrifício e as orações; quando quis pô-lo sobre o altar, diante do Santíssimo, brotou uma flor branca, como uma açucena, na ponta do ramo, e vi descer sobre ele uma aparição luminosa, como o Espírito Santo. Então reconheceram José como esposo de Maria, escolhido por Deus, e apresentaram-no a Maria, em presença de sua mãe e dos sacerdotes. Maria, conformada com a vontade de Deus, aceitou-o humildemente por noivo.

As núpcias foram celebradas em Jerusalém. Depois seguiu Maria com a mãe para Nazaré; José, porém, foi primeiro a Belém, a negócios de família. À sua chegada em Nazaré, fizeram uma festa. Na casa que Ana montara para eles, tinha José um quarto separado, na frente. Ambos estavam muito acanhados. Viviam em oração e muito recolhidos.

Anunciação e visitação de Nossa Senhora

Depois do casamento de Maria Santíssima com São José, estavam preparadas pela Divina Providência todas as condições, de modo que o santíssimo e ternamente adorável mistério da Encarnação podia

---

quartos, lá em cima. Vi também o mestre lhes dar muitas lições estranhas, que não entendi bem. Os pais não cuidavam muito dos filhos; pareciam ser nem bons e nem maus. José tinha um gênio muito diferente dos irmãos. Era inteligente e aprendia com facilidade; era, porém, simples, recolhido, piedoso e sem ambição. Os irmãos pregavam-lhe muitas peças, davam-lhe empurrões e davam-lhe muitos desgostos. Os pais também não estavam muito satisfeitos com José; desejavam que, com os talentos de que era dotado, aspirasse a qualquer posição elevada no mundo; mas o rapaz não tinha inclinação para isso. Achavam-no muito simples e humilde demais; rezar e exercer pacatamente uma profissão era a única aspiração do jovem. Para evitar as contínuas provocações dos irmãos, vi-o também passar algum tempo em grutas, uma das quais veio a ser depois o lugar do nascimento de Nosso Senhor. Ali rezava e fazia pequenos trabalhos em madeira, pois perto havia a oficina de um velho carpinteiro; José ajudava-o nos trabalhos e aprendeu assim, pouco a pouco, a profissão.

A hostilidade dos irmãos aumentou a tal ponto que lhe foi impossível ficar mais tempo na casa paterna. Vi-o, numa noite, fugir disfarçado de casa, para ganhar o sustento pelo trabalho de carpinteiro. Estava na idade de 18 a 20 anos. Primeiro o vi trabalhar na oficina de um carpinteiro em Libnath, onde aprendeu a profissão completamente. José era piedoso, bom e singelo; todos o estimavam. Vi como prestava humildemente muitos pequenos serviços ao mestre; vi-o apanhar as aparas, juntar lenha e conduzi-la às costas. Depois trabalhou em Tanath, perto do Megido, mais tarde Tibérias; teria então cerca de 33 anos. José pedia e desejava muito a vinda do Messias".

realizar-se. Deu-se esse fato numa noite santa, na silenciosa casa de Nazaré. Inspirada pelo Espírito Santo, que queria operar nela o grandioso milagre, velou Maria toda a noite em ardente oração. Então sucedeu que, pela noite, entrou na casa de Nazaré um dos mais augustos anjos do Céu, como mensageiro de Deus e, pelo consentimento da Santíssima Virgem, revestiu-se nela o Filho Unigênito de Deus da natureza humana. Assim se uniu a eternamente adorável divindade, por um misterioso matrimônio e amor santo, com a humanidade pecaminosa, a qual o Pai de misericórdia quis elevar de novo pelo Homem-Deus, para estabelecer a Nova Aliança de graça e amor.

Leiamos a singela descrição desse mistério pela vidente privilegiada de Dülmen:

> Vi a Santíssima Virgem, pouco depois do casamento, na casa de José, em Nazaré; José saíra da cidade, com dois jumentos, para buscar alguma coisa; parecia estar voltando. Além da Santíssima Virgem e duas moças da mesma idade, vi ainda Santa Ana e aquela parenta viúva, que lhe servia de criada. Pela noite rezaram, comendo depois alguma hortaliça. Maria recolheu-se então ao quarto de dormir e preparou-se para a oração, pondo um vestido comprido, de lã branca, com cinto largo e cobrindo a cabeça com um véu branco-amarelo. Tirou uma mesinha baixa encostada na parede e colocou-a no meio do quarto; tendo posto ainda uma almofada diante dessa mesinha, pôs-se de joelhos e cruzou os braços. Assim a vi rezar muito tempo, em ardente súplica, elevados os olhos ao céu, pedindo a Redenção e a vinda do Rei prometido.
>
> Então se derramou do teto do quarto uma torrente de luz sobre o lugar à direita de Maria; nessa luz vi um jovem resplandecente descer para junto dela: era o Arcanjo São Gabriel, que lhe disse:
>
> "Ave, cheia de graça. O Senhor é convosco, bendita sois entre as mulheres". Ao ouvir estas palavras, a Virgem perturbou-se e pensou longamente nas razões daquela saudação. Mas o anjo observou-lhe: "Não vos perturbeis, Maria, porque merecestes graça diante de Deus; pois concebereis e dareis à luz um filho, ao qual poreis o nome de Jesus. Ele será grande e chamar-se-á o Filho do Altíssimo; e Deus Nosso Senhor dar-lhe-á o trono de Davi seu pai, e reinará eternamente sobre a casa de Jacó, e seu reino não terá fim" (Lc 1, 28–33).

Vi-lhe sair as palavras da boca como letras. Maria virou um pouco a cabeça velada para o lado direito, mas cheia de temor, não levantou os olhos. O anjo, porém, continuou a falar e Maria levantou um pouco o véu e respondeu:

"Como se fará isso, pois não conheço homem?" (Lc 1, 34).

E o anjo disse: "O Espírito Santo virá sobre vós e a virtude do Altíssimo cobrir-vos-á com sua sombra. E por isso o Santo que nascerá de vós será chamado Filho de Deus. Já vossa prima Isabel concebeu um filho na velhice e este é o sexto mês da que se diz estéril; pois nada para Deus é impossível".

Maria levantou o véu e, olhando para o anjo, respondeu as santas palavras: "Eis aqui a serva do Senhor; faça-se em mim segundo a vossa palavra". A Santíssima Virgem estava em profundo êxtase. O quarto estava cheio de luz, o Céu parecia aberto e um rastro luminoso permitia-me ver por cima do anjo, no fim da torrente de luz, a Santíssima Trindade. Quando Maria disse: "Faça-se em mim segundo a vossa palavra", vi a aparição do Espírito Santo; do peito e das mãos derramaram-se d'Ele três raios de luz para o lado direito da Santíssima Virgem, a ela se unindo. Maria estava nesse momento toda luminosa e como que transparente.

Vi depois o anjo desaparecer, e do rastro luminoso que se retirava para o Céu caíram sobre a Santíssima Virgem muitas rosas brancas fechadas, todas com uma folhinha verde.

Nesse momento vi também uma serpente asquerosa arrastar-se pela casa e pelos degraus acima. O anjo, ao sair do quarto da Santíssima Virgem, pisou diante da porta na cabeça desse monstro, que uivou tão horrivelmente que tremi de medo. Apareceram, porém, três espíritos e expulsaram o monstro a pontapés e pancadas, para fora de casa.

A Virgem Santíssima, toda absorta em extática contemplação, reconheceu e viu em si o Filho de Deus, feito homem, como uma pequena forma humana luminosa, com todos os membros já desenvolvidos, até os dedinhos, e humildemente o adorou.

Foi pela meia-noite que vi esse mistério. Depois de algum tempo, Maria se levantou, colocou-se diante do pequeno altar de oração e rezou em pé. Foi pela manhã que se deitou para dormir. Ana teve, por uma revelação de Deus, conhecimento de tudo.

Para a preparação completa da vida pública e das obras de Jesus era preciso também a santificação e a ação pública do Precursor. Esta devia efetuar-se, segundo a vontade de Deus, pela aproximação entre Maria e seu Filho milagrosamente concebido e a mãe do Precursor. Por isso inspirou o Espírito Santo à Virgem Santíssima o desejo de visitar a prima Isabel. Esta morava em Hebron, no sul do país, Maria em Nazaré, no norte; mas essa distância não desanimou Maria. Pôs-se a caminho, em contínua adoração e contemplação do Filho de Deus, que trazia sob o coração, acompanhada por São José, evitando, quanto era possível, as cidades e vilas tumultuosas. Anna Catarina Emmerich narra:

> Isabel (a prima de Maria e esposa de Zacarias) soube, por uma visão, que uma virgem da sua tribo se tornara mãe do Messias prometido. Tinha pensado, durante essa visão, em Maria, com grande saudade, e vira-a em espírito a caminho de sua casa. Mas Zacarias deu-lhe a entender ser inverossímil que a recém-casada fizesse tal viagem. Isabel, porém, cheia de saudade, foi-lhe ao encontro. Maria Santíssima, vendo Isabel de longe e reconhecendo-a, correu adiante de José, ao encontro dela. Cumprimentaram-se afetuosamente com um aperto de mão. Nisto vi um esplendor em Maria e um raio de luz passando dela para Isabel, que se sentiu milagrosamente comovida. Abraçando-se, atravessaram o pátio em direção à porta da casa. José entrou, por uma porta lateral, no átrio da casa, onde humildemente cumprimentou o velho sacerdote venerável; este o abraçou cordialmente e expandiu-se com ele, escrevendo em uma lousa, pois ficara mudo desde a aparição do anjo no Templo.
>
> Maria e Isabel entraram pela porta da casa no átrio. Ali se cumprimentaram de novo muito afetuosamente, pondo as mãos nos braços uma da outra e encostando-se face a face. Nisso vi de novo como que um esplendor em Maria, radiando para Isabel, pelo que esta ficou toda luminosa, comovida por uma alegria santa. Recuando com as mãos levantadas, exclamou, cheia de humildade, alegria e entusiasmo: "Bendita sois entre as mulheres e bendito é o fruto do vosso ventre! De onde me vem a felicidade de ser visitada pela Mãe do meu Senhor? Porque assim que chegou a voz da saudação aos meus ouvidos, logo o menino deu um salto de alegria no meu ventre".
>
> Então conduziu Maria ao quartinho preparado para ela. Maria, porém, na elevação da sua alma, proferiu o cântico do *Magnificat*: "Minha alma engrandece ao Senhor", etc.

> Depois de alguns dias, voltou José a Nazaré, acompanhado, em parte do caminho, por Zacarias. Maria Santíssima, porém, ficou três meses com Isabel, até o nascimento de João, e já antes da circuncisão do menino voltou para Nazaré. José veio-lhe ao encontro na metade do caminho e foi então que notou que estava grávida. Não tendo conhecimento da anunciação do anjo à Santíssima Virgem, foi acometido de dúvidas e desassossego. Maria guardara consigo o mistério, por humildade e modéstia. José nada disse, mas lutou em silêncio com as dúvidas que lhe torturavam o coração. Em Nazaré lhe cresceu o desassossego, a ponto de resolver abandoná-la e fugir secretamente. Então lhe apareceu um anjo em sonho e consolou-o.

Nas últimas linhas, que não fazem mais que repetir o que já consta da Escritura Sagrada, se revela a profunda humildade de Maria Santíssima. Ela compreendia que José devia saber o que se tinha passado. Sentiu profundamente a dor do piedoso esposo, mas, por modéstia, não teve a coragem de revelar-lhe o santo mistério e o extraordinário privilégio que lhe fora dado. Humildemente confiou que Deus a ajudasse e foi-lhe recompensada essa confiança e ouvida a piedosa oração. Quanto tempo teve de pedir, não sabemos; em todo caso, porém, vemos que Deus não atende imediatamente às súplicas nem das pessoas mais santas, mas só quando chega o tempo previamente determinado pela divina sabedoria.

A viagem a Belém e o nascimento de Nosso Senhor

"Vi a Santíssima Virgem, com sua mãe Santa Ana, fazendo trabalhos de malha, preparando tapetes, ligaduras e panos", conta Anna Catarina.

> José estava a caminho, voltando de Jerusalém, para onde tinha levado animais para o sacrifício. Passando por volta da meia-noite pelo campo de Chimki, a seis léguas de Nazaré, apareceu-lhe um anjo, com o aviso de partir imediatamente com Maria para Belém, pois era ali que ela devia dar à luz o filho. Ordenou-lhe também que levasse, além do jumento, em que Maria devia viajar, uma jumentinha de um ano; que deixasse esta correr livre e seguisse o caminho que ela tomasse.
>
> José comunicou a Maria e Ana o que lhe fora dito; então se prepararam para a partida imediata. Ana ficou muito aflita. A Virgem

Santíssima, porém, já sabia antes que devia dar à luz ao filho em Belém, mas na sua humildade calara-se.

A vida dos filhos de Deus é uma mistura de alegria e de dor. Maria Santíssima tinha-o experimentado já em Nazaré; verificou-o por toda a vida e também, então, na viagem ao lugar abençoado, onde o Filho de Deus ia descer à Terra. A piedosa Emmerich narra:

> Vi José e Maria partirem, acompanhados por Ana, Maria de Cléofas e alguns criados, até o campo de Ginim, onde se separaram, despedindo-se comovidos.
>
> Vi a Sagrada Família continuar a viagem, subindo a serra de Gilboa. Na noite seguinte passaram por um vale muito frio, dirigindo-se a um monte. Caíra geada. Maria, sentindo frio, disse: "Devemos descansar, não posso ir mais adiante". José arranjou-lhe um assento, debaixo de um terebinto; ela, porém, pediu instantemente a Deus que não a deixasse sofrer qualquer mal por causa do frio. Então a penetrou tanto calor, que ela deu as mãos a José, para aquecer as dele. José falou-lhe muito carinhosamente; ele era tão bom e sentia tanto que a viagem fosse tão penosa! Falou também da boa recepção que espera achar em Belém.
>
> Celebraram o sábado em uma estalagem. Na manhã seguinte continuaram o caminho, passando por Samaria. A Santíssima Virgem andava a pé; às vezes paravam em lugares convenientes e descansavam.
>
> A jumenta ora ficava atrás, ora corria muito para a frente; mas onde os caminhos divergiam, apresentava-se e tomava o caminho bom, e onde deviam descansar, parava.
>
> A primeira coisa que São José fazia, em cada lugar de descanso e em cada estalagem, era arranjar um lugar cômodo para a Santíssima Virgem sentar-se e descansar.
>
> Quando a Sagrada Família chegou a dez léguas de Jerusalém, encontrou de noite uma casa solitária. José bateu à porta, pedindo abrigo para a noite; mas o dono da casa tratou-os grosseiramente e negou-lhes o abrigo. Então andaram um pouco adiante e, entrando em um rancho, encontraram ali a jumenta esperando.
>
> Abandonaram esse abrigo já antes do amanhecer. Em outra casa foram também tratados asperamente. José tomou pousada mais vezes pelo fim da viagem, pois esta se tornava cada vez mais penosa para a Santíssima Virgem. Seguindo sempre a jumenta, fizeram deste modo uma volta de quase um dia e meio, para leste de Jerusalém.

Rodeando Belém, passaram pelo norte da cidade e aproximaram-se pelo lado oeste. Pararam e pousaram afastados do caminho, sob uma árvore. Maria apeou-se e consertou o vestido. Depois José a conduziu a um grande edifício, que estava a alguns minutos fora de Belém; era a casa paterna de José, o antigo solar de Davi, mas naquele tempo servia de recebedoria do imposto romano. José entrou na casa; os amanuenses perguntaram quem era e depois lhe leram a genealogia, como também a de Maria. Aparentemente ele não sabia que Maria descendia também por Joaquim, em linha direta, de Davi. Maria foi também chamada perante os escrivães.

José entrou então com ela em Belém, procurando em vão pousada logo nas primeiras casas, pois havia muitos forasteiros na cidade. Continuaram assim, indo de rua em rua. Chegando à entrada de uma rua, Maria esperava com os jumentos, enquanto José ia de casa em casa pedindo abrigo, mas em vão. Maria tinha de esperá-lo às vezes muito e sempre com o mesmo resultado; tudo já ocupado, não havia mais lugar para eles. Então disse José a Maria que era melhor ir a outra parte de Belém; mas também lá procurou em vão. Conduziu-a então e ao jumento para debaixo de uma árvore grande, a fim de descansar, enquanto ele ia à procura de hospedagem. Muita gente passou pela árvore, olhando para Maria. Julgo que alguns também se dirigiram a ela, perguntando quem era. Maria era tão paciente, tão humilde e ainda tinha esperança. Mas, depois de esperar muito, voltou José triste e abatido, pois nada arranjara. Os amigos, dos quais tinha falado à Santíssima Virgem, não quiseram reconhecê-lo. Lamentou-o com lágrimas nos olhos, mas Maria o consolou. Mais uma vez começou ele a procurar de casa em casa, voltando finalmente tão abatido, que só se aproximou hesitante. Disse que conhecia um lugar fora da cidade pertencente aos pastores; ali, com certeza, achariam abrigo.

Assim saíram de Belém para uma colina situada no lado oriental da cidade, na qual havia uma gruta ou adega. A jumentinha, que já da casa paterna de José tinha corrido para lá, fazendo a volta da cidade, veio-lhes ao encontro, pulando e brincando alegremente em roda. Então disse a Santíssima Virgem a José: "Vê, decerto é vontade de Deus que aqui fiquemos".

José acendeu uma luz e, entrando na caverna, tirou algumas coisas de lá, a fim de arranjar um lugar de descanso para a Santíssima Virgem. Depois a levou para dentro e ela se assentou no leito feito de mantas e trouxas de viagem. José pediu-lhe humildemente desculpa pela pobre hospedagem; mas Maria, cheia de piedosa esperança e amor, estava contente e feliz.

José buscou água em um odre e da cidade trouxe pratinhos, algumas frutas e feixes de lenha miúda; buscou também brasas, para acender o fogo e preparar a refeição; depois de ter comido e feito as orações, deitou-se Maria no leito; José, porém, arranjou o seu leito à entrada da gruta.

Maria Santíssima passou o dia seguinte, o sábado, na gruta, rezando e meditando com grande devoção. De tarde José a levou, através do vale, à gruta que servira de sepulcro a Maraba, ama de Abraão. Depois, terminado o sábado, veio reconduzi-la à primeira gruta. Maria disse a São José que à meia-noite desse dia chegaria a hora do nascimento de seu Filho, pois teriam passado nove meses desde a anunciação pelo anjo. José ofereceu-se para chamar algumas mulheres piedosas de Belém para ajudá-la, mas Maria recusou.

Desse modo chegaram os santos pais de Jesus, guiados pela Divina Providência, ao lugar determinado pelo Padre Eterno, em união com o Filho Unigênito e o Espírito Santo, para o nascimento daquele Divino Menino, cheio de graça, que havia de tirar da Terra a maldição, abrir o Céu e criar um novo Éden de Deus cá na Terra. Lúcifer e os seus comparsas perderam o reino do Céu pelo orgulho, querendo ser iguais a Deus, e assim perderam os primeiros homens também o Paraíso, porque o mesmo sedutor os enganou com vãos desejos de serem iguais a Deus. Por isso, a santa humildade havia de abrir de novo o caminho do Céu. O Filho de Deus veio a este mundo ensinar, pelo exemplo, essa e todas as outras virtudes. Eis por que Ele, o Rei da eternidade, quis nascer homem em um lugar onde os animais se abrigavam. Para primeiro berço escolheu uma miserável manjedoura, na qual o gado costumava comer. Assim não lhe faltou nada da pobreza humana, mas uniu-se a ela o esplendor da majestade divina.

A piedosa vidente continua:

Quando Maria disse ao esposo que o tempo estava próximo e que a deixasse e fosse orar, José saiu, recolhendo-se ao leito, para rezar. Ao sair, voltou-se mais uma vez, para olhar a Santíssima Virgem e viu-a como que rodeada de chamas; toda a gruta estava iluminada por uma espécie de luz sobrenatural. Então entrou com santo respeito na sua cela e prostrou-se por terra, para orar.

Vi o esplendor em volta da Santíssima Virgem crescer mais e mais. Ela estava de joelhos, coberta de um vestido largo, estendido em redor, sem cinto. À meia-noite ficou extasiada e levantada acima do solo: tinha os braços cruzados sobre o peito. Não vi mais o teto da gruta; uma estrada de luz abria-se por cima dela, até o mais alto Céu, com crescente esplendor.

Maria, porém, levantada da terra em êxtase, olhava para baixo, adorando o seu Deus, cuja Mãe se tornara e que jazia deitado por terra, diante dela, qual criancinha nova e desamparada. Vi o nosso Salvador qual criancinha pequenina, resplandecente, cujo brilho excedia a toda a luz na gruta, deitado no tapete, diante dos joelhos de Maria. Parecia-me que era muito pequeno e crescia cada vez mais, diante dos meus olhos.

Depois de algum tempo vi o Menino Jesus mover-se e ouvi-o chorar. Foi então que Maria voltou a si. Tomou a criancinha e, cobrindo-a com um pano, apertou-a ao peito. Assim se sentou, envolvendo-se, com o Filhinho, no véu. Então vi em redor anjos em forma humana, prostrados em adoração diante do Menino.

Cerca de uma hora após o nascimento, Maria chamou São José, que ainda estava rezando. Chegando perto, prostrou-se o esposo em frente dela, em adoração, cheio de humildade e alegria. Só depois que Maria lhe pediu que apertasse de encontro ao coração o santo dom de Deus, foi que se levantou, recebendo o Menino Jesus nos braços e louvando a Deus, com lágrimas de alegria.

A Santíssima Virgem envolveu então o Menino em panos e deitou-o na manjedoura, cheia de junco e ervas finas e coberta com uma manta. A manjedoura estava ao lado direito, na entrada da gruta. Os santos pais tendo deitado o Menino no presépio, ficaram-lhe ao lado, cantando salmos.

O tempo chegara à consumação: o Verbo fizera-se carne — o Verbo Eterno e Divino do Pai Celestial Todo-Poderoso. A profecia de Isaías cumprira-se: "A Virgem conceberá e dará à luz um filho, cujo nome é Emanuel, 'Deus conosco'" (Is 7, 14). Apareceu entre nós o Messias, prometido já no Paraíso e por todos os povos tão ardentemente desejado. Está deitado numa manjedoura, qual criança pobre e desamparada. Será reconhecido em tão humildes condições? A quem se revelará primeiro o Rei da glória? Não aos grandes e soberbos da Terra! Pastores, pobres e simples são os primeiros convidados por mensageiros celestiais à manjedoura, para adorar o Menino Divino. Conta Catarina Emmerich:

Vi três pastores, que estavam juntos, diante do rancho, admirando a maravilhosa noite; no céu vi uma nuvem luminosa, descendo para eles. Ouvi um doce canto. A princípio se assustaram os pastores, mas de repente lhes surgiu um anjo, dizendo: "Não temais, anuncio-vos uma grande alegria, que é dada a todo o povo, pois nasceu hoje, na cidade de Davi, o Salvador, que é Cristo, Nosso Senhor... Eis o sinal para conhecê-lo: achareis uma criança envolta em panos e deitada num presépio". Enquanto o anjo assim falava, aumenta o esplendor em redor e vi então cinco ou sete anjos, grandes, luminosos e graciosos, diante dos pastores; seguravam nas mãos uma fita, como de papel, na qual estava escrita uma coisa, em letras do tamanho de um palmo: ouvi-os louvar a Deus e cantar: "Glória a Deus nas alturas e paz na Terra aos homens de boa vontade".

Os pastores na torre de vigia tiveram a mesma aparição, apenas um pouco depois. Do mesmo modo apareceram os anjos a um terceiro grupo de pastores, perto de uma fonte, a três léguas de Belém, a leste da torre dos pastores. Vi que os pastores não foram imediatamente à gruta; para lá chegar os três pastores tinham um caminho de uma hora e meia e os da torre o dobro. Vi também que deliberaram sobre o que deviam levar como presentes ao Messias recém-nascido; depois buscaram as dádivas o mais depressa possível.

Ao crepúsculo da manhã chegaram os pastores, com presentes, à gruta. Contaram a São José o que lhes anunciara o anjo e que vinham para adorar o Messias. José aceitou os presentes com humildes agradecimentos e conduziu os pastores à Santíssima Virgem, que estava sentada ao pé do presépio, com o Filho ao colo. Os recém-chegados prostraram-se de joelhos diante de Jesus, segurando os cajados nos braços; choraram de alegria e permaneceram assim muito tempo, sentindo grande felicidade e doçura. Quando se despediram, deu-lhes a Santíssima Virgem o Menino a abraçar. De tarde vieram outros pastores, com mulheres e crianças, trazendo presentes.

Alguns dias depois do nascimento de Jesus, estando José e Maria ao lado do presépio e olhando com grande e íntima felicidade para o Divino Menino, aproximou-se de súbito o jumento, e, caindo de joelhos, baixou a cabeça até o chão. Maria e José derramaram lágrimas à vista disso.

Depois do sábado, José chamou três sacerdotes de Belém para a circuncisão do Menino. Estes trouxeram a cadeira da circuncisão. Oito dias depois do nascimento do Senhor, vi que um anjo apareceu ao sacerdote, apresentando-lhe o nome de Jesus, escrito em uma lousa. O Menino Jesus chorou alto, depois da santa cerimônia. José recebeu-o do sacerdote e depositou-o nos braços da Santíssima Virgem.

Na tarde do dia seguinte, chegou Isabel com um velho criado à gruta. Houve grande regozijo. Isabel apertou o Menino ao coração. Veio também Ana, com o segundo marido e Maria Heli. Maria pôs o Menino nos braços da velha mãe, que estava muito comovida. Maria contou-lhe também, cheia de íntima felicidade, todas as circunstâncias do nascimento. Ana chorou com Maria, acariciando durante todo o tempo o Menino Jesus.

Os ascendentes dos três Reis Magos e a viagem destes a Belém

Um dos fatos mais maravilhosos da vida do Divino Salvador é a vinda dos três Reis Magos ao presépio. Surge a pergunta: como foi possível que três homens de alta posição, com numerosa comitiva, vindos de terras longínquas, chegassem guiados por uma estrela ao presépio de Belém?

Para a explicação cita-se geralmente o trecho do quarto livro de Moisés 24, 17:[6] "Uma estrela sai de Jacó, um cetro levanta-se de Israel, que esmagará os príncipes de Moabe". Certamente este trecho é de muita importância e sem dúvida o conheciam os pontífices dos judeus, melhor do que os chefes das tribos longínquas dos gentios. Contudo, não vieram aqueles ao presépio, mas estes últimos. Logo, não bastava só a estrela para levá-los lá, faziam-se precisas outras providências divinas, milagrosas. Quais foram estas, conta-nos a pobre camponesa de Flamske:

> Os antepassados dos três Reis Magos descendiam de Jó, que outrora vivera no Cáucaso. Um discípulo de Balaão anunciara ali a profecia deste, que apareceria uma estrela de Jacó. Essa profecia achou larga aceitação. Construiu-se uma torre alta em uma montanha. Muitos sábios e astrônomos viveram ali alternadamente; tudo que notavam nos astros, escreviam e ensinavam a todos.
>
> Os chefes de uma tribo da terra de Jó, numa viagem ao Egito, na região de Heliópolis, receberam por um anjo a revelação de que o Salvador nasceria de uma Virgem e seria adorado pelos seus descendentes. Eles mesmos deviam voltar e estudar os astros. Esses medos

[6] Nm 24, 17.

começaram então a observar as estrelas. Diversas vezes, porém, caiu esse estudo em esquecimento, por causa de vários acontecimentos. Depois começou o abominável abuso de sacrificarem crianças, para que a criança prometida viesse mais depressa.

Cerca de 500 anos antes do nascimento de Jesus, estava esse estudo dos astros também em decadência. Existia, porém, a descendência daqueles chefes, constituída por três irmãos, que viviam separados, cada um com sua tribo. Tiveram três filhas, às quais Deus deu o espírito de profecia, de modo que ao mesmo tempo percorreram o país e as três tribos, profetizando e ensinando sobre a estrela de Jacó. Então se renovou nessas três tribos o estudo das estrelas e renasceu o desejo da vinda do Menino prometido. Desses três irmãos descenderam os Reis Magos em linha direta, por 15 gerações, após 500 anos; mas, pela mistura com outras raças, eram de cores diferentes. Desde o princípio desses 500 anos, ficavam sempre alguns dos antepassados dos Reis em um edifício comum para estudarem os astros; conforme as diversas revelações que recebiam, mudavam certas coisas nos templos e no culto divino. Infelizmente continuou ainda entre eles, por muito tempo, o sacrifício de homens e crianças. Todas as épocas que se referiam à vinda do Messias, conheciam-nas em visões milagrosas, ao observar as estrelas. Desde a Conceição de Nossa Senhora, portanto há 15 anos, essas visões mostravam, cada vez mais distintamente, a vinda da criança. Por fim viram até muitas coisas que se referiam à Paixão de Jesus.

Podiam calcular bem o tempo da estrela de Jacó, que Balaão predissera (Nm 24, 17), pois viram a escada de Jacó e, segundo o número dos degraus e a sucessão das imagens que nestes apareciam, podiam calcular, como num calendário, a proximidade da salvação; pois o cume da escada deixava ver a estrela ou a estrela era a última imagem dela. Viam a escada de Jacó como um tronco, que tinha três séries de escalões cravados em roda; nestes aparecia uma série de imagens, que viam também nas estrelas, no tempo da sua realização. Dessa maneira sabiam exatamente que a imagem havia de aparecer e conheciam, pelos intervalos, quanto tempo haviam de esperá-la.

Lembro-me de ter visto, na noite do nascimento de Jesus, dois dos Reis na torre. O terceiro, que vivia a leste do Mar Cáspio, não estava com eles; viu, porém, a mesma visão, à mesma hora, na sua terra.

A imagem que reconheceram apareceu em diversas variações; não foi em uma estrela que a viram, mas em uma figura composta de um certo número de estrelas. Avistaram, porém, sobre a Lua um arco-íris, sobre o qual estava sentada uma virgem; à esquerda desta aparecia no arco uma videira, à direita um molho de espigas de trigo.

Vi aparecer diante da Virgem a figura de um cálice ou, melhor, subir ou sair-lhe do esplendor; saindo desse cálice, apareceu uma criancinha e, sobre esta, um disco luminoso, como um ostensório vazio, do qual emanavam raios semelhantes a espigas. Tive nisso a impressão do Santíssimo Sacramento.

Do lado direito da criancinha, que subia do cálice, brotou um ramo, no qual desabrochou, como uma flor, uma igreja octogonal, que tinha um portão grande e duas portas laterais. A Virgem moveu com a mão o cálice, a criança e a hóstia para cima, colocando-as dentro da igreja, e a torre da igreja levantou-se por cima dela e tornou-se por fim uma cidade brilhante, assim como representamos a Jerusalém Celeste. Vi nessa imagem muitas coisas, como precedendo e desenvolvendo-se umas das outras.

Os Reis viram Belém como um belo palácio, como uma casa na qual se junta e se distribui muita bênção. Lá viram a Virgem Santíssima, com o Menino, rodeada de muito esplendor e muitos reis a se inclinarem diante d'Ele, oferecendo-lhe sacrifícios. Tomaram tudo como realidade, pensando que o Rei tinha nascido em tal esplendor e que todos os povos se lhe haviam submetido; por isso foram também lhe oferecer os seus dons. Havia um grande número de imagens naquela escada de Jacó. Vi-as todas aparecer nas estrelas, no tempo do seu cumprimento. Naquelas três noites, os três Reis Magos viram continuamente essas imagens. O mais nobre entre eles mandou então mensageiros aos outros e, quando viram a imagem dos reis que ofereceram presentes ao Rei recém-nascido, puseram-se também a caminho, com riquíssimas dádivas, para não serem os últimos.

Todas as tribos dos astrólogos viram a estrela, mas só aqueles a seguiram.

Alguns dias depois da partida dos Reis, vi Theokenos, com o seu séquito, juntar-se aos grupos de Mensor e Sair; Theokenos não tinha estado antes com estes últimos. Cada um dos Reis tinha no séquito quatro parentes próximos da tribo, como companheiros. A tribo de Mensor era de cor agradável, pardacenta; a de Sair parda e a de Theokenos de cor amarela, brilhante.

Mensor era caldeu; depois da morte de Jesus, foi batizado por São Tomé e recebeu o nome de Leandro. Sair teve o batismo de desejo; não vivia mais quando Jesus foi à terra dos Reis Magos; Theokenos veio da Média e era o mais rico; foi batizado e chamado de Leão por São Tomé. Deram-se aos Reis Magos os nomes de Gaspar, Melquior e Baltasar, porque estes nomes lhes designam o caráter: Gaspar — vai com amor. Melquior — aproxima-se humildemente. Baltasar — age prontamente, conformando a sua vontade com a de Deus.

O caminho para Belém era de mais de 700 léguas; fizeram-no em 33 dias, viajando muitas vezes dia e noite. A estrela que os guiava era como um globo brilhante. Um jorro de luz emanava dela sobre a Terra. Vi finalmente chegarem os Reis à primeira vila judaica. Ficaram, porém, muito acabrunhados, porque ninguém sabia coisa alguma do Rei recém-nascido.

Quanto mais se aproximavam de Jerusalém, tanto mais tristes ficavam, pois a estrela se tornava muito menos clara e brilhante, e na Judéia a viram raras vezes. Quando fizeram alto, fora de Jerusalém, desaparecera totalmente. Falaram da estrela e da criança recém-nascida; ninguém quis compreendê-los; por isso, tornaram-se ainda mais tristes, pensando que tinham se enganado.

Anna Catarina descreve ainda a admiração e a sensação que a caravana dos Reis Magos causou na cidade; e como Herodes, alta noite, mandou chamar Theokenos ao palácio e convidou os Reis a virem apresentar-se na manhã seguinte. Herodes enviou alguns criados a chamarem os sacerdotes e escribas, que se esforçaram por sossegá-lo. Ao nascer do dia, se apresentaram os Reis a Herodes e perguntaram-lhe onde estava o novo rei dos judeus, cuja estrela tinham visto e ao qual tinham vindo adorar. Herodes ficou muito inquieto, informou-se mais sobre a estrela e disse-lhes que a profecia se referia a Belém Efrata; aconselhou-os a irem silenciosamente a Belém e voltarem depois a informar-lhe, pois que também queria adorar o Menino.

Vi sair de Jerusalém a caravana dos Reis. Vendo de novo a estrela, deram um grito de alegria. Ao cair da noite, chegaram a Belém; então desapareceu a estrela. Muito tempo ficaram diante das portas, duvidando e hesitando, até que viram uma luz brilhante, ao lado de Belém. Então tomaram o caminho para o vale da gruta, onde acamparam. No entanto, apareceu a estrela por cima do outeiro da gruta e uma torrente de luz caiu verticalmente sobre este. De repente se lhes encheram os corações de grande alegria, pois viram na estrela a figura luminosa da criança. Os três Reis Magos aproximaram-se da colina; abrindo a porta da gruta, Mensor viu-a cheia de luz celeste e a Virgem sentada lá dentro, com a criança, como a tinham visto nas visões. Anunciou-o aos outros dois.

São José saiu-lhes ao encontro, cumprimentando-os e dando-lhes as boas-vindas. Então se prepararam para o ato solene que queriam fazer e seguiram São José. Dois jovens estenderam primeiro um tapete de pano no chão, até a manjedoura. Mensor e os companheiros entraram, caíram de joelhos, e Mensor colocou aos pés de Maria e José os presentes; com a cabeça inclinada e os braços cruzados, proferiu palavras comoventes de adoração. Depois tirou do bolso uma mão cheia de barras do tamanho de um dedo, grossas e pesadas, com um brilho de ouro e as pôs ao lado da criança, no regaço de Maria. Tendo se retirado, com os companheiros, entrou Sair com os seus, prostrando-se, com profunda humildade, com os dois joelhos por terra. Ofereceu com palavras tocantes os presentes, colocando diante do Menino Jesus uma naveta de incenso, feita de ouro puro, cheia de pequenos grãos esverdeados de incenso. Ficou muito tempo de joelhos, com grande devoção e amor. Depois dele aproximou-se Theokenos, o mais velho. Ficando em pé, inclinou-se profundamente e apresentou um vaso de ouro cheio de uma erva verde; ofereceu mirra e ficou muito tempo diante do Menino Jesus, em profunda comoção.

Os Reis Magos estavam encantados e repletos de amor e humilde adoração. Lágrimas de alegria caíam-lhes dos olhos; também Maria e José derramaram lágrimas de felicidade. Aceitaram tudo, humildes e gratos; finalmente dirigiu Maria a cada um algumas palavras afáveis.

Após os Reis, entraram também os criados, aproximando-se cinco a cinco do presépio; ajoelharam-se em roda do Menino e adoraram-no em silêncio; finalmente entraram também os pajens. Os Reis Magos voltaram mais uma vez ao presépio, vestidos de amplos mantos, trazendo turíbulos nas mãos; incensaram o Menino, Maria e José e toda a gruta, retirando-se depois, com profunda inclinação. Era esta a cerimônia de adoração entre aqueles povos.

No outro dia visitaram os Reis mais uma vez o Menino e de noite vieram despedir-se. Mensor entrou primeiro. Maria pôs-lhe o Menino nos braços; ele chorou, radiante de alegria. Depois vieram também os outros. Maria deu-lhes o seu véu de presente.

Pela meia-noite viram no sono a aparição de um anjo, avisando-lhes que partissem imediatamente, não tomando o caminho de Jerusalém, mas o do Mar Morto. Com incrível rapidez desapareceram as tendas; e, enquanto os Reis Magos se despediam de São José, já o séquito estava caminhando a toda pressa, em três turmas, para leste rumo ao deserto de Engaddi, ao longo do Mar Morto. Vi o anjo com eles na campina, mostrando-lhes a direção do caminho; de súbito não se avistaram mais.

O anjo tinha avisado os Reis bem a tempo, pois a autoridade de Belém, não sei se por ordem de Herodes ou por próprio zelo, tinha a intenção de prender os Reis, que dormiam na estalagem, fechá-los sob a sinagoga, onde havia adegas profundas, e acusá-los perante o Rei Herodes de desordens públicas. Mas de manhã, quando se soube da partida dos Magos, estes já estavam perto de Engaddi, e o vale onde haviam acampado estava quieto e deserto como antes, nada restando do acampamento, fora algumas estacas de tendas e os rastos do capim pisado.

Em memória dos três Reis Magos ao presépio é que se celebra, todos os anos, a Festa de Reis. A Escritura Sagrada chama-os apenas os "Magos", mas o povo deu-lhes, desde os primeiros tempos, o título de "Reis", talvez induzido pela profecia de Davi: "Os reis de Társis e das ilhas lhe oferecerão dons; os reis da Arábia e de Sabá lhe trarão presentes" (Sl 71, 10). A Festa de Reis é uma das mais antigas da Igreja cristã, mais antiga do que a de Natal. É prova de que esse acontecimento fez grande impressão aos amigos de Jesus. Em verdade era um fato maravilhosíssimo virem três príncipes do Oriente, com numeroso séquito, guiados por uma estrela, prestar adoração ao Menino Jesus no presépio, ao passo que Israel não conheceu o seu Senhor. Só Deus pode criar estrelas e sobretudo uma estrela que guia homens e pára por cima do presépio: é um milagre grandioso, que só Deus, o Senhor da natureza, pode operar. Foi, pois, esse acontecimento uma prova de que tinha chegado verdadeiramente o cumprimento dos tempos e de que Jesus era mais do que um homem comum.

A vinda dessa caravana numerosa e estranha devia dirigir os olhares de todo o povo para Belém; tinha todo o cabimento a pergunta: "Então chegou o tempo em que deve vir o Messias?". Desse modo foram preparadas todas as almas que amavam a Deus ao reconhecimento de Jesus como Messias; os infiéis, porém, tornaram-se mais culpados.

Apresentação de Jesus no Templo e fuga para o Egito

A santa vontade de Deus exigia a apresentação de Jesus no Templo, tanto mais necessária, quanto é certo que o nosso Divino Salvador tinha a vocação de oferecer-se ao Pai Celeste como sacrifício de expiação pelos pecados dos homens. Sacrificou-se em espírito, desde o começo da vida, como lemos na Escritura Sagrada. Mas esse oferecimento havia de fazer-se também publicamente, tanto por seus santos pais, como por Ele mesmo, ao ser apresentado no Templo.

"Na madrugada do dia seguinte", conta a Serva de Deus,

> vi a Sagrada Família dirigir-se ao Templo. Entraram num pátio do Templo, que era cercado de muros. Maria, com o Menino, foi recebida por uma matrona idosa, que a conduziu por um corredor ao Templo. Nesse corredor veio o velho Simeão, cheio de santa esperança, ao encontro da Santíssima Virgem. Ele vira, no dia anterior, um anjo que lhe aparecera e avisara de que prestasse atenção ao Menino que no dia seguinte seria apresentado em primeiro lugar: era o Messias. Simeão dirigiu algumas palavras a Maria, cheio de júbilo e, tomando o Menino nos braços, apertou-o ao coração.
>
> A Santíssima Virgem foi depois conduzida aos átrios do Templo, onde a recebeu Ana, que também tivera uma visão de Noemi, sua antiga mestra. Simeão levou Maria à mesa do sacrifício, sobre a qual ela colocou o Menino Jesus, num bercinho de vime. Nesse momento, vi que o Templo se encheu de uma luz inefável. Vi que Deus estava nessa luz e, por cima do Menino, vi o Céu aberto, até ao trono da Santíssima Trindade. Simeão reconduziu então Maria ao lugar das mulheres. Ele e três outros sacerdotes tomaram as vestes sacerdotais. Um deles colocou-se atrás e outro diante da mesa, orando sobre o Menino. Maria, conduzida de novo à mesa do sacrifício, ofereceu frutas, algumas moedas e um par de pombinhas. O sacerdote, porém, detrás da mesa, tomando o Menino nos braços, levantou-o e moveu-o para diversos lados do Templo, orando por muito tempo. Entregou depois o infante a Simeão, que o depositou nos braços de Maria, orando sobre esta e o Menino. A Santíssima Virgem retirou-se depois ao lugar das mulheres, ao qual, entretanto, cerca de vinte mães já haviam chegado, com os primogênitos para os apresentar. José ficou mais para trás, no lugar dos homens.
>
> Então começaram os sacerdotes diante do altar uma cerimônia com incenso e orações. Tendo acabado esse ato, dirigiu-se Simeão a

> Nossa Senhora, e tendo recebido a criança nos braços, falou muito a respeito do Menino, com entusiasmo, alegria e em alta voz. Louvando a Deus por ter cumprido a sua promessa, exclamou: "Agora, Senhor, deixai partir o vosso servo em paz, conforme vossa palavra. Pois meus olhos viram a vossa salvação, que preparastes diante dos olhos das nações: luz para aclarar os gentios e glória de Israel, vosso povo".[7]
>
> José aproximara-se depois do sacrifício, escutando respeitosamente, juntamente com Maria, as palavras entusiasmadas de Simeão, que abençoou a ambos, dizendo depois a Maria: "Este Menino veio ao mundo para ruína e ressurreição de muitos em Israel e para ser um sinal de contradição. Vós mesma tereis a alma varada por uma aguda espada e assim serão patenteados os corações de muitos".[8]
>
> Tendo Simeão acabado de falar, começou também a profetisa Ana, inspirada pelo Espírito Santo, a glorificar o Menino Jesus, felicitando a Santíssima Virgem. Esta brilhava, como uma rosa celeste. Oferecera o sacrifício mais pobre, exteriormente; mas José deu secretamente a Simeão e a Ana muitas barras pequenas amarelas, para serem empregadas em benefício das virgens pobres do Templo. Depois do sacrifício, partiu a Sagrada Família, seguindo logo, através de Jerusalém, para Nazaré.

Maria, a Virgem puríssima, imaculada, sujeitou-se humildemente à lei da purificação, escondendo deste modo também o seu alto privilégio. Apesar de tão belo ato de humildade, devia o gládio da dor atravessar-lhe a alma. Dor e sofrimento, considerados à luz da fé, não são males, mas uma fonte de bênção e graça. A profecia de Simeão atravessou dolorosamente o brando coração materno de Maria, mas em pouco esse coração havia de sofrer uma nova dor veemente, quando se viu forçada a fugir de Nazaré para o Egito, a fim de salvar o Menino Jesus das garras dos assassinos enviados por Herodes. Ouçamos o que Anna Catarina nos narra a respeito:

> Vi um jovem resplandecente aproximar-se da cama de José e falar-lhe. José acendeu uma luz e, batendo à porta do quarto de Maria, pediu licença para entrar. Vi-o entrar e falar-lhe. Depois, foi à estrebaria dos jumentos e a um quarto. Aprontou tudo para a viagem.

---

7 Lc 2, 29–32.
8 Lc 2, 34–35.

Maria vestiu-se imediatamente para a fuga e foi à casa de sua mãe, Santa Ana, anunciando-lhe a ordem de Deus. Ana abraçou a Santíssima Virgem diversas vezes, chorando. Maria Heli prostrou-se no chão, desfazendo-se em lágrimas. Ambas apertaram, mais uma vez, o Menino Jesus ao encontro do coração.

Ainda não era meia-noite, quando abandonaram a casa. Maria levava o Menino Jesus, em uma faixa, diante de si; vestia um manto largo, que a envolvia e ao Menino.

Vi a Sagrada Família passar, ainda de noite, por alguns lugarejos e descansar, pela manhã, em um rancho. Só três vezes acharam, durante a fuga, uma estalagem para pernoitar. Nos outros dias, com os freqüentes e penosos desvios, dormiam sempre em barrancos, cavernas e lugares desertos, longe da estrada. Viajavam sempre a distância de uma milha da estrada real, sofrendo falta de tudo. Vi-os chegar cansados e abatidos a uma gruta, perto de Efraim. Mas, para os refrescar, brotou uma fonte da terra e aproximou-se deles uma cabra selvagem, que deixou ordenhar-se por eles; apareceu-lhes também um anjo, que os consolou. Passaram também perto da caverna dentro da qual havia Isabel escondido o menino João. Este sentiu que Jesus se aproximava e que tinha sede; caiu de joelhos, orando a Deus, com os braços estendidos; depois se levantou e, inspirado pelo Espírito Santo, correu a um penedo alto, no qual cravou a vara no chão. Logo se formou ali uma grande nascente de água, até à margem do penedo, de onde a água precipitou para baixo. Ali ficou o menino vendo passar ao longe a Sagrada Família. A corrente aproximou-se, em pouco tempo, do caminho dos viajantes, que a atravessaram, fazendo uma pausa num lugar cômodo, para se refrescar. Estavam comovidos e consolados.

Tendo passado o território de Herodes e entrado em um vasto deserto arenoso, não viam mais caminho, nem sabiam a direção; diante de si, viram serras inviáveis. A Sagrada Família estava muito angustiada; ajoelharam-se pedindo a Deus socorro. Então vieram algumas feras enormes, que olharam para as serras, correram para a frente e voltaram para trás, como cães que querem conduzir alguém a um certo caminho. A Família Sagrada seguiu finalmente as feras, atravessou a montanha (Seir?) e entrou numa região deserta e inóspita. Vi-a cercada por uma quadrilha de salteadores: o chefe, com cinco ou seis homens. A princípio estes se mostraram malévolos; mas à vista do Menino Jesus, tocou um raio de graça o coração do chefe, que proibiu a sua gente fazer mal aos viajantes. Conduziu a Santa Família à sua cabana, na qual a mulher lhes ofereceu alimentos; trouxe também uma gamela com água, para que Maria nela banhasse a Jesus.

Nossa Senhora aconselhou-lhe que banhasse na mesma água o filho leproso. Esse menino estava cheio de lepra; mas, apenas mergulhando na água, caíram-lhe as crostas de enfermidade e tornou-se são e limpo. A mulher ficou fora de si de alegria. Tive uma visão, pela qual conheci que o menino curado se tornou, mais tarde, o bom ladrão.

Pela madrugada, a Sagrada Família continuou a viagem pelo deserto e, tendo perdido de novo o rumo, vieram animais rasteiros mostrar-lhes o caminho. Mais tarde, viam sempre brotar uma rosa de Jericó, ao alcance da vista.

Havendo chegado já às terras do Egito, vi a Família Sagrada, extenuada de sede, passar por um mato, em cuja orla havia uma tamareira. As frutas pendiam do alto da árvore. Maria aproximou-se com o Menino Jesus e, levantando-o, rezou; então se inclinou a tamareira com a copa, de modo que lhe puderam colher todos os frutos.

A Sagrada Família tomou o caminho de Heliópolis, cidade do Egito. Em frente às portas dessa cidade havia um grande ídolo, uma cabeça de touro sobre uma coluna, como pedestal. Sentaram-se os viajantes não longe dela, debaixo de uma árvore, para descansar. Pouco tempo depois se deu um abalo de terra; o ídolo vacilou e caiu do pedestal. Houve por isso na cidade grande alvoroço entre o povo.

A Sagrada Família entrou pela cidade e foi morar sob um baixo alpendre. José construiu, diante dessa morada, uma sacada de madeira. Vi-o trabalhar muito em casa, como também fora, e vi a Virgem Santíssima tecendo tapetes ou fazendo outros trabalhos. Moraram perto de ano e meio em Heliópolis; tiveram, porém, de sofrer muitas perseguições, depois de terem caído ainda outros ídolos, num templo vizinho. Pouco antes de deixar a cidade, teve a Santíssima Virgem, por um amigo, notícias da matança das crianças de Belém. Maria e José ficaram muito tristes; o Menino Jesus, que já podia andar, chorou durante todo o dia.

Por causa da perseguição e por falta de trabalho, saiu a Sagrada Família de Heliópolis e, indo ao interior do país, em direção a Menfis, veio para Matareia, onde José executou muitos trabalhos de construção. Ao chegarem, caiu também o ídolo de um pequeno templo e, mais tarde, todos os ídolos.

Vi como o Menino Jesus, pela primeira vez, buscou água da fonte para sua Mãe. Maria estava rezando, quando o Menino Jesus, saindo furtivamente, foi ao poço com um odre, para buscar água. Maria ficou muito comovida quando Jesus voltou e pediu-lhe de joelhos que não fizesse mais, com medo de que caísse no poço. Jesus, porém, disse-lhe que teria muito cuidado e queria sempre ir buscar água, quando ela precisasse. Ainda pequenino, Nosso Senhor prestava muitos serviços aos pais, era muito atencioso e ajuizado: notava tudo. Ia também comprar pão no bairro próximo dos judeus, em troca dos trabalhos de Maria. Quando o Menino Jesus foi lá pela primeira vez (tinha seis ou sete anos), vestiu, também pela primeira vez, aquela túnica parda, tecida pela Virgem Santíssima e bordada em baixo com florões amarelos. No caminho, lhe apareceram dois anjos, que lhe anunciaram a morte de Herodes, o Grande.

Vi que São José estava muito abatido uma noite; não lhe pagaram o salário e, assim, não pôde trazer nada para casa, onde tanto precisavam. Cheio de angústia, ajoelhou-se no campo deserto, queixando a Deus sua mágoa. Na noite seguinte lhe apareceu um anjo, que lhe trouxe a ordem de partir do Egito e voltar à sua terra pela estrada real.

A viagem correu sem maior perigo para a Santa Família. Mas Maria Santíssima muitas vezes ficou aflita por causa de Jesus, que sofreu muito com a caminhada através da areia quente. José quis ir primeiro a Belém e não para Nazaré; estava, porém, indeciso. Finalmente lhe apareceu um anjo, que lhe ordenou voltar para Nazaré, o que fez imediatamente. Ana ainda estava viva. Jesus tinha quase oito anos.

DA MOCIDADE DE JESUS. SUA PERMANÊNCIA EM JERUSALÉM ONDE ENSINA AOS DOUTORES DA LEI E É ENCONTRADO PELOS PAIS NO TEMPLO.

Visto que a Escritura Sagrada pouco relata da infância de Jesus, deve ser de grande interesse para nós o que Anna Catarina Emmerich nos conta dessa época, descrevendo como o nosso Divino Salvador passou a infância e mocidade.

Vi a Sagrada Família constituída pelas três pessoas, Jesus, Maria e José, desde o décimo até o vigésimo ano de Jesus, morar duas vezes em casa alugada, com outras famílias; do vigésimo ao trigésimo ano de Cristo, vi-a morar sozinha em uma casa.

Havia na casa três quartos separados: o da Mãe de Deus era o mais espaçoso e agradável e nesse se reuniam também os três membros da família para a oração; fora disso, raramente os vi juntos. Durante a oração ficavam em pé, as mãos cruzadas sobre o peito; pareciam rezar alto. Vi-os rezar muitas vezes de noite, à luz do candeeiro. Todos dormiam separados nos respectivos quartos. Jesus passava a maior parte do tempo no seu quarto. José trabalhava como carpinteiro no seu; vi-o talhar varas e ripas, polir peças de madeira ou, de vez em quando, trazer uma viga. Jesus ajudava-o no trabalho. Maria ocupava-se muito com trabalhos de costura ou certa espécie de ponto de malha, com varinhas. Vi Jesus cada vez mais recolhido, entregue à meditação, à proporção que se lhe aproximava o tempo da vida pública.

Até os dez anos prestava aos pais todos os serviços que podia; era também amável, serviçal e gentil para com todos na rua e onde quer que se lhe oferecesse ocasião. Como menino, era modelo para todas as crianças de Nazaré. Amavam-no e receavam desagradar-lhe. Os pais dos companheiros, censurando os maus costumes e as faltas dos filhos, costumavam dizer-lhes: "Que dirá o filho de José, se lhe contar isso? Como ficará triste!". Às vezes se queixavam para Ele dos filhos, na presença destes, pedindo: "Dize-lhes que não façam mais isto ou aquilo!". E Jesus aceitava-o de maneira infantil, como brincadeira, rogando aos amigos carinhosamente que procedessem de tal ou tal modo; rezava também com eles pedindo ao Pai Celeste força para se emendarem, persuadia-os a confessarem sem demora as faltas e a pedirem perdão.

Jesus tinha figura esbelta e delicada, rosto oval e alegre, a tez sadia, mas pálida. O cabelo liso, de um louro arruivado, repartido no alto da cabeça, pendia-lhe da testa, franca e alta, sobre os ombros. Vestia uma túnica comprida, de cor parda acinzentada, inteiramente tecida, que lhe chegava até os pés; as mangas eram um pouco mais largas nas mãos.

Aos oitos anos foi Jesus pela primeira vez a Jerusalém, para a Festa da Páscoa, e depois ia todos os anos.

Quando Ele foi a Jerusalém, na idade de doze anos, possuía já muitos conhecidos na cidade. Os pais costumavam andar com os conterrâneos nessas viagens e, como fosse já a quinta romaria de Jesus, sabiam que sempre andava em companhia dos jovens de Nazaré. Desta vez, porém, na volta, se separara dos companheiros, perto do Monte das Oliveiras, pensando estes que fosse juntar-se aos pais. Mas quando chegaram a Gofna, notaram Maria e José a ausência de Jesus e tornaram-se muito inquietos. Voltaram imediatamente, procurando-o pelo caminho e em Jerusalém, mas não o acharam logo.

Nosso Senhor se havia dirigido, com alguns rapazes, a duas escolas da cidade; no primeiro dia, a uma; no segundo, a outra. No terceiro dia, fora de manhã a uma terceira escola, e de tarde ao Templo, onde o acharam os pais. Jesus pôs os doutores e rabinos de todas as escolas em tal estado de admiração e de embaraço, pelas suas perguntas e respostas, que resolveram humilhar o Menino, por intermédio dos rabinos mais doutos, na tarde do terceiro dia, em auditório público, interrogando-o sobre diversas matérias. Vi Jesus sentado numa cadeira grande, rodeado de numerosos judeus velhos, vestidos como sacerdotes. Escutavam atentamente e pareciam estar furiosos. Como o Senhor houvesse empregado, nas escolas, muitos exemplos da natureza, das artes e das ciências para demonstrar as suas respostas, reuniram-se conhecedores de todas essas matérias. Começando estes, pois, a discutir com Jesus, entrando em pormenores, objetou-lhes que tais coisas não se deviam discutir no Templo; queria porém lhes responder por ser isso vontade de Deus. Falou então sobre medicina, descrevendo todo o corpo humano, como ainda não conheciam os sábios; discorreu sobre astronomia, arquitetura, agricultura, geometria, matemática, jurisprudência e sobre tudo que lhe foi proposto. Deduziu tudo isso tão claramente da Lei e da promissão, das profecias do Templo, dos mistérios do culto e dos sacrifícios, que uns não se fartavam de admirar e outros ficavam, ora envergonhados, ora zangados, e afinal todos se tornaram furiosos, porque lhes dissera Nosso Senhor coisas de que nunca haviam tido conhecimento, nem tão clara compreensão.

Já havia ensinado desse modo durante algumas horas, quando José e Maria chegaram ao Templo, para se informarem, com levitas conhecidos, a respeito do Filho. Então souberam que se achava com os doutores da lei no auditório. Como fosse um lugar em que não lhes era permitido entrar, mandaram um dos levitas chamar Jesus. Este, porém, lhes mandou dizer que primeiro queria acabar o trabalho. Magoou muito a Maria o não vir Ele logo. Era a primeira vez que fazia saber aos pais que as ordens destes não eram as únicas que tinha a cumprir. Ensinou ainda uma boa hora, e, só depois de todos estarem refutados, envergonhados e em parte zangados, foi que saiu do auditório e se dirigiu ao átrio de Israel e das mulheres, para se encontrar com os pais. José, retraído e admirado, nada disse; Maria, porém, encaminhou-se para Ele dizendo: "Filho, por que nos fizestes isso? Olha que teu pai e eu andávamos te procurando, cheios de aflição". Mas Jesus, ainda muito sério, disse: "Por que me procuráveis? Não sabeis que devo me ocupar das coisas de meu Pai?". Eles, porém, não compreenderam essas palavras e partiram com ele, sem demora, de volta a Nazaré.

A doutrina de Jesus produziu grande sensação entre os doutores da lei; mas estes guardaram silêncio sobre o acontecimento, falando só de um menino presunçoso, a quem haviam repreendido, que possuía bom talento, mas precisava ainda ser educado e polido.

Jesus, ficando em Jerusalém, não teve nenhuma intenção de afligir os pais; teve em mira só a vontade do Pai Celeste, que queria que ficasse, para revelar a divina sabedoria. Por isso, mostrou nas escolas e no Templo um saber maior que o natural. Como menino de doze anos, ainda não freqüentava nenhuma escola, mas já se apresentava como mestre dos doutores. Quisesse Deus tivessem ouvido e recebido a doutrina com coração suscetível! Mas, enfatuados de seu saber, não queriam ser ensinados; antes quiseram humilhá-lo, propondo-lhe perguntas difíceis, às quais, como supunham, não poderia responder. Mas foram eles mesmos que ficaram humilhados pelas sábias respostas de Jesus e por isso se enraiveciam contra Ele. Recusaram-se a ver a luz que os iluminava.

Uma estrela milagrosa anunciara o nascimento do Messias; mas o povo escolhido não se importara com tal fato, nem recebera o Salvador. O Menino Jesus fez brilhar a sua luz no Templo; mas as autoridades do povo, os sacerdotes e doutores fecharam propositadamente os olhos a essa luz. Por isso lhes será tirada: a cada ano, voltará o Salvador ao Templo, mas não ensinará mais publicamente, até que, chegado à idade madura, percorrerá todas as regiões da Palestina, pregando sua doutrina divina a todo o povo. Então se apresentará de novo no Templo, exclamando, em alta voz: "Eu sou a luz do mundo". Jerusalém, se ao menos nesse dia o conhecesses!

A VIDA DO SENHOR, ATÉ O COMEÇO DE SUAS VIAGENS APOSTÓLICAS

Depois de voltar de Jerusalém, viveu Jesus até a idade de trinta anos com Maria e José, em paz e recolhimento, na pequena casa de Nazaré. Nem a Escritura Sagrada, nem a tradição nos transmitem pormenores dessa época; o Evangelho diz apenas: "E era-lhes (aos pais) submisso" (Lc 2, 51). Também Anna Catarina Emmerich conta pouco dessa fase da vida de Jesus. Ouçamos os fatos principais:

> Depois de Jesus ter voltado a Nazaré, vi preparar-se uma festa, em casa de Santa Ana, onde todos os moços e moças, parentes e amigos de Jesus, se reuniram. Nosso Senhor era a pessoa principal dessa festa, à qual estiveram presentes 33 meninos, todos futuros discípulos do

Salvador. Ele os ensinou e contou-lhes uma belíssima parábola de núpcias nas quais a água seria mudada em vinho e os convidados indiferentes em amigos fiéis; depois lhes falou de outras bodas, nas quais o vinho seria mudado em sangue e o pão em carne; e esta boda permaneceria, com os convidados, até o fim do mundo, como consolação e conforto e como vínculo vivo de união. Disse também a Natanael, jovem parente seu: "Estarei presente às tuas bodas".

Desde esse tempo, Jesus sempre foi como que o mestre dos companheiros. Sentava-se no seu meio, contando ou ensinando, ou passeava com eles pelos campos.

Aos 18 anos, começou a ajudar São José na profissão. Dos vinte aos trinta anos, teve muito que sofrer, por secretas intrigas dos judeus. Estes não podiam suportá-lo, dizendo, com inveja, que o filho do carpinteiro queria saber tudo melhor.

Na época em que começou a vida pública, tornou-se cada vez mais solitário e meditativo. Quando Jesus se aproximava dos trinta anos, tornou-se José cada vez mais fraco. Vi Jesus e Maria mais vezes em companhia dele. Maria sentava-se ao lado do seu leito, de quando em quando. Quando José morreu, estava Maria sentada à cabeceira da cama, segurando-o nos braços; Jesus se achava em frente, junto ao peito do moribundo. Vi o quarto cheio de luz e de anjos. O corpo de José foi envolvido em um largo pano branco, com as mãos postas abaixo do peito, deitado num caixão estreito e depositado em uma bela gruta sepulcral, perto de Nazaré, gruta a qual recebera como doação de um homem bom. Além de Jesus e Maria, foram poucos os que acompanharam o caixão; vi-o, porém, acompanhado de anjos e rodeado de luz. O corpo de José foi levado mais tarde pelos cristãos para um sepulcro perto de Belém. Julgo vê-lo jazer ali, ainda hoje, em estado incorrupto.

José teve de morrer antes de Jesus, pois, sendo muito fraco e amoroso, não teria sobrevivido à crucificação do Filho. Já sentira profundamente as perseguições que o Salvador teve de sofrer, dos vinte aos trinta anos, pelas repetidas maldades secretas dos judeus. Também Maria havia sofrido muito com essas perseguições. É indizível com que amor o jovem Jesus suportava as tribulações e intrigas dos judeus.

Depois da morte de José, Jesus e Maria se mudaram para uma aldeia situada entre Cafarnaum e Betsaida, em que um homem chamado Levi ofereceu uma casa a Jesus. Maria de Cléofas, que, com o terceiro marido, vivia na casa de Santa Ana, perto de Nazaré, mudou-se para a casa de Maria, em Nazaré. Vi Jesus e Maria irem de Cafarnaum para lá e creio que Maria ficou ali, pois havia acompanhado Jesus a Cafarnaum.

Entre os moços de Nazaré Jesus já tinha muitos adeptos; mas sempre o abandonavam de novo. Andava com eles pelas regiões marginais do lago e também em Jerusalém, pelas festas. A família de Lázaro, em Betânia, era também já conhecida de Jesus.

As viagens apostólicas de Jesus, antes do seu batismo no Jordão

Segundo as narrações de Anna Catarina Emmerich, o Divino Salvador já fizera, antes do seu batismo, diversas viagens longas através da Palestina, começando a pregar em público sua doutrina. Essas viagens tinham um fim preparativo. Por toda parte exortava os homens a que recebessem o batismo de João, em espírito de penitência, e ensinava que o Messias devia aparecer por aqueles dias. Que Ele mesmo era o Messias, não o dizia por enquanto. Admiravam-no como homem sábio e por suas qualidades espirituais e corporais; ficavam surpreendidos pelos seus feitos milagrosos... mas não chegavam a conhecer-lhe a divindade, pois os judeus tinham opinião muito errada a respeito do Messias e do seu reino. Julgavam-no um rei vitorioso, que fundaria um poderoso reino; Jesus, porém, aos seus olhos, era apenas o "filho do carpinteiro".

Anna Catarina viu Jesus primeiro indo de Cafarnaum a Hebron, por Nazaré e Betânia, onde se hospedou em casa de Lázaro.

Visitou o deserto, onde Isabel escondera o menino João e, voltando a Hebron, começou a visitar os enfermos, consolando-os e aliviando-os. Os possessos tornavam-se sossegados perto d'Ele.

De Hebron, foi Jesus à foz do Jordão, no Mar Morto, atravessou-o para a outra banda, dirigindo-se à Galiléia. Passou por Dothain, cerca de quatro léguas distante de Samaria, onde, numa casa grande, viviam muitos possessos, que ficaram furiosos à aproximação de Nosso Senhor; quando, porém, lhes falou, tornaram-se inteiramente calmos e voltaram para a sua terra.

Em Nazaré, Jesus visitou os conhecidos de seus pais; mas foi, em toda parte, recebido com frieza e, querendo ensinar na sinagoga, não lhe permitiram. Falou, porém, na praça pública, diante de grande multidão de povo, sobre o Messias e João Batista. Depois foi com Maria a Cafarnaum e dali novamente, de aldeia em aldeia, passou pelas sinagogas para ensinar, consolando e socorrendo os enfermos. Esteve em Caná, depois à beira do Mar da Galiléia, onde expulsou o demônio de um possesso. Pedro pescava ali, Jesus falou com André e outros. Partindo do lago, com seis a doze companheiros, tomou o caminho da Sidônia, à beira-mar, passando pela montanha do Líbano; nessa cidade deixou os companheiros e foi a Sarepta, ensinou as crianças e muitas vezes se retirava a uma pequena floresta, perto da cidade, para rezar sozinho. Depois de voltar a Nazaré, ensinou também na sinagoga; como, porém, surgisse descontentamento e murmuração contra Ele, declarou aos amigos que ia a Betsaida. Ali ensinou e, do mesmo modo, em Cafarnaum, percorrendo assim toda a Baixa-Galiléia. Em Séforis, curou cerca de cinqüenta loucos e possessos; por causa disso se deu um tumulto na cidade, de maneira que Jesus teve de fugir, escondendo-se numa casa para abandonar a cidade de noite. Maria, que com outras piedosas mulheres estava presente, afligiu-se muito vendo-o pela primeira vez perseguido com intensidade.

Em Betúlia, Jesus foi recebido e tratado amistosamente, como também em Kedes e Kision. Celebrou o sábado em Jezrael, com os nazarenos, que faziam votos e viviam uma vida de mortificações e austeridades. Tendo depois exortado os publicanos de um lugar, na estrada real de Nazaré, a que não exigissem mais do que os direitos justos, ensinou em Kisloth, ao pé do Monte Tabor, sobre o batismo de João. Os fariseus deram-lhe um banquete, para espiá-lo e examinar-lhe a doutrina. Havia, porém, na cidade um costume e direito antigo, segundo o qual os pobres deviam ser convidados aos banquetes que fossem oferecidos a forasteiros. Sentando-se, pois, à mesa, Jesus perguntou logo aos fariseus onde estavam os pobres e mandou os discípulos chamá-los, pelo que ficaram os fariseus muito zangados. Ainda na mesma noite partiu de Kisloth e chegou, pela tarde do dia seguinte, a Kimki, aldeia de pastores. Quando ensinou na sinagoga, levantaram-se contra Ele os fariseus, provocando um tumulto. Jesus continuou seu caminho, de noite, indo pela estrada real, até um lugarejo perto de Nazaré, habitado por pastores. Ali curou dois leprosos, mandando-os lavar-se com a água na qual Ele havia banhado os pés.

Cerca de um quarto de légua antes de chegar a Nazaré, entrou Jesus na casa de um essênio, chamado Eliud, com o qual rezou e conversou com grande intimidade sobre a sua missão e o mistério da Arca da Aliança. Explicou-lhe como aceitara um corpo humano do germe da bênção, que Deus tirara de Adão, antes do primeiro pecado; que viera para salvar os homens, os quais se mostrariam a Ele muito ingratos.

A Virgem Santíssima veio com Maria de Cléofas a Jesus, suplicando-lhe que não fosse a Nazaré, pois o povo estava irritado. Ele respondeu que esperaria só os companheiros que com Ele queriam ir a João Batista e depois passaria por Nazaré. Maria voltou a Cafarnaum. Jesus, porém, encaminhou-se com Eliud pelo Vale de Esdrelon, à cidade de Endor, pregando aí na praça pública sobre o batismo de João e sobre o Messias. Os habitantes de Endor não eram propriamente judeus, mas antes escravos refugiados. Na tarde do terceiro dia voltou com Eliud e foi a Nazaré, onde ensinou na escola e sinagoga, falando de Moisés e explicando profecias sobre o Messias. Mas, como falasse de tal modo que os fariseus puderam concluir que se referia a eles mesmos, enraiveceram-se contra Ele, censurando-lhe as relações com os publicanos e pecadores, como também o fato de abençoar muitas crianças a pedido das mães. Na escola, lhe propuseram muitas perguntas intricadas; mas Jesus reduziu todos os doutores ao silêncio. Aos magistrados respondeu com a Lei de Moisés; ao médico, falou das doenças e do corpo humano, revelando conhecimentos inteiramente ignorados; aos astrônomos, ensinou o curso dos astros; discorreu também sobre comércio e indústria. Três jovens ricos pediram para ser recebidos como discípulos; Ele, porém, os recusou com tristeza, porque não pediram com intenção sincera.

O Senhor enviou os discípulos, que então eram nove, a João, a quem mandou anunciar a sua vinda. Ele próprio, porém, acompanhado por Eliud, foi de Nazaré primeiro a Chim, curou aí um leproso, e continuou depois o caminho pelo Vale de Esdrelon. Nessa noite, no caminho, Jesus se mostrou a Eliud na sua gloriosa transfiguração; na manhã seguinte, o Senhor o mandou voltar para casa.

Jesus continuou o caminho; passando ao pé do Monte Garizim, perto de Samaria, chegou à cidade de Gofna, onde o receberam com respeito. Entrando na sinagoga, explicou o livro de um profeta e provou que o tempo do Messias deveria haver chegado. Depois foi a uma aldeia de pastores e lhe falaram do matrimônio ilícito de Herodes; Jesus censurou severamente o procedimento do rei; com o mesmo rigor condenou, em geral, os pecados da vida matrimonial. Repreendeu também alguns em particular, pela vida de adultério que levavam; a muitos disse os pecados mais ocultos, de modo que prometeram, com profunda contrição, fazer penitência.

De noite, chegou Jesus a Betânia e hospedou-se em casa de Lázaro, onde Nicodemos, João, Marcos, Verônica e outros estavam reunidos.

Durante a refeição, disse Jesus que lhe ia chegar um tempo muito sério; que Ele estava para entrar em um caminho cheio de contrariedades e perseguições; que lhe ficassem fiéis, se queriam ser-lhe verdadeiros amigos. No dia seguinte, Marta apresentou Jesus à irmã, chamada Maria Silenciosa. Jesus falou-lhe; conversaram sobre coisas divinas. Marta falou-lhe também, com grande tristeza, a respeito de Madalena; Jesus consolou-a.

A Mãe de Nosso Senhor veio também a Betânia, com algumas das santas mulheres. O Divino Mestre falou-lhe carinhoso e sério, dizendo-lhe que ia agora procurar João, para ser batizado, e que depois teria de cumprir sua missão; havia de amá-la como sempre, mas, daquele tempo em diante, devia viver e trabalhar para todos os homens.

Jesus seguiu então com Lázaro em direção a Jericó, para serem batizados; andou descalço pelo caminho pedregoso; até o lugar do batismo, contavam-se cerca de nove léguas.

Vida pública de João Batista

Antes do Salvador começar a pregar publicamente a sua doutrina, enviou a Divina Providência um homem que, pelo aspecto extraordinário e pelas exortações à penitência e ao batismo, devia atrair a atenção de todo o povo. Era João, filho de Zacarias e Isabel, de Hebron. Para salvar o mesmo dos assassinos de Herodes, por ocasião da carnificina das inocentes crianças de Belém, a mãe levara-o para o deserto, em que permaneceu até o princípio da sua vida pública. A tarefa de João Batista, como o último e maior profeta do Velho Testamento, era preparar o caminho do Salvador e, estando já no limiar do Novo Testamento, apresentar Jesus, o Cordeiro de Deus que, carregado dos pecados de todo o mundo, devia realizar a salvação do gênero humano, por seu amor e Paixão. Como João cumpriu essa difícil tarefa, conta-nos intuitivamente a religiosa de Dülmen:

> Pouco antes de deixar o deserto do Líbano, teve João uma revelação a respeito do batismo. Voltou depois do deserto para junto dos homens, produzindo em todos uma impressão maravilhosa. Alto, emagrecido pelo jejum e pelas mortificações, mas forte, era uma figura extraor-

dinariamente nobre, pura, simples e dominante. Pelo meio do corpo, trazia cingido um pano, que lhe caía até aos joelhos. Vestia um manto áspero, pardo; braços e peito descobertos.

Vindo do deserto, começou a construir uma ponte sobre um ribeiro. Falava só de penitência e da próxima vinda do Senhor. Tinha a voz aguda como uma espada, forte e severa; mas sempre agradável. Passava por toda a parte, em caminho reto; vi-o correndo, através de matos e desertos, tirando pedras e árvores do caminho, preparando lugares de descanso, reunindo os homens que o admiravam, buscando-os até nas cabanas para auxiliá-lo. Caminhou ao longo do Mar da Galiléia e, seguindo o vale do Rio Jordão, passou perto de Jerusalém, para a qual olhou com tristeza; de lá foi à sua terra e a Betsaida. Nos três meses antes de começar o batismo, percorreu duas vezes o país, anunciando Aquele que havia de vir. Em lugares onde não havia nada que fazer, vi-o correr de campo em campo. Entrava pelas casas e escolas; para ensinar, reunia o povo em redor de si, nas ruas e praças públicas. Muitas vezes o vi indicar a região onde Jesus naquele momento se achava.

João batizou em diversos lugares: primeiro, perto de Ainon, na região de Salem; depois em Ono, à margem ocidental do Jordão, não muito longe de Jericó; em seguida, a leste do Jordão, algumas léguas mais para o norte do segundo lugar; por fim voltou a Ainon. A água de que João usava ali em Ainon, para batizar, era de uma lagoazinha, separada de um braço do Jordão por um pequeno dique. A pessoa que se batizava ficava entre duas línguas de terra, com a água até à cintura; punha-se São João numa dessas línguas, tirando água com uma taça e derramando-a sobre a cabeça do neófito; na outra, se achava um homem já batizado, que colocava a mão sobre o ombro do que estava sendo batizado; ao primeiro, João mesmo impusera a mão.

Tendo João se tornado famoso, no correr de algumas semanas, pela sua doutrina e pelo batismo, Herodes enviou-lhe um mensageiro, com a ordem de apresentar-se a ele; João, porém, respondeu que tinha muito que fazer, e, se Herodes quisesse falar-lhe, podia vir pessoalmente. Herodes veio, de fato, a um lugar cerca de cinco léguas distante de Ainon. Chegando lá, falou-lhe João longamente, com tom muito sério e severo.

Vi que Simão, Tiago, o Menor, Tadeu e também André, Filipe e Levi, chamado depois Mateus, foram batizados por João.

De Nazaré, Jerusalém e Hebron mandaram grupos inteiros de fariseus e chefes das sinagogas como mensageiros a João, para interrogá-lo a respeito de sua missão. Vieram também cerca de trinta soldados a

INTRODUÇÃO: FAMÍLIA, AMIGOS, INFÂNCIA E MOCIDADE DE JESUS

João, que os repreendeu severamente, por não terem a intenção de emendar-se. A multidão dos homens era enorme; centenas achavam-se sentados por ali e outras centenas chegavam continuamente, para ouvir-lhe a doutrina e receber o batismo.

Em Jerusalém houve uma grande sessão do Sinédrio por causa de João. Por três autoridades foram enviados nove homens, entre os quais José de Arimatéia. Deviam perguntar a João quem era ele e ordenar que viesse a Jerusalém, pois se a sua missão fosse justa e legal, teria se apresentado primeiro no Templo. João deu apenas uma resposta curta e áspera. José de Arimatéia recebeu o batismo.

Vi João atravessar o Jordão e batizar enfermos; depois voltou à banda oriental do rio, a Ainon. Ali apareceu um anjo, que o mandou ir para o outro lado do Jordão, a um lugar perto de Jericó, pois que se aproximava Aquele que havia de vir. Então levantaram João e os discípulos as tendas e cabanas do lugar de batismo em Ainon e atravessaram o rio; o segundo lugar de batismo dista cerca de cinco léguas de Jerusalém. Vieram de novo duas vezes emissários do Templo, fariseus, saduceus e sacerdotes a João. Disse-lhes que se levantaria entre eles um homem, o qual não conheciam; que esperassem, pois em pouco viria Aquele que mandara.

"Eu, na verdade, vos batizo em água, mas virá outro, mais forte do que eu, a quem não sou digno de desatar a correia dos sapatos; ele vos batizará na virtude do Espírito Santo e no fogo" (Lc 3, 16).

O lugar onde João pregava, era situado à distância de menos de meia-légua do lugar do batismo. Ali estava ensinando, quando Herodes veio, pela segunda vez; João não se incomodou. Herodes tinha o desejo ilícito de casar-se com a mulher de seu irmão. Propusera, em vão, ao Sinédrio declarar lícito esse matrimônio; temendo também a voz pública, quis apaziguá-la por uma sentença de João. Este ensinou, diante dos discípulos, com grande franqueza, sobre o assunto a respeito do qual Herodes queria informar-se. Este mandou entregar-lhe um rolo, que continha escrita a sua causa. O rolo foi posto aos pés de João, pois este não quis contaminar-se, tocando-o com a mão com que batizava. Então vi Herodes, indignado, deixar o lugar com o séquito.

João ensinou sobre o próximo batismo do Messias e disse que nunca o tinha visto, mas acrescentou: "Para vos dar testemunho d'Ele mostrar-vos-ei o lugar onde será batizado. Eis que as águas do Jordão se dividirão e surgirá uma ilha". No mesmo instante vi que as ondas do rio se dividiram e avistou-se uma ilhota branca. Era esse o lugar onde os filhos de Israel atravessaram o Jordão com a Arca da Aliança. João e os discípulos fizeram uma ponte, até a ilhota. Ao lado esquerdo desta, havia uma fossa, da qual subia água clara. Alguns degraus conduziam para baixo e, perto da superfície da água jazia uma pedra sobre a qual Jesus devia permanecer durante o seu batismo.

Mais uma vez vi chegar uma comissão de cerca de vinte pessoas, enviadas pelas autoridades de Jerusalém para pedir contas a João. Respondeu-lhes como antes, apelando para Aquele que viria em pouco para ser batizado.

Depois vi Herodes chegar até perto do lugar de batismo; discutiu com João, que o tinha excomungado.

Vieram então a João também os discípulos que Jesus despedira em Nazaré; falaram-lhe de Jesus. Ao batizá-los, João teve a íntima certeza de que Jesus estava perto, pois o viu também numa visão. Desde então ficou João cheio de indescritível alegria e com saudade de Jesus.

O batismo de Jesus e o jejum de quarenta dias

Os homens caíram pela soberba; pela humildade quis o Salvador levantá-los. Por isso, já no começo de sua tarefa difícil de ganhar os homens para o reino de Deus, pelo exemplo e pela Paixão, submeteu-se a uma profunda humilhação, deixando-se batizar por João. Assim exortou o povo, pelo exemplo, a imitá-lo, ensinando-nos também ao mesmo tempo a implorar, em espírito de humildade e penitência, a bênção de Deus para nós e para nossos trabalhos. Pois a penitência e humildade nos tornam dignos da bênção e do agrado de Deus. Por isso, era tão meritória a humilhação voluntária do Filho de Deus, recebendo o batismo de João; mereceu a santificação da água e os efeitos sacramentais do santo batismo. Catarina Emmerich narra assim o batismo de Jesus:

> Estava reunida uma extraordinária multidão de povo e João falou com grande alento sobre a próxima vinda do Messias e sobre a penitência; disse também que teria de desaparecer, para dar lugar Àquele. Jesus estava no meio do auditório lotado. João, que o viu bem, ficou extremamente satisfeito e fervoroso. Já tinha batizado a

muitos, quando Jesus, por sua vez, desceu ao tanque do batismo. Então disse João, inclinando-se diante d'Ele: "Sou eu que devo ser batizado por vós e vindes a mim!". Jesus respondeu-lhe: "Deixa fazer por ora; convém que assim cumpramos toda a justiça, que me batizes e que eu seja batizado por ti". Também lhe disse: "Receberás o batismo do Espírito Santo e de sangue".

O Salvador dirigiu-se então por cima da ponte, à ilhota, acompanhado por João e pelos discípulos André e Saturnino. Entrando em uma tenda, despiu as vestes e veio para fora, coberto de uma túnica de um tecido pardo; desceu à margem do tanque, onde despiu também a túnica, tirando-a pela cabeça. Cingiu os rins com uma faixa, que lhe envolvia as pernas, até abaixo dos joelhos. Assim entrou na fonte. João estava de lado, ao sul do tanque; tinha na mão uma taça com aba larga e três biqueiras. Abaixando-se, tirou água com a taça e derramou-a pelas três biqueiras sobre a cabeça do Senhor, dizendo mais ou menos as seguintes palavras: "Jeová derrame a sua bênção sobre ti, pelos querubins e serafins, com sabedoria, inteligência e fortaleza". Jesus subiu então e André e Saturnino cobriram-no com um pano, com o qual se enxugou; vestindo-o depois de uma comprida túnica branca de batismo, impuseram-lhe as mãos aos ombros, enquanto João lhe pôs a mão na cabeça.

Ouviu-se então um grande bramido vindo do céu, como um trovão, e todos que estavam presentes olharam para cima, estremecendo. Desceu uma nuvem branca e luminosa e vi uma figura brilhante, com asas, por cima de Jesus, derramando sobre Ele uma torrente de luz; vi também a aparição do Pai Celestial e ouvi as palavras: "Este é meu Filho bem-amado, no qual pus as minhas complacências".

Jesus, porém, subiu os degraus, vestiu a túnica e dirigiu-se, cercado dos discípulos, ao largo da ilha. João falou com grande alegria ao povo, dando testemunho de que Jesus era o Messias prometido. Citou as promissões dos patriarcas e profetas, que nesse momento foram cumpridas; contou o que tinha visto e que era a voz de Deus, que todos tinham ouvido. Disse também que, daí a pouco, se retiraria, logo que Jesus voltasse. Exortou todos a seguirem Jesus.

Jesus confirmou simplesmente o que João dissera. Disse também que se retiraria por algum tempo, mas que depois viessem a Ele todos os enfermos e aflitos, pois lhes daria consolação e socorro.

Depois de batizado, Jesus partiu com os companheiros, primeiro para Belém, seguindo daí para o sul do Mar Morto, pelo mesmo caminho que a Sagrada Família tomara na fuga para o Egito. De lá, voltando, foi conduzido pelo Espírito Santo ao deserto, para jejuar quarenta dias. Começou o jejum na montanha de Jericó, onde subiu ao monte deserto e íngreme de Quarantania e rezou em uma gruta. Descendo do monte, atravessou em uma embarcação o Rio Jordão e veio a uma montanha muito íngreme, distante cerca de nove léguas do Jordão. Jesus rezava numa gruta, ora prostrado por terra, ora de joelhos, ora em pé. Não comia nem bebia, mas era confortado pelos anjos.

"Cada dia", conta Anna Catarina Emmerich,

a obra da oração de Jesus é diferente; cada dia nos alcança outras graças. Sem essa obra, não podia ser meritória a nossa resistência às tentações.

Outro dia o vi prostrado com o rosto em terra, quando vieram numerosos anjos, que o adoraram e lhe perguntaram se podiam apresentar-lhe a sua missão e se ainda era a sua vontade sofrer como homem, para os homens. Tendo Jesus de novo confirmado sua vontade de aceitar os sofrimentos, erigiram-lhe em frente uma cruz alta.

Três anjos trouxeram uma escada, outro uma cesta, com cordas e ferramentas; outros, a lança, a haste de hissopo, varas, açoites, coroa de espinhos, pregos, tudo o que depois se empregou na Sagrada Paixão. A cruz, porém, parecia oca; podia abrir-se como um armário e estava cheia de inúmeros e diversíssimos instrumentos de tortura. Todas as partes e lugares da cruz eram de cores diferentes, pelas quais se podia conhecer que tortura teria de sofrer. Havia também na cruz muitas fitas de diversas cores, como que relatórios de muitas contrariedades e trabalhos que Jesus teria de suportar na sua vida e Paixão, da parte dos discípulos e de outros homens. Quando, desse modo, toda a Paixão estava posta diante d'Ele, vi que Jesus e os anjos choravam.

Satanás não sabia que Jesus era Deus, tomou-o por um profeta. Uma vez o vi à entrada da gruta, sob a figura de certo jovem, a quem Jesus muito amava. Fez barulho, pensando que Jesus se zangasse; mas este nem olhou para ele. Depois, enviou o Demônio sete ou nove aparições de discípulos à gruta; disseram-lhe que o tinham procurado ansiosamente; não devia arruinar-se lá em cima e abandoná-los. Jesus disse somente: "Afasta-te, Satanás, ainda não é tempo". Então desapareceram todos. Em um dos dias seguintes vi Satanás querendo afigurar-se anjo, trajando vestes resplandecentes. Chegou voando à entrada da gruta e disse: "Fui enviado por vosso Pai, para vos confortar". O Senhor, porém, não olhou para ele.

Jesus sofreu fome e sede. Ao cair da noite, Satanás, sob a forma de um homem alto e forte, subiu ao monte. Levava duas pedras que tirara em baixo, dando-lhes forma de pães. Disse a Jesus: "Se sois o Filho de Deus, fazei que estas pedras se mudem em pão". Ouvi Jesus apenas dizer: "O homem não vive de pão". Satanás ficou furioso e desapareceu.

Ao cair da tarde do dia seguinte, vi Satanás aproximar-se de Jesus, em forma de um anjo poderoso. Vangloriando-se, disse-lhe: "Mostrar-vos-ei quem sou e o que posso. Eis aí Jerusalém e o Templo. Vou colocar-vos na mais alta torre; mostrai então o vosso poder". Satanás segurou-o pelos ombros e, levando-o pelos ares a Jerusalém, colocou-o no cimo de uma torre. Depois voou para baixo, à terra, e disse: "Se sois o Filho de Deus, mostrai o vosso poder e atirai-vos à terra; pois está escrito: 'Ele mandará os seus anjos, que vos sustentarão com as mãos, a fim de que não magoeis os pés de encontro às pedras'". Jesus respondeu: "Também está escrito: 'Não tentarás o Senhor teu Deus'". Então voltou Satanás, cheio de raiva, e Jesus lhe disse: "Usa do teu poder, do poder que te foi dado". Satanás furioso, segurou-o de novo pelos ombros, e, levando-o por cima do deserto, em direção a Jericó, colocou-o no mesmo monte onde Jesus começara o jejum.

Era o ponto mais alto do monte, no qual o tinha posto; mostrou em redor de si e viram-se os mais maravilhosos panoramas em todas as direções do mundo. Então disse Satanás a Jesus: "Sei que quereis propagar agora a vossa doutrina. Eis aí todas essas terras magníficas, esses povos poderosos e aqui a pequena Judéia. Ide lá! Dar-vos-ei todas essas terras, se, prostrado a meus pés, me adorardes". Jesus disse: "Adorarás o Senhor teu Deus e a Ele servirás. Afasta-te, Satanás!". Então vi Satanás, em uma forma indescritivelmente hedionda, lançar-se para baixo e desaparecer.

Logo depois, vi um grupo de anjos aproximar-se de Jesus e levá-lo à gruta onde começara o jejum. Eram doze esses anjos e numerosos outros, para o servirem. Celebrou-se, então, na gruta, uma festa em ação de graças e de júbilo, e depois houve um banquete.

Jesus desceu do monte e veio ao Jordão, perto do lugar onde João estava batizando. Este se voltou logo para o Mestre, exclamando: "Eis o Cordeiro de Deus, que tira os pecados do mundo".

Podia-se perguntar: por que fez Jesus um jejum tão rigoroso? Por que se sujeitou àquelas tentações?

Jesus está para começar uma vida pública; quer percorrer abertamente o país, repreender os pecadores, convidá-los a converter-se e fazer penitência; na sua doutrina, terá de fazer frente muitas vezes a opiniões errôneas a respeito da fé e da moral; terá de apresentar-se ao povo como o Messias prometido, como Filho de Deus e de exigir humilde aceitação de sua doutrina. É uma tarefa dificílima, que traz consigo muitos trabalhos penosos, mortificações, sofrimentos, inimizades e perseguições. Por isso se prepara o Salvador para essa obra com jejum e meditação na solidão do deserto.

Ali no retiro absoluto deixa tentar-se por Satanás que parece não lhe conhecer a divindade. Por causa da inseparável união de sua alma com o Verbo Divino, não podia a tentação nascer-lhe da própria natureza, mas podia só provir do exterior.

O homem tentado, pela tríplice concupiscência, é logo inclinado a ceder à tentação e, desse modo, inúmeros homens caem na ruína temporal e eterna. Jesus, porém, quer salvar os homens dessa maior desgraça; por isso, oferece também o jejum e as tentações sofridas como expiação dos pecados. Assim nos mostra como devemos vencer a tentação; pela vitória sobre a mesma tentação nos faz merecer a graça de vencê-la também. Em tudo se tornou igual a nós, com exceção do pecado.

Eleição dos primeiros discípulos e o milagre de Caná

A figura majestosa de Jesus, o seu trato sério, mas sempre amável e delicado, a força da sua palavra, juntamente com os prodígios extraordinários que operava, deviam fazer profunda impressão em todos. Uns, cheios de boa vontade, creram-lhe humildemente na doutrina e nos milagres; outros, malignos, invejosos e de coração endurecido, encheram-se de ódio contra Ele. Quem não se lembra, à vista desses fatos, da profecia do velho Simeão: "Este Menino está posto para a ruína e salvação de muitos em Israel"?

Do número ainda pequeno dos adeptos só poucos se tinham juntado a Ele, acompanhando-o nas viagens apostólicas. Quando, porém, saiu do deserto, depois do jejum de quarenta dias, aumentou o número dos discípulos; entre estes era André um dos primeiros. Ouvira, com Saturnino, João indicar a Jesus, dizendo: "Eis aí o Cordeiro de Deus, que tira os pecados do mundo". Ambos se reuniram a Jesus. André conduziu o irmão Simão ao Salvador, que lhe disse: "Tu és Simão, filho de Jonas; no futuro serás chamado Kephas (latim: Petrus)". Jesus encontrou-se depois com Filipe e convidou-o a ser seu discípulo, dizendo-lhe: "Segue-me". Filipe falou a Natanael do Messias; mas só o saber sobrenatural de Jesus o induziu a segui-lo.

Com os discípulos e parentes, dirigiu-se Jesus a Caná, para assistir às bodas a que Ele e sua Mãe tinham sido convidados. O noivo chamava-se Natanael e tinha certo parentesco com Jesus; pois era sobrinho da filha de Sobe, a qual já conhecemos como irmã de Santa Ana. Conta-nos Anna Catarina Emmerich o seguinte:

> Estavam reunidos mais de cem convidados. Jesus dirigia a festa, presidia os divertimentos, temperando-os com palavras de sabedoria. Foi também quem organizou todo o programa da festa.
>
> Vi os convidados, homens e mulheres, divertirem-se separados num jardim, conversando ou brincando. Jesus também tomou parte em um jogo de frutas, com amável seriedade. Dizia, às vezes, sorrindo, algumas palavras sábias, que todos admiravam ou escutavam comovidos. Nesses dias falou Jesus muito em particular com aqueles discípulos que, mais tarde, se tornaram seus apóstolos. Quis revelar-se, nessa festa, a todos os parentes e amigos e desejou que todos até então por Ele eleitos se conhecessem uns aos outros, naquela reunião, em que havia maior franqueza.
>
> No terceiro dia depois da chegada de Jesus, foi celebrada a cerimônia de casamento. Noivo e noiva foram conduzidos da casa da festa à sinagoga. No cortejo havia seis meninos e seis meninas, que levavam grinaldas; depois seguiam seis moços e moças, com flautas e outros instrumentos. Além desses, doze donzelas acompanhavam a noiva, como paraninfas, e ao noivo, doze mancebos.
>
> A cerimônia do casamento foi feita pelos sacerdotes, diante da sinagoga. Os anéis que trocaram foram um presente de Maria Santíssima e tinham sido bentos antes por Jesus.
>
> Para o banquete nupcial reuniram-se todos de novo, no jardim. Vi um jogo preparado por Jesus para os homens: a cada um dos jogadores que era sorteado, indicava-lhe as qualidades, os defeitos e virtudes. Jesus interpretava a sorte de cada um, conforme a combi-

nação das frutas que ganhavam. O noivo ganhou para si e a esposa duas frutas estranhas, em um só pé, como já vi antes, no Paraíso. Todos se admiravam muito e Jesus falou do matrimônio e do cêntuplo fruto da castidade. Depois dos noivos terem comido a fruta, vi que uma sombra escura se afastava deles. A fruta tinha relação com a castidade e a sombra que se apartava era a concupiscência da carne.

Ao jogo no jardim seguiu-se o banquete nupcial. A sala estava dividida em três partes; na do meio estava Jesus sentado à cabeceira da mesa. À mesma mesa sentaram-se também Israel, o pai da noiva, os parentes masculinos de Jesus e da noiva e também Lázaro. Às outras mesas laterais sentaram-se os outros convidados e os discípulos. O noivo serviu as mesas dos homens e a noiva as das mulheres.

Jesus encarregara-se das despesas do segundo prato do banquete — Lázaro pagou as despesas, mas só Jesus e Maria o sabiam. Tudo estava bem arranjado pela Santíssima Virgem e Marta. Jesus lhe tinha dito que forneceria o vinho para esse prato. Depois de ter sido servido às mesas laterais o segundo prato, que constava de aves, peixe, iguarias de mel, frutas e uma espécie de pastéis, que Seráfia (Verônica) trouxera, Jesus aproximou-se e repartiu todas as iguarias; depois se sentou de novo à mesa. Serviram-se as iguarias, mas faltou vinho. Jesus, porém, estava ensinando. Esta parte do banquete ficou aos cuidados da Santíssima Virgem e, como notasse que faltava vinho, aproximou-se de Jesus, lembrando-lhe ansiosamente essa falta, porque Ele tinha dito que o forneceria.

Jesus, que falava do Pai Celestial, disse-lhe então: "Mulher, não vos aborreçais com miudezas. Deixai de inquietar-vos e a mim; minha hora ainda não chegou". Assim falando, não manifestava falta de respeito à sua Mãe. Disse "mulher" e não "mãe" porque quis nesse momento, como Messias e Filho de Deus, realizar uma ação misteriosa diante dos seus discípulos e parentes, mostrando que ali estava presente na sua missão divina. Maria não se inquietou mais; disse aos criados: "Fazei tudo que Ele vos mandar".

Depois de algum tempo, mandou Jesus aos criados trazerem as ânforas vazias e virarem-nas. Trouxeram-nas; eram três ânforas de água e três de vinho. Os criados mostraram que estavam vazias, virando-as por cima de uma bacia. Jesus mandou que enchessem todas com água. As ânforas eram grandes e pesadas; era preciso dois homens para transportarem cada uma. Depois de estarem cheias de água, e postas ao lado do aparador, Jesus aproximou-se, benzeu as ânforas e, tendo se sentado de novo à mesa, disse: "Enchei os cálices e levai ao arquitriclino⁹ (despenseiro)". Este, tendo provado o vinho, aproximou-se do noivo e disse-lhe que sempre fora costume dar primeiro o bom vinho e, depois dos convidados terem bebido bastante, oferecer o vinho inferior, mas que ele tinha dado o melhor no fim. Então beberam também o noivo e o pai da noiva, ficando ambos pasmos; os criados protestaram que haviam enchido de água as ânforas e tirado delas para encher os cálices e copos das mesas. Então beberam todos. Não houve, porém, nenhum barulho por causa do milagre, mas reinava silêncio respeitoso em toda a reunião, e Jesus ensinou muito a respeito do que se passara. Todos os discípulos, parentes e convidados estavam agora convencidos do poder de Jesus e de sua dignidade e missão. Desse modo esteve Jesus a primeira vez na sua comunidade e foi o primeiro prodígio que nela e para ela operou, para confirmar-lhe a fé. Por isso é relatado na história da sua vida como o primeiro milagre e a Última Ceia como o último milagre, quando já era firme a fé dos apóstolos.

Ao fim do banquete veio o noivo sozinho a Jesus e declarou-lhe, com muita humildade, que sentia extinta em si toda a concupiscência da carne e que desejava viver em santidade com a esposa, se ela consentisse. Também a noiva veio a Jesus, sozinha, dizendo-lhe o mesmo. Chamou-os então Jesus a ambos e falou-lhes do matrimônio, da castidade, tão agradável a Deus, e do fruto cêntuplo do espírito. Citou muitos profetas e santos que viveram castos, sacrificando a carne, por amor do Pai Celestial, que tiveram como filhos espirituais muitos homens perdidos, reconduzindo-os ao caminho da virtude, e assim tinham feito grande e santa descendência. Os noivos fizeram então voto de continência e de viverem como irmãos durante três anos. Ajoelharam-se diante de Jesus, que os abençoou.

Resumo do primeiro ano da vida pública de Jesus

Damos uma relação sumária da vida pública de Jesus, segundo as informações da piedosa freira de Dülmen.

O primeiro ano de pregação de Nosso Senhor compreende o tempo da primeira viagem, antes do batismo, até a primeira Páscoa em Jerusalém. Nesse tempo, tiveram lugar o batismo de Jesus por

9 Arquitriclino: espécie de chefe dos garçons.

João Batista, sua estadia por quarenta dias no deserto e seu primeiro milagre público, relatado pelas Escrituras Sagradas — o das bodas de Caná.

Pouco tempo depois de voltar do deserto, Jesus mandou André e Saturnino batizarem perto de Betabara. Quando Jesus, vindo de Caná e passando por Cafarnaum, ao longo do Lago de Genesaré, foi a Jericó, ao lugar onde João batizava, já este não batizava quase ninguém, mas mandava todos a Jesus. Partindo Jesus da região de Jericó, caminhou por um desvio para Nebo, onde instruiu os novos batizados, como também em outros lugares, mandando-os batizar pelos discípulos. De lá, foi a Jezrael, ao sul da Galiléia, onde os discípulos da Galiléia se juntaram a Ele; Madalena deixa-se persuadir por Lázaro e Marta a ir também lá. Viu Jesus passar pelas ruas e o Salvador olhou-a tão sério que ficou toda arrependida e envergonhada da vida pecaminosa que levava.

Jesus encaminhou-se depois para Cafarnaum e, passando por Betúlia e Kisloth, no Monte Tabor, voltou a Jezrael. Todo o país já conhecia sua doutrina e seus milagres; por isso concorria o povo aos lugares onde o Mestre pregava.

Tendo ido de novo a Cafarnaum, visitou sua Mãe, ensinou na sinagoga e curou enfermos; saiu da Galiléia e viajou por Dothain, Séforis, através da Samaria, até Betânia na Judéia, onde se hospedou em casa de Lázaro. Todos os dias ia a Jerusalém para rezar no Templo e ensinar. Em um desses dias mandou, muito amável e delicadamente, aos numerosos negociantes que se retirassem do átrio dos orantes para o átrio dos gentios. Encontrando-se ali de novo, procedeu com maior severidade, avisando-lhes de que duas vezes os exortava por bem e que da terceira vez empregaria a violência.

Como a Páscoa estivesse perto, chegara já muita gente a Jerusalém. Jesus comeu o cordeiro pascal, em casa de Lázaro, no Monte Sião, junto com os discípulos e parentes. A maior parte da noite passou em oração. Ao amanhecer, se dirigiu ao Templo, onde os negociantes se encontravam de novo no átrio dos orantes. Quando, à ordem que lhes deu de se retirarem, quiseram resistir, pegou num cabo e, derrubando as mesas, empurrou os teimosos para fora; os discípulos também empurraram e forçaram todos a sair. Grande número de sacerdotes acorreram e perguntaram-lhe quem lhe dera o direito de fazer isso, ao que Ele respondeu que o Templo era ainda um lugar sagrado, apesar do Santo tê-lo abandonado, e não devia tornar-se lugar de usura e comércio. Em outro dia Jesus curou no átrio do Templo cerca de dez paralíticos e mudos, o que causou grande sensação.

Resumo do segundo ano da vida pública de Jesus

Três semanas depois da Páscoa, partiu Jesus de Betânia e foi ao lugar de batismo, perto de Ono. Ali o procurou um mensageiro do Rei Abgar de Edessa, que estava doente e pediu para ser curado. Enquanto Jesus ensinava, pintou-lhe esse homem o rosto, num pequeno quadro branco; esforçou-se por muito tempo, mas não conseguiu fixá-lo bem, pois cada vez que olhava para Jesus parecia estar admirado do seu rosto, julgando que devia começar de novo. Acabada a pregação de Jesus, ajoelhou-se o mensageiro diante d'Ele e entregou-lhe uma carta do rei. Jesus leu-a e escreveu nela algumas palavras. Depois apertou a parte mole do invólucro de encontro ao rosto e devolveu a carta ao mensageiro; este a apertou também sobre o desenho que fizera, que depois mostrou a perfeita semelhança com o rosto de Jesus. Também no pano em que Jesus tocara, lhe ficou gravado o retrato.

Por causa do grande concurso de povo no lugar onde Jesus batizava, mandaram os fariseus invejosos mensageiros, com cartas, a todas as sinagogas do país com a ordem de prendê-lo e entregá-lo, e de prender e repreender-lhe os discípulos. Jesus mandou por isso aos discípulos que se dispersassem, enquanto Ele, com poucos companheiros, fez a longa viagem para Tiro e Sidônia, onde pregou a doutrina e curou enfermos. Entretanto, foram chamados os discípulos a Jerusalém e Genabris, para responderem acerca da doutrina de Jesus e das relações que tinham com Ele. Pedro, André e João foram também citados e presos, mas rasgaram os laços com um leve esforço, como por milagre, e foram soltos.

Jesus, porém, voltou furtivamente a Cafarnaum, onde consolou sua Mãe e os discípulos, retirando-se depois novamente para Tiro. Ali foi a Sichor, Libnath e Adama. Neste último lugar, contou a parábola do intendente infiel.[10] Um velho judeu dessa cidade, que obstinadamente falou contra a doutrina de Jesus e por um milagre ficou com o corpo curvado, converteu-se e foi curado por outro milagre. De Adama, dirigiu-se Jesus ao Monte do Sermão, perto de Berota, a seis léguas de Adama, e lá pregou a alguns milhares de homens, das dez horas da manhã até à noite. Quando chegou a Cafarnaum, vieram os discípulos de João dar-lhe a notícia da prisão do mestre. Jesus continuou a viagem, encaminhando-se para Betânia, onde permaneceu alguns dias. De noite se retirou para a gruta do Monte das Oliveiras, para rezar na solidão e também porque Adão e Eva, expulsos do Paraíso, pisaram pela primeira vez a Terra ali, no Monte das Oliveiras. Lázaro e as piedosas mulheres ofereceram-se para edificar hospedarias para Jesus e os discípulos, e assim resolveram que se construíssem quinze hospedarias, distribuídas por todo o país. Jesus contou a parábola da pedra preciosa,[11] aplicando-a a Madalena, que, como tal, se tinha perdido. Depois partiu para Bethoron, Kibzaim, passando por Gabaa e Najoth, falando em toda a parte do último tempo da graça e da justiça que se seguiria a ele. Contou também a parábola do dono da vinha,[12] que afinal havia enviado o filho e proferiu os "Ais" sobre Jerusalém. Continuando o caminho pela Samaria, foi ao poço de Jacó, perto de Sicar, onde conversou com a samaritana[13] Dina e se lhe deu a conhecer como o Messias prometido. Depois tomou o caminho da Galiléia, por Atharot e Engannim, onde curou cerca de quarenta coxos, cegos, mudos, etc., seguindo depois, por Naim e Caná, para o Lago de Genesaré. Em Caná lhe veio ao encontro o mensageiro do tribuno de Cafarnaum, ensinou ali alguns dias, curando muitos enfermos. Tendo visitado Betsaida, foi também a Nazaré e, entrando na sinagoga, interpretou como referente a Ele mesmo o trecho do profeta Isaías 61, 1: "O Espírito do Senhor repousou sobre mim, porque o Senhor me encheu de sua unção; mandou-me evangelizar os pobres, curar os contritos de coração, pregar remissão aos cativos e

---

10   Lc 16, 1–13.
11   Mt 13, 45–46.
12   Mt 20, 1–16.
13   Jo 4, 5–42.

liberdade aos encarcerados, etc.". Repreendeu também severamente a injustiça dos fariseus, que por isso se enraiveciam e o levaram a um monte, para lançá-lo de um rochedo ao abismo. Jesus, porém, passou despercebido pela multidão aglomerada e escapou.

Perto de Trariqueia, à margem austral do Lago Genesaré, curou Jesus cinco leprosos; depois foi a Galaad, atravessando o lago, e visitou a casa de Pedro. Em um dia curou cerca de cem enfermos; no dia seguinte, outros tantos em Cafarnaum, entre estes a sogra de Pedro.

Então percorreu diversas povoações, entre Caná e o lago, como Betília, Jotapara, Dothain, Genabris e, algumas léguas para o sul, Abelmehola e Bezech; atravessando o Jordão, ensinou em Ainon Ramoth-Galaad, Azo, Efron e Bethramphta-Julias, dirigindo-se depois mais para o norte, a Abila e Gadara, onde curou grande número de doentes e possessos; de lá voltou, ao longo do Jordão, por Dion e Jogbeha, a Ainon, onde contou a parábola do filho pródigo[14] e celebrou a Festa dos Tabernáculos. Atravessando de novo o Jordão, foi a Acrabis, Siloé Coreia, na província de Samaria; depois ao norte, a Salem, Aser-Michmethath e, ao oeste, a Meroz, onde Judas Iscariotes se juntou a Jesus; ali curou também as duas filhas de uma viúva chamada Lais de Naim, que estavam possessas do Demônio. Em Dothain, curou um homem hidrópico, de nome Issachar, e recebeu Tomé no número dos discípulos. Em Endor, livrou um rapaz pagão de um demônio mudo. Em Gischala curou o filho coxo e mudo do tribuno daquele lugar.

Quando Jesus ensinou em um monte, perto de Gabara, estava também presente Madalena, obedecendo a um convite de Marta e das santas mulheres. Ficou comovida com as palavras de Jesus e, seguindo-o à casa de Simão, onde Ele se sentara à mesa, derramou-lhe sobre a cabeça um frasco de óleo aromático e recebeu o perdão dos pecados. Converteu-se, mas recaiu pouco depois na antiga vida de pecados.

Jesus curou o servo do tribuno de Cafarnaum e depois um leproso, pronunciando apenas estas palavras: "Quero. Fica são".

---

14 Lc 15, 11–32.

Enquanto ensinava na sinagoga, entrou por ela precipitadamente um endemoniado; Jesus livrou-o, dizendo ao demônio: "Cala-te; e sai deste homem". Em Naim, ressuscitou Jesus o filho da viúva Maroni. Quando estava curando em Megido, vieram discípulos de João, dizendo: "João manda perguntar-vos: sois Aquele que há de vir ou devemos esperar outro?". Jesus respondeu: "Ide, anunciai a João o que tendes ouvido e visto: cegos enxergam, coxos andam, surdos ouvem, leprosos ficam sãos, mortos ressuscitam. O que é torto, fica direito, e feliz de quem não se escandalizar de mim". Depois falou de João, chamando-o o maior dos profetas.

Em Cafarnaum, ressuscitou a filha do chefe da sinagoga, Jairo.

Nesse tempo chamou Mateus; no dia seguinte, disse a Pedro e André: "Segui-me; vos farei pescadores de homens". Também Tiago e João, filhos de Zebedeu, foram convidados a segui-lo. Atravessando na mesma noite o Mar da Galiléia, na barca de Pedro, com doze apóstolos, apaziguou a tempestade com sua palavra. Alguns dias depois se realizaram a pesca milagrosa e o sermão da montanha.

Em Cafarnaum, Jesus curou um paralítico, que fizeram descer pelo teto e colocaram diante do Senhor. A filha do chefe da sinagoga recaiu e faleceu de novo. Jesus foi, a pedido de Jairo, à casa deste. No caminho se deu a cura da mulher que padecia de fluxo de sangue, só pelo contato com as vestes do Salvador. A filha de Jairo ressuscitou segunda vez, pelo poder divino de Jesus.

Os fariseus de Cafarnaum, desde muito inimigos de Jesus, murmuraram contra Ele e propuseram-lhe muitas perguntas ardilosas. Jesus operou muitos milagres, à vista deles, curando aí também o homem que tinha uma das mãos secas.

Depois foi à terra dos gerasenos, onde encontrou dois possessos. Os demônios pediram-lhe que os deixassem entrar em uma manada de porcos, que estava perto. Jesus permitiu-lhes. Então se lançou a manada num lago vizinho. Os dois homens, porém, ficaram livres dos demônios.

Jesus mandou os discípulos atravessarem o lago antes d'Ele e seguiu-os mais tarde, andando sobre a água. Salvou então Pedro, que ia afundar-se, por falta de fé.

Jesus celebrou a Festa da Dedicação do Templo em Cafarnaum e depois enviou os apóstolos e discípulos a diversas regiões, para ensinarem, batizarem e curarem. Com os restantes discípulos percorreu a região ao norte do Lago Genesaré. Na vila de Azanoth, situada mais para o sul, pregou um sermão longo e severo, ao qual, a instâncias de Marta, também Madalena assistiu. Durante o sermão, teve esta diversos ataques como convulsões e o demônio saiu-lhe do corpo em forma escura. Ela chorou e recebeu do Senhor o perdão dos pecados, permanecendo depois no estado de graça.

Jesus viajou então para Betânia e Hebron, onde visitou a casa paterna de João Batista, dando aos parentes a notícia da decapitação do Precursor. Em Jerusalém, curou o homem que por trinta e oito anos estivera doente, ensinando em seguida no Templo. Chegando a Tirza, remiu um certo número de presos e dirigiu-se de novo a Cafarnaum, onde ensinou e explicou o Pai-Nosso; ali escolheu os apóstolos, subordinando-lhes os 72 discípulos.

Com cinco pães e dois peixes saciou cinco mil homens, que por isso queriam fazê-lo rei. Atravessou, porém, o lago e deu em Cafarnaum a promessa da Santíssima Eucaristia. Pouco depois fartou, com sete pães e sete peixes, a quatro mil homens.

Esse milagre, assim como a primeira multiplicação de pães, operou-o Jesus em uma montanha, entre Betsaida e Chorozaim, à margem setentrional do Lago Genesaré.

Dirigiu-se depois para o norte, à região de Cesaréia de Filipe. Foi ali que interrogou os doze apóstolos: "Por quem toma o povo o Filho do Homem?". Pedro respondeu com entusiasmo: "Vós sois o Cristo, o Filho de Deus vivo". Como recompensa, recebeu Pedro a promissão do poder das chaves: "Tu és Pedro e sobre esta (pedra) edificarei minha Igreja e as portas do Inferno não prevalecerão contra ela. Dar-te-ei as chaves do reino dos Céus: Tudo que ligares na Terra, será ligado no Céu; e tudo que desligares na Terra, será desligado no Céu". Dali viajou Jesus para Betânia, para celebrar a Páscoa.

Resumo do terceiro ano da vida pública de Jesus

Jesus comeu o cordeiro pascal, em casa de Lázaro; diariamente ia ao Templo para ensinar; contou também a parábola do homem rico e do pobre Lázaro.[15] Partindo depois da festa, Jesus viajou para o Monte Tabor e, seguindo ao monte com Pedro, João e Tiago, o Maior, transfigurou-se diante deles. Ouviram a voz do Pai Celestial: "Este é meu Filho bem-amado, no qual pus a minha complacência: ouvi-o!". De volta, curou Jesus, ao pé do monte, um rapaz lunático e endemoniado; depois se dirigiu a Cafarnaum e pregou dois dias diante de uma grande multidão, sobre um monte perto de Gabara, algumas léguas a oeste do lago; de lá tomou o caminho de Tiro, para embarcar e navegar pelo Mar Mediterrâneo, para a ilha de Chipre.

Jesus desembarcou na cidade de Salamis, onde foi bem recebido: pregou e curou ali, assim como em outras vilas da ilha, na qual também celebrou a Festa de Pentecostes. Tendo ali convertido ao todo 570 judeus e pagãos, voltou à Palestina. Desembarcou, com os companheiros, na baía do Monte Carmelo, encaminhou-se para Cafarnaum, onde visitou sua Mãe; os apóstolos, de volta da missão, relataram-lhe os trabalhos e receberam novas instruções.

Depois tomou o caminho de além do Jordão a Betabara, perto da foz deste rio, no Mar Morto. Continuando a viagem, curou dez leprosos, mandando-lhes que se apresentassem aos sacerdotes; só um voltou, para agradecer-lhe.

Ao entrar em Jericó, viu Jesus a Zaqueu na figueira, foi à casa deste e converteu-o. Marta e Madalena enviaram mensagem, convidando-o a vir a Betânia, porque Lázaro estava muito doente. Perto de Jericó, Jesus ressuscitou uma menina, que estava morta havia quatro dias. Ao aproximar-se de Samaria, trouxeram-lhe a notícia da morte de Lázaro. Foi logo a Betânia: ao chegar, havia já oito dias que Lázaro morrera e quatro dias que fora sepultado. Jesus fez-se conduzir ao sepulcro, mandou tirar a pedra do túmulo e a tampa do caixão e exclamou: "Lázaro, vem para fora, sai". No mesmo instante se levantou este, indo depois para casa, com o Senhor e aqueles que estavam presentes.

---

15   Lc 16, 19–31.

A ressurreição de Lázaro excitou em Betânia, assim como em Jerusalém, um grande tumulto; por este motivo fugiu Jesus, com Mateus e João, para além do Jordão, fazendo dali uma viagem à terra dos Reis Magos, acompanhados apenas por três jovens: o Rei Sair já tinha falecido; Mensor, porém, e Theokenos, estavam ainda vivos, esperando que Jesus os visitasse.

Nessa viagem, Jesus pregou e curou muitos na cidade de Kedar e ressucitou também um homem rico dos arredores, de nome Nazor, proprietário de grandes rebanhos.

Jesus foi recebido pelos Reis Magos com grande alegria e solenidade. Ensinou-lhes e ao povo, exortando-os a abandonarem a idolatria; o povo tirou logo todos os ídolos dos templos. Jesus disse também que o Rei Sair recebeu o batismo de desejo. À despedida, Mensor chorou como uma criança.

Passando pela Caldéia, Jesus operou diversos milagres e ensinou em várias vilas pagãs. Repreendeu severamente os habitantes por causa da idolatria, lembrando-lhes que se tinham quebrado todos os seus ídolos na noite em que aparecera a estrela aos Reis Magos; assim, em verdade, acontecera. Jesus continuou o caminho, em marcha forçada, até o Egito, para visitar ali os lugares onde vivera a Sagrada Família. Ensinou também aos judeus dessas terras, revelou-se a eles como o Messias e falou-lhes da sua morte próxima.

Depois de uma ausência de três meses, voltou à Judéia, tomando o caminho de Sicar, Efron e Jericó. Na primeira cidade lhe vieram Pedro e João ao encontro, em Jericó o esperavam sua Mãe e as santas mulheres. Dirigiu-se dali a Cafarnaum e Nazaré, voltando depois a Betânia, de onde fez diversas visitas aos arredores.

Em seguida, ia diariamente com os apóstolos ao Templo para ensinar. Anunciou à Virgem Santíssima que o tempo da Páscoa se aproximava. Instruiu também os apóstolos a respeito e deu-lhes instruções sobre os lugares para onde deviam ir, depois da sua morte. No fim de um grande sermão, ao sair do Templo, os fariseus quiseram apedrejá-lo; mas Jesus escapou-se e deixou de ir ao Templo por três dias. Quando ensinou a última vez, antes do Domingo de Ramos, estava o Templo cheio do povo. Disse que dentro em pouco seria abandonado pelos seus; mas antes disso entraria triunfante no Templo e ficaria ainda quinze dias com eles. Por causa dessas palavras reuniram-se os fariseus e escribas em um conselho, em casa de Caifás, proibindo depois publicamente que se recebessem Jesus e os discípulos em casa.

No dia anterior ao Domingo de Ramos, anunciou Jesus que na manhã seguinte faria a sua entrada triunfante em Jerusalém e mandou convocar os discípulos a Betânia. De manhã mandou dois apóstolos trazerem a jumenta, com o jumentinho. Dirigiu-se com os doze e os discípulos a caminho de Betfagé. Maria e as mulheres piedosas seguiram-no. Chegando a Betfagé, montou na jumenta. Os apóstolos caminhavam à frente, dois a dois, levando nas mãos ramos de palmeira; atrás de Jesus seguiam os discípulos, aos quais se juntavam as santas mulheres.

À notícia da entrada triunfante de Jesus em Jerusalém, o povo começou a enfeitar as ruas. Inumeráveis forasteiros, que estavam em Jerusalém para celebrarem a próxima festa, vieram com o povo ao encontro de Jesus. Muitos arrancaram ramos das árvores, cobrindo com eles o caminho; outros estenderam os mantos na estrada diante d'Ele, cantando e aclamando Jesus jubilosamente. O Mestre, porém, chorou e choraram também os apóstolos, quando disse que muitos daqueles que então o aclamavam, cheios de alegria, daí a poucos dias o escarneceriam; que um deles o trairia e que a cidade seria destruída. No caminho curou alguns e, chegado ao Templo, ensinou até à noite, quando estavam de novo abertas as portas da cidade, que antes tinham sido fechadas pelos inimigos de Jesus.

Nos três dias seguintes Jesus continuou a ensinar no Templo; entre outras coisas, contou também a parábola do dono da vinha e da pedra angular rejeitada.[16] No quarto dia, ficou com os apóstolos e as piedosas mulheres em casa de Lázaro, ensinando-os e exortando-os até a alta noite. No quinto dia se sentou em frente à caixa de esmolas do Templo, ensinando aos apóstolos sobre a esmola da viúva pobre, que dera mais do que os outros. De volta disse Jesus que do Templo não ficaria pedra sobre pedra. No sexto dia depois do Domingo de

---

16   Mt 21, 33–41 e Mt 21, 42–46.

Ramos, ensinou de novo no Templo e assim no sétimo dia, falando claramente da sua próxima Paixão.

O oitavo dia passou na vizinhança de Betânia, consolando os discípulos. Nos dois dias seguintes, ensinou novamente no Templo, sem ser incomodado, despedindo-se enfim do santuário com lágrimas.

Notas gerais sobre a personalidade de Jesus e seu modo de ensinar

Pondo de parte os últimos grandes dias da Paixão, era a vida pública do Senhor a parte mais importante e mais salutar da sua vida. Aproveitou-a do melhor modo possível. Foi incansável em percorrer diversas vezes toda a Palestina e em todas as direções, aquém e além do Jordão, passando além das fronteiras do norte e indo até o Líbano. Visitou os judeus na ilha de Chipre e no Egito e mesmo os astrólogos pagãos, na terra dos Reis Magos. Fazia as viagens penosas sempre a pé, às vezes até descalço. Em todos os lugares a que chegava ou por que passava, ensinava ao povo e curava os enfermos. Nesses trabalhos nem ao gozo do descanso se entregava; renunciava até, não raras vezes, à comida e bebida, porque tinha fome e sede de almas, para cuja salvação viera.

A personalidade do Divino Salvador, que queremos descrever segundo as informações da piedosa freira agostiniana, tinha em si algo de majestoso, para o que muito lhe contribuíam a figura e o olhar sério. Anna Catarina conta o seguinte, sobre a personalidade de Jesus:

> Vi de súbito diante de mim o Senhor, como viveu na Terra. Era uma figura alta, esbelta e viril, tinha o rosto comprido, de uma alvura puríssima, a fronte alta, de um branco sem mescla e o nariz bem formado e oblongo. O cabelo, repartido no alto da cabeça, caía-lhe de ambos os lados do rosto, até os ombros; vestia uma longa túnica, de cor cinzenta, semelhante a uma camisa, terminando em simples pregas e cingida debaixo do peito. As mangas eram bem largas, as mãos cruzadas sobre o peito. O Senhor tinha algo de imóvel, reto, comovedor, sério e amável. Era infinitamente nobre, simples e bom.

Em outra ocasião, diz a piedosa vidente:

Jesus era mais alto que os apóstolos; onde iam ou estavam, sempre parecia sobressair-lhe a fronte branca e séria. Tinha o andar sempre ereto e direito; não era magro nem corpulento, mas de aparência absolutamente sadia e nobre, com peito e ombros largos. Tinha músculos bem exercitados pelas viagens e exercícios, mas não mostravam sinais de trabalho pesado. As palavras, o som da voz do Mestre, eram como raios vivos, penetrantes. Falava sem defeito de pronúncia, calmo e forte, nunca muito depressa, a não ser algumas vezes aos fariseus, mas então as palavras eram como flechas agudas e o som da voz mais severo. A voz era barítono agradável, puríssimo, sem igual. Ouvia-se a sua voz entre todas as outras vozes em uma multidão, sem que Ele gritasse.

Era um aspecto comovedor o de Jesus indo pelas ruas de Cafarnaum, ora com as vestes compridas, ora arregaçadas, sem muito movimento, mas também sem rapidez, tão calmo, quase sem tocar a terra, mais simples e mais poderoso do que os outros homens. Nada de excêntrico, nada de vacilante ou de afetação; tudo n'Ele era natural no andar, no olhar e no falar.

Os amigos de Lázaro, Nicodemos, o filho de Simeão, João Marcos, tinham falado com Jesus e todos ficaram cheios de admiração pela atitude, pela sabedoria, pelas qualidades humanas e até corporais do Mestre, e sempre que este estava ausente, diziam uns aos outros: "Que homem extraordinário! Tal não houve nem haverá; tão sério, tão amável, tão sábio e perspicaz e ao mesmo tempo tão simples. Não compreendo tudo que diz, mas vejo-me obrigado a crer, de tal modo fala. A gente não o pode olhar de frente; Ele parece ler todos os pensamentos e sentimentos do coração. Que figura, que porte sublime! Que rapidez, sem lhe notar a precipitação! Quem pode andar com Ele? Caminha com tanta velocidade; chega, sem mostrar cansaço e, após uma hora, já está novamente a caminho. Que homem excelente se tornou!". Mas ninguém imaginava que era do Filho de Deus que falavam. Achavam-no o maior de todos, veneravam-no com certo temor, mas sempre o tomavam por homem, apesar de maravilhoso.

Onde quer que Jesus chegasse, relata a vidente, a respeito da sua estadia em Kisloth, sempre havia grande movimento. Aclamavam-no, prostravam-se aos seus pés, aglomeravam-se ao seu redor para tocá-lo e era para evitar a multidão que Jesus ia e vinha inesperadamente. Muitas vezes se separava dos discípulos pelo caminho, mandando-os a outros lugares e caminhando sozinho. Nas vilas era às vezes preciso abrir-lhe caminho, através das multidões. A muitos, porém, permitia que se lhe aproximassem e o tocassem, e parte destes se sentiam por isso comovidos e convertiam-se ou saravam.

Andava (em Jerusalém) sem medo, vestia, na maior parte das vezes, uma longa túnica, de pano branco; era a túnica dos profetas. As vezes se apresentava como qualquer indivíduo, sem chamar a atenção, e passava facilmente despercebido, mas outras vezes fazia uma impressão extraordinária: o rosto resplandecia-lhe com um brilho sobrenatural. A entrada de Jesus no Templo costumava causar uma singular comoção entre os judeus. O que deve admirar é que todos ocultassem os sentimentos e que nenhum ousasse falar aos outros da impressão que lhe fazia o aspecto do Mestre. Era uma providência divina, para prolongar a ação pública de Jesus, pois, se falassem uns aos outros, crescer-lhes-ia ainda mais o furor. Mas assim lutava em muitos o ódio e o furor com uma santa comoção; em outros nascia um fraco desejo de conhecê-lo e todos se esforçavam para entrar, por intermédio de outros, em relação com Ele.

Como era incansável o Senhor! Como obrigava também os apóstolos a fazerem uso de todas as suas forças! A princípio, muitas vezes, estavam cansadíssimos. Durante a marcha, cumpria aos discípulos ir ao encontro do povo, ensiná-lo e chamá-lo à doutrina de Jesus.

Os discípulos tinham muito que agüentar e às vezes lhes era bem desagradável a missão. Aonde quer que fossem, anunciando o Senhor, ouviam freqüentemente palavras de escárnio, como, por exemplo: "Então lá vem o homem de novo? O que quer? De onde vem? Não lhe foi proibido?". Riam-se deles, apupavam-lhes, vaiavam-lhes. É verdade que alguns se mostravam satisfeitos com sua vinda; mas estes não eram numerosos.

A dirigir-se a Jesus mesmo, diretamente, aquela gente não se atrevia; mas justamente onde Ele ensinava, estando os discípulos ao redor ou seguindo-o pelas ruas, todos aqueles faladores se lhes dirigiam, fazendo-os parar, interrogando-os, alegando terem entendido mal as palavras de Jesus ou pedindo uma explicação. Às vezes eram interrompidos por gritos de júbilo: Jesus tinha de novo curado a alguém; isso os envergonhava e retiravam-se.

Desse modo continuava o trabalho até à noite, durante a marcha penosa e pública, sem refrigério ou descanso.

Vi o Senhor conversar com diversas famílias (em Séforis), tão indizivelmente amável e afetuoso, que não posso descrevê-lo. Os modos caridosos do Mestre comoveram-me até as lágrimas.

Chegando Jesus a uma cidade, entrava quase sempre na sinagoga, subia ao púlpito, mandava trazer os rolos da Escritura, dos quais lia um trecho aos presentes e, em conexão com o trecho, começava a ensinar. Geralmente o sermão tinha por assunto a necessidade de penitência e verdadeira conversão de coração ou a prova de que o reino de Deus já tinha chegado e que o Messias já devia ter vindo. Interpretava tudo como se referindo à sua pessoa, mas, no mais das vezes, sem afirmar abertamente que Ele era o Messias ou Deus; contudo, falava distintamente do Pai do Céu, que o tinha mandado, para que assim se apresentasse e curasse os enfermos.

> Jesus ensinou novamente (em Cafarnaum), com muito fervor, sobre o profeta Isaías, interpretando tudo com referência ao Seu tempo e à Sua pessoa; disse que o tempo tinha chegado e que estava próximo o reino de Deus; que sempre tinham desejado o cumprimento das profecias e esperado muito pelo Profeta, o Messias, que lhes tirasse o pesado fardo, mas que quando Ele chegasse, não o aceitariam, porque não se lhes conformariam com as opiniões errôneas.
>
> Enumerou então os sinais, pelos quais se conheceria o Profeta, cujo aparecimento tanto desejavam, que aprendiam nas escolas, nos rolos da Escritura e súplices imploravam a Deus que lhes permitisse ver com os próprios olhos; demonstrou-lhes que de fato esses sinais já tinham aparecido. Disse-lhes: "'Os coxos andarão, os cegos enxergarão, ouvirão os surdos'. Por acaso não é o que acontece? Por que assistem os pagãos à exposição da doutrina? Por que gritam os possessos? Por que são expulsos os demônios? Por que louvam a Deus os curados? Não o perseguem, porventura, os sangüinários inimigos? Não o rodeiam os espiões? Expulsarão e matarão o filho do dono da vinha, mas que lhes sucederá? Se não quiserdes aceitar a salvação, esta não se perderá por isso, nem podereis vedá-la aos pobres, enfermos, pecadores, publicanos, penitentes e até aos gentios, aos quais se dirigirá, retirando-se de vós". Tais eram os assuntos dos sermões. Dizia também: "Reconheceis João como profeta, a quem agora tendes preso. Ide a ele na cadeia e perguntai-lhe para quem preparou o caminho, de quem dá testemunho". Enquanto assim ensinava, crescia mais e mais o furor dos fariseus, que murmuravam e cochichavam uns com os outros.
>
> Quando Jesus estava para ensinar em Adama, levantou primeiro os olhos ao céu, rezou alto ao Pai, de quem tudo vem, pedindo que a doutrina encontrasse corações contritos e sinceros, mandando ao

povo que lhe repetisse as palavras; e assim fizeram. O sermão durou das nove horas da manhã até às quatro da tarde; uma vez houve um intervalo e ofereceram-lhe um cálice de bebida gelada e um pouco de alimento para restaurar-se. Os ouvintes iam e voltavam, conforme os negócios que tinham na cidade. Ele ensinou sobre a penitência, sobre a purificação e sobre a lavagem com água; falou também de Moisés, das Tábuas da Lei quebradas, do bezerro de ouro, do trovão e dos relâmpagos no Monte Sinai.

O Redentor dava as explicações de suas palavras com extraordinária doçura, amor e paciência, respondendo também às dúvidas e perguntas que propunham. Aos fariseus hostis, que lhe faziam muitas perguntas ardilosas e objeções maliciosas, respondia com calma, mas severamente; do mesmo modo flagelava, com rigor e sem indulgência, a hipocrisia dos fariseus, que impunham ao povo carga tão pesada, que eles mesmos não podiam suportar, como também a dureza de coração com que afligiam os pobres e humildes. Em tais ocasiões falava tão claramente que os inimigos se retiravam envergonhados, mas cheios de raiva e ódio contra Ele. Não se deixava confundir nem por ameaças, nem por perseguições, mas falava sempre com toda franqueza. Muitas vezes a Virgem Santíssima lhe suplicava, com lágrimas, que moderasse as palavras severas ou não fosse a um lugar onde o ameaçava a perseguição, por exemplo, a Nazaré e Cafarnaum. Jesus consolava-a carinhosamente, mas dizia-lhe decididamente que iria ou falaria de tal modo, porque devia realizar a obra a qual o Pai Celeste o enviara e para cuja realização ela se tornara sua Mãe.

De um sermão impetuoso que pregou no Monte Gabara, relata Anna Catarina o seguinte:

> Jesus chegou ao cimo, com os discípulos, perto das dez horas; os fariseus, herodianos e saduceus, seguiram-no também. O Senhor subiu ao lugar que servia de púlpito, os discípulos ficaram de um lado, os fariseus do outro, formando desse modo um círculo. Jesus fez alguns intervalos, em meio do sermão, durante os quais o povo se mudou, saindo uns, entrando outros; diversos pontos da doutrina foram explicados de novo. Nas pausas tomava o povo um refresco, dando também uma vez a Jesus um pouco de comer e de beber.

O sermão que o Mestre fez foi um dos mais severos e veementes que jamais proferiu. Logo ao princípio, antes de rezar, disse que não se deviam escandalizar de chamar a Deus seu Pai; pois quem fizesse a vontade do Pai do Céu, seria filho deste, e então provou que Ele cumpria a vontade do Pai. Depois rezou alto ao Pai Celeste e começou a exortação severa à penitência, a modo dos profetas. Resumiu tudo que acontecera, desde o tempo da promissão; citou as ameaças dos profetas e o respectivo cumprimento, símbolo desse tempo e do futuro próximo.

Provou a vinda do Messias pelo cumprimento das profecias. Falou de João, o Precursor, que lhe preparou o caminho e como que realizou tão conscienciosamente a obra da preparação; falou que eles, contudo, ficaram endurecidos. Acusou-os dos vícios, da hipocrisia, idolatria, da carne pecaminosa. Descreveu, com franqueza e severidade, os fariseus, herodianos e saduceus, falou com grande zelo da ira de Deus, do juízo futuro, da destruição de Jerusalém, do Templo e da devastação do país. Citou muitos trechos do profeta Malaquias, interpretando-os e explicando-os; sobre o Precursor do Messias; a oblação pura, nova, pela qual entendi claramente o sacrifício da Missa — os judeus não o compreenderam —; o juízo sobre os ímpios, a volta do Messias no novíssimo dia, a confiança e consolação dos piedosos. Dirigiu-se aos discípulos, exortando-os à fidelidade e perseverança: disse-lhes que os enviaria a todos os homens para pregarem a salvação. Avisou-lhes de que não se associassem aos fariseus, nem tampouco aos herodianos ou saduceus, dos quais deu uma pública descrição, ilustrando-a com boas comparações, quase os indicando abertamente. Isso os aborreceu tanto mais, quanto não queriam ser conhecidos como herodianos, a cuja seita pertenciam só secretamente.

Jesus falou, nesse sermão, quase só dos profetas. Em uma ocasião disse que se não aceitassem a salvação, teriam sorte pior do que Sodoma e Gomorra. Os fariseus pensaram que com isso lhe podiam fazer uma dificuldade e numa pausa perguntaram logo se aquela montanha, a cidade e todo o país, com todos eles, deviam afundar-se. E como podia haver sorte ainda pior? Jesus replicou que em Sodoma e Gomorra se afundaram as pedras, mas não as almas, porque não conheciam a promissão, nem tinham a Lei, nem os profetas; disse ainda algumas palavras, de que concluí que se referia à sua ida ao Limbo e à salvação de muitos; os judeus não o entenderam; eu, porém, me regozijei como criança por saber que aqueles não estavam todos perdidos. Dos judeus do seu tempo, porém, disse Jesus que lhes foi dado tudo: foram escolhidos para povo de Deus, receberam todas as exortações e repreensões, a promessa e o respectivo cumprimento; se o recusassem, persistindo na incredulidade, as almas e os corações, duros como pedras, lhes seriam devorados pelo abismo, mas não as pedras e montanhas, que obedeciam ao Senhor. Assim a sorte lhes seria pior do que a de Sodoma e Gomorra.

Tendo Jesus chamado tão severamente os discípulos à penitência e tão claramente delineado os castigos dos ímpios, tornou-se novamente carinhoso, convidando os pecadores a virem a Ele e derramando até lágrimas de amor. Rezando suplicou ao Pai que movesse os corações, ainda que só um grupo de alguns homens ou um só viesse a Ele carregado de pecados, pois se pudesse salvar uma só alma, repartiria tudo, sacrificaria tudo por ela, até pagaria com a vida para remi-la. Estendeu as mãos a todos, exclamando: "Vinde a mim todos que estais cansados e carregados, vinde, ó pecadores: fazei penitência, crede e participai comigo do reino de Deus". Estendeu as mãos também aos fariseus e aos inimigos, que pelo menos viesse um, que se, por suas palavras, caísse apenas uma faísca de penitência, contrição, amor, fé e esperança em um coração perdido e este desse fruto, ser-lhe-ia recompensado, haveria de viver e crescer. Ele próprio o nutriria, educaria e reconduziria ao Pai.

No entanto, eram cerca de seis horas da tarde; o Sol já tinha baixado atrás da montanha; Jesus olhava, durante o sermão, para o ocidente, pois, do ponto em que pregava, para lá se estendia o horizonte; atrás d'Ele não havia ninguém. Rezou, abençoou e despediu a multidão do povo.

Cuidado especial dedicou Jesus à instrução dos apóstolos e discípulos. Assim conta Anna Catarina Emmerich que lhes ensinou o Pai-Nosso e os instruiu sobre a eficácia da oração com vários exemplos:

> Ensinava a todos os discípulos o mesmo e repetia-o muitas vezes, com paciência e assiduidade comovedora, para que pudessem ensiná-lo por toda a parte. Procedeu como no ensino às crianças, interrogando ora um ora outro sobre as explicações dadas, corrigindo-os e explicando de novo o que tinham entendido mal.
>
> Jesus ensinava aos discípulos durante todo o caminho. Ensinava só em parábolas e comparações, tomadas de todas as classes e ofícios, de cada arbusto, pedra, planta e lugar que se apresentava à sua vista no caminho (a Galaad).

Jesus dedicava tanto tempo e esforço à instrução dos apóstolos e discípulos porque queria encarregá-los da propagação da sua doutrina e continuar, por meio deles, a obra da salvação. Preparava-os gradualmente para essa importante tarefa, tirando-lhes pouco a pouco a suposição de que tivesse vindo ao mundo para fundar um reino terrestre; introduzia-os cada vez mais profundamente no conhecimento dos mistérios da sua doutrina e falava cada vez mais claro da sua Paixão e da necessidade desta para a redenção da humanidade pecadora.

Jesus ensinava muito e com profunda sabedoria, em parábolas e comparações; falava às vezes tão intuitivamente, como se o fato se passasse diante dos seus olhos. As parábolas eram as mais das vezes bem compreensíveis; freqüentemente explicava a todos, outras vezes só aos apóstolos; mas, quando as parábolas se referiram à sua própria pessoa e os fariseus espiavam, para poder acusá-lo, não as explicava a ninguém. Os fariseus fechavam propositadamente os olhos à luz e por isso não podiam ver. Com tanto mais gosto falava Jesus à gente humilde e sempre simples, que recebia e compreendia a doutrina de boa vontade e com fé humilde.

Muito gostava Jesus de ensinar às crianças, e abençoava-as sempre que as mães lhes traziam ou se aproximavam d'Ele no caminho.

> Vi muitas mães, vindo com grupos de crianças, como em procissões: eram crianças de todas as idades, até crianças de peito traziam ao colo. Vieram a uma rua larga da vila; quando Jesus, dobrando uma esquina, entrou nessa mesma rua, os discípulos que iam à frente, quiseram repelir um pouco asperamente as mulheres e crianças; Jesus, porém, mandou que as deixassem; colocaram-nas por isso, em certa ordem. Em um lado da rua formaram cinco fileiras compridas de crianças, de diferentes idades e sexos, meninos separados de meninas; estas eram muito mais numerosas. As mães, porém, com as crianças de peito, ficaram atrás da quinta fileira. No outro lado da rua havia, em grande quantidade, outra gente, que alternadamente se adiantava. O Senhor passou devagar ao longo da primeira fileira, falou às crianças e, impondo-lhes as mãos sobre as cabeças, abençoou-as. A algumas passou uma das mãos na cabeça, outras no peito; outras apertou ao coração, outras ainda apresentou a todos como modelos e assim passou, ensinando, exortando, animando e abençoando.

Chegando ao fim da fileira, voltou pelo outro lado da rua, ao longo dos adultos, exortando-os, ensinando-os e apresentando-lhes também uma ou outra criança; depois passou por outra fileira de crianças, voltando de novo pelo lado dos adultos, onde, entretanto, entraram outros no lugar da frente. Assim continuou, até que finalmente fez esse ato de caridade também às crianças de peito. Foi-me revelado que todas as crianças abençoadas por Ele receberam uma graça especial e se tornaram mais tarde cristãs. Eram cerca de mil as crianças apresentadas a Jesus, pois me parece que o concurso continuou por vários dias.

Muito me comoveu ver, no jardim, Jesus ensinando aos filhos do dono da casa: ora os tinha diante de si, ora ao colo, ora abraçando os dois menores juntos. Ensinou-lhes a obedecer aos pais e respeitar os mais velhos. O Pai do Céu tinha-lhes dado aquele pai e, como respeitassem os pais terrenos, assim respeitariam o Pai Celestial. Falou dos filhos de Jacó e de Israel, os quais, por terem murmurado, não entraram na Terra Prometida, que era tão linda. Então lhes mostrou as belas árvores e frutos do jardim e falou do reino dos Céus, que também nos é prometido, se guardarmos os mandamentos de Deus, e que é um país muito mais belo que a Terra, a qual, em comparação com ele, é apenas um deserto. Portanto, deviam obedecer a Deus e suportar o que Ele lhes mandasse. Que se guardassem de murmurar para alcançar o Céu e nunca duvidassem da beleza deste lugar, como os israelitas duvidaram no deserto; deviam pensar que o Céu é muito melhor do que a Terra, mais belo que tudo, dessa verdade deviam lembrar-se sempre e pensar em merecer o Céu, por todos os esforços e trabalhos.

Em um passeio que Jesus fez com os meninos da escola de Abelmehola, ensinou-lhes com belas comparações da natureza que tomou de diversíssimos objetos: de árvores, frutas, flores, abelhas e aves, do Sol, da Lua, da terra, da água, dos rebanhos e da lavoura. Assim ensinou aos meninos de uma maneira indizivelmente atraente.

Em Bezech, proferiu Jesus uma tocante exortação aos meninos e às meninas. Admoestou os meninos a serem pacientes uns com os outros; se alguém lhes batesse ou lhes jogasse uma pedra, que não se vingassem, mas sofressem com paciência e se retirassem, perdoando aos inimigos. Não deviam responder palavra alguma, mas amar ainda mais e praticar atos de caridade até para com os inimigos. Não cobiçassem o bem alheio e, se outros meninos lhes tirassem utensílios de escrever, os brinquedos e frutas, deviam dar-lhes ainda mais do que cobiçavam e satisfazer-lhes a avidez, se lhes fosse permitido dar essas coisas, pois só os pacientes, os que praticam a caridade e liberalidade podem receber um lugar no reino celeste. Descreveu esse lugar de maneira infantil, como belíssimo trono.

Falou dos bens da Terra, que se devem abandonar, para alcançar os bens do Céu. Dirigindo-se às meninas, exortou-as, entre outras coisas, a que não se invejassem umas às outras por causa de preferências ou belos vestidos, mas que praticassem a obediência, amor filial, caridade e temor de Deus.

No fim dessa instrução pública, dirigiu-se aos discípulos, consolando-os com infinito carinho e exortando-os a sofrerem tudo com Ele e a não se deixarem vencer pelos cuidados deste mundo.

Dos milagres de Jesus

Nos Santos Evangelhos se relatam três ressurreições e grande número de outros milagres que o Salvador operou; mas mencionam-se na Escritura Sagrada apenas os mais importantes. São João Evangelista dá a entendê-lo na frase final de seu Evangelho: "Muitas outras coisas, porém, fez Jesus, as quais, se se escrevessem uma por uma, creio que no mundo todo não poderiam caber os livros que delas se houvessem de escrever" (Jo 21, 25).

Em conformidade com essas palavras, narra a estigmatizada da Westfália, a qual nas suas visões acompanhou o Divino Salvador nas viagens, ouviu-lhe os sermões, viu os milagres que Ele operou, milagres sem interrupção, principalmente depois do seu batismo. Em grande número vinham os doentes a Ele ou eram transportados por outros e Ele os curava a todos, a não ser aqueles que eram endurecidos de coração. Muitas vezes até não esperava que se lhe aproximassem, mas procurava-os, para curar. Não curava, porém, todos indiscriminadamente.

"Jesus pode curar todos", diz a serva de Deus, "mas cura só os que crêem e fazem penitência; e muitas vezes lhes avisa para não recaírem. Ele não veio a este mundo para dar a saúde do corpo e deixá-los de novo pecar, mas quer curar o corpo, para remir a alma e salvá-la".

Jesus curou muitos homens acometidos de diversíssimas enfermidades: cegos, surdos, mudos, coxos, paralíticos, hidrópicos, epiléticos, doentes de febre, homens com feridas quase necrosadas ou leprosos e muitos possessos de maus espíritos.

De grande interesse é o que a vidente nos conta do modo por que Jesus operava as curas milagrosas.

> Jesus curava de vários modos: a uns de longe, com um olhar ou com uma palavra, a outros tocando-lhes, a outros impondo-lhes as mãos, a outros soprava ou benzia-os, a outros aplicava saliva nos olhos. Muitos o tocavam e ficavam curados; a outros fez sarar, sem que se virasse para eles.
>
> Curava cada um, como lhe convinha ao mal, à fé ou à natureza, como ainda agora de modo diferente castiga e converte os pecadores. Jesus não rompia a ordem da natureza, mas apenas lhe ab-rogava as leis; não cortava os nós, mas desatava-os e sabia desatar todos. Tinha todas as chaves e, sendo Homem-Deus, operava de modos humanos, santificando-os.
>
> Não cura sempre do mesmo modo: ora ordena, ora impõe as mãos; às vezes se inclina sobre os doentes, outras vezes os manda lavar-se, amassa barro com saliva e aplica-lhes nos olhos. A alguns admoesta, a outros diz os pecados, poucos são os que se recusa curar.
>
> Cada modo de curar tinha uma misteriosa significação própria; todos se referiam à causa oculta e significação da doença e à necessidade espiritual do homem. Assim recebiam, por exemplo, os ungidos com óleo uma certa força espiritual, de que era sinal o óleo. Nenhuma dessas ações decerto era sem significação e intenção.
>
> Jesus não curava todos do mesmo modo. Também não curava de modo diferente dos apóstolos, santos e sacerdotes até do nosso tempo. Impunha as mãos e rezava com os enfermos; mas fazia-o mais depressa do que os apóstolos. Fazia milagres e as curas também como modelos, para os seus sucessores e discípulos. Sempre procedia como convinha ao mal e à necessidade: tocava os coxos e os músculos recobravam força, e eles se levantavam. Nos membros quebrados, tocava na fratura e as partes reuniam-se. Quanto aos leprosos, vi que, quando os tocava, as chagas fechavam, caindo-lhes as crostas secas imediatamente; mas ficavam manchas vermelhas, que desapareciam pouco a pouco, porém mais depressa do que de costume e segundo o grau de merecimento dos doentes. Nunca vi que um corcunda tivesse ficado reto num instante, ou um osso torto em osso reto. Não porque Jesus não pudesse fazê-lo, mas porque não queria que os seus milagres fossem espetáculos, mas sim, obras de misericórdia; eram símbolos

da sua missão de desligar, reconciliar, ensinar, desenvolver, educar e resgatar. E, como exige a cooperação dos homens para participarem da salvação, assim haviam de manifestar-se nas curas a fé, esperança, caridade, contrição e reforma dos homens, como cooperação nas mesmas. Cada estado do enfermo tinha tratamento próprio e desse modo se tornava cada doente e o respectivo tratamento o símbolo de uma doença espiritual, perdão e correção. Só entre os gentios vi que alguns dos milagres eram mais estranhos e manifestos. Os milagres dos apóstolos e dos santos, mais tarde, davam muito mais na vista e eram mais contrários à ordem geral da natureza, pois os pagãos precisavam de um abalo espiritual, de uma forte comoção; os judeus, porém, careciam apenas que se lhes desvendassem os olhos espirituais e assim por diante. Curava muitas vezes pela oração, à distância, principalmente mulheres que sofriam de fluxo de sangue, pois estas não ousavam aproximar-se, nem podiam, sendo proibidas pelas leis judaicas. Jesus observava geralmente as leis que tinham uma significação sobrenatural e misteriosa, as outras não.

"Vi novamente", conta Catarina Emmerich na outra passagem,

a grande diferença nos modos de curar, e que Jesus provavelmente curava de tão diversos modos para ensinar os discípulos como eles mesmos, e depois a Igreja, em todos os séculos, deviam proceder. Em todo o seu agir e sofrer, revelava sempre modos e formas humanas, nada se lhe revestia de um cunho mágico ou se transformava instantaneamente. Vi em todas as curas certa transição, conforme a espécie da doença ou do pecado. Vi que em todos sobre os quais orava ou pousava as mãos, se efetuava uma momentânea calma e recolhimento e os doentes levantavam-se curados, como de um desmaio. Paralíticos levantavam-se vagarosamente e, sentindo-se curados, prostravam-se aos pés de Jesus; mas a força anterior e a agilidade dos membros voltavam só depois de certo tempo: em alguns depois de horas; em outros após alguns dias, etc. Vi hidrópicos que puderam aproximar-se d'Ele cambaleando de fraqueza, outros que era preciso serem transportados. Ele pousava geralmente a mão sobre a cabeça e o estômago dos enfermos; logo após as palavras do Mestre, podiam levantar-se, sentiam-se leves e a água saía-lhes pelo suor. Os leprosos perdiam, logo depois da cura, as crostas das chagas, mas ficavam-lhes manchas vermelhas, onde antes houvera lepra. Aqueles que recuperavam a vista ou o ouvido ou o uso da língua sentiam ainda a princípio a falta de desembaraço nesses sentidos. Vi paralíticos curados, que não sentiam mais dores e podiam caminhar; a inchação não desaparecia imediatamente, mas em pouco tempo. Epiléticos ficavam curados no mesmo instante; quanto às febres, cessavam logo, mas os doentes não ficavam fortes e sãos no mesmo momento, mas restabeleciam-se como uma planta murcha depois da chuva. Os possessos caíam geralmente em um curto desmaio, levantando-se depois livres do demônio, e sossegados, mas ainda fatigados. Tudo se fazia com calma e ordem; somente para os infiéis e adversários tinham os milagres de Jesus algo de terrível.

Em Genabris rezou Jesus em silêncio sobre os doentes, que na maior parte tinham braços aleijados; tocou-lhes os braços, passando a mão levemente, de cima para baixo; depois mandou que se retirassem e louvassem a Deus: estavam curados.

Em frente da sinagoga de Bezech, estava reunido grande número de enfermos. Jesus, acompanhado pelos discípulos, passou de um a outro, curando-os. Entre estes havia alguns endemoniados, que, enraivecidos, gritavam contra Ele; o Mestre livrou-os e mandou que se calassem. Havia ali paralíticos, tísicos, hidrópicos, com úlceras no pescoço, com glândulas entumecidas, surdos e mudos; curou-os todos, impondo as mãos a cada um, mas o modo de tocá-los era diferente; parte dos doentes ficaram imediatamente curados; outros sentiram-se aliviados e a cura completa efetuou-se neles em pouco tempo, conforme a espécie do mal e estado da alma. Os curados afastaram-se, cantando um salmo de Davi. Havia, porém, tantos doentes, que Jesus não pôde chegar a todos; os discípulos ajudaram-no, levantando e desembarcando os enfermos. Jesus passou as mãos na cabeça de André, João e Judas Barsabás, tomou-lhes depois as mãos nas Suas, mandando que fizessem a uma parte dos enfermos o que ele fazia aos outros. Os apóstolos cumpriram a ordem e curaram a muitos.

Em Hukok curou Jesus a um cego, que sofria de catarata; Jesus mandou-o lavar o rosto à fonte; depois de feito isso, untou-lhe os olhos com óleo e, quebrando um pequeno ramo de arbusto, mostrou-o a ele, perguntando se enxergava. O homem disse: "Sim, vejo uma árvore grande". Então lhe untou Jesus de novo os olhos, e ao perguntar-lhe outra vez se via, o homem lançou-se feliz aos seus pés, exclamando: "Oh! Senhor, vejo montanhas, árvores, homens, vejo tudo!". Então reinou grande alegria na multidão de povo e conduziram o homem à cidade.

Só pela sua presença, expulsava Jesus os demônios dos possessos, que se retiravam visivelmente, em forma de vapor, que depois formava uma sombra de horrível figura humana e fugia. O povo admirava-se e assustava-se; os libertos empalideciam e desmaiavam. Jesus, porém,

> lhes falava e, tomando-lhes as mãos, mandava-os levantar-se; então voltavam a si, como de um sonho, e caindo de joelhos, agradeciam-lhe; eram homens inteiramente mudados. Jesus exortava-os e dizia-lhes as faltas de que se deviam emendar.
>
> Entre todos que foram curados por Jesus, nunca vi dementes, como os chamam; foram todos curados como endemoniados e possessos.

Os milagres de Jesus não eram só curas de doentes. Ele operava também muitos outros prodígios, como a multiplicação dos pães, a pesca milagrosa, a bonança no mar. Outros milagres realizou, profetizando, tornando-se invisível aos perseguidores e mostrando conhecimento de pensamentos ocultos.

Essas curas milagrosas e os prodígios cujo caráter sobrenatural devia dar na vista de todos os homens sinceros e amigos da verdade, davam testemunho da divina missão de Jesus e, como operasse os milagres não em outro nome, mas no seu próprio, ninguém podia negar-lhe o poder divino; em outras palavras: todos eram obrigados a crer-lhe na divindade. Com mais força ainda nos levam a esta fé as ressurreições operadas por Ele, pois só há um Senhor da vida e da morte — Deus.

Jesus manifestou-se desse modo o Taumaturgo[17] prenunciado pelos profetas. Expulsando os demônios, curando os enfermos e ressuscitando os mortos, revelou-se como redentor do pecado e das suas respectivas conseqüências: a doença e a morte. Ao mesmo tempo manifestou o Salvador, pelas curas, o amor e a benignidade do seu coração misericordioso, que, com profunda compaixão da miséria e dos muitos males humanos, os socorria e ajudava em toda parte; que, morrendo na Cruz pelos pecados dos homens, quis salvar-lhes e santificar-lhes corpo e alma. Daí a bela palavra da piedosa Catarina Emmerich:

> Ele veio para curar os muitos e diferentes males de muitos e diferentes modos, para expiar os pecados de todos os fiéis, pela morte na Cruz, que contém todos os tormentos e sofrimentos, penitências e satisfações. Abriu primeiro os grilhões e as algemas da miséria e do

---

17 Taumaturgo: homem que faz milagres e tem poderes proféticos e de adivinhação.

castigo temporal, com as chaves do amor; ensinou, curou e socorreu os homens de todos os modos e depois abriu a porta do Céu e do Limbo, que é a expiação, com a chave principal: a morte da Cruz.

De Judas, o traidor, e de seu procedimento na Última Ceia, em Betânia

Judas, com o apelido de Iscariote, por terem os pais vivido algum tempo naquele lugar (Cariot), foi recomendado por Bartolomeu e Simão a Nosso Senhor, quando este, no segundo ano de sua vida pública, foi a Meroz; disseram-lhe que Judas era um homem instruído, distinto e prestativo que muito desejava ser discípulo. Jesus suspirou e parecia triste, sem dizer o motivo.

Judas, então na idade de 25 anos, tinha certa erudição e dedicara-se também ao comércio. Gostava de dar ares de importância e mostrava-se indiscreto e intrometido onde não o conheciam. Também era ambicioso e cobiçoso de dinheiro e sempre tinha andado à procura da riqueza. A personalidade de Jesus atraía-o muito e por isso tinha grande desejo de ser chamado seu discípulo e participar-lhe da glória.

Bartolomeu e Simão, que o tinham recomendado, apresentaram-no a Jesus, que o olhou muito amavelmente, mas com indizível tristeza. Judas pediu que o deixasse tomar parte no ensino, ao que Jesus respondeu profeticamente que podia, a não ser que quisesse deixá-lo por outro.

Judas era baixo e forte, muito serviçal, ágil e loquaz; não era feio, apresentava até um rosto amável e contudo repugnante e ignóbil. Os pais não eram bons: o pai natural tinha ainda algumas boas qualidades e o que havia de bom em Judas, fora herdado do pai. A mãe separara-se do marido; quando Judas voltou mais tarde à casa da progenitora, esta teve, por causa dele, um desentendimento com o marido, e cheia de ira amaldiçoou o filho. A infeliz vivia de impostura e fraude, pois ela e o marido eram prestidigitadores. Os discípulos gostavam de Judas a princípio, pois era muito prestativo, até lhes limpava as sandálias. Era um excelente andador e fez ao começo muitas e longas caminhadas a serviço da comunidade. Estava, porém, sempre cheio de ciúme e inveja, e pelo fim da vida de Jesus se aborreceu das viagens apostólicas, da obediência e do mistério que envolvia a pessoa do Divino Mestre e que não compreendia.

Como um dos doze apóstolos, Judas tornou-se íntimo de Jesus. Ainda não era mau e talvez não chegasse a sê-lo, se tivesse vencido a si mesmo nas pequenas coisas. A Santíssima Virgem exortou-o muitas vezes. Como ele esperasse um reino terrestre do Messias e essa esperança diminuísse, começou a ajuntar dinheiro. Na última Festa dos Tabernáculos se deixou arrastar inteiramente ao mau caminho; já no Domingo de Ramos andou com a traição no coração, tendo já falado com os fariseus.

Quando Madalena, nas vésperas do Domingo de Ramos, derramou óleo aromático sobre a cabeça de Jesus, o apóstolo infiel murmurou; onze dias depois, teve outra ocasião de protestar contra igual "desperdício", como dizia.

Foi quando, por ordem de Jesus, se realizou em casa de Simão, em Betânia, um banquete no qual Ele tomou parte, em companhia dos demais apóstolos e das santas mulheres. Durante este banquete, veio Madalena com ungüento, que comprara na cidade, prostrou-se diante de Jesus, untando-lhe os pés e enxugando-os com os sedosos cabelos. Depois derramou também água aromática sobre a cabeça do Mestre, de modo que o perfume encheu toda a sala. Judas, indignado, falou então do desperdício, dizendo que o dinheiro se podia ter dado aos pobres. Jesus, porém, afirmou que Madalena o ungira para a morte e onde fosse pregado o Evangelho se anunciaria também essa ação. Findo esse banquete, Judas correu, cheio de ira e avareza, a Jerusalém, oferecendo-se aos fariseus para entregar-lhes Jesus e perguntando quanto lhe dariam por isso. Satisfeitíssimos, ofereceram-lhe trinta dinheiros.

Da antiga Jerusalém

Aproximava-se a hora em que Cristo, nosso Divino Salvador, havia de ir a Jerusalém para ser escarnecido, açoitado e condenado à morte.

Para ter uma compreensão melhor e mais clara dos acontecimentos em conexão com as localidades, apresentamos ao leitor uma descrição mais detalhada da antiga cidade de Jerusalém, com as diversas informações de Anna Catarina Emmerich e os resultados dos estudos arqueológicos.

A cidade de Jerusalém foi fundada e existe ainda hoje, assentada sobre três montes principais: Monte Sião, Monte Moriá e Monte Acra. Podemos mencionar também o Monte de Ofel, que, em verdade, é apenas o primeiro degrau do Monte das Oliveiras, sobre o qual passa o caminho de Jerusalém a Betânia, mas não no ponto mais elevado. O Monte das Oliveiras tem 60 metros a mais de altura do que o Monte Sião, que também de sua parte assoberba os montes de Moriá e Acra. Do Monte das Oliveiras, que é separado da cidade pelo vale do ribeiro Cedron, chamado Vale de Josafá, se avista, além deste vale, primeiro o Monte Moriá, com os vastos edifícios do Templo. Como este monte, no cimo, não desse bastante lugar para o Templo, com todos os respectivos átrios, o Rei Salomão já o tinha feito cercar de um muro colossal, que em parte era construído de imensas pedras, pelos lados sudoeste, sul e sudeste. Os espaços formados por essa muralha, mandou em parte encher de terra; a outra parte mandou abobadar sobre uma rede de pilastras, até à altura do Monte do Templo. Dessa obra ficaram até os nossos dias alguns restos da muralha, que formam, nas partes mais acessíveis, o Muro das Lamentações, ao qual os judeus costumam ir às sextas-feiras para chorar a destruição da cidade e do Templo.

O Vale de Josafá estende-se do norte ao sul. Do Monte das Oliveiras se vê, portanto, além desse vale, o Monte Moriá, com o Templo; ao fundo e mais alto o Monte Sião, em cujo cimo se achava o Cenáculo, casa da Última Ceia. Naquele tempo estava ainda dentro da cidade, agora, porém, está fora dos muros. De Sião para o sul se via o profundo Vale de Hinom, que separa aquele monte santo do Monte do Mau Conselho. Do fundo desse vale se avistavam, no alto, o Monte Sião, o Monte Moriá e o Monte das Oliveiras. No Vale de Hinom se entregaram os israelitas, sob vários reis maus, ao culto do falso deus Moloch, o qual consistia em sacrifícios cruéis de crianças; ali se achava a estátua de Moloch, feita de bronze e oca no interior; para pôr-se fogo havia uma abertura no peito da estátua, dentro da qual deixavam cair as criancinhas nas chamas do interior para se queimarem, como sacrifícios ao ídolo. Foi nesse vale que Judas se enforcou.

Entre os montes de Sião e Moriá há um vale profundo, chamado agora de Vale de Tiropeon, que termina ao sul, no Vale de Hinom; ao norte, porém, subia gradualmente até o Monte Acra, que está situado ao norte do Monte Moriá. Nesse vale se achava, segundo as informações de Anna Catarina Emmerich, a Piscina de Betsaida, cujas águas de tempo em tempo efervesciam; ali curou Jesus o homem que estava paralítico havia 38 anos; depois da vinda do Espírito Santo, se administrava ali o santo batismo e mais tarde foi ali construída uma igreja que, não contando o Cenáculo, foi a primeira igreja cristã.

No Vale de Tiropeon havia uma ponte, pela qual se podia ir do Monte Moriá a Sião, subindo o caminho suavemente até o cume deste último.

Nosso Divino Salvador, tendo sido preso no Horto de Getsêmani, que se acha na encosta ocidental do Monte das Oliveiras, foi conduzido para baixo desse monte, sobre a ponte do Cedron e pelo Vale de Josafá. Subiu pelo Monte Ofel, no lado ocidental do Templo, ao Monte Sião, em cujo cimo, não muito longe do Cenáculo, se achava o tribunal de Anás e Caifás.

Depois de condenado, levaram Jesus ao tribunal de Pilatos, que ficava ao norte do Monte do Templo, entre o Moriá e o Acra. Ali se achava também a cidadela Antônia, construída pelos romanos, para dali manterem o povo, no Templo e nos outros bairros da cidade, sob o jugo de Roma. Do tribunal de Pilatos ao palácio de Herodes, no Monte Acra, não havia grande distância. Depois de escarnecido por Herodes, Jesus foi reconduzido a Pilatos, onde o açoitaram, o coroaram de espinhos e, finalmente, o condenaram à morte. O caminho do Gólgota dirigia-se do palácio de Pilatos para oeste, entre Sião e Acra, até à porta da cidade. Esta era uma das mais importantes de Jerusalém. Por ela saía não só quem viajava para Jope, por mar, mas também quem queria ir a Belém, ao sul. Pois o Vale de Hinom, ao sul da cidade, impedia o caminho e era preciso, portanto, sair pela porta ocidental; pouco além da cidade, se dirigia o caminho para o sul, e ao oeste para Belém e Hebron. Próximo dessa porta ocidental, ao sul, se achava também a colossal torre de Davi. Os arredores do Gólgota pertencem ainda ao Monte Sião, e assim se pode dizer que no Monte Sião foi fundada a Nova Aliança.

Da porta ocidental se estendia o muro da cidade para o norte; cercando grande parte do Monte Acra, dirigia-se então para o leste e depois para o sul, até chegar ao muro que encerra o lado oriental do Monte Moriá.

A Serva de Deus descreve detalhadamente algumas partes de Jerusalém antiga, com as seguintes palavras:

> A primeira porta de Jerusalém, ao lado oriental da cidade, contado da esquina do Templo, de sudoeste, em direção ao sul, era a que dava para o bairro de Ofel; a porta, porém, que ficava mais perto da esquina do nordeste do Templo e dava para o norte, era a Porta das Ovelhas. Entre essas duas portas fora construída outra, não havia muito tempo (antes da crucifixão), a qual conduzia a duas ruas, que subiam uma acima da outra, do lado oriental do Monte do Templo e que na maior parte eram habitadas por pedreiros e outros operários. As casas encostavam-se nos alicerces do Templo. Quase todas as casas dessas duas ruas eram propriedade de Nicodemos, que as mandara construir. Os pedreiros que nelas moravam pagavam aluguel em dinheiro ou em trabalho, pois estavam sempre em relações com Nicodemos e seu amigo José de Arimatéia. Este possuía grandes pedreiras em suas terras e negociava em pedras. Nicodemos construiu, pois, uma bela porta nova para essas ruas. Chamavam-na agora Porta Moriá. Depois de terminada, Jesus foi o primeiro a entrar por ela, no Domingo de Ramos.
>
> Entrou, portanto, pela porta nova de Nicodemos, pela qual ninguém entrara e ainda foi sepultado no sepulcro novo de José de Arimatéia, no qual antes ninguém fora sepultado. Aquela porta foi mais tarde fechada com alvenaria e formou-se a lenda de que por ela os cristãos haviam de entrar de novo. Hoje ainda há naquele sítio uma porta fechada com um muro, à qual os turcos chamam Porta Áurea.
>
> O caminho reto da Porta das Ovelhas a oeste, se se pudesse passar por todos os muros, seguiria entre o Gólgota e o extremo noroeste do Monte Sião. Da porta até o Gólgota, em linha reta, havia um caminho de três quartos de hora; do palácio de Pilatos ao Gólgota, em linha reta, talvez 35 minutos. A cidadela Antônia estava situada ao lado noroeste do Monte do Templo, sobre um rochedo saliente; quem se dirigisse do palácio de Pilatos a oeste, pelas arcadas da esquerda, tinha

a cidadela ao lado esquerdo. Sobre os muros dessa cidadela havia um largo aberto, do qual se avistava parte do foro. Daí fazia Pilatos muitas proclamações ao povo, como, por exemplo, das novas leis.

Na Via Sacra, dentro da cidade, teve Jesus o Calvário algumas vezes à direita (o caminho de Jesus deve ter se dirigido em parte a sudoeste). Jesus foi conduzido pela porta do muro interior da cidade, que dava para Sião, bairro que estava situado muito alto. Fora desse muro, para oeste, havia uma parte da cidade que tinha mais hortas e jardins do que casas; perto do muro exterior da cidade havia também belos sepulcros, com entradas de alvenaria, artisticamente talhadas na rocha, e em cima, às vezes lindos jardins. Nesse bairro também se achava a casa que Lázaro possuía em Jerusalém, com belos jardins, perto da porta da esquina, onde o muro externo, a oeste da cidade, se dirigia para o sul. Parece-me que uma pequena porta própria conduzia, através desse muro, aos jardins, não longe da Porta das Ovelhas. Jesus e os seus entravam e saíam por ali de vez em quando, com licença de Lázaro. A porta, na esquina de noroeste, dava para o caminho de Betsur, situado mais para o norte do que Emaús e Jope. Ao norte do muro exterior da cidade se encontravam vários mausoléus reais. Essa parte ocidental da cidade era a mais baixa: descia um pouco em direção ao muro, mas perto deste subia um pouco e nessa encosta havia belas hortas e também vinhas. Atrás destas passava um caminho largo de alvenaria, ao longo do muro, o qual, em algumas partes, era transitável e tinha subidas para cima do muro e para as torres, as quais não tinham escadas no interior, como as das fortalezas de hoje. Além do muro, fora da cidade, havia uma descida para o vale, de modo que o muro, nessa parte baixa da cidade, ficava como que sobre uma elevada fortificação. Na encosta fora do muro havia também hortas e vinhas. O caminho de Jesus para o Calvário não passou por essas hortas e vinhas, mas essa parte da cidade lhe ficou à direita, ao norte, pelo fim do caminho. Simão de Cirene, porém, veio desse bairro, entrando no caminho de Jesus. A porta pela qual Jesus foi conduzido para fora não dava diretamente para oeste, mas na direção do Sol às quatro horas da tarde (sudoeste). Ao sair da porta, se via que o muro à esquerda um pouco para o sul fazia uma curva para oeste e ia depois de novo para o sul e conduzia a Belém. O caminho de Jesus, pouco além da porta, se dirigia à direita, para o Monte Calvário, que, ao lado oriental, que dá para a cidade, é íngreme, mas na parte ocidental forma uma encosta branda. Além do monte, a oeste, se vê uma parte do caminho de Emaús, ao lado do qual havia um prado, onde vi São Lucas colhendo ervas; foi depois da ressurreição, quando ele, junto com Cléofas, ia a Emáus, e se encontraram com Jesus.

Pendente da Cruz, Nosso Senhor olhava na direção do Sol às dez horas da noite, entre oeste e norte; virando a cabeça um pouco à direita, podia ver uma parte da cidadela Antônia. Ao longo do muro da cidade, a leste e ao norte do Calvário, havia também hortas, vinhas e sepulcros. A noroeste, ao pé do Calvário, foi enterrada a Cruz. Do outro lado desse lugar, para nordeste, havia também belas vinhas na encosta do monte. Do lugar da crucificação para o sul, caía a vista sobre a casa de Caifás, ficando a torre de Davi mais ao alto.

CAPÍTULO II[1]

A Última Ceia

Preparativos para a Ceia Pascal

*Quinta-feira Santa, 13 de nisa ou 29 de março;
Jesus na idade de 33 anos, 18 semanas menos 1 dia.*

Foi ontem à noite que se efetuou em Betânia a última e grande refeição de Nosso Senhor e dos seus amigos, em casa de Simão, curado da lepra por Jesus, e durante a qual Maria Madalena ungiu Jesus pela última vez. Judas, indignado com isso, correu a Jerusalém, onde negociou ainda uma vez com os príncipes dos sacerdotes, para entregar-lhes Jesus. Depois da refeição, voltou Jesus à casa de Lázaro e uma parte dos discípulos dirigiam-se à albergaria, situada fora de Betânia. Nicodemos veio ainda de noite à casa de Lázaro, onde teve longa conversa com o Senhor; voltou a Jerusalém antes do amanhecer, acompanhado numa parte do caminho por Lázaro.

Os discípulos já tinham perguntado a Jesus onde queria comer o cordeiro pascal. Hoje, antes da madrugada, Nosso Senhor mandou vir

---

1   Daqui em diante toda a narração é de Anna Catarina Emmerich.

Pedro e João e falou-lhes muito de tudo que deviam comprar e preparar em Jerusalém; disse-lhes que, subindo o Monte Sião, encontrariam um homem com um jarro de água (eles já conheciam esse homem, pois fora o mesmo que já na última Páscoa, em Betânia, preparara a ceia de Jesus; por isso diz São Mateus: um certo homem). Deviam segui-lo até à casa em que morava e dizer-lhe: "O Mestre manda avisar-te que seu tempo está perto e que quer celebrar a Páscoa em tua casa". Deviam pedir que lhes mostrasse o Cenáculo, que já estaria preparado, e fazer-lhe depois todos os preparativos necessários.

Vi os dois apóstolos subirem a Jerusalém, seguindo um barranco ao sul do Templo, e subirem ao Monte Sião pelo lado setentrional. Ao lado sul do Monte do Templo havia algumas fileiras de casas, ao longo de um ribeiro, que corria no fundo do barranco e os separava das casas. Tendo chegado à altura de Sião, que é mais alto do que o Monte do Templo, dirigiram-se a um largo um pouco em declive, na vizinhança de um velho edifício, cercado de pátios; ali, no largo, encontraram o homem que lhes fora indicado, seguiram-no e perto da casa lhe disseram o que Jesus lhes ordenara. Ele se regozijou muito de os ver e, ouvindo o recado, respondeu-lhes que a refeição já lhe tinha sido encomendada (provavelmente por Nicodemos), sem que soubesse para quem era, mas que muito lhe agradava saber que era para Jesus. Esse homem era Eli, cunhado de Zacarias de Hebron, o mesmo em cuja casa Jesus anunciara, no ano anterior, em Hebron, a morte de São João Batista. Tinha só um filho, que era levita e amigo de Lucas, antes deste se juntar a Jesus, e além desse, também cinco filhas solteiras. Todos os anos ia com os criados à festa e, alugando uma sala, preparava a Páscoa para as pessoas que não tinham casa em Jerusalém. Nesse ano tinha alugado um cenáculo, pertencente a Nicodemos e José de Arimatéia. Mostrou aos dois apóstolos a sala e o arranjo interior.

O Cenáculo ou Casa da Ceia

Ao lado meridional do Monte Sião, perto do castelo abandonado de Davi e do mercado situado na subida, a leste desse castelo, se acha um velho e sólido edifício, entre duas fileiras de árvores copadas e no meio de um pátio espaçoso, cercado de muros fortes. À direita e à esquerda da entrada há ainda outras construções encostadas ao muro; à direita a habitação do mordomo e, perto desta, outra, à qual Nossa Senhora e as santas mulheres às vezes se retiravam, depois da morte de Nosso Senhor. O Cenáculo, antigamente mais espaçoso, servira de morada aos bravos capitães de Davi, que ali se exercitavam no manejo das armas; também estivera ali por algum tempo a Arca da Aliança antes da construção do Templo e ainda há indícios da sua estada em um subterrâneo da casa. Vi também uma vez o profeta Malaquias escondido nos mesmos subterrâneos, onde escreveu as profecias da Sagrada Eucaristia e do sacrifício do Novo Testamento. Salomão tinha também esta casa em muito respeito, por certa relação simbólica, a qual, porém, esqueci. Quando grande parte de Jerusalém foi destruída pelos babilônios, ficou salva essa casa, a respeito da qual tenho visto muitas outras coisas, mas lembro-me só do que acabo de contar.

O edifício estava meio arruinado, quando se tornou propriedade de Nicodemos e José de Arimatéia, que restauraram a casa principal e acomodaram-na bem, para celebração da Festa da Páscoa, fim para o qual costumavam alugá-la a forasteiros, como fizeram também na última Páscoa do Senhor. Além disso, serviam-lhes a casa e os pátios de armazém para monumentos sepulcrais e pedras de construção, como também de oficina para os operários, pois José de Arimatéia possuía excelentes pedreiras nas suas terras e negociava em pedras sepulcrais e variadíssimas colunas e capitéis, esculpidos sob sua direção. Nicodemos trabalhava muito como construtor e, nas horas vagas, gostava de ocupar-se também com a escultura; fora da época das festas, esculpia estátuas e monumentos de pedra, na sala ou no subterrâneo debaixo desta. Essa arte pusera-o em contato com José de Arimatéia; tornaram-se amigos e muitas vezes se associaram também nas empresas.

Nessa manhã, enquanto Pedro e João, enviados de Betânia por Jesus, conversavam com o homem que tinha alugado o Cenáculo para aquele ano, vi Nicodemos indo para além e para aquém das casas à esquerda do pátio, para onde tinham sido transportadas muitas pedras que impediam as entradas da sala do Cenáculo para a celebração da Páscoa; julgo até ter visto, entre outros, alguns discípulos de Jesus, talvez Aram e Temeni, sobrinhos de José de Arimatéia.

A casa principal, o Cenáculo propriamente dito, está quase no meio do pátio, um pouco para o fundo. É um quadrilátero comprido, cercado por uma arcada menos alta de colunas, a qual, afastados os biombos entre os pilares, pode ser unida à grande sala interior; pois todo o edifício é aberto de lado a lado e pousa sobre colunas e pilares; apenas estão as passagens fechadas ordinariamente por biombos. A luz entra por aberturas existentes no alto das paredes. Na parte estreita da frente há um vestíbulo, ao qual conduzem três entradas; depois se entra na grande sala interior, alta e com bom soalho lajeado; do teto pendem diversas lâmpadas; as paredes estão ornadas para festa até a meia-altura, com belas esteiras e tapetes, e no teto há uma abertura coberta com um tecido brilhante, transparente, semelhante a gaze azul.

O fundo da sala está separado do resto por uma cortina igual. Essa divisão do Cenáculo em três partes dá-lhe uma semelhança com o Templo; há também um adro, o Santo e o Santo dos Santos. Nesta última parte é que são guardados, à direita e à esquerda, as vestimentas e vários utensílios. No meio há uma espécie de altar. Sai da parede um banco de pedra, com a ponta cortada no meio das duas faces laterais; deve ser a parte superior do forno, no qual o cordeiro pascal é assado; pois hoje, durante a refeição, estavam os degraus em torno muito quentes. Ao lado dessa parte do Cenáculo, há uma porta que dá para o alpendre que fica atrás da pedra saliente; de lá é que se desce ao lugar onde se acende o fogo no forno; há ali ainda outros subterrâneos e adegas, debaixo da grande sala. Naquela pedra ou altar saliente da parede há várias divisões, semelhantes a caixas ou gavetas, que se podem tirar; em cima há também aberturas como de uma grelha, uma abertura também para fazer fogo e outra para apagá-lo. Não sei mais descrever exatamente tudo que ali vi, parece ter sido um forno para cozer o pão ázimo da Páscoa e outros bolos, ou também para queimar incenso ou certos restos das refeições da festa; é como uma cozinha pascal. Por cima desse forno ou altar há uma caixa de madeira, saliente, semelhante a um nicho, que tem em cima uma abertura, com uma válvula, provavelmente para deixar sair a fumaça. Diante desse nicho ou pendente por cima dele, vi a figura de um cordeiro pascal; tinha cravado na garganta uma faca e o sangue parecia cair gota a gota sobre o altar; não sei mais exatamente como era feito. Dentro do nicho da parede há três armários de diversas cores, os quais se fazem girar como os nossos tabernáculos, para se abrirem e fecharem. Neles vi todas as espécies de vasos para a Páscoa, taças e mais tarde também o Santíssimo Sacramento.

Nas salas laterais do Cenáculo há assentos ou leitos em plano inclinado, feitos de alvenaria, sobre os quais se acham mantas grossas enroladas; são leitos de dormir. Debaixo de todo o edifício há belas adegas; antigamente esteve ali no fundo a Arca da Aliança, onde, em seguida, foi construído o forno pascal. Debaixo da casa há cinco esgotos, que levam todas as águas e imundícies monte abaixo, pois a casa está situada no alto. Já antes vi Jesus curar e ensinar aqui; às vezes passavam alguns discípulos a noite nas salas laterais.

Disposições para a refeição pascal

Tendo os apóstolos falado com Eli de Hebron, voltou este pelo pátio à casa; eles, porém, se dirigiam para a direita, a Sião. Desceram pelo lado norte, passaram uma ponte e, seguindo por veredas ladeadas de sebes verdejantes, foram pelo outro lado do barranco, até às fileiras de casas ao sul do Templo. Ali era a casa do velho Simeão, que morrera depois da apresentação de Jesus no Templo. Moravam então lá os filhos do venerando ancião; alguns eram secretamente discípulos de Jesus. Os apóstolos falaram a um deles, que era empregado no Templo; era homem alto e muito moreno. Ele desceu com os apóstolos, passando a leste do Templo, por aquela parte de Ofel pela qual Jesus entrara triunfalmente em Jerusalém, no Domingo de Ramos; assim foram pela cidade, ao norte do Templo, até o mercado de gado. Vi na parte sul do mercado pequenos recintos, onde belos cordeiros saltavam como em pequenos jardins.

Na entrada triunfal de Jesus pensei que isso fora feito para abrilhantar a festa; mas eram cordeiros pascais, que se vendiam ali. Vi o filho de Simeão entrar num desses recintos; os cordeiros seguiram-no, saltando, e empurravam-no com as cabeças, como se o conhecessem. Ele escolheu quatro, que foram levados ao Cenáculo. Vi-o também de tarde no Cenáculo, ajudando na preparação do cordeiro pascal.

Vi como Pedro e João deram ainda vários recados na cidade, encomendando muitas coisas. Vi-os também fora de uma porta, ao norte do Monte Calvário e a noroeste da cidade; entraram em uma estalagem, onde ficaram nesses dias muitos discípulos. Era a estalagem construída em Jerusalém para os discípulos, a qual estava sob a administração de Seráfia (conhecida pelo nome de Verônica). Pedro e João mandaram alguns discípulos de lá ao Cenáculo, para dar alguns recados dos quais me esqueci.

Foram também à casa de Seráfia, à qual tinham de pedir diversas coisas; o marido desta, membro do Conselho, estava a maior parte do tempo fora de casa, em negócios e, mesmo quando estava em casa, ela o via pouco. Seráfia era uma mulher quase da idade da Santíssima Virgem e há tempo estava em relações com a Sagrada Família, pois quando o Menino Jesus, depois da festa, ficara atrás, em Jerusalém, comera em casa dela.

Os dois apóstolos receberam ali diversos objetos, em cestos cobertos, que foram levados ao Cenáculo, em parte pelos discípulos. Foi também ali que receberam o cálice de que Nosso Senhor se serviu, na instituição da Sagrada Eucaristia.

Jesus vai a Jerusalém

Na manhã em que os dois apóstolos andaram por Jerusalém, ocupados com os preparativos da Páscoa, Jesus se despediu muito comovido das santas mulheres, de Lázaro e de sua Mãe em Betânia, dando-lhes ainda algumas instruções e exortações.

Vi o Senhor conversar com a Virgem Santíssima separadamente; disse-lhe, entre outras coisas, que tinha mandado Pedro, o representante da fé, e João, o representante do amor, prepararem a Páscoa em Jerusalém. De Madalena, que estava desvairada de dor e tristeza, disse o Mestre que o seu amor era indizível, mas ainda arraigado na carne, e que por isso ficava desatinada de dor. Falou também das intenções traiçoeiras de Judas e a Santíssima Virgem pediu por este.

Judas tinha ido novamente de Betânia a Jerusalém, sob pretexto de fazer várias compras e pagamentos. De manhã Jesus interrogou os nove apóstolos a respeito, apesar de saber perfeitamente o que Judas estava fazendo. Este correu todo o dia pelas casas dos fariseus, combinando tudo com eles; mostraram-lhe até os soldados que deviam apoderar-se de Jesus. O traidor premeditou todos os passos que carecia dar, para que pudesse sempre explicar a sua ausência; não voltou para junto de Nosso Senhor, senão pouco antes de comerem o cordeiro pascal. Vi-lhe todas as conspirações e os pensamentos. Quando Jesus falou a Maria acerca de Judas, vi muitas coisas em relação ao caráter deste; era ativo e atencioso, mas cheio de avareza, ambição e inveja, e não lutava contra as paixões. Fizera também milagres e curara doentes na ausência de Jesus.

Quando Nosso Senhor comunicou à Santíssima Virgem o que havia de suceder, pediu ela de modo tocante que a deixasse morrer com Ele. Mas Jesus exortou-a a que mostrasse mais calma na dor do que as outras mulheres; disse-lhe também que ressuscitaria e lhe indicou o lugar onde lhe apareceria. A Mãe Santíssima, então, não chorou muito, mas ficou tão profundamente triste e séria que impressionou a todos. Nosso Senhor, como Filho piedoso, agradeceu-lhe todo amor que lhe tinha mostrado. Abraçou-a com o braço direito e apertou-a ao coração; disse-lhe também que faria a ceia com ela espiritualmente, indicando-lhe a hora em que a receberia. Ainda se despediu de todos, muito comovido, e instruiu-os sobre muitas coisas.

Por volta do meio-dia partiu Jesus de Betânia, com os nove apóstolos, tomando o caminho de Jerusalém; seguiram-no sete discípulos que, com exceção de Natanael e Silas, eram naturais de Jerusalém e arredores. Lembro-me que entre estes estavam João Marcos e o filho da viúva pobre, que na quinta-feira antecedente oferecera o denário no Templo, enquanto Jesus ensinava. Havia poucos dias Jesus admitira o último como discípulo. As santas mulheres seguiram mais tarde.

Jesus e a comitiva andaram por aqui e por ali, por diversos caminhos ao redor do Monte das Oliveiras, no Vale de Josafá e até o Monte Calvário; durante todo o caminho, continuou a ensinar-lhes.

Disse aos apóstolos, entre outras coisas, que até agora lhes dera pão e vinho, mas hoje queria dar-lhes seu corpo e sangue, que lhes daria e deixaria tudo que tinha. Nosso Senhor disse-o de uma maneira tão tocante, que toda a alma parecia fundir-se-lhe e amolecer de amor, com o desejo de se lhes dar. Os discípulos não o compreenderam, julgaram que falava do cordeiro pascal. Não se pode exprimir quanto havia de amor e resignação nos últimos discursos que fez em Betânia e aqui. As santas mulheres foram mais tarde à casa de Maria, mãe de Marcos.

Os sete discípulos que seguiram Nosso Senhor a Jerusalém, não o acompanharam no caminho, mas levaram as vestimentas da cerimônia da Páscoa ao Cenáculo, puseram-nas no vestíbulo, voltando depois à casa de Maria, mãe de Marcos. Quando Pedro e João vieram com o cálice da casa de Seráfia ao Cenáculo, já encontraram o vestuário da cerimônia no vestíbulo, onde os discípulos e alguns outros o tinham colocado; também tinham coberto as paredes da sala com tapeçaria, desprendido as aberturas do teto e aprontado três candeeiros de suspensão. Pedro e João foram então ao Vale de Josafá, para chamar a Jesus e aos nove apóstolos. Os discípulos e amigos que comeram com eles o cordeiro pascal vieram mais tarde.

A Última Ceia Pascal

Jesus e os seus comeram o cordeiro pascal no Cenáculo, divididos em três grupos de doze, dos quais cada um era presidido por um chefe, que fazia as vezes de pai de família. Jesus tomou a refeição com os doze apóstolos, na sala do Cenáculo. Natanael presidiu a outra mesa, numa das salas laterais, e outros doze tinham como pai de família Heliachim, filho de Cléofas e Maria Heli, irmão de Maria de Cléofas, e que fora antes discípulo de João Batista.

Três cordeiros tinham sido imolados para eles no Templo, com as cerimônias do costume. Mas havia lá um quarto cordeiro, que foi imolado no Cenáculo; foi o que Jesus comeu com os doze apóstolos. Judas ignorava essa circunstância, pois estava ocupado com diversos negócios e com a traição, e ainda não estava de volta, por ocasião da imolação do cordeiro; veio alguns instantes antes da refeição pascal. A imolação do cordeiro destinado a Jesus e aos apóstolos foi uma cerimônia singularmente tocante; realizou-se no vestíbulo do Cenáculo; Simeão, que era levita, ajudou. Os apóstolos e os discípulos estavam presentes, cantando o Salmo 118. Jesus falou então de uma nova época que começava;[2] disse que então se devia cumprir o sacrifício de Moisés e a significação do cordeiro pascal simbólico; o cordeiro devia por isso ser imolado do mesmo modo que o do Egito, do qual só então o povo de Israel sairia verdadeiramente liberto.

Os vasos e tudo o que era mais precioso estavam prontos; trouxeram um belo cordeirinho, ornado de uma grinalda, que foi tirada e enviada à Santíssima Virgem, que ficara com as santas mulheres em outra sala. O cordeiro foi amarrado pelo meio do corpo em uma tábua, o que recordou Jesus preso à coluna da flagelação. O filho de Simeão segurou a cabeça do cordeiro para cima; Jesus cravou-lhe a faca no pescoço, entregando-a depois ao filho de Simeão que continuou a preparação do cordeiro. Jesus parecia sentir dor e repugnância em feri-lo. Fê-lo rapidamente, mas com muita gravidade. O sangue foi colhido numa bacia; trouxeram um ramo de hissopo, que Jesus molhou no sangue. Em seguida avançou para a porta, tingiu com o sangue os dois portais e a fechadura, fixando depois em cima da porta o ramo tinto de sangue. Durante esse ato, lhes ensinou solenemente e disse, entre outras coisas, que o anjo exterminador passaria ali; que fizessem, porém, a adoração naquele lugar, sem medo e inquietação, depois d'Ele, o verdadeiro Cordeiro pascal, ter sido imolado; começaria um tempo e um sacrifício novo, que duraria até o fim do mundo.

Dirigiram-se então ao fogão, no fundo da sala, onde outrora estivera a Arca da Aliança; já estava aceso o fogo, Jesus aspergiu o forno com o sangue e consagrou-o como altar; o resto do sangue e a gordura vazaram-nos no fogo, debaixo do altar. Todas as portas estavam fechadas durante essa cerimônia.

Entrementes, o filho de Simeão acabara de preparar o cordeiro pascal. Pusera-o em uma estaca, as pernas dianteiras fixadas num pau transversal, as traseiras na estaca. Ai! Parecia tanto com Jesus

---

2   Ver "De nosso Divino Salvador, como plenitude e consumação dos tempos", no primeiro capítulo.

pregado na Cruz! Em seguida foi posto no forno, para ser assado, junto com os outros três, trazidos do Templo.

Os cordeiros pascais dos judeus eram todos imolados no átrio do Templo, em três lugares diversos: para as pessoas de distinção, para a gente pobre e para os forasteiros. O cordeiro pascal de Jesus não foi imolado no Templo, mas todo o resto da cerimônia foi feita rigorosamente conforme a Lei. Jesus falou mais tarde a esse respeito; disse que o cordeiro era simplesmente um símbolo; que Ele mesmo, na manhã seguinte, devia ser o verdadeiro Cordeiro pascal. Não sei mais tudo quanto ensinou nessa ocasião. Desse modo instruiu Jesus os apóstolos sobre o cordeiro pascal e sua significação. Por fim veio também Judas. Tendo então chegado a hora, prepararam-se as mesas. Os convivas vestiram as vestes da cerimônia, que se achavam no vestíbulo; outro calçado, uma veste branca, à maneira de túnica ou camisa, e por cima um manto curto na frente e comprido atrás; arregaçaram as vestes com o cinto, sendo também as mangas largas arregaçadas. Era o traje de viagem, prescrito pela Lei Mosaica. Assim se dirigiu cada grupo à respectiva mesa; os dois grupos de discípulos para as salas laterais, o Senhor e os apóstolos à sala do Cenáculo. Tomando todos um bastão na mão, caminharam, dois a dois, para a mesa, onde ficaram em pé diante dos respectivos lugares, os bastões encostados nos braços e as mãos levantadas. Jesus, que estava no meio da mesa, recebera do mordomo dois bastões, um pouco recurvados em cima, semelhantes a cajados curtos de pastores. Tinham em cima uma forquilha, à maneira de ramo cortado. Jesus os pôs à altura da cintura, em forma de cruz, diante do peito, e durante a oração colocou os braços estendidos sobre as forquilhas. Nessa atitude tinham os movimentos do Mestre algo de singularmente tocante e parecia servir-lhe de apoio à Cruz, que em pouco devia pesar-lhe sobre os ombros. Nessa posição cantaram: "Bendito seja o Senhor, Deus de Israel" e "Louvado seja o Senhor, etc.". Terminada a oração, Jesus deu um dos bastões a Pedro e o outro a João. Puseram-nos de lado ou fizeram-nos passar de mão em mão, entre os outros discípulos; já não me lembro mais exatamente.

A mesa era estreita e tão alta que passava meio pé acima dos joelhos de um homem. Tinha a forma de um segmento de círculo. Em frente de Jesus, na parte interior do semicírculo, havia um lugar livre para servir os pratos. Se bem me lembro, estavam à direita de Jesus João, Tiago, o Maior, e Tiago, o Menor; no lado estreito, à direita, Bartolomeu; em seguida, no semicírculo interior, Tomé e Judas Iscariotes; à esquerda, Simão, e perto deste, no lado interior, Mateus e Filipe.

No meio da mesa, numa travessa, estava o cordeiro pascal. A cabeça repousava-lhe sobre os pés dianteiros, postos em forma de cruz, as penas traseiras estavam estendidas; a margem da travessa, em volta do cordeiro, estava coberta de alho. Havia mais uma travessa com o assado da Páscoa, a cada lado desta um prato com ervas verdes, dispostas umas contra as outras, em pé, e mais outro prato com tufos de ervas amargas, semelhantes à erva de bálsamo. Diante de Jesus havia um prato com ervas de cor verde-amarelada e outro com molho escuro. Pães redondos serviam de pratos para os convivas, que usavam facas de osso.

Depois da oração, o mordomo pôs na mesa, diante de Jesus, a faca para trinchar o cordeiro. Pôs também diante de Nosso Senhor um copo de vinho e encheu de um jarro seis copos, cada um para dois discípulos. Jesus benzeu o vinho e bebeu: os apóstolos beberam, dois a dois em cada copo. O Senhor trinchou o cordeiro; os apóstolos apresentaram cada um com o seu bolo redondo, com uma espécie de gancho; recebendo cada um a sua parte. Comeram-na apressadamente, separando carne dos ossos com as facas de osso. Os ossos descarnados foram depois queimados. Comeram também às pressas do alho e da verdura, que ensoparam no molho. Comeram o cordeiro pascal em pé, reclinados apenas um pouco aos encostos dos assentos. Jesus partiu também dos pães ázimos, recobrindo uma parte; o resto distribuiu. Comeram todos então os respectivos bolos. Trouxeram ainda um cálice de vinho, mas Jesus não bebeu mais. Disse: "Tomai este vinho e reparti-o entre vós, pois não beberei mais vinho, até chegar o reino de Deus". Tendo bebido dois a dois, cantaram e em seguida Jesus ainda rezou e ensinou; finalmente todos lavaram as mãos. Só então se deitaram nos assentos. Tudo que precedeu foi feito muito depressa, ficando os convivas em pé. Somente ao fim se encostaram um pouco aos assentos.

O Senhor trinchara também outro cordeiro, que foi depois levado para as santas mulheres, a um dos edifícios laterais do pátio, onde tomaram a ceia. Comeram ainda ervas e alface com molho. Jesus estava extraordinariamente amável e sereno; nunca o tinha visto assim. Disse também aos apóstolos que esquecessem tudo que os pudesse angustiar. A Santíssima Virgem, à mesa das mulheres, estava também muito serena. Comoveu-me profundamente ver como se virava com tanta simplicidade, quando as outras mulheres se lhe aproximavam, puxando-a pelo véu, para lhe falarem.

A princípio Jesus conversou muito amavelmente com os apóstolos, enquanto ceavam; mas depois se tornou mais sério e triste. "Um de vós me trairá", disse, "cuja mão está comigo à mesma mesa". Jesus serviu alface, de que havia só um prato, àqueles que lhe estavam ao lado; encarregou a Judas, que lhe ficava quase em frente, distribuí-la pelo outro lado. Os apóstolos assustaram-se muito quando Jesus falou do traidor, dizendo: "Um que está comigo à mesma mesa", ou "que mete a mão no mesmo prato comigo", o que quer dizer: "Um dos doze que comigo comem e bebem, um daqueles com os quais parto o meu pão". Com essas palavras não indicou Judas aos outros; pois "meter a mão no mesmo prato" era uma alocução geral, indicando relações da maior intimidade. Contudo, quis também dar um aviso a Judas, que no mesmo momento de fato meteu com o Salvador a mão no mesmo prato, para distribuir alface. Jesus disse ainda: "O Filho do Homem vai certamente para a morte, como está escrito a respeito d'Ele, mas ai do homem por quem será traído! Melhor fora nunca haver nascido".

Os apóstolos ficaram muito perturbados e perguntaram um após outro: "Senhor, sou eu?", pois todos bem sabiam que nenhum compreendera o sentido daquelas palavras. Pedro inclinou-se para João, por detrás de Jesus e fez-lhe um sinal, para perguntar ao Senhor quem era; pois, tendo sido censurado tantas vezes por Jesus, receava que se referisse a ele. Ora, João estava deitado à direita do Senhor e, como todos comiam com a mão direita, encostando-se sobre o braço esquerdo, estava ele com a cabeça perto do peito de Jesus. Aproximou mais a cabeça do peito do Mestre e perguntou-lhe: "Senhor, quem é?". Então lhe foi revelado que o Senhor se referia a

Judas. Não vi Jesus pronunciar as palavras: "É aquele a quem dou o bocado de pão molhado"; não sei se o disse muito baixo a João; este, porém, o percebeu, quando Jesus molhou o pão envolvido em alface e afetuosamente o ofereceu a Judas, que justamente nesse momento perguntava também: "Senhor, sou eu?". Jesus olhou-o com muito amor e deu-lhe uma resposta concebida em termos gerais. Era entre os judeus sinal de amizade e intimidade; Jesus fê-lo muito afetuosamente, para exortá-lo, sem o comprometer perante os outros. Judas, porém, estava com o coração cheio de raiva. Vi, durante toda a ceia, uma pequena figura hedionda sentada aos seus pés, a qual algumas vezes lhe subiu até o coração. Não percebi se João repetiu a Pedro o que ouvira de Jesus; mas vi que o sossegou com um olhar.

O lava-pés

Levantaram-se da mesa e, enquanto mudavam e arranjavam as vestes, como costumavam fazer antes da oração solene, entrou o mordomo, com dois criados, para levar a mesa, tirá-la do meio dos assentos que a cercavam e pô-la ao lado. Tendo feito isso, recebeu ordem de Jesus para trazer água ao vestíbulo e saiu da sala, com os dois criados. Jesus, em pé no meio dos apóstolos, falou-lhes muito tempo em tom solene. Mas tenho até agora visto e ouvido tantas coisas, que me não é possível relatar com exatidão a matéria de todos os discursos. Lembro-me que falou do seu reino, de sua ida para o Pai, prometendo deixar-lhes tudo o que possuía, etc. Também pregou sobre a penitência, exame e confissão das faltas, arrependimento e purificação. Tive a impressão de que essa instrução se relacionava com o lava-pés e vi também que todos conheceram os seus pecados e se arrependeram, com exceção de Judas. Esse discurso foi longo e solene. Tendo terminado, Jesus mandou João e Tiago, o Menor, trazerem a água do vestíbulo, ordenando aos apóstolos que colocassem os assentos em semicírculo; Ele próprio foi ao vestíbulo, despiu o manto e, arregaçando a túnica, cingiu-se com um pano de linho, cuja extremidade mais longa pendia para baixo.

Durante esse tempo tiveram os apóstolos uma discussão, sobre qual deles devia ter o primeiro lugar; como o Senhor lhes anunciara claramente que os ia deixar e que o seu reino estava perto, surgiu de novo entre eles a opinião de que Jesus tinha aspirações secretas, um triunfo terrestre, que se realizaria no último momento.

Jesus, que estava no vestíbulo, deu ordem a João para tomar uma bacia e a Tiago, o Menor, para trazer um odre cheio de água, transportando-o diante do peito, de modo que o bocal pendesse sobre o braço. Depois de ter derramado água do odre na bacia, mandou que os dois seguissem à sala, onde o mordomo tinha posto no meio outra bacia maior, vazia.

Entrando pela porta da sala, de forma humilde, Jesus censurou os apóstolos em poucas palavras, por causa da discussão havida antes entre eles, dizendo, entre outras coisas, que Ele mesmo queria servir-lhes de criado, que tomassem os assentos, para que lhes lavasse os pés. Então se sentaram, na mesma ordem em que foram colocados à mesa, tendo sido os assentos dispostos em semicírculo. Jesus, indo de um a outro, derramou-lhes sobre os pés água da bacia, que João sucessivamente colocava sob os pés de cada um. Depois tomava o Mestre a extremidade da toalha de linho com que estava cingido e enxugava-lhes os pés com ambas as mãos. Em seguida se aproximava, com Tiago, do apóstolo seguinte. João esvaziava de cada vez a água usada na grande bacia que estava no meio da sala e Jesus enchia de novo a bacia, com água do odre que Tiago segurava, derramando-a sobre os pés do apóstolo e enxugando-lhes.

O Senhor, que durante toda a Ceia Pascal se mostrara singularmente afetuoso, desempenhou-se também desta humilde função com o mais tocante amor. Não o fazia com uma cerimônia, mas como ato santo de caridade, exprimindo nele todo o seu amor.

Quando chegou a Pedro, este quis recusar, dizendo: "Senhor, vós me quereis lavar os pés?". Disse, porém, o Senhor: "Agora não entendes o que faço, mas entendê-lo-ás no futuro". Pareceu-me que lhe disse em particular: "Simão, tens merecido aprender de meu Pai quem sou eu, de onde venho e para onde vou; só tu o tens conhecido e confessado; por isso, construirei sobre ti a minha Igreja, e as portas do Inferno não prevalecerão contra ela. O meu poder há de ficar também com os teus sucessores, até o fim do mundo". Jesus indicou-o aos outros, dizendo-lhes que Pedro devia substituí-lo na administração e no governo da Igreja, quando Ele tivesse saído deste mundo. Pedro, porém, disse: "Vós não me lavareis jamais os pés". O Senhor respondeu-lhe: "Se eu não te lavar os pés, não terás parte em mim". Então lhe disse Pedro: "Senhor, não me lavareis somente os pés, mas também as mãos e a cabeça". Jesus respondeu: "Quem foi lavado, é puro no mais; não é preciso lavar senão os pés. Vós também estais limpos, mas não todos". Com estas palavras referiu-se a Judas.

Jesus, ensinando sobre o lava-pés, disse que era uma purificação das faltas cotidianas, porque os pés, caminhando descuidadamente na terra, se sujavam continuamente.

Esse banho dos pés era espiritual e uma espécie de absolvição. Pedro, porém, viu nele apenas uma humilhação muito grande para o Mestre; não sabia que Jesus, para salvá-lo e aos outros homens, se humilharia na manhã seguinte até a morte humilhante da Cruz.

Quando Jesus lavou os pés de Judas, mostrou-lhe uma afeição comovedora; aproximou o rosto dos pés do apóstolo infiel, disse-lhe muito baixo que se arrependesse, pois que já por um ano pensava em tornar-se infiel e traidor. Judas, porém, parecia não querer perceber e falava com João. Pedro irritou-se com isso e disse-lhe: "Judas, o Mestre fala-te". Então disse Judas algumas palavras vagas e evasivas a Jesus, como: "Senhor, tal coisa nunca farei".

Os outros não perceberam as palavras que Jesus dissera a Judas, pois falara baixo e eles não prestaram atenção; estavam ocupados em calçar as sandálias. Nada, em toda Paixão, afligiu tão profundamente o Senhor como a traição de Judas. Jesus lavou depois ainda os pés de João e Tiago. Primeiro se sentou Tiago e Pedro segurou o odre de água, depois se sentou João e Tiago segurou a bacia.

Jesus ensinou ainda sobre a humildade, dizendo que aquele que servia aos outros era o maior de todos e que dali em diante deviam lavar humildemente os pés uns aos outros; tocou ainda na discussão sobre qual deles havia de ser o maior, dizendo muitas coisas que se encontram também no Evangelho.

Sabeis o que vos fiz? Vós me chamais Mestre e Senhor e dizeis bem, porque o sou. Se eu, sendo vosso Senhor e Mestre, vos lavei os pés, logo deveis também lavar os pés uns aos outros. Porque eu vos dei o exemplo, para que, como eu fiz, assim façais vós também. Em verdade, em verdade, vos digo: não é o servo maior do que o seu Senhor, nem o enviado é maior do que aquele que o enviou. Se sabeis estas coisas, bem-aventurados sereis se também as praticardes. Não digo isto de todos vós; sei os que tenho escolhido; mas é necessário que se cumpra o que diz a Escritura: "O que come o pão comigo, levantará contra mim o calcanhar". Desde agora vos digo, antes que suceda; para que, quando suceder, creiais que sou eu. Em verdade, em verdade vos digo: o que recebe aquele que eu enviar, a mim me recebe; e o que me recebe a mim, recebe Aquele que me enviou (Jo 13, 12–20).

Jesus vestiu de novo as vestes. Os apóstolos desenrolaram também as vestes, que antes tinham arregaçado, para comer o cordeiro pascal.

Instituição da Sagrada Eucaristia

Por ordem do Senhor, o mordomo pusera novamente a mesa e colocara-a um pouco mais alto e no meio, coberta de um tapete, sobre o qual estendera uma toalha vermelha e em cima desta, outra branca, bordada a crivo. Por baixo da mesa pôs um jarro de água e outro de vinho.

Pedro e João, indo à parte da sala onde era o forno do cordeiro pascal, buscaram o cálice que haviam trazido da casa de Seráfia. Transportaram-no solenemente, dentro do invólucro; eu tinha a impressão de que carregavam um tabernáculo. Colocaram-no sobre a mesa, diante de Jesus. Havia também um prato oval, com três pães ázimos, brancos e delgados, marcados com sulcos regulares; eram por estes divididos em três partes, no sentido do comprimento. Os pães estavam cobertos. Jesus já lhes fizera ligeiras incisões, durante a ceia pascal, para parti-los mais facilmente, e pusera por baixo da toalha a metade do pão partido no banquete pascal. Estavam também sobre a mesa um cântaro de água e outro de vinho, como também três vasos, um com óleo grosso, outro com azeite, o terceiro vazio, e mais uma espátula.

Desde os antigos tempos reinava o costume de partir o pão e beber do mesmo cálice no fim do banquete; era sinal de fraternidade e amor, usado por ocasiões de boas-vindas e despedidas. Creio que há alguma coisa a este respeito também na Escritura Sagrada. Jesus, porém, elevou esse uso à dignidade do Santíssimo Sacramento. Até então tinha sido somente um rito simbólico e figurativo. Pela traição de Judas foi levada ao tribunal também a acusação de ter Jesus juntado alguma coisa nova às cerimônias da Páscoa; Nicodemos, porém, provou com trechos da Escritura Sagrada que esse uso de despedida era muito antigo.

O lugar de Jesus era entre Pedro e João. As portas estavam fechadas; tudo se fez com solenidade misteriosa. Depois de se haver tirado do cálice o invólucro e levado à parte separada da sala, rezou Jesus, falando num tom solene. Vi que lhes explicava todas as santas cerimônias da Última Ceia; era como se um sacerdote ensinasse aos outros a Santa Missa.

Em seguida tirou da bandeja em que estavam os vasos um tabuleiro corrediço, tomou o pano de linho que cobria o cálice e estendeu-o sobre o tabuleiro. Depois o vi tirar do cálice uma patena redonda e pô-la sobre o tabuleiro coberto. Tirou então os pães que estavam ao lado, num prato coberto com um pano de linho e colocou-os na patena, diante de si. Os pães, que tinham a forma de um quadrilátero oblongo, excediam dos dois lados a patena, cuja borda, porém, permanecia visível na largura. Em seguida puxou para si o cálice, tirou dele um copinho, colocando também os seis copos pequenos à direita e esquerda do cálice. Depois benzeu o pão ázimo e, creio, também os óleos, que estavam ao lado; levantou a patena, em que estavam os pães ázimos, com ambas as mãos, olhou para o céu, rezou e ofereceu-o a Deus, pôs a patena no tabuleiro e cobriu-a. Depois tomou o cálice, mandou Pedro deitar vinho e João deitar água, que antes benzera, e juntou ainda um pouco de água que colheu com a colherinha. Benzeu o cálice, levantou-o, ofereceu-o rezando e colocou-o no tabuleiro.

Mandou a Pedro e João derramarem-lhe água sobre as mãos, por cima do prato em que anteriormente foram postos os pães ázimos e, tirando a colherinha do pé do cálice, apanhou um pouco da água que lhe correra sobre as mãos e espargiu-a sobre as mãos dos dois apóstolos. Depois passou o prato em volta da mesa e todos lavaram nele as mãos. Não me lembro bem se foi essa a ordem exata das cerimônias; mas tudo isso, que me lembrou muito o Santo Sacrifício da Missa, comoveu-me profundamente.

Durante esse santo ato tornou-se Jesus cada vez mais afetuoso; disse-lhes que agora queria dar-lhes tudo que tinha: sua própria pessoa. Era como se derramasse sobre eles todo o seu amor e vi-O tornar-se transparente; parecia uma sombra luminosa.

Orando com esse amor, partiu o pão nas partes marcadas, as quais amontoou sobre a patena, em forma de pirâmide. Do primeiro bocado quebrou um pedacinho com a ponta dos dedos e deixou-o cair no cálice.

No momento em que o fez, tive a impressão de que a Santíssima Virgem recebeu o Santo Sacramento espiritualmente, apesar de não estar ali presente. Não sei agora como o vi; mas pensei vê-la entrar pela porta, sem tocar no chão e aproximar-se de Jesus, do lado desocupado da mesa e receber o Santo Sacramento em frente d'Ele; depois não a vi mais. Jesus dissera-lhe de manhã, em Betânia, que celebraria a Páscoa junto com ela, marcando-lhe a hora em que, recolhida em oração, devia recebê-la espiritualmente.

O Senhor rezou ainda e ensinou; todas as palavras lhe saíram da boca como fogo e luz e entraram nos apóstolos, com exceção de Judas. Depois tomou a patena com os bocados de pão (não sei mais se a tinha posto sobre o cálice) e disse: "Tomai e comei, isto é o meu corpo, que será entregue por vós". Nisso estendeu a mão direita como para benzer e, enquanto assim fazia, saiu d'Ele um esplendor, suas palavras eram luminosas e também o era o pão que se precipitou na boca dos apóstolos, como um corpo resplandecente; era como se Ele mesmo entrasse neles. Vi-os todos penetrados de luz; só Judas vi escuro. O Senhor deu o Sacramento primeiro a Pedro, depois a João; em seguida fez sinal a Judas para aproximar-se; foi o terceiro a quem deu o Santíssimo Sacramento. Mas a palavra do Cristo parecia recuar da boca do traidor. Fiquei tão horrorizada, que não posso exprimir o que senti nesse momento. Jesus, porém, disse-lhe: "Faze já o que queres fazer" e continuou a dar o Santo Sacramento aos apóstolos, que se aproximaram dois a dois, segurando alternadamente, em frente um do outro, um pequeno pano engomado, bordado nos lados, o qual cobria o cálice.

Jesus levantou o cálice pelas duas argolas até a altura do rosto e pronunciou as palavras da consagração sobre ele. Nesse ato ficou transfigurado e como que transparente, parecendo passar-se todo ao que lhes deu. Fez Pedro e João beberem do cálice, que segurava nas mãos, colocando-o depois na mesa; João passou com a colherinha o Santíssimo Sangue do cálice para os copinhos, que Pedro ofereceu aos apóstolos, os quais beberam dois a dois de um copo. Creio, mas não tenho absoluta certeza, que Judas também participou do cálice; não voltou, porém, ao seu lugar: saiu imediatamente do Cenáculo. Como Jesus lhe tivesse feito um sinal, pensaram os outros que o tivesse encarregado de algum negócio. Retirou-se sem ter rezado e feito a ação de graças: por onde se vê como é mau retirar-se sem ação de graças, depois de tomar o pão cotidiano ou o Pão Eterno. Durante toda a refeição, eu tinha visto ao pé de Judas a figura de um pequeno monstro vermelho hediondo, cujo pé era como um osso descarnado e que às vezes lhe subia até o coração. Quando saiu da casa, vi três demônios cercá-lo: um entrou-lhe na boca, outro empurrou-o para frente e o terceiro correu-lhe à frente. Era noite e eles pareciam alumiá-lo; Judas corria como um louco.

O Senhor deitou o resto do Santíssimo Sangue, que ainda ficara no fundo do cálice, no copinho que antes estivera dentro do cálice; pondo depois os dedos por cima do cálice, mandou Pedro e João derramarem água e vinho sobre eles. Feito isso, fê-los beber ambos do cálice e o resto vazou-os nos outros copinhos, distribuindo-o pelos outros apóstolos. Em seguida Jesus enxugou o cálice, meteu nele o pequeno copo, contendo o resto do Santíssimo Sangue, colocou em cima a patena, com os restantes pães ázimos consagrados, pôs a tampa e cobriu o cálice de novo com o pano, colocando-o depois sobre a bandeja, entre os seis copinhos. Vi os apóstolos comungarem dos restos do Santíssimo Sacramento, depois da ressurreição de Jesus.

Não me lembro de ter visto o Senhor comer as espécies consagradas, a não ser que eu não tenha reparado. Dando o Santíssimo Sacramento, deu-se de modo que parecia sair de si mesmo e derramar-se nos apóstolos, em uma efusão de amor misericordioso. Não sei como posso exprimi-lo.

Também não vi Melquisedeque, quando ofereceu pão e vinho, comê-lo e bebê-lo. Soube também por que os sacerdotes o consomem, apesar de Jesus não o ter feito.

Dizendo isso, Catarina Emmerich virou de repente a cabeça, como para escutar; recebeu uma explicação sobre esse ponto, da qual pôde comunicar somente o seguinte: "Se fosse administrado pelos anjos, estes não o teriam recebido; se, porém, os sacerdotes não o recebessem, já se teria perdido há muito; por isso é que se conserva".

Todas as cerimônias, durante a instituição do Santíssimo Sacramento, foram feitas por Jesus com muita calma e solenidade, para ao mesmo tempo ensinar e instruir os apóstolos, os quais vi depois tomarem notas de certas coisas, nos pequenos rolos que tinham consigo. Todos os movimentos de Jesus, para a direita e para a esquerda, eram solenes, tal como eram quando estava rezando. Tudo mostrava em germe o Santo Sacrifício da Missa. Durante a cerimônia e em outras ocasiões, vi também os apóstolos se inclinarem uns diante dos outros ao aproximarem-se, como ainda fazem os sacerdotes de hoje.

Instruções secretas e consagrações

Jesus deu ainda instruções secretas. Disse aos apóstolos que continuassem a consagrar e administrar o Santíssimo Sacramento até o fim do mundo. Ensinou-lhes as formas essenciais da administração e do uso do Sacramento e de que modo deviam gradualmente ensinar e publicar esse mistério; explicou-lhes quando deviam receber o resto das espécies consagradas e dá-lo à Santíssima Virgem e que deviam consagrar também o Santíssimo Sacramento, depois de lhes ter enviado o Divino Consolador.

Instruiu-os em seguida sobre o sacerdócio, sobre a preparação da crisma e dos santos óleos e sobre a unção. Estavam ao lado do cálice três frascos, dois dos quais continham misturas de bálsamo e diversos óleos e algodão; os frascos podiam ser postos um em cima do outro. Jesus ensinou-lhes muitos mistérios, como se devia preparar o santo crisma, a que partes do corpo se devia aplicar e em que ocasiões. Lembro-me, entre outras coisas, que mencionou um caso em que a Sagrada Eucaristia não podia mais ser recebida; talvez se tenha referido à extrema-unção: mas as minhas lembranças a tal respeito não são muito claras. Falou ainda de diversas unções, inclusive a dos reis, e disse que os reis sagrados com o crisma, mesmo os injustos, possuíam uma força interna misteriosa, que não era dada aos outros. Derramou, pois, ungüento e óleo no frasco vazio e misturou-os; não sei mais positivamente se foi nesse momento ou já por ocasião da consagração dos pães que benzeu o óleo.

Vi depois Jesus ungir a Pedro e João; já por ocasião da instituição do Santíssimo Sacramento lhes derramara sobre as mãos a água que sobre as Suas lhe correra e os fizera também beber do cálice que Ele mesmo segurava.

Saindo do meio da mesa, um pouco para o lado, pousou as mãos primeiro sobre os ombros e depois sobre a cabeça de Pedro e João. Em seguida mandou que ficassem de mãos postas e colocassem os polegares em forma de cruz. Inclinaram-se os dois apóstolos profundamente diante do Mestre (não sei se estavam de joelhos). O Senhor ungiu-lhes os polegares e indicadores com ungüento e fez-lhes com o mesmo também o sinal da Cruz na cabeça. Disse-lhes também que essa unção devia permanecer com eles até o fim do mundo. Tiago, o Menor, André, Tiago, o Maior, e Bartolomeu receberam também ordens. Vi também o Senhor ajustar em forma de cruz, sobre o peito de Pedro, a faixa estreita de pano, do ombro direito para debaixo do braço esquerdo. Não sei mais com certeza se isso se fez já por ocasião da instituição do Santíssimo Sacramento ou só na hora da unção.

Vi, porém, que Jesus lhes comunicou com essa unção uma coisa real e também sobrenatural — não sei como exprimi-lo em palavras. Disse-lhes mais que, depois de terem recebido o Espírito Santo, deviam também consagrar pão e vinho e dar a unção aos outros apóstolos. Nesse momento tive uma visão sobre Pedro e João que, no dia de Pentecostes, antes do grande batismo, impuseram as mãos aos outros apóstolos, o que também fizeram, uma semana depois, a alguns outros discípulos. Vi também João, depois da ressurreição de Jesus, dar pela primeira vez o Santíssimo Sacramento a Nossa

Senhora. Esse acontecimento foi celebrado pelos apóstolos com grande solenidade; a Igreja militante não tem mais essa festa, mas vejo-a celebrada ainda na Igreja triunfante. Nos primeiros dias de Pentecostes vi só Pedro e João consagrarem a Santa Eucaristia, mais tarde consagraram também os outros.

O Senhor benzeu-lhes também o fogo, em um vaso de bronze; esse fogo desde então ardeu sempre, até depois de longas ausências; era guardado junto ao lugar onde se conservava o Santíssimo Sacramento, numa parte do antigo fogão pascal; ali sempre o buscavam para as cerimônias religiosas.

Tudo que Jesus fez por ocasião da instituição da Sagrada Eucaristia e da unção dos apóstolos foi debaixo de grande segredo e era também ensinado só secretamente, e tem se conservado, na sua essência, pela Igreja, até os nossos tempos, aumentado, porém, sob inspiração do Espírito Santo, conforme as necessidades.

Os apóstolos ajudaram na preparação e bênção do santo crisma; quando Jesus os ungiu e lhes impôs as mãos, fez tudo com grande solenidade.

Terminadas as santas cerimônias, o cálice, perto do qual estavam também os santos óleos, foi coberto com a capa, e Pedro e João levaram assim o Santíssimo Sacramento para o fundo da sala, separado do resto por uma cortina, e ali era desde então o Santuário. O Santíssimo Sacramento estava por cima do fogão pascal, não muito alto. José de Arimatéia e Nicodemos cuidavam do Santuário e do Cenáculo, na ausência dos apóstolos.

Jesus ensinou ainda por muito tempo e disse algumas orações com grande fervor. Parecia às vezes conversar com o Pai Celeste, cheio de entusiasmo e amor. Os apóstolos também ficaram penetrados de zelo e ardor e fizeram-lhe várias perguntas, às quais respondeu. Creio que tudo isso está escrito em grande parte na Escritura Sagrada. Durante esses discursos, disse Jesus algumas coisas a Pedro e João separadamente, as quais estes depois deviam comunicar aos outros apóstolos, como complemento de instruções anteriores, e estes aos outros discípulos e às santas mulheres, quando chegassem ao tempo de receberem tais conhecimentos. Pedro e João estavam sentados perto de Jesus. O Senhor teve também uma conversa particular com João, da qual me lembro agora apenas a previsão de que a vida deste apóstolo seria mais longa que a dos outros; falou-lhe também de sete igrejas, de coroas, anjos e outras figuras simbólicas, com as quais designava, como me parece, certas épocas. Outros apóstolos sentiram, diante dessa confiança particular, um leve movimento de inveja.

O Mestre falou também diversas vezes do traidor, dizendo o que naquela hora este estava fazendo; vi sempre Judas fazer o que o Senhor dizia. Como Pedro lhe afirmasse, com grande ardor, que havia de permanecer fiel, disse-lhe Jesus: "Simão, Simão, eis que Satanás vos reclama com instância, para vos joeirar como o trigo; mas eu roguei por ti, a fim de que tua fé não desfaleça; e tu enfim, depois de convertido, confirma na fé teus irmãos". Como, porém, Jesus dissesse que onde iria não poderiam segui-lo, exclamou Pedro que o seguiria até a morte. Replicou Jesus: "Em verdade, antes que o galo cante duas vezes, tu me negarás três vezes". Quando lhes anunciou os tempos duros que viriam, perguntou-lhes: "Quando vos enviei sem bolsa, sem sapatos, faltou-lhes porventura alguma coisa?". Responderam: "Não". Disse, porém, que daquela hora em diante quem tivesse bolsa, a tomasse, e também alforje, e o que nada tivesse vendesse a túnica e comprasse espada, pois que se devia cumprir a palavra: "E foi reputado por um dos iníquos". Tudo que fora escrito sobre Ele devia cumprir-se então.

Os apóstolos entenderam-no no sentido natural e Pedro mostrou-lhe duas espadas curtas e largas, como cutelos.

Jesus disse: "Basta, vamo-nos daqui". Rezaram então um cântico; a mesa foi posta ao lado e dirigiram-se todos ao vestíbulo. Ali aproximaram-se a Mãe de Jesus, Maria de Cléofas e Madalena, que lhes pediram instantemente que não fosse ao Monte das Oliveiras, pois se propagara o boato de que queriam apoderar-se d'Ele. Mas Jesus consolou-as com poucas palavras, continuando apressadamente o caminho; eram cerca de nove horas da noite. Descendo a grandes passos o caminho pelo qual Pedro e João tinham vindo ao Cenáculo, dirigiram-se ao Monte das Oliveiras.

Oração solene de despedida de Jesus

Não podemos deixar de inserir aqui as últimas palavras e ensinamentos tão profundos que Jesus, no fim da ceia, dirigiu aos apóstolos com tanto amor e carinho, e que nos foram transmitidos por São João no seu Evangelho (Jo 14–17). Jesus disse:

"Não se turbe o vosso coração. Credes em Deus, crede também em mim. Na casa de meu Pai há muitas moradas; se assim não fora, eu vo-lo teria dito: pois vou aparelhar-vos o lugar. E depois que eu for e vos aparelhar o lugar, virei outra vez, e tomar-vos-ei comigo, para que onde eu estiver, estejais vós também; para onde eu vou, sabeis vós e sabeis também o caminho". Disse-lhe Tomé: "Senhor, não sabemos para onde vais; e como podemos saber o caminho?". Respondeu-lhe Jesus: "Eu sou o caminho, a verdade e a vida; ninguém vai ao Pai senão por mim. Se me conheceis a mim, também certamente havíeis de conhecer meu Pai; mas conhecê-lo-eis bem cedo e já o tendes visto". Disse-lhe Filipe: "Senhor, mostrai-nos o Pai e isso nos basta". Respondeu-lhe Jesus: "Há tanto tempo que estou convosco e ainda não me tendes conhecido? Filipe, quem me vê a mim, vê também ao Pai. Como dizes, logo: 'Mostra-nos o Pai?'. Não credes que estou no Pai e que o Pai está em mim? As palavras que vos digo, não as digo de mim mesmo, mas o Pai, que está em mim, é que faz as obras. Não credes que estou no Pai e que o Pai está em mim? Credes ao menos por causa das mesmas obras. Em verdade, em verdade vos digo que aquele que crê em mim, fará também as obras que faço e fará outras ainda maiores; porque vou para o Pai. E tudo o que pedirdes ao Pai em meu nome, eu vo-lo farei, para que o Pai seja glorificado no Filho. Se me pedirdes alguma coisa em meu nome, eu vo-lo farei. Se me amais, guardai os meus mandamentos. E rogai ao Pai e Ele vos dará outro Consolador, para que fique eternamente convosco, o Espírito da verdade, a quem o mundo não pode receber, porque não o vê, nem o conhece; mas vós o conheceis, porque Ele ficará convosco e estará em vós. Não vos deixarei órfãos; virei a vós. Resta ainda um pouco, depois já o mundo não me verá; mas ver-me-eis vós, porque eu vivo e vós vivereis. Naquele dia conhecereis que estou em meu Pai e vós em mim e eu em vós. Aquele que tem os meus mandamentos e que os guarda, esse é o que me ama. E aquele que me ama, será amado de meu Pai e eu o amarei também e me manifestarei a ele".

Disse-lhes Judas, não o Iscariotes: "Senhor, de onde procede que te hás de manifestar a nós e não ao mundo?". Respondeu-lhe Jesus:

"Se alguém me ama, guardará a minha palavra e meu Pai o amará e viremos a ele e faremos nele morada. O que não me ama, não guarda as minhas palavras. E a palavra que tendes ouvido, não é minha, mas sim do Pai que me enviou. Eu vos disse estas coisas, permanecendo convosco; mas o Consolador, que é o Espírito Santo, a quem o Pai enviará em meu nome, vos ensinará todas as coisas e vos fará lembrar tudo o que vos tenho dito. A paz vos deixo, a minha paz vou dou; eu não vo-la dou como a dá o mundo. Não se turbe o vosso coração, nem fique sobressaltado. Já tendes ouvido que eu vos disse: 'Eu vou e venho a vós'. Se me amásseis, certamente havíeis de folgar que eu vá para o Pai; porque o Pai é maior do que eu. Eu vo-lo disse agora, antes que suceda, para que, quando suceder, o creiais. Já não falarei muito convosco, porque vem o príncipe deste mundo e ele não tem em mim coisa alguma. Mas, para que o mundo conheça que amo o Pai e que faço como me ordena, levantai-vos, vamo-nos daqui.

Eu sou a verdadeira videira e meu Pai é o agricultor. Todo ramo que não der fruto em mim, Ele os tirará e todos os que derem fruto, limpá-los-á, para que o dêem mais abundante. Vós já estais puros, em virtude da palavra que eu vos disse. Permanecei em mim e eu permanecerei em vós. Como o ramo da videira não pode de si mesmo dar fruto, se não permanecer na videira, assim nem vós podereis dar, se não permanecerdes em mim. Eu sou a videira, vós sois os ramos; o que permanece em mim e em quem eu permaneço, dá muito fruto; porque vós sem mim não podeis fazer nada. Se alguém não permanece em mim, será lançado fora como o ramo e secará e enfeixá-lo-ão e lançá-lo-ão ao fogo e ali arderá. Se permanecerdes em mim e as minhas palavras permanecerem em vós, pedireis tudo o que quiserdes e ser-vos-á feito. Nisso é glorificado meu Pai, em que vós deis muito fruto e em que sejais meus discípulos. Como meu Pai me amou, assim vos amei. Permanecei no meu amor. Se guardardes os meus preceitos, permanecerei no meu amor, assim como também eu guardei os preceitos de meu Pai e permaneço no seu amor. Disse-vos estas coisas, para que o meu gozo fique em vós e que o vosso gozo seja completo. O meu preceito é este: que vos ameis uns aos outros como eu vos amei. Ninguém tem maior amor do que este, de dar a própria vida pelos amigos. Vós sereis meus amigos, se fizerdes o que vos mando. Já vos não chamareis servos; porque o servo não sabe o que faz o seu senhor. Mas chamei-vos amigos, porque vos revelei tudo quanto ouvi de meu Pai. Não fostes vós que me escolhestes a mim, mas fui eu que vos escolhi a vós e vos constituí, para que vades e deis frutos e para que o vosso fruto permaneça, para que tudo quanto pedirdes a meu Pai, em meu nome, Ele vo-lo conceda. Isto é que eu vos mando: que vos ameis uns ao outros. Se o mundo vos aborrece, sabei que primeiro do que a vós, me aborreceu a mim. Se fôsseis do mundo, amaria o mundo o que era seu; mas porque não sois do mundo, antes vos escolhi do mundo, por isso é que o mundo vos aborrece.

Lembrai-vos da minha palavra, que eu vos disse: não é o servo maior do que o seu senhor. Se me perseguiram a mim, também vos hão de perseguir a vós; se guardaram a minha palavra, também hão de guardar a vossa. Mas far-vos-ão tudo por causa de meu nome, porque conhecem aquele que me enviou. Se eu não viesse e não lhes tivesse falado, não teriam pecado; mas agora não têm desculpa do seu pecado. Aquele que me aborrece aborrece também a meu Pai. Se eu não tivesse feito entre eles tais obras, como nenhum outro fez, não haveria da parte deles pecado; mas agora não somente as viram, mas ainda me aborreceram sem motivo. Quando, porém, vier o Consolador, aquele Espírito de verdade, que procede do Pai, que eu vos enviarei da parte do Pai, Ele dará testemunho de mim; e também vós dareis testemunho, porque estais comigo desde o princípio.

Eu vos disse estas coisas para que não vos escandalizeis. Eles vos lançarão fora das sinagogas e está a chegar o tempo em que todo aquele que vos matar, julgará que nisso faz serviço a Deus. E assim vos tratarão, porque não conhecem o Pai, nem a mim. Ora, eu vos disse estas coisas, para que, quando chegar esse tempo, vos lembreis de que eu vo-las disse. Não vo-las disse, porém, desde o princípio, porque estava convosco. E agora vou para aquele que me enviou; e nenhum de vós pergunta: 'Para onde vais?'. Antes, porque eu vos disse estas coisas, se apoderou do vosso coração a tristeza. Mas eu vos digo a verdade; a vós vos convém que eu vá porque, se eu não for, não virá a vós o Consolador; mas, se for, eu o enviarei a vós. E Ele, quando vier, acusará o mundo do pecado e da justiça e do juízo. Sim, do pecado, porque não creram em mim. E da justiça, porque vou para o Pai; e não me vereis mais. Do juízo, enfim, porque o príncipe deste mundo já está julgado. Tenho ainda muitas coisas a vos dizer, mas não as podeis suportar agora. Quando vier, porém, aquele Espírito de verdade, Ele vos ensinará todas as verdades, porque não falará de si mesmo, mas dirá tudo que tiver ouvido e anunciar-vos-á coisas que estão para vir. Ele me glorificará, porque há de receber do que é meu e vo-lo há de anunciar. Um pouco e já não me vereis; e outra vez um pouco e ver-me-eis; porque vou para o Pai".

Disseram então alguns discípulos uns para os outros: "Que vem a ser isto que Ele nos diz: 'Um pouco e já não me vereis e outra vez um pouco e ver-me-eis, porque vou para o Pai?'". E diziam: "Que vem a ser isto, que Ele nos diz: 'Um pouco...', não sabemos o que quer dizer". E entendeu Jesus o que lhe queriam perguntar e disse-lhes: "Vós perguntais uns aos outros o que é que vos quis significar, quando disse: 'Um pouco e já me não vereis e outra vez um pouco e ver-me--eis'. Em verdade, em verdade vos digo que haveis de chorar e gemer e que o mundo se há de alegrar e que haveis de estar tristes, mas que a vossa tristeza se há de converter em gozo. Quando uma mulher dá à luz, está em tristeza porque é chegada a sua hora; mas depois que lhe nasceu um filho, já se não lembra do aperto, pelo gozo que tem de haver nascido ao mundo um homem. Assim também vós outros sem dúvida estais agora tristes, mas hei de ver-vos de novo e o vosso coração ficará cheio de gozo, e vosso gozo, ninguém vo-lo tirará.

E naquele dia nada mais me perguntareis. Em verdade, em verdade, vos digo: se pedirdes ao meu Pai alguma coisa em meu nome, Ele vo-la há de dar. Até agora não pedistes nada em meu nome. Pedi e recebereis, para que o vosso gozo seja completo. Tenho vos dito estas coisas debaixo de parábolas, mas abertamente vos falarei do Pai. Naquele dia pedireis em meu nome e não vos digo que hei de rogar ao Pai por vós. Porque o mesmo Pai vos ama, porque vós me amastes e crestes que saí de Deus. Eu saí do Pai e vim ao mundo; outra vez deixo o mundo e retorno para o Pai". Disseram-lhe os discípulos: "Eis que agora nos falas abertamente e não usas de parábola alguma; agora conhecemos que sabeis tudo e que não é necessário fazer-te perguntas; nisto cremos que saíste de Deus". Respondeu-lhe Jesus: "Credes agora? Eis aí vem e já é chegada a hora em que sejais espalhados, cada um para seu lado e que me deixeis só, mas não estou só, porque o Pai está comigo. Tenho vos dito estas coisas, para que tenhais paz em mim. Haveis de ter aflições no mundo; mas tende confiança, eu venci o mundo".

Assim falou Jesus e, levantando os olhos ao céu, disse: "Pai, é chegada a hora, glorifica a teu Filho, para que teu Filho te glorifique a ti; assim como tu lhe deste poder sobre todos os homens, a fim de que Ele dê a vida eterna a todos que lhe deste. A vida eterna, porém, consiste em que conheçam por um só verdadeiro Deus a ti e a Jesus Cristo, que enviaste. Glorifiquei-te sobre a Terra; acabei a obra de que me encarregaste; tu, pois, agora, Pai, me glorifica a mim em ti mesmo, com aquela glória que tive em ti, antes que houvesse mundo. Manifestei o teu nome aos homens que me destes do mundo. Eles eram teus e me destes a eles, e eles guardaram a tua palavra. Agora conheceram verdadeiramente que saí de ti e creram que me enviaste. Por eles é que rogo; não rogo pelo mundo, mas por aqueles que me deste, porque são teus; e todas as minhas coisas são tuas e todas as tuas coisas são minhas; e neles sou glorificado. E não estou mais no mundo, mas eles estão no mundo e eu vou para junto de ti; e digo estas coisas, estando ainda no mundo, para que eles tenham em si mesmos a plenitude do meu gozo. Dei-lhes a tua palavra e o mundo aborreceu-os, porque não são do mundo, como também eu não sou do mundo. Não peço que os tires do mundo, mas sim, que os guardes do mal. Eles não são do mundo, como eu também não sou do mundo. Santifica-os na verdade. A tua palavra é a verdade. Assim como me enviaste ao mundo, também eu os enviei ao mundo. E santifico-me a mim mesmo por eles, para que também sejam santificados na verdade. E não rogo somente por eles, mas rogo também por aqueles que hão de crer em mim por meio das suas palavras; para que sejam todos um, como tu, Pai, o és em mim e eu em ti, para que também eles sejam um em nós e creia o mundo que me enviaste. Dei-lhes a glória que me havias dado, para que sejam um, como nós também somos um. Eu estou neles e tu estás em mim, para que eles sejam consumados na unidade e para que o mundo conheça que me enviaste e que os amaste, como amaste também a mim. Pai, a minha vontade é que, onde eu estiver, estejam também comigo aqueles que me deste, para verem a minha glória, que me deste; porque me amaste antes da criação do mundo. Pai justo, o mundo não te conheceu; mas eu te conheci; e estes conheceram que me enviaste. E eu lhes fiz conhecer o teu nome e lho farei ainda conhecer, a fim de que o mesmo amor com que me amaste, esteja neles e eu neles".

CAPÍTULO III

Jesus no Monte das Oliveiras

Jesus, com os apóstolos, a caminho do Horto de Getsêmani

Quando Jesus, depois da instituição do Santíssimo Sacramento, saiu do Cenáculo com os onze apóstolos, já tinha a alma oprimida de aflição e crescente tristeza. Conduziu os onze, por um desvio, ao Vale de Josafá, dirigindo-se ao Monte das Oliveiras. Ao chegarem ao portão, vi a Lua, ainda não inteiramente cheia, levantar-se por cima da montanha. Andando com os apóstolos pelo vale, disse-lhes o Senhor que lá voltaria um dia, para julgar o mundo, mas não pobre e sem poder como hoje, e que então muitos, com grande medo, exclamariam: "Montes, cobri-nos". Os discípulos não o compreenderam, pensando, como muitas vezes nessa noite, que a fraqueza e o esgotamento o faziam delirar. Ora andavam, ora paravam, conversando com o Mestre. Disse-lhes também Jesus: "Vós todos haveis de escandalizar-vos em mim esta noite; pois está escrito: 'Tirarei o pastor, e as ovelhas serão dispersas. Mas, quando tiver ressuscitado, preceder-vos-ei na Galiléia'".

Os apóstolos estavam ainda cheios de entusiasmo e amor, pela recepção do Santíssimo Sacramento e pelas palavras solenes e afetuosas de Jesus. Comprimiam-se em torno d'Ele, exprimindo-lhe de vários modos o seu amor e protestando que não o abandonariam nunca. Mas, como Jesus continuasse a falar no mesmo sentido, disse-lhe Pedro: "E, se todos se escandalizarem por vossa causa, eu nunca me escandalizarei". Respondeu-lhe o Senhor: "Em verdade te digo, tu mesmo três vezes me negarás esta noite, antes do galo cantar". Pedro, porém, não quis conformar-se de modo algum e disse: "Mesmo que tivesse de morrer convosco, não vos havia de negar". Assim falaram também todos os outros. Continuavam andando e parando alternadamente e a tristeza de Jesus aumentava cada vez mais. Queriam os apóstolos consolá-lo de modo inteiramente humano, assegurando-lhe que não aconteceria tal. Nesses vãos esforços se fatigaram, começaram a duvidar e veio-lhes a tentação.

Atravessaram a torrente Cedron, não pela ponte, sobre a qual Jesus foi depois conduzido preso, mas por outra, porque tinham tomado um desvio. Getsêmani, situado no Monte das Oliveiras, para onde se dirigiram, fica a meia hora certa do Cenáculo, pois do Cenáculo à porta que dá para o Vale de Josafá se leva um quarto de hora, e dali ao Getsêmani outro tanto. Este lugar, no qual Jesus ensinou algumas vezes aos discípulos, passando ali a noite com eles nos últimos dias, consta de algumas casas de pousada, abertas e desocupadas, e de um largo jardim, cercado de sebe no qual há somente plantas ornamentais e árvores frutíferas. Os apóstolos e diversas outras pessoas tinham a chave desse jardim, que era um lugar de recreio e de oração. Gente que não tinha jardim próprio fazia às vezes festas e banquetes ali. Havia também vários caramanchões de folhagem espessa, num dos quais ficaram naquele dia oito apóstolos e alguns outros discípulos, que se lhes juntaram mais tarde. O Horto das Oliveiras é separado do Jardim de Getsêmani por um caminho e estende-se mais para o alto do monte. É aberto, cercado apenas de um aterro e menor do que Getsêmani, um canto cheio de grutas e recantos, em que por toda a parte se vêem oliveiras. Um lado era mais bem tratado; havia nele assentos, bancos de relva bem cuidados e grutas espaçosas e sombrias. Quem quisesse podia ali facilmente achar um lugar próprio para a oração e meditação. Era à parte menos cultivada que Jesus ia rezar.

JESUS ATRIBULADO PELOS HORRORES DO PECADO

Eram quase nove horas da noite, quando Jesus chegou, com os discípulos, ao Getsêmani. Ainda reinava a escuridão na Terra, mas no céu a Lua já espargia a luz prateada. Jesus estava muito triste e anunciou-lhes a aproximação do perigo. Os discípulos assustaram-se e Ele disse a oito dos companheiros que ficassem no Jardim de Getsêmani, num lugar onde havia um caramanchão. "Ficai aqui", disse, "enquanto vou ao meu lugar rezar". Tomando consigo Pedro, João e Tiago, o Maior, subiu mais para o alto e, cruzando um caminho, avançara, numa distância de alguns minutos, do Horto das Oliveiras ao pé do monte. Ele estava numa indizível tristeza; pressentia a tribulação e tentação que se aproximavam. João perguntou-lhe como podia agora estar tão abatido, quando sempre os tinha consolado. Então Jesus disse: "Minha alma está triste até a morte" e, olhando em redor de si, viu de todos os lados se aproximarem angústias e tentações, como nuvens cheias de figuras assustadoras. Foi nessa ocasião que disse aos apóstolos: "Ficai aqui e vigiai comigo; orai, para não serdes surpreendidos pela tentação". Eles ficaram então ali; Jesus, porém, adiantou-se ainda mais; mas as horrorosas visões assaltavam-no de tal modo, que, cheio de angústia, desceu um pouco à esquerda dos três apóstolos, escondendo-se debaixo de um grande rochedo, numa gruta de talvez sete pés de profundidade; os apóstolos ficaram em cima desse rochedo, numa espécie de cavidade. O chão da gruta era suavemente inclinado e as plantas pendentes do rochedo, que sobressaía em frente, formavam uma cortina diante da entrada, de maneira que quem estivesse dentro da gruta não podia ser visto de fora.

Quando Jesus se afastou dos discípulos, vi em redor d'Ele um largo círculo de imagens horríveis, o qual se apertava mais e mais. Cresceu-lhe a tristeza e a tribulação e retirou-se tremendo para dentro da gruta, semelhante ao homem que, fugindo de uma repentina tempestade, procura abrigo para rezar; vi, porém, que as imagens assustadoras o perseguiram lá dentro da gruta, tornando-se cada vez mais distintas. A estreita caverna parecia encerrar o horrível espetáculo de todos os pecados cometidos, desde a primeira queda do homem até ao fim dos séculos, como também todos os castigos. Foi ali, no Monte das Oliveiras, que Adão e Eva, expulsos do Paraíso, pisaram primeiro a Terra, e foi nessa caverna que choraram e gemeram. Tive a clara impressão de que Jesus, entregando-se às dores da Paixão, que ia começar, e sacrificando-se à justiça divina, em satisfação de todos os pecados do mundo, de certo modo retirou a sua divindade para o seio da Santíssima Trindade; impelido por amor infinito, quis entregar-se à fúria de todos os sofrimentos e angústias, na sua humanidade puríssima e inocente, verdadeira e profundamente sensível, para expiação dos pecados do mundo, armado somente do amor do seu coração humano. Querendo satisfazer pela raiz e por todas as excrescências do pecado e da concupiscência, tomou o misericordiosíssimo Jesus no coração a raiz de toda expiação purificadora e de toda a dor santificante; por amor de nós, pecadores, e para satisfazer pelos pecados inumeráveis, deixou esse sofrimento infinito estender-se, como uma árvore de dores, e penetrar-lhe com mil ramos todos os membros do corpo sagrado, todas as faculdades da alma santa. Entregue assim inteiramente à sua humanidade, implorando a Deus com tristeza e angústia indizíveis, prostrou-se por terra. Viu em inumeráveis imagens todos os pecados do mundo, com toda a sua atrocidade, tomou todos sobre si e ofereceu-se na sua oração, para dar satisfação à justiça do Pai Celestial, pagando com os sofrimentos toda essa dívida da humanidade para com Deus. Satanás, porém, que se movia no meio de todos os horrores, em figura terrível e com um riso furioso, enraivecia-se cada vez mais contra Jesus e, fazendo passar-lhe diante da alma visões sempre mais horrorosas, gritou diversas vezes à humanidade de Jesus: "Quê?! Tomarás também isto sobre ti? Sofrerás também castigo por este crime? Como podes satisfazer por tudo isto?".

Veio, porém, um estreito feixe de luz, da região onde o Sol está entre às dez e onze horas, descendo sobre Jesus, e nele vi surgir uma fileira de anjos, que lhe transmitiram força e ânimo. A outra parte da gruta estava cheia de visões horrorosas dos nossos pecados e de maus espíritos, que o insultavam e agrediam; Jesus aceitou tudo; o seu coração, o único que amava perfeitamente a Deus e aos homens, nesse deserto cheio de horrores, sentia com dilacerante tristeza e terror a atrocidade e o peso de todos esses pecados. Ai! Vi tantas coisas ali! Nem um ano bastaria para contá-las!

Tentações da parte de Satanás

Quando essa multidão de culpas e pecados acabou de passar diante da alma de Jesus, como um mar de horrores, e após se haver Ele oferecido como sacrifício de expiação por tudo e chamando sobre si toda a onda de penas e castigos, suscitou-lhe Satanás inumeráveis tentações, como outrora no deserto; apresentou até numerosas acusações contra o puríssimo Salvador. "Quê!", disse ele, "queres tomar tudo isto sobre Ti e não és puro? Vê isto e aquilo e mais isto!". E então desenrolou diante dos olhos imaculados da Divina Vítima, com impertinência infernal, uma multidão de acusações inventadas. Acusou-o das faltas dos discípulos, dos escândalos que tinham dado, das perturbações que Ele trouxe ao mundo, renunciando aos costumes antigos. Satanás procedeu como o mais hábil e astuto fariseu. Acusou-o de ter sido a causa da matança dos inocentes por Herodes, dos perigos e sofrimentos de seus pais no Egito; acusou-o de não ter salvado da morte João Batista, de ter desunido famílias, protegido pessoas de má fama, de não ter curado certos doentes, de ter causado prejuízo aos habitantes de Gergesa, porque permitiu aos possessos que entornassem a sua dorna de bebidas e porque causou a morte da manada de porcos no lago. Imputou-lhe as faltas de Maria Madalena, por não lhe ter impedido a recaída no pecado; acusou-o de ter abandonado a família e de ter dissipado o bem alheio; em uma palavra, tudo de que Satanás podia ter acusado, na hora da morte, um homem comum, que tivesse feito tais ações externas, sem motivos sobrenaturais: tudo apresentou o tentador à alma abatida de Jesus, para amedrontá-la e desanimá-la; pois ignorava que Jesus era o Filho de Deus e tentou-o somente como ao mais justo dos homens. Nosso Salvador deixou predominar a sua humanidade de tal modo, que quis sofrer também aquelas tentações, que assaltam mesmo os homens que têm uma morte santa, pondo em dúvida o valor interno das suas boas obras. Jesus permitiu, para esvaziar todo o cálice da agonia, que o tentador, ignorando-lhe a divindade, lhe apresentasse todas as suas obras de caridade como outras tantas dívidas, ainda não pagas, à graça divina. O tentador censurou-o de querer expiar as culpas de outros, Ele, que não tinha méritos e que tinha ainda de satisfazer à justiça divina, pelas graças de tantas obras que considerava boas. A divindade de Jesus permitiu que o inimigo lhe tentasse a humanidade, como podia tentar um homem que quisesse atribuir às suas obras um valor próprio, além daquele único que podem ter, da união com os méritos da morte redentora de Nosso Senhor e Salvador. O tentador apresentou-lhe assim todas as suas obras de amor como atos privados de todo mérito, que antes o constituíam devedor de Deus, porque, segundo o acusador, o seu valor provinha antecipadamente, por assim dizer, dos méritos da Paixão, ainda não consumada, e cujo valor infinito Satanás ainda não conhecia; portanto, não teria Jesus ainda satisfeito, na opinião do tentador, pelas graças recebidas para essas obras. Apresentou-lhe títulos de dívida por todas essas boas obras e disse, aludindo a estas: "Ainda deve por esta obra e por aquela". Finalmente desenrolou mais um título de dívida diante de Jesus, afirmando que tinha recebido e gasto o preço da venda da propriedade de Maria Madalena em Magdala; disse a Jesus: "Como ousaste desperdiçar o bem alheio, prejudicando assim aquela família?". Vi a apresentação de tudo a cuja exposição Jesus se oferecera e senti com Ele todo o peso das numerosas acusações que o tentador levantou contra Ele; pois, entre os pecados do mundo que o Salvador tomou sobre si, vi também os meus inumeráveis pecados, e do círculo das tentações veio também a mim, como que um rio de acusações, nas quais se evidenciaram todos os meus pecados de obras e omissões. Eu, porém, olhava sempre para o meu Esposo celeste, durante essa apresentação dos pecados, gemendo e rezando com Ele, e virava-me também com Ele para os anjos consoladores. Ai! O Senhor torcia-se como um verme, sob o peso da dor e das angústias!

Durante todas essas acusações de Satanás contra o puríssimo Salvador, somente com grande esforço consegui conter-me; mas, quando levantou a acusação da venda da propriedade de Madalena, não pude mais me conter e gritei-lhe: "Como podes chamar dívida o preço da venda dessa propriedade? Eu mesma vi o Senhor, com essa quantia, que lhe foi entregue por Lázaro para obras de misericórdia, remir 27 pobres desamparados dos cárceres de Tirza".[1]

---

1   Essas palavras referem-se a uma visão, na qual viu Jesus remir 27 devedores insolventes, detidos em uma cadeia que tinha uma guarnição romana.

A princípio estava Jesus de joelhos, rezando tranqüilamente; mais tarde, porém, se lhe assustou a alma, à vista da atrocidade dos inumeráveis crimes e da ingratidão dos homens para com Deus; assaltaram-no angústia e dor tão veementes que suplicou tremendo: "Meu Pai, se for possível: passe este cálice longe de mim. Meu Pai, tudo vos é possível: afastai este cálice de mim". Depois sossegou e disse: "Não se faça, porém, a minha vontade, mas a vossa". A sua vontade e a do Pai eram uma só; mas entregue à fragilidade da natureza humana, por amor, Jesus tremia à vista da morte.

Jesus volta para junto dos três apóstolos

Vi a caverna em redor de formas assustadoras; todos os pecados, toda a iniqüidade, todos os vícios, todos os tormentos, toda a ingratidão que o angustiavam; vi os terrores da morte, o horror que sentia, como homem, diante do imenso sofrimento expiatório, assaltando-o e oprimindo-o, sob formas de espectros hediondos. Ele caiu por terra, torcendo as mãos; cobria-o o suor da angústia; tremia e estremecia. Levantou-se, mas os joelhos trementes quase não o suportavam; estava inteiramente desfigurado e irreconhecível, os lábios pálidos, o cabelo eriçado. Eram cerca de dez horas e meia, quando se levantou e se arrastou para junto dos três apóstolos, cambaleando, caindo a cada passo, banhado num suor frio. Subiu à esquerda da caverna, e, passando por cima desta, chegou a um aterro, onde os discípulos estavam adormecidos, encostados um ao outro, abatidos pela fadiga, tristeza, inquietação e tentação. Vi as horrorosas visões cercarem-no também nesse curto caminho. Encontrando os apóstolos a dormir, torceu as mãos e caiu por terra ao lado deles, cheio de tristeza e fraqueza, dizendo: "Simão, dormes?". Então acordaram e levantaram-se; e Ele disse, no seu desamparo: "Então não pudeste velar uma hora comigo?". Quando o viram tão assustado e desfigurado, pálido, cambaleando, banhado em suor, tremendo e estremecido, quando o ouviram queixar-se com voz quase extinta, não sabiam mais o que pensar; se não lhes tivesse aparecido cercado de certa luz que bem conheciam, não o teriam reconhecido. Disse-lhe João: "Mestre, que tendes? Quereis que chame os outros apóstolos? Devemos fugir?".

Jesus, porém, respondeu: "Ainda que vivesse mais trinta e três anos, ensinando e curando enfermos, não chegaria ao que tenho de cumprir até amanhã. Não chames os oito; deixai-os ali, porque não poderiam me ver nesta aflição, sem escandalizar-se; cairiam em tentação, esquecer-se-iam de muitas coisas e duvidariam de mim. Vós, porém, que vistes o Filho do Homem transfigurado, podeis vê-lo também no seu desamparo; mas vigiai e orai, para não cairdes em tentação. O espírito é pronto, mas a carne é fraca".

Disse-o, referindo-se a eles e a si mesmo. Quis induzi-los, com essas palavras, à perseverança e dar-lhes a saber a luta da sua natureza humana contra a morte e a causa daquela fraqueza. Falou-lhes ainda sobre outras coisas, sempre abismado naquela tristeza, e ficou cerca de um quarto de hora com eles. Em angústia mais e mais crescente voltou à gruta; eles, porém, estenderam para Ele as mãos chorando e caíram uns nos braços dos outros, perguntando: "Que é isto? Que lhe aconteceu? Está tão desolado!". Começaram a rezar, com as cabeças cobertas, cheios de tristeza. Tudo que acabo de contar, deu-se em mais ou menos uma hora e meia, depois que entraram no Horto das Oliveiras. É verdade que Jesus disse, segundo o Evangelho: "Não podeis velar uma hora comigo?". Mas não se pode entender ao pé da letra, segundo o nosso modo de falar. Os três apóstolos, que vieram com Jesus, tinham rezado no começo; mas depois adormeceram. Conversando entre si com pouca confiança, caíram em tentação. Os oito apóstolos, porém, que ficaram na entrada do horto, não dormiram. A angústia que se mostrara nessa noite em todos os discursos de Jesus, tornou-os muito perturbados e inquietos; erravam pelas vizinhanças do Monte das Oliveiras para procurar um lugar de refúgio, em caso de perigo.

Em Jerusalém houve nessa noite pouco movimento; os judeus estavam nas suas casas, ocupados com os preparativos para a festa. Os acampamentos dos forasteiros que tinham vindo para a festa não estavam nas vizinhanças do Monte das Oliveiras. Enquanto eu ia e voltava nesses caminhos, vi discípulos e amigos de Jesus andando e conversando; pareciam inquietos, à espera de qualquer desgraça. A Mãe do Senhor, com Madalena, Marta, Maria, mulher de Cléofas, Maria Salomé e Salomé, assustadas por boatos, foram com amigas para fora da cidade, a fim de ter notícias de Jesus. Ali as encontraram Lázaro, Nicodemos, José de Arimatéia e alguns parentes de Hebron, e procuraram sossegá-las; pois, tendo eles mesmos conhecimento, pelos discípulos, dos tristes discursos feitos por Jesus no Cenáculo, foram pedir informações a alguns fariseus conhecidos e destes souberam que não constava nada sobre tentativas imediatas contra o Senhor. Disseram por isso às mulheres que o perigo não podia ser grande, que tão próximo da festa não poriam as mãos em Jesus. É que não sabiam da traição de Judas. Maria, porém, contou-lhes o estado perturbado deste apóstolo nos últimos dias ao sair do Cenáculo e advertiu-os de que com certeza fora trair ao Senhor apesar das repreensões, pois era um filho da perdição. Depois voltaram as santas mulheres à casa de Maria, mãe de Marcos.

Anjos mostram a Jesus a enormidade dos seus sofrimentos e consolam-no

Voltando à gruta, com toda a tristeza que o acabrunhava, Jesus prostrou-se por terra, com os braços estendidos, e rezou ao Pai Celeste. Mas passou-lhe na alma nova luta, que durou três quartos de hora. Anjos vieram apresentar-lhe, em grande número de visões, tudo o que devia aceitar de sofrimentos, para expiar o pecado. Mostraram-lhe a beleza do homem antes do primeiro pecado, como imagem de Deus, e quanto o pecado o tinha rebaixado e desfigurado. Mostraram-lhe como o primeiro pecado fora a origem de todos os pecados, a significação e essência da concupiscência e seus terríveis efeitos sobre as faculdades da alma e do corpo do homem, como também a essência e a significação de todas as penas contrárias à concupiscência. Mostraram-lhe os seus sofrimentos expiatórios primeiramente como sofrimentos de corpo e alma, suficientes para cumprir todas as penas impostas pela justiça divina à humanidade inteira, por toda a concupiscência; e depois como sofrimento que, para dar verdadeira satisfação, castigou os pecados de todos os homens na única natureza humana que era inocente: na humanidade do Filho de Deus, o qual, para tomar sobre si, por amor, a culpa e o castigo da humanidade inteira, devia também combater e vencer a repugnância humana contra o sofrimento e a morte. Tudo isto lhe mostraram os anjos, ora em coros inteiros, com séries de imagens, ora separados, com as imagens principais; vi as figuras dos anjos mostrando com o dedo elevado as imagens e percebi o que disseram, mas sem lhes ouvir as vozes.

Não há língua que possa descrever o horror e a dor que invadiram a alma de Jesus, ao ver esta terrível expiação; pois não viu somente a significação das penas expiatórias contrárias à concupiscência pecaminosa, mas também a significação de todos os instrumentos do martírio, de modo que o horrorizou, não só a dor causada pelos instrumentos, mas também o furor pecaminoso daqueles que os inventaram, a malícia dos que os usavam e a impaciência daqueles que com eles tinham sido atormentados, pois pesavam sobre Ele todos os pecados do mundo. O horror desta visão foi tal, que lhe saiu do corpo um suor de sangue. Enquanto a humanidade de Jesus sofria e tremia sob esta terrível multidão de sofrimentos, notei um movimento de compaixão nos anjos; houve uma pequena pausa: parecia-me que desejavam ardentemente consolá-lo e que apresentavam as súplicas diante do trono de Deus. Era como se houvesse uma luta instantânea entre a misericórdia e a justiça de Deus e o amor que se estava sacrificando. Foi-me mostrada uma imagem de Deus, não como em outras ocasiões, num trono, mas uma forma luminosa menos determinada; vi a Pessoa do Filho retirar-se na Pessoa do Pai, como que lhe entrando no peito; a Pessoa do Espírito Santo saindo do Pai e do Filho e estando entre Eles; e todos eram um só Deus. Quem poderá descrever exatamente uma tal visão? Não tive tanto uma visão com figuras humanas, mas como uma percepção interna, na qual me foi mostrado, por imagem, que a vontade divina de Jesus Cristo se retirava mais para o Pai, para deixar pesar sobre a sua humanidade todos os sofrimentos, que esta pedia ao Pai que afastasse; de modo que a vontade divina de Jesus unida ao Pai, impunha à sua humanidade todos os sofrimentos que a vontade humana, pelas súplicas, queria afastar. Vi-o no momento da compaixão dos anjos, quando estes desejavam consolar Jesus que, com efeito, teve neste instante um certo alívio. Depois desapareceu tudo e os anjos, com sua compaixão consoladora, abandonaram o Senhor, cuja alma entrou em novas angústias.

Mais imagens de pecados que atormentam o Senhor

Quando o Redentor, no Monte das Oliveiras, se entregou, como homem verdadeiro e real, ao horror humano, à dor e à morte, quando se incumbiu de vencer esta repugnância de sofrer, que faz parte de todo o sofrimento, foi permitido ao tentador que lhe fizesse tudo o que costuma fazer a todo homem que quer sacrificar-se por uma causa santa. Na primeira agonia, Satanás mostrara a Nosso Senhor, com raivosa zombaria, a enormidade da culpa do pecado, que quisera tomar a si, e levou a audácia ao ponto de afirmar que a vida do mesmo Redentor não era livre de pecados. Na segunda agonia viu Jesus a imensidade da Paixão expiatória, em toda a sua realidade e amargura. Esta apresentação foi feita pelos anjos; pois não compete a Satanás mostrar a possibilidade de expiação, nem convém que o pai da mentira e do desespero mostre as obras da misericórdia divina. Tendo, porém, Jesus resistido a todas essas tentações, pelo abandono completo à vontade do Pai Celeste, foi-lhe apresentada à alma uma nova série terrível de visões assustadoras; a dúvida e inquietação que no coração do homem precedem a todo o sacrifício, a pergunta amarga: "Qual será o resultado, o proveito deste sacrifício?". A visão de um futuro assustador atormentou-lhe então o amante coração.

Deus mergulhou o primeiro homem, Adão, em um fundo sono, abriu-lhe o lado, tomou-lhe uma das costelas, formou dela Eva, a mulher, a mãe de todos os vivos, e apresentou-a a Adão. Então disse este: "Esta é o osso dos meus ossos e a carne da minha carne; o homem deixará pai e mãe, para aderir à sua mulher, e serão dois numa só carne". Do matrimônio foi escrito: "Este sacramento é grande, digo, porém, em Jesus Cristo e na Igreja"; pois Jesus Cristo, o novo Adão, quis também se submeter a um sono, o sono da morte na Cruz; quis também deixar que lhe abrissem o lado, para que deste lado fosse feita a nova Eva, sua esposa imaculada, a Igreja, mãe de todos os vivos; quis dar-lhe o sangue da redenção, a água da purificação e o Espírito Santo: os três que dão testemunho na Terra; quis dar-lhe os santos sacramentos, para que fosse uma esposa pura, santa e imaculada; quis ser-lhe a cabeça e nós devíamos ser-lhe os membros, sujeitos à cabeça, devíamos ser os ossos dos seus ossos, carne da sua carne. Aceitando a natureza humana, para sofrer a morte por nós, tinha Jesus abandonado pai e mãe e unira-se à sua esposa, a Igreja; tornou-se uma carne com ela, alimentando-a com o Santíssimo Sacramento do Altar, no qual se une a nós dia após dia; quis permanecer presente na Terra com sua esposa, a Igreja, até nos unirmos todos a Ele no Céu e disse: "As portas do Inferno não prevalecerão contra ela". Para praticar esse incomensurável amor para com os pecadores, tornara-se homem e irmão dos pecadores, tomando sobre si a pena de toda a culpa. Tinha visto com grande tristeza a imensidade desta culpa e da Paixão expiatória e contudo entregara-se voluntariamente à vontade do Pai Celeste, como vítima expiatória. Neste momento, porém, viu Jesus os sofrimentos, as perseguições, as feridas da futura Igreja, sua esposa, que estava para remir por preço tão caro, com o seu próprio sangue: viu a ingratidão dos homens.

Apresentaram-se diante da alma todos os futuros sofrimentos dos apóstolos, discípulos e amigos, a Igreja primitiva, tão pouco numerosa, depois também as heresias e cismas, que nasceram à medida que a Igreja crescia, repetindo a primeira queda do homem pelo orgulho e desobediência, pelas diversas formas de vaidade e falsa justiça. Viu a fraqueza, a corrupção e malícia de um número infinito de cristãos, as mentiras e a esperteza enganadora dos mestres orgulhosos, os crimes sacrílegos de todos os sacerdotes viciosos e todas as horríveis conseqüências: a abominação da desolação do reino de Deus sobre a Terra, neste santuário da humanidade ingrata, o qual estava para fundar e remir com indizíveis sofrimentos, pelo preço de seu sangue e sua vida.

Vi passar diante da alma do nosso pobre Jesus, em séries imensas de visões, os escândalos de todos os séculos, até o nosso tempo, e mesmo até o fim do mundo, em todas as formas do erro doentio, da intriga orgulhosa, do fanatismo furioso, dos falsos profetas, da obstinação e malícia herética. Todos os apóstatas, os heresiarcas, os reformadores de aparência santa, os sedutores e os seduzidos insultavam e torturavam-no, como se não tivesse sofrido bastante, nem sido bem crucificado a seu ver e conforme o desejo orgulhoso e presunção vaidosa de cada um; rasgavam e partiam, com disputas, a túnica inconsútil da Igreja; cada um queria tê-lo como redentor de modo diferente do que se tinha mostrado no Seu amor. Muitos o maltratavam, insultavam-no, negavam-no. Viu inúmeros alçarem os ombros e sacudirem a cabeça, afastando-se dos braços que lhes estendia para salvá-los, precipitando-se no abismo, que os tragou.

Viu um número infinito de outros, que não ousavam negá-lo em alta voz, mas que se afastavam, por desgosto das aflições da Igreja, como o levita que se afastou do pobre viajante que caíra nas mãos dos salteadores. Viu-os separar-se de Sua esposa ferida, como filhos covardes e infiéis abandonam as mães de noite, quando a casa é assaltada por ladrões e assassinos, aos quais por descuido abriram a porta. Viu-os seguirem os despojos levados ao deserto, os vasos de ouro e os colares quebrados. Viu-os, separados da videira verdadeira, pousarem sob as videiras silvestres; viu-os como ovelhas extraviadas, abandonadas aos lobos, conduzidas a mau pasto por mercenários e não querendo entrar no redil do Bom Pastor, que deu a vida por suas ovelhas. Viu-os errarem, sem pátria, no deserto, não querendo ver a Sua cidade, colocada sobre o monte, e que não pode ficar escondida. Viu-os em discórdia, agitados pelo vento para lá e para cá, nas areias do deserto, mas sem querer ver a casa de Sua esposa, a Igreja, fundada sobre a pedra, com a qual prometeu ficar até o fim do mundo e contra a qual as portas do Inferno não prevalecerão. Não queriam entrar pela porta estreita, para não baixar a cabeça. Viu-os seguir a outros, que não entraram no redil pela porta verdadeira. Construíram sobre a areia cabanas mutáveis e diferentes umas das outras, que não tinham nem altar nem sacrifício, porém cataventos nos tetos, e suas doutrinas mudavam-nas com os ventos; contradiziam-se uns aos outros, não se entendiam, nem tinham estadia permanente. Viu-os destruírem muitas vezes as cabanas, lançando os destroços contra a pedra angular da Igreja, que ficou inabalável. Viu muitos que apesar da escuridão nas suas moradas, não queriam aproximar-se da luz, posta no candelabro, na casa da esposa, mas erravam, com os olhos cerrados, em redor do jardim cercado da Igreja, de cujos perfumes ainda viviam. Estendiam as mãos a imagens nebulosas e seguiam astros errantes, que os conduziam a poços sem água e, mesmo na margem das fossas, não davam ouvido à voz do Esposo que os chamava, e esfomeados riam-se ainda, com orgulho arrogante, dos servos e mensageiros, que os convidavam para o banquete nupcial.

Não queriam entrar no jardim, por temerem os espinhos da sebe. Viu-os o Senhor, inebriados de amor-próprio, morrer de fome, por não ter trigo, e de sede, por não ter vinho; cegos pela sua própria luz, chamavam de invisível a Igreja do Verbo Encarnado. Jesus viu-os todos com tristeza; quis sofrer por todos que não queriam segui-lo, carregando a Cruz na Igreja, sua esposa, à qual se deu no Santíssimo Sacramento; na sua cidade colocada no cimo do monte, que não pode ficar escondida; na sua Igreja, fundada sobre a pedra e contra a qual as portas do Inferno não prevalecerão.

Todas estas inumeráveis visões da ingratidão dos homens, do abuso feito da morte expiatória de meu Esposo celeste, vi-as passar diante da alma muito triste do Senhor, ora variando, ora em dolorosa repetição; vi Satanás, em diversas figuras assustadoras, arrancando e estrangulando, diante dos olhos de Jesus, os homens remidos pelo Seu sangue e até mesmo homens ungidos com o seu Santo Sacramento. O Salvador viu com grande amargura toda a ingratidão, toda a corrupção, tanto dos primeiros cristãos, como dos que se lhe seguiram, dos presentes e dos futuros. Entre estas aparições dizia o tentador continuamente à humanidade do Cristo: "Eis aí, por tal ingratidão queres sofrer?". Estas imagens passaram, em contínua repetição diante do Senhor e com tanta impetuosidade, com tanto horror e escárnio pesaram sobre Jesus, que uma angústia indizível lhe oprimia a natureza humana. Jesus Cristo, o Filho do Homem, estendia e torcia as mãos, caindo como que opresso, e pôs-se de novo de joelhos. A vontade humana do Redentor travava uma luta tão terrível contra a repugnância de sofrer tanto por uma raça tão ingrata, que o sangue lhe saiu do corpo, em grossas gotas de suor, e correu em torrentes sobre a terra. Naquela aflição olhou em redor de si como para pedir socorro e parecia chamar o Céu, a Terra e os astros do firmamento por testemunhas de sua angústia. Parecia-me ouvi-lo exclamar: "É possível suportar tal ingratidão? Sois testemunhas do que sofro".

Então foi como se a Lua e as estrelas se aproximassem num instante; senti nesse momento que se tornava mais claro. Observei então a Lua, o que antes não fizera, e pareceu-me de todo diferente: ainda não era toda cheia e parecia maior do que em nossa terra. No meio vi uma mancha escura, semelhante a um disco posto diante dela e no meio havia uma abertura, pela qual brilhava a luz para o lado onde a Lua ainda não estava cheia. A mancha escura era como um monte e em redor da Lua havia ainda um círculo luminoso, como um arco-íris.

Jesus, na sua aflição, levantou a voz por alguns momentos, em alto pranto, e vi os apóstolos escutarem e levantarem-se assustados, com as mãos postas erguidas, querendo correr para junto do Mestre. Mas Pedro reteve a João e Tiago, dizendo: "Ficai, eu vou lá". Vi-o correr e entrar na gruta. "Mestre", disse ele, "que tendes?", e parou, tremendo, ao vê-lo todo ensangüentado e angustiado. Jesus, porém, não lhe respondeu e pareceu não lhe notar a presença. Então voltou Pedro para junto dos outros dois e suspirava. Por isso lhes aumentou ainda a tristeza; sentaram-se, velando as cabeças, e rezaram entre lágrimas.

Eu, porém, voltei a meu Esposo celeste, em sua dolorosa agonia. As imagens hediondas da ingratidão e dos abusos dos homens futuros, cuja culpa tomara sobre si, a cuja pena se entregara, arremessaram-se contra Ele, cada vez mais terríveis e impetuosas. De novo lutou contra a repugnância da natureza humana de sofrer; diversas vezes o ouvi exclamar: "Meu Pai, é possível sofrer por todos estes? Pai, se este cálice não pode ser afastado de mim, seja feita a vossa vontade".

No meio de todas estas visões de pecados contra a divina misericórdia, vi Satanás em diversas formas hediondas, conforme a espécie de pecados. Ora aparecia como homem alto e magro, ora sob a figura de tigre, ora como raposa ou lobo, como dragão ou serpente; não eram, porém, as figuras naturais desses animais, mas apenas feições salientes da respectiva natureza, misturadas com outras formas horríveis. Não havia nada ali que representasse figura completa de uma criatura, eram somente símbolos de decadência, de abominação, de horror, da contradição e do pecado: símbolos do Demônio. Essas figuras diabólicas empurravam, arrastavam, despedaçavam e estrangulavam, à vista de Jesus, inumeráveis multidões de homens, por cuja redenção do poder de Satanás o Salvador entrara no doloroso caminho da Cruz. No princípio não vi tão freqüentemente a serpente, mas no fim a vi gigantesca, com uma coroa na cabeça, arremessar-se com força terrível contra Jesus, e com ela, de todos os lados, exércitos de todas as gerações e classes. Armados de todos os meios de destruição, instrumentos de martírio e armas, lutavam ora uns contra os outros, ora com terrível raiva contra Jesus. Era um espetáculo horrível. Carregavam-no de insultos, maldições e imundícies, cuspiam-lhe, batiam-lhe, transpassavam-no. As suas armas, espadas e lanças, iam e vinham, como os relhos dos debulhadores em uma imensa eira; todos desencadeavam a sua fúria sobre o grão de trigo celeste, caído na terra para nela morrer e depois alimentar eternamente todos os homens com o pão da vida, com fruto imensurável.

Vi Jesus no meio destas cortes furiosas, entre as quais me parecia haver muitos cegos; estava tão alterado, como se realmente sentisse os golpes dos agressores. Vi-o cambalear de um lado para o outro. Ora caía, ora de novo se levantava. Vi a serpente no meio de todos esses exércitos, instigando-os continuamente; batia ora aqui, ora ali, com a cauda, estrangulando, despedaçando e devorando todos que com ela derrubava.

Tive a explicação de que a multidão dos exércitos que lutavam contra Nosso Senhor era o número imenso daqueles que maltrataram de muitíssimos modos a Jesus Cristo, seu Redentor, real e substancialmente presente no Santíssimo Sacramento, com divindade e humanidade, com corpo e alma, com carne e sangue, debaixo das espécies de pão e vinho. Avistei entre esses inimigos de Jesus todas as espécies de profanadores do Santíssimo Sacramento, garantia viva de sua contínua presença pessoal na Igreja Católica. Vi com horror todos esses ultrajes, desde o descuido, irreverência, abandono, até o desprezo, abuso e sacrilégios os mais horrorosos, o culto dos ídolos deste mundo, orgulho e falsa ciência, e por outro lado, heresia e descrença, fanatismo, ódio e sangrenta perseguição. Vi entre esses inimigos de Jesus todas as espécies de homens: até cegos e aleijados, surdos e mudos e mesmo crianças; cegos, que não queriam ver a verdade; coxos, que por preguiça não queriam segui-la. Surdos, que não queriam ouvir-lhe as exortações e advertências; mudos, que não queriam lutar por Ele nem com a palavra; crianças, desviadas na companhia dos pais e mestres mundanos e esquecidos de Deus, nutridos pela concupiscência, ébrias de ciência falsa, sem gosto das coisas divinas ou já perdidas por falta delas, para sempre.

Entre as crianças, cujo aspecto me afligiu particularmente, porque Jesus amava tanto as crianças, vi também muitos meninos ajudantes da Santa Missa, pouco instruídos, mal-educados e desrespeitosos, que nem respeitavam a Jesus Cristo na mais santa cerimônia. Em parte eram culpados os mestres e os reitores das igrejas. Vi com espanto que também muitos sacerdotes, de todas as hierarquias, contribuíam para o desrespeito de Jesus no Santíssimo Sacramento, até alguns que se tinham por crentes e piedosos. Quero mencionar, entre estes infelizes, apenas uma classe: vi muitos que acreditavam, adoravam e ensinavam a presença de Deus vivo no Santíssimo Sacramento, mas na sua conduta não lhe manifestavam fé e respeito: pois descuidavam-se do palácio, do trono, da tenda, da residência, dos ornamentos do Rei do Céu e da Terra, isto é, não cuidavam da igreja, do altar, do tabernáculo, do cálice, do ostensório de Deus vivo e dos vasos, utensílios, ornamentos, veste para uso e enfeite da casa do Senhor. Tudo estava abandonado e se desfazia em poeira, mofo e imundície de muitos anos; o culto divino era celebrado com pressa e descuido e, se não profanado internamente, pelo menos degradado exteriormente. Tudo isso, porém, não era conseqüência da verdadeira pobreza, mas indiferença, preguiça, negligência, preocupação com interesses vãos deste mundo, muitas vezes também de egoísmo e morte espiritual. Pois vi tal descuido também em igrejas ricas e abastadas; vi muitas até, nas quais o luxo mundano e inconveniente e sem gosto substituiria os magníficos e veneráveis monumentos de uma época mais piedosa, para esconder, sob aparências mentirosas e cobrir com um disfarce brilhante o descuido, a imundície, a desolação e o desperdício. O que faziam os ricos, por vaidosa ostentação, logo imitaram estupidamente os pobres por falta de simplicidade. Não pude deixar de pensar nesta ocasião na igreja do nosso pobre convento, cujo belo altar antigo, esculpido artisticamente em pedra, tinham também coberto com uma construção de madeira e pintura tosca, imitando mármore, o que sempre me fez muita pena.

Todas essas ofensas feitas a Jesus no Santíssimo Sacramento, vi-as aumentadas por numerosos reitores das igrejas, que não tinham esse sentimento de justiça de repartir pelo menos o que possuíam com o Salvador, presente sobre o altar, que se entregou por eles à morte e se lhes deu todo inteiro no Santíssimo Sacramento. Em verdade, mesmo os mais pobres estavam muitas vezes melhor instalados nas suas casas do que o Senhor nas igrejas. Ai! Como esta falta de hospitalidade entristecia Jesus, que se lhes tinha dado como alimento espiritual! Pois não é preciso ser rico para hospedar aquele que recompensa ao cêntuplo o copo de água oferecido a quem tem sede. Oh! Quanta sede Ele tem de nós! Não terá acaso motivo de queixar-se de nós, se o copo estiver sujo e a água também? Por tais negligências vi os fracos escandalizados, o Santíssimo Sacramento profanado, as igrejas abandonadas, os sacerdotes desprezados e em pouco tempo passou essa negligência também às almas dos fiéis daquelas paróquias: não guardavam mais puro o tabernáculo do coração, para receber nele o Deus vivo, do que o tabernáculo dos altares. Para agradar e adular os príncipes e grandes deste mundo, para satisfazer-lhes os caprichos e desejos mundanos, vi tais administradores de igrejas fazerem todos os esforços e sacrifícios; mas o Rei do Céu e da Terra estava deitado, como o pobre Lázaro, diante da porta, desejando em vão as migalhas de caridade que ninguém lhe dava. Tinha apenas as chagas que nós lhe fizemos e que lhe lambiam os cães, isto é, os pecadores reincidentes, que semelhantes a cães, vomitam e depois voltam para comer o vômito.

Se falasse um ano inteiro, não podia contar todas as afrontas feitas a Jesus e que deste modo conheci. Vi os autores dessas afrontas agredirem a Nosso Senhor com diferentes armas, conforme a espécie de seus pecados. Vi clérigos irreverentes, de todos os séculos, sacerdotes levianos, em pecado, sacrílegos celebrando o Santo Sacrifício e distribuindo a Sagrada Eucaristia; vi multidões de comungantes tíbios e indignos. Vi homens numerosos para os quais a fonte de toda bênção, o mistério de Deus vivo, se tornara uma palavra de imprecação, fórmula de maldição; guerreiros furiosos e servidores do Demônio, profanando os vasos sagrados e jogando fora as hóstias sagradas ou maltratando-as horrivelmente e até abusando do Sumo Bem, por uma hedionda e diabólica idolatria. Ao lado destes brutais e violentos, vi inúmeras outras impiedades, menos grosseiras, mas do mesmo modo abomináveis. Vi muitas pessoas, seduzidas por mau exemplo e ensino pérfido, perderem a fé na presença real de Jesus na Eucaristia e deixarem de adorar nela humildemente seu Salvador. Vi nestas multidões grande número de professores indignos, que se tornaram heresiarcas; lutavam a princípio uns contra os outros e depois se uniam para atacar furiosamente a Jesus no Santíssimo Sacramento, na sua Igreja. Vi um grupo numeroso destes heresiarcas negar e insultar o sacerdócio da Igreja, contestar e negar a presença de Jesus Cristo neste mistério do Santíssimo Sacramento, negar também ter Ele entregue este mistério à Igreja e ter esta o guardado fielmente; pela sedução Lhe arrancaram do coração um número imenso de homens, pelos quais tinha derramado o seu sangue. Ai! Era um aspecto horrível, pois vi a Igreja como corpo de Jesus, que reunira, pela dolorosa Paixão, os membros separados e dispersos; vi todas aquelas comunidades e famílias e todos os seus descendentes, separados da Igreja, serem arrancados, como grandes pedaços de carne, do corpo vivo de Jesus, ferindo e despedaçando-o dolorosamente.

Ai! Ele os seguia com olhares tão tristes, lastimando-lhes a perdição. Ele, que no Santíssimo Sacramento se nos tinha dado como alimento, para unir ao corpo da Igreja, sua Esposa, os homens separados e dispersos, viu-se despedaçado e dividido nesse mesmo corpo de sua Esposa, pelos maus frutos da árvore da discórdia. A mesa da união no Santíssimo Sacramento, sua mais sublime obra de amor, na qual quis ficar eternamente com os homens, tornara-se, pela malícia dos falsos doutores, fonte de separação. No lugar mais conveniente e salutar para união de muitos, na mesa sagrada, onde o próprio Deus vivo é o alimento das almas, deviam os seus filhos separar-se dos infiéis e hereges, para não se tornarem réus do pecado alheio. Vi que deste modo povos inteiros se lhe arrancaram do coração, privando-se do tesouro de todas as graças, que Ele deixara à Igreja. Era horrível vê-los separarem-se, só poucos no princípio, mas esses se voltaram como povos grandes, em hostilidade uns contra os outros, por estarem separados do Santíssimo. Por fim vi todos que estavam separados da Igreja, embrutecidos e enfurecidos, em descrença, superstição, heresia, orgulho e falsa filosofia mundana, unidos em grandes exércitos, atacando e devastando a Igreja, e no meio deles, a serpente, instigando e estrangulando-os. Ai! Era como se Jesus se visse e sentisse despedaçado em inúmeras fibras, das mais delicadas.

O Senhor viu e sentiu nessas angústias toda a árvore venenosa do cisma, com todos os respectivos ramos e frutos, que continuam a dividir-se até o fim do mundo, quando o trigo será recolhido ao celeiro e a palha será lançada ao fogo.

Esta horrorosa visão era tão terrível e hedionda que meu Esposo celeste me apareceu e, colocando a mão misericordiosa sobre o meu peito, disse: "Ninguém viu isto ainda e o teu coração se despedaçaria de dor, se eu não o sustentasse".

Vi então o sangue rolando, em largas e escuras gotas, sobre o pálido semblante do Senhor; o seu cabelo, em geral liso e repartido no meio da cabeça, estava melado de sangue, eriçado e desgrenhado, a barba ensangüentada e em desordem. Foi depois da última visão, na qual os exércitos inimigos o despedaçaram, que saiu da caverna, quase fugindo, e voltou para junto dos discípulos. Mas não tinha o andar firme; andava como um homem coberto de feridas e curvado sob um fardo pesado, como quem tropeça a cada passo. Chegando junto dos três apóstolos, viu que não se tinham deitado para dormir, como da primeira vez; estavam sentados, as cabeças veladas e apoiadas sobre os joelhos, posição em que vejo muitas vezes o povo daquele país, quando estão de luto ou querem rezar. Adormeceram vencidos pela tristeza, medo e fadiga. Quando Jesus se aproximou, tremendo e gemendo, acordaram, mas ao vê-lo diante de si, na claridade do luar, com o peito encolhido, o semblante pálido e ensangüentado, o cabelo desgrenhado, fitando-os com o olhar triste, não o reconheceram por alguns momentos, com a vista fatigada, pois estava indizivelmente desfigurado. Jesus, porém, estendeu os braços, e eles ampararam-no carinhosamente. Disse-lhes que no dia seguinte os inimigos o matariam; daí a uma hora o prenderiam, conduziriam ao tribunal, seria maltratado, insultado, açoitado e finalmente entregue à morte mais cruel. Com grande tristeza lhes disse tudo o que teria de sofrer até a tarde do dia seguinte e pediu-lhes que consolassem sua Mãe e Madalena. Esteve assim diante deles por alguns minutos, falando-lhes; mas não responderam, porque não sabiam que dizer: de tal modo as palavras e o aspecto do Mestre os tinha assustado; pensavam até que estivesse em delírio. Quando, porém, quis voltar à gruta, não tinha mais força para andar; vi que João e Tiago o conduziram e, depois de ter entrado na gruta, voltaram. Eram cerca de onze horas e um quarto.

Durante essas angústias de Jesus, vi a Santíssima Virgem também cheia de tristeza e angústia, em casa de Maria, mãe de Marcos. Estava com Madalena e a mãe de Marcos, num jardim ao lado da casa; prostrara-se de joelhos, sobre uma pedra. Diversas vezes perdeu os sentidos exteriormente, pois viu grande parte dos tormentos de Jesus. Já enviara mensageiros a Jesus, para ter notícias; mas não podendo, na sua ânsia, esperar-lhes a volta, saiu com Madalena e Salomé para o Vale de Josafá. Ela andava velada e estendia muitas vezes as mãos para o Monte das Oliveiras, porque via em espírito Jesus banhado em suor de sangue e ela parecia, com as mãos estendidas, querer enxugar-lhe o rosto. Vi Jesus, comovido por esses caridosos impulsos da alma de sua Mãe, olhar para a direção em que Maria se achava, como para pedir socorro. Vi esses movimentos de compaixão em forma de raios luminosos, que emanavam de um para outro. O Senhor pensou também em Madalena, percebeu-lhe comovido a dor e olhou também para ela; por isso mandou também aos discípulos que a consolassem, pois sabia que, depois do amor de sua Mãe, o de Madalena era o mais forte e tinha também visto o que ela teria de sofrer por Ele e que nunca mais o ofenderia pelo pecado.

Neste momento, cerca de onze horas e quinze minutos, voltaram os oito apóstolos à cabana de folhagem, no Horto de Getsêmani; ali conversaram ainda e finalmente adormeceram. Estavam muito assustados e desanimados, em veementes tentações. Cada um tinha procurado um lugar para esconder-se e perguntaram uns aos outros inquietamente: "Que faremos, se o matarem? Abandonamos tudo quanto tínhamos e ficamos pobres e expostos ao escárnio do mundo. Fiamo-nos inteiramente n'Ele e ei-lo agora tão impotente e abatido, que não podemos mais procurar n'Ele consolação". Os outros discípulos, porém, vagaram, no princípio, de um lado para outro, e depois de terem ouvido várias notícias das últimas palavras assustadoras de Jesus, retiraram-se, em maior parte, para Betfagé.

Visões consoladoras: anjos confortam Jesus

Vi Jesus rezando ainda na gruta e lutando contra a repugnância da natureza humana ao sofrimento. Estava exausto de fadiga e abatido, e disse: "Meu Pai, se é a vossa vontade, afastai de mim este cálice. Mas faça-se a vossa vontade e não a minha".

Então se abriu o abismo diante d'Ele e apareceram-lhe os primeiros degraus do Limbo, como na extremidade de uma vista luminosa. Viu Adão e Eva, os patriarcas, os profetas, os justos, os parentes de sua Mãe e João Batista, esperando-lhe a vinda, no mundo inferior, com um desejo tão violento, que essa vista lhe fortificou e reanimou o coração amoroso. Pela sua morte devia abrir o Céu a esses cativos; devia tirá-los da cadeia onde desfaleciam à espera.

Tendo visto, com profunda emoção, esses santos dos tempos antigos, apresentaram-lhe os anjos todas as multidões de bem-aventurados do futuro que, juntando seus combates aos méritos da Paixão de Cristo, deviam unir-se por Ele ao Pai Celeste. Era uma visão indizivelmente bela e consoladora. Todos agrupados, segundo a época, classe e dignidade, passaram diante do Senhor, vestidos dos seus sofrimentos e obras. Viu a salvação e santificação sair, em ondas inesgotáveis, da fonte da Redenção, aberta pela sua morte. Os apóstolos, os discípulos, as virgens e santas mulheres, todos os mártires, confessores e eremitas, papas e bispos, grupos numerosos de religiosos, em uma palavra: um exército inteiro de bem-aventurados apresentou-se à sua vista. Todos traziam na cabeça coroas triunfais e as coroas variavam de forma, de cor, de perfume e de virtude, conforme a diferença dos respectivos sofrimentos, combates e vitórias que lhes tinham proporcionado a glória eterna. Toda a vida e todos os atos, todos os méritos e toda força, assim como toda glória e todo o triunfo dos santos provinham unicamente de sua união aos méritos de Jesus Cristo. A ação e influência recíproca que todos estes santos exerciam uns sobre os outros, a maneira por que hauriam a graça de uma única fonte, do Santo Sacramento e da Paixão do Senhor, apresentava um espetáculo singularmente tocante e maravilhoso. Nada parecia fortuito neles; as obras, o martírio, as vitórias, a aparência e os vestuários: tudo, apesar de bem diferente, se fundia numa harmonia e unidade infinitas; e essa unidade na variedade era produzida pelos raios de um único Sol, pela Paixão de Nosso Senhor, do Verbo feito carne, o qual era vida, a luz dos homens, que ilumina as trevas, as quais não a compreenderam.

Foi a comunidade dos futuros santos que passou diante da alma do Salvador, que se achava colocado entre o desejo dos patriarcas e o cortejo triunfal dos bem-aventurados futuros; esses dois grupos unindo-se e completando-se de certo modo, cercavam o coração do Redentor, cheio de amor, como uma coroa de vitória. Essa visão, inexprimivelmente tocante, deu à alma de Jesus um pouco de consolação e força. Ah! Ele amava tanto seus irmãos e suas criaturas, que teria aceitado de boa vontade todos os sofrimentos, aos quais se entregaria pela redenção até de uma só alma. Como essas visões se referissem ao futuro, pairavam em certa altura.

Mas essas imagens consoladoras desapareceram e os anjos mostraram-lhe a Paixão, mais perto da terra, porque já estava próxima. Estes anjos eram muito numerosos. Vi todas as cenas apresentadas muito distintamente diante d'Ele, desde o beijo de Judas, até à última palavra na Cruz; vi lá tudo o que vejo nas minhas meditações da Paixão, a traição de Judas, a negação de Pedro, o tribunal de Pilatos, a zombaria diante de Herodes, a flagelação, a coroação de espinhos, a condenação à morte, o transporte da Cruz, o encontro com a Virgem Santíssima no caminho do Calvário, o desmaio, os insultos de que os algozes o cobriram, o véu de Verônica, a crucifixão, o escárnio dos fariseus, as dores de Maria, de Madalena e João, a lançada no lado, em uma palavra, tudo passou diante da alma de Jesus, com as menores circunstâncias. Vi como o Senhor, na sua angústia, percebia todos os gestos, entendia todas as palavras, percebia tudo que se passava nas almas. Aceitou tudo voluntariamente, sujeitou-se a tudo por amor dos homens. O que mais o entristecia era ver-se pregado na Cruz em um estado de nudez completa, para expiar a impudicícia dos homens: implorava com instância a graça de livrar-se daquele opróbrio e que pelo menos lhe fosse concedido um pano para cingir os rins; e vi ser atendido, não pelos algozes, mas por um homem compassivo. Jesus viu e sentiu profundamente a dor da Virgem Santíssima, que pela união interior aos sofrimentos do seu Divino Filho, caíra sem sentidos nos braços das amigas no Vale de Josafá. No fim das visões da Paixão, Jesus caiu por terra, como um moribundo; os anjos e as visões da Paixão desapareceram; o suor de sangue brotava mais abundante; vi-o escoar-se junto ao corpo através da veste amarela. A mais profunda escuridão reinava na caverna. Vi então um anjo descendo para junto de Jesus: era maior, mais distinto e mais semelhante ao homem do que os que eu vira antes. Estava vestido como um sacerdote, de uma longa veste flutuante, ornada de franjas, e trazia na mão, diante de si, um pequeno vaso, da forma do cálice da Última Ceia. Na abertura deste cálice se via um pequeno corpo oval, do tamanho de uma fava, que espargia uma luz avermelhada. O anjo estendeu-lhe a mão direita e pairando diante de Jesus, levantou-se; pôs-lhe na boca aquele alimento misterioso e fê-lo beber do pequeno cálice luminoso. Depois desapareceu.

Tendo aceitado o cálice dos sofrimentos e recebido nova força, Jesus ficou ainda alguns minutos na gruta, mergulhado em meditação tranqüila e dando graças ao Pai Celeste. Estava ainda aflito, mas confortado de modo sobrenatural, a ponto de poder andar para junto dos discípulos sem cambalear e sem se curvar sob o peso da dor. Estava ainda pálido e desfigurado, mas o passo era firme e decidido. Enxugara o rosto com um sudário e pusera em ordem os cabelos, que lhe pendiam sobre os ombros, úmidos de suor e melados de sangue.

Quando saiu da gruta, vi a Lua como antes, com a mancha singular que formava o centro e a esfera que a cercava, mas a claridade dela e das estrelas era diferente da que tinham antes, por ocasião das grandes angústias do Senhor. A luz era agora mais natural. Quando Jesus chegou junto dos discípulos, estavam estes deitados, como na primeira vez, encostados ao muro do aterro, com a cabeça velada e dormiam. O Senhor disse-lhes que não era tempo de dormir, mas que deviam velar e orar. "Esta é a hora em que o Filho do Homem será entregue nas mãos dos pecadores", disse, "levantai-vos e vamos: o traidor está perto; melhor lhe seria que não tivesse nascido". Os apóstolos levantaram-se assustados e olharam em roda de si inquietos. Depois de estar um pouco tranqüilo, Pedro disse calorosamente: "Mestre, vou chamar os outros, para vos defendermos". Mas Jesus mostrou-lhe a alguma distância, no vale, do outro lado da torrente de Cedron, uma tropa de homens armados que se aproximava com archotes e disse-lhes que um deles o tinha traído. Os apóstolos julgavam-no impossível. O Mestre falou-lhes ainda com calma, recomendando-lhes de novo que consolassem a Virgem Santíssima e disse: "Vamos ao encontro deles. Vou entregar-me sem resistência nas mãos dos meus inimigos". Então saiu do Horto das Oliveiras, com os três apóstolos, e foi ao encontro dos guardas, no caminho que ficava entre o jardim e o Horto de Getsêmani.

Quando a Santíssima Virgem voltou a si, nos braços de Madalena e Salomé, alguns dos discípulos que viram aproximar-se os soldados, vieram a ela e reconduziram-na à casa de Maria, mãe de Marcos. Os soldados tomaram um caminho mais curto do que o que Jesus tinha seguido, vindo do Cenáculo.

A gruta onde Jesus tinha rezado nessa noite não era aquela na qual estava acostumado a rezar, no Monte das Oliveiras. Ia geralmente a uma caverna mais afastada, onde, depois de ter maldito a figueira infrutífera, rezara numa grande aflição, com os braços estendidos e apoiados sobre um rochedo.

Os traços do corpo e das mãos ficaram-lhe impressos na pedra e foram mais tarde venerados; mas não se sabia então em que ocasião o prodígio fora feito. Vi diversas vezes semelhantes impressões feitas em pedras, seja por profetas do Velho Testamento, seja por Jesus, Maria ou algum dos apóstolos; vi também as do corpo de Santa Catarina de Alexandria, no Monte Sinai. Essas impressões não parecem profundas, mas semelhantes àquelas que ficam quando se coloca a mão sobre uma massa consistente.

Judas e sua tropa

Judas não esperava que a traição tivesse as conseqüências que se lhe seguiram. Queria ganhar a recompensa prometida e mostrar-se agradável aos fariseus, entregando-lhes Jesus, mas não pensara no resultado, na condenação e crucifixão do Mestre; não ia tão longe em seus desígnios. Era só o dinheiro que lhe preocupava o espírito e já havia muito tempo travara relações com alguns fariseus e saduceus astutos que, com lisonjas, o incitavam à traição. Estava aborrecido da vida fatigante, errante e perseguida que levavam os apóstolos. Nos últimos meses furtara continuamente as esmolas, de que era depositário, e a cobiça, irritada pela liberalidade de Madalena quando derramou perfumes sobre Jesus, impeliu-o finalmente ao crime. Tinha sempre esperado um reino temporal de Jesus e uma posição brilhante e lucrativa nesse reino; como, porém, não o visse aparecer, procurava amontoar fortuna. Via crescerem as fadigas e perseguições e pretendia manter boas relações com os poderosos inimigos de Jesus, antes de chegar o fim; pois via que Jesus não se tornaria rei, enquanto que a dignidade de Sumo Sacerdote e a importância dos seus confidentes lhe produziam viva impressão no espírito. Aproximava-se cada vez mais dos agentes fariseus, que o lisonjeavam incessantemente, dizendo-lhe, num tom de grande certeza, que dentro de pouco tempo dariam cabo de Jesus. Ainda recentemente tinham vindo procurá-lo diversas vezes em Betânia. O infeliz entregava-se cada vez mais a esses pensamentos criminosos e multiplicava nos últimos dias as diligências para que os príncipes dos sacerdotes se decidissem a agir. Estes ainda não queriam começar e tratavam-no com visível desprezo. Diziam que não havia tempo suficiente antes da festa e que qualquer tentativa causaria apenas desordem e tumulto durante as comemorações. Somente o Sinédrio deu atenção às propostas de Judas. Depois da recepção sacrílega do Santíssimo Sacramento, Satanás apoderou-se totalmente do traidor, que saiu decidido a praticar o crime. Primeiro procurou os negociadores, que sempre o tinham lisonjeado até ali e que o receberam ainda com amizade fingida. Foi ter com outros, entre os quais Caifás e Anás; este último, porém, usou para com ele um tom altivo e zombador. Estavam irresolutos, não contavam com o êxito, porque não tinham confiança em Judas.

Vi o império infernal dividido: Satanás queria o crime dos judeus, desejava a morte de Jesus, do santo Mestre que fizera tantas conversões, do Justo a quem tanto odiava; mas sentia também não sei que medo interno da morte dessa inocente vítima, que não queria subtrair-se aos perseguidores; invejava-o por sofrer inocentemente. Vi-o assim excitar de um lado o ódio e furor dos inimigos de Jesus e de outro lado insinuar a alguns destes que Judas era um patife, um miserável, que não se podia fazer o julgamento antes da festa, nem reunir número suficiente de testemunhas contra Jesus.

No Sinédrio houve longa discussão sobre o que se devia fazer e entre outras coisas perguntaram a Judas: "Podemos prendê-lo? Não terá homens armados consigo?". E o traidor respondeu: "Não, está só com os onze discípulos; está desanimado e os onze são homens medrosos". Também lhes disse que era preciso apoderar-se de Jesus nessa ocasião ou nunca, que não podia esperar mais tempo para entregá-lo, porque não voltaria para junto do Mestre, pois, alguns dias antes, os outros discípulos e Jesus mesmo haviam evidentemente suspeitado dele; pareciam pressentir-lhe os ardis e sem dúvida o matariam se voltasse para o meio deles. Disse-lhes ainda que, se não O prendessem agora, escaparia, voltando com um exército de partidários, para fazer proclamar-se rei. Essas ameaças de Judas fizeram efeito. Deram-lhe ouvido ao conselho maldoso e ele recebeu o preço da traição, os trinta dinheiros. Essas moedas tinham forma de uma língua, estavam furadas na parte arredondada e enfiadas, por meio de argolas, numa espécie de corrente; traziam certos cunhos.

Judas, ofendido pelo contínuo desprezo e a desconfiança que lhe manifestavam, sentiu-se impelido pelo orgulho a restituir-lhes esse dinheiro ou a oferecê-lo ao Templo, para que o tomassem por um homem justo e desinteressado. Mas recusaram-no, porque era preço de sangue, que não se podia oferecer ao Templo. Judas viu quanto o desprezavam e sentiu-o profundamente. Não tinha esperado provar os frutos amargos da traição já antes de a ter cometido; mas de tal modo se havia comprometido com aqueles homens, que estava nas suas mãos e não podia mais se livrar deles. Observavam-no de muito perto e não o deixariam sair antes de ter explicado o caminho a seguir, para apoderar-se de Jesus. Três fariseus acompanhavam-no, quando desceu a uma sala, onde se achavam guardas do Templo, que não eram todos judeus, mas gente de todas as nações. Quando tudo estava combinado e reunido o número de soldados necessários, Judas correu primeiro ao Cenáculo, acompanhado de um servo dos fariseus, para lhes dar notícia se Jesus ainda estava ali, por causa da facilidade de prendê-lo lá, ocupando as portas; devia mandar avisar-lhe por um mensageiro.

Um pouco antes de Judas receber o prêmio da traição, um dos fariseus saíra, para mandar sete escravos buscar madeira, para preparar a Cruz de Cristo, caso fosse condenado, porque no dia seguinte não teriam mais tempo, pois começava a Festa da Páscoa. Andaram cerca de um quarto de hora para chegar ao lugar onde queriam buscar o madeiro da Cruz; estava ali ao longo de um muro alto e comprido, junto com muitas outras madeiras, destinadas a construções do Templo; carregaram-no para um lugar atrás do tribunal de Caifás, a fim de prepará-lo. A árvore da Cruz crescera antigamente perto da torrente Cedron, no Vale de Josafá; mais tarde caíra através do ribeiro e servia de ponte. Quando Neemias escondeu o fogo santo e os vasos sagrados na Piscina Betesda, empregou também este tronco para cobri-lo, junto com outra madeira. Tirando-o depois de novo, jogaram-no para o lado, com outra madeira de construção. Em parte foi para zombar de Jesus, em parte aparentemente por acaso, mas em verdade unicamente por disposição da Divina Providência, que a Cruz foi construída de uma forma especial. Sem contar a tábua do título, a Cruz foi feita de cinco diferentes espécies de madeiras. Tenho visto muitas coisas a respeito da Cruz, diversos acontecimentos e significações, mas tenho esquecido tudo, fora o que acabo de contar.

Judas, no entanto, voltou e disse que Jesus não estava mais no Cenáculo, mas havia de estar certamente no Monte das Oliveiras, em um lugar onde costumava rezar. Insistiu então que mandassem com ele somente uma pequena tropa, para que os discípulos, que espiavam por toda a parte, não suspeitassem e provocassem uma insurreição. Trezentos soldados deviam ocupar as portas e ruas de Ofel, bairro ao sul do Templo, e o Vale Milo, até a casa de Anás, no Monte de Sião, para poder mandar reforço à tropa na volta, caso o pedisse; pois em Ofel todo o povo baixo aderia a Jesus. O indigno traidor disse-lhes ainda que tomassem muito cuidado para Jesus não lhes escapar, mencionando que este já muitas vezes se tinha tornado invisível, por meio de artifícios misteriosos, fugindo assim aos companheiros na montanha. Fez-lhes também a proposta de amarrá-lo com uma corrente e servir-se de certas práticas mágicas, para que Jesus não rompesse as correntes. Os judeus, porém, recusaram desdenhosamente esse conselho, dizendo: "Não nos podes impor nada; uma vez que esteja em nossas mãos, está seguro".

Judas combinou com a tropa entrar ele primeiro no horto, para beijar e saudar Jesus, como se voltasse do negócio, como amigo e discípulo; depois deviam entrar os soldados, para prender o Mestre. Procederia como se os soldados tivessem chegado na mesma hora, só por acaso; fugiria depois, como os outros discípulos, fingindo não saber de nada. Talvez pensassem também que houvesse um tumulto, no qual os apóstolos se defenderiam e Jesus fugiria, como fizera já diversas vezes. Assim pensava nos momentos de raiva, sentindo-se ofendido pelo desprezo e desconfiança dos inimigos de Jesus, mas não porque se arrependesse da negra ação ou por ter compaixão de Jesus; pois tinha-se entregue inteiramente a Satanás. Também não queria consentir que os soldados, entrando depois, trouxessem algemas e cordas, nem que o acompanhassem homens de má reputação. Satisfizeram-lhe aparentemente os desejos, mas procederam como julgavam dever proceder com um traidor, em quem não se pode fiar e que se joga fora, depois de ter feito o serviço. Foram dadas ordens terminantes aos soldados de vigiar bem Judas e não o deixar afastar-se antes de ter prendido e amarrado Jesus; pois, como já tivesse recebido remuneração, era de recear-se que o patife fugisse com o dinheiro e assim não poderiam prender Jesus de noite ou prenderiam outro em seu lugar, de modo que resultariam desta empresa apenas tumultos e desordens no dia da Páscoa.

A tropa escolhida para prender Jesus compunha-se de vinte soldados, alguns da guarda do Templo, os outros soldados de Anás e Caifás. Estavam vestidos quase da mesma forma que os soldados romanos; usavam capacetes e do gibão lhes pendiam correias em redor da cintura, como tinham também os soldados romanos. Distinguiam-se desses principalmente pela barba; pois os romanos em Jerusalém usavam só suíças, os lábios e queixo tinham imberbes. Todos os vinte soldados estavam armados de espadas, alguns tinham apenas lanças. Levavam consigo tochas e braseiras que, fixas sobre paus, serviam de lanternas; mas ao chegar, traziam acesa só uma das lanternas. Os judeus queriam mandar antes uma tropa mais numerosa com Judas, mas abandonaram esse plano, concordando com a objeção do traidor, de que do Monte das Oliveiras se podia ver todo o vale e desse modo uma tropa maior não poderia deixar de ser vista. Ficou, portanto, a maior parte em Ofel; mandaram também sentinelas a vários atalhos e diversos lugares da cidade, para impedir tumultos ou tentativas de salvar Jesus.

Judas marchou à frente dos vinte soldados; mandaram, porém, segui-lo a certa distância quatro oficiais de má reputação, gente ordinária, que levavam cordas e algemas. Alguns passos atrás desses, seguiam aqueles seis agentes, com os quais Judas travara relações há muito tempo. Havia entre eles um sacerdote de alta posição e confidente de Anás, outro de Caifás; além desses havia dois agentes fariseus e dois saduceus, que eram também herodianos. Todos, porém, eram espiões, hipócritas e aduladores interesseiros de Anás e Caifás e inimigos ocultos de Jesus, dos mais maliciosos.

Os vinte soldados seguiram ao lado de Judas, até chegarem ao lugar onde o caminho passa entre Getsêmani e o Horto das Oliveiras; aí não quiseram deixá-lo avançar sozinho e começaram a discutir com ele, em um tom grosseiro e impertinente.

A prisão do Senhor

Quando Jesus saiu do horto, no caminho entre Getsêmani e o Horto das Oliveiras, apareceu na entrada desse caminho, à distância de vinte passos, Judas com os soldados, que ainda estavam discutindo. Pois Judas queria, separado dos soldados, aproximar-se de Jesus como amigo; eles deviam depois entrar como que por acaso, aparentemente sem ele saber; mas os oficiais seguraram-no, dizendo: "Assim não, camarada, não nos fugirás antes de termos preso o Galileu". Avistando depois os oito apóstolos, que ao ouvir o barulho se aproximaram, chamaram os quatro oficiais para reforçar-se. Judas, porém, não consentiu que esses o acompanhassem e discutiu veementemente com eles. Quando Jesus e os três apóstolos viram, à luz da lanterna, esse tropel tumultuário, com as armas nas mãos, Pedro quis atacá-los à força e disse: "Senhor, os oito de Getsêmani estão também lá adiante: vamos atacar esses oficiais". Jesus, porém, mandou-o ficar quieto e retirou-se alguns passos para além do caminho, onde havia um lugar coberto de relva. Judas, vendo o seu plano transtornado, enraiveceu-se. Quatro dos discípulos saíram do Horto de Getsêmani, perguntando o que havia acontecido. Judas começou a conversar, querendo sair do embaraço por meio de mentiras; mas os soldados não o deixaram afastar-se. Aqueles quatro eram Tiago, o Menor, Felipe, Tomé e Natanael; este e um dos filhos do velho Simeão e alguns outros tinham vindo para junto dos oito apóstolos, em Getsêmani, uns enviados pelos amigos de Jesus, para ter notícias d'Ele, outros impelidos pela inquietação e curiosidade. Além desses quatro, vagavam também os outros discípulos pelas vizinhanças, espiando de longe e sempre prontos a fugir.

Jesus, porém, aproximou-se alguns passos da tropa e disse em voz alta e clara: "A quem estais procurando?". Os chefes dos soldados responderam: "Jesus de Nazaré". E Jesus disse: "Sou Eu". Apenas tinha dito estas palavras, caíram os soldados uns sobre os outros, como que atacados de convulsões. Judas, que estava perto, ficou ainda mais desconcertado no seu plano; e pareceu querer aproximar-se de Jesus, mas o Senhor levantou a mão, dizendo: "Amigo, para quê vieste?". Judas disse, cheio de confusão, alguma coisa sobre o negócio realizado. Jesus, porém, disse-lhe mais ou menos as seguintes palavras: "Oh! Melhor te fora não ter nascido". Mas não me lembro mais das palavras exatas. No entanto tinham-se levantado os soldados e aproximaram-se de Jesus e dos seus, esperando o sinal do traidor: que beijasse a Jesus. Pedro, porém, e os outros discípulos, cercaram Judas com ameaças, chamando-o de ladrão e traidor. O infeliz quis livrar-se deles por meio de mentiras, mas não conseguiu justificar-se, pois os soldados defenderam-no contra os discípulos, dando assim testemunho contra ele.

Jesus, porém, disse mais uma vez: "A quem procurais?". Virando-se para Ele, responderam de novo: "Jesus de Nazaré". Então disse: "Sou Eu; já vos tenho dito que sou Eu; se, pois, procurais a mim, deixai aqueles". À palavra "Sou Eu", caíram os soldados de novo com convulsões e contorções, como as têm os epiléticos, e Judas foi de novo cercado pelos apóstolos, que estavam extremamente furiosos contra ele. Jesus disse aos soldados: "Levantai-vos". Levantaram-se assustados e como os apóstolos ainda discutissem com Judas e também se dirigissem contra os soldados, estes atacaram os apóstolos, livrando-lhes Judas das mãos e impelindo-o com ameaças a dar o sinal combinado, pois tinham ordem de prender só aquele a quem beijasse. Judas aproximou-se então de Jesus, abraçou e beijou-o, dizendo: "Deus te salve, Mestre". E Jesus disse: "Judas, é com um beijo que atraiçoas o Filho do Homem?". Então os soldados cercaram Jesus, e os oficiais, avançando, puseram as mãos em Nosso Senhor. Judas quis fugir, mas os apóstolos detiveram-no e atacaram os soldados gritando: "Mestre, feriremos com as espadas?". Pedro, porém, mais excitado e zeloso, puxou da espada e golpeou Malco, criado do Sumo Sacerdote, que o quis repelir, e cortou-lhe um pedaço da orelha, de modo que Malco caiu por terra, aumentando deste modo a confusão.

A situação nesse momento do veemente ataque de Pedro era a seguinte: Jesus preso pelos oficiais, que o queriam amarrar; cercavam-no, em um largo círculo, os soldados, um dos quais, Malco, foi prostrado por Pedro. Outros soldados estavam ocupados em repelir os discípulos, que se aproximaram, ou em perseguir outros que fugiram. Quatro dos discípulos erravam pelo lado do monte e só se avistavam de vez em quando, a grande distância. Os soldados estavam em parte um pouco desanimados pelas quedas, em parte não ousavam perseguir seriamente os discípulos, para não enfraquecerem demasiadamente a tropa que cercava Jesus. Judas, que quis fugir logo depois do beijo traidor, foi detido a certa distância por alguns discípulos, que o cobriram de injúrias. Mas os seis agentes, que só então se aproximaram, livraram-no das mãos dos cristãos indignados. Os quatro oficiais, em roda de Jesus, estavam ocupados com as cordas e algemas, seguravam-no e iam amarrá-lo.

Tal era a situação, quando Pedro golpeou Malco e Jesus ao mesmo tempo disse: "Pedro, embainha a tua espada, pois quem se serve da espada perecerá pela espada. Ou pensas que eu não podia pedir a meu Pai que me mandasse mais de doze legiões de anjos? Então não devo beber o cálice que meu Pai me apresentou? Como se cumpririam as Escrituras, se assim não se fizesse?". Disse aos soldados: "Deixai-me curar este homem". Aproximou-se de Malco, tocou-lhe na orelha, rezando, e ficou sã. Estavam, porém, em volta os oficiais, os soldados e os seis agentes, que O insultaram, dizendo aos soldados: "Ele tem contrato com o demônio; a orelha por feitiço parecia ferida e por feitiço sarou".

Então lhes disse Jesus: "Viestes a mim, armados de espadas e paus, a prender-me como um assassino. Todos os dias tenho ensinado no Templo, no meio de vós, e não ousastes pôr a mão em mim; mas esta é a vossa hora, a hora das trevas". Eles, porém, mandaram amarrá-lo e insultaram-no, dizendo: "A nós não nos pudeste jogar por terra com teu feitiço". Do mesmo modo falaram os oficiais: "Acabaremos com as tuas práticas de feiticeiro, etc.". Jesus respondeu ainda algumas palavras, mas não sei mais o que foi; os discípulos, porém, fugiram para todos os lados. Os quatro oficiais e os seis fariseus não tinham caído e, portanto, também não se tinham levantado, o que sucedeu, como me foi revelado, porque estavam inteiramente nas redes de Satanás, do mesmo modo que Judas, que também não caíra, apesar de estar no meio dos soldados; todos os que caíram e se levantaram, converteram-se depois e tornaram-se cristãos. O cair e levantar-se era símbolo da conversão. Esses soldados não puseram a mão em Jesus, mas apenas o cercaram; Malco converteu-se logo depois da cura, de modo que só por causa da disciplina continuou o serviço; já nas horas seguintes, durante a Paixão de Jesus, fazia o papel de mensageiro entre Maria e os outros amigos de Jesus, para dar notícias do que se passava.

Os oficiais amarraram Jesus com grande barbaridade e com brutalidade de carrascos, por entre contínuos insultos e escárnios dos fariseus. Eram pagãos da classe mais baixa e vil; tinham o peito, os braços e joelhos nus; na cintura usavam uma faixa de pano e na parte superior do corpo, gibão sem mangas, ligado nos lados com correias. Eram de estatura baixa, mas fortes e muito ágeis, de cor parda-ruiva, como a dos escravos do Egito.

Amarraram Jesus de uma maneira cruel, com as mãos sobre o peito, prendendo sem compaixão o pulso da mão direita por baixo do cotovelo do braço esquerdo e o pulso da mão esquerda por baixo do cotovelo do braço direito, com cordas novas e duras, que lhe cortavam a carne. Passaram-lhe em volta do corpo um cinturão largo, no qual havia pontas de ferro e argolas de fibra ou vime, nas quais amarraram-lhe uma espécie de colar, no qual havia pontas e outros corpos pontiagudos, para ferir; desse colar saíam, como uma estola, duas correias cruzadas sobre o peito até o cinturão, ao qual foram fortemente apertadas e ligadas. Fixaram ainda, em diversos pontos do cinturão, quatro cordas compridas, pelas quais podiam arrastar Jesus para lá e para cá, conforme lhes ditava a maldade. Todas essas correias eram novas e pareciam preparadas de propósito, desde que começaram a pensar em prender Jesus.

CAPÍTULO IV

Jesus conduzido a Anás e Caifás

Maus tratos que sofreu a caminho da cidade

Depois de acesas algumas lanternas, o cortejo se pôs em marcha. À frente marchavam dez soldados; depois seguiam os oficiais arrastando Jesus pelas cordas; atrás vinham, insultando-o e escarnecendo-o, os fariseus; e no fim os restantes dez soldados, que formavam a retaguarda. Os discípulos vagavam ainda pelas vizinhanças, como que fora de si; João, porém, seguia a pouca distância os últimos soldados e os fariseus mandaram prendê-lo. Voltaram por isso alguns soldados, correndo, para segurá-lo, mas ele se pôs a fugir e, como o segurassem pelo sudário que ele tinha em volta do pescoço, abandonou-o nas mãos dos oficiais e escapou. Já tinha despido o manto antes, vestindo só uma túnica arregaçada e sem mangas, para poder fugir mais ligeiramente. O pescoço, cabeça e braços tinha-os envolvidos numa faixa estreita de pano, como os judeus costumam usar.

Os oficiais arrastavam e maltratavam Jesus da maneira mais cruel e praticavam muitas maldades, só para agradar e adular desse modo baixo aos seis agentes farisaicos, que estavam cheios de ódio e maldade contra Jesus. Conduziram-no pelo caminho incômodo, por todos os sulcos, sobre as pedras e pela lama. Puxavam as cordas compridas com força, escolhendo para si o melhor caminho; assim Jesus tinha de seguir onde as cordas o arrastavam. Tinham nas mãos pedaços de cordas nodosas, com que batiam e impeliam Nosso Senhor para frente, como costumam fazer os carniceiros, levando o gado ao matadouro; tudo isso faziam entre escárnios e insultos tão grosseiros que seria contra a decência repetir as palavras.

Jesus ia descalço; além da roupa do corpo, vestia uma túnica de lã, tecida sem costura, e um manto. Os discípulos, como os judeus em geral, usavam no corpo, sobre as costas e o peito, um escapulário, constando de duas peças de pano, unidas sobre os ombros por correias, deixando deste modo descobertos os lados; cingiam-se com um cinto, do qual pendiam quatro faixas de pano, as quais, enrolando as coxas, formavam uma espécie de calça. Devo acrescentar ainda que não vi os soldados apresentarem uma ordem escrita ou documento de prisão; procederam como se Jesus estivesse fora da lei e sem direitos.

O cortejo marchou a passo rápido e tendo saído do caminho que passa entre o Horto do Getsêmani e o das Oliveiras, caminhou algum tempo ao longo do lado oriental de Getsêmani, dirigindo-se a uma ponte que ali atravessa a torrente Cedron. Jesus, indo com os apóstolos ao Monte das Oliveiras, não passara por esta ponte, mas atravessara o Cedron por outra ponte, mais para o sul, tomando um atalho pelo Vale de Josafá. A ponte sobre a qual foi conduzido pelos soldados era muito comprida, porque não se estendia somente sobre o leito do Cedron, que ali passa perto do monte, mas também a alguma distância, sobre os terrenos desiguais do vale, formando uma estrada calçada, transitável.

Antes do cortejo chegar à ponte, vi Jesus cair duas vezes por terra, pelos arrancos cruéis que os oficiais davam nas cordas. Chegando, porém, no meio da ponte, praticaram ainda maior crueldade. Empurraram o pobre Jesus amarrado, a quem seguravam pelas cordas, da ponte, que ali tinha altura de um homem, ao leito do Cedron, e insultaram-no ainda, dizendo que aí bebesse à vontade. Foi só por proteção divina que o Redentor não se feriu mortalmente. Caiu sobre os joelhos e depois sobre o rosto, que se teria machucado gravemente no leito, que tinha pouca água, se Ele não o tivesse protegido, estendendo as mãos ligadas. Essas não estavam mais amarradas no cinto; não sei se foi por assistência divina ou se os oficiais lhe desamarraram as mãos. As marcas dos joelhos, pés, cotovelos e dedos do Salvador imprimiram-se, pela vontade de Deus, no lugar em que tocaram, no fundo rochoso; mais tarde eram veneradas pelos cristãos. Hoje não se crê mais em tais efeitos, mas vi muitas vezes, em visões históricas, tais impressões feitas em rochas pelos pés, joelhos e mãos de patriarcas e profetas, de Jesus, da Santíssima Virgem e de outros santos. As rochas eram menos duras e mais crentes do que os corações dos homens e deram, em tais momentos, testemunho da impressão que a Verdade sobre elas fez.

Eu não tinha visto Jesus beber durante as graves angústias no Monte das Oliveiras, apesar da veemente sede; depois, porém, quando o empurraram no Cedron, eu o vi beber penosamente e recitar a passagem profética do salmo que fala em "beber do ribeiro ao lado do caminho" (Sl 109, 7).

Os oficiais que ficaram na ponte seguravam Jesus sempre pelas cordas porque lhes era demasiadamente dificultoso puxá-lo para cima, e como a muralha na outra banda impedia que Jesus atravessasse o ribeiro, voltaram para trás, para o começo da ponte, arrastando Jesus através do Cedron; ali desceram à margem e puxaram-no de costas, pela ribanceira acima. Esses miseráveis empurravam então o pobre Jesus pela segunda vez, sobre a longa ponte, arrastando e arrancando-o para frente, cobrindo-o de insultos e maldições, empurrões e pancadas. A longa túnica de lã, ensopada de água, caía-lhe pesada sobre os ombros; movia-se com dificuldade e no outro lado da ponte caiu de novo por terra. Levantaram-no aos arrancos, batendo-lhe com as cordas nodosas, arregaçaram-lhe no cinto o vestido molhado, entre vis escárnios e insultos; falaram, por exemplo, de arregaçar a veste, para matar o cordeiro pascal, e zombarias semelhantes.

Ainda não era meia-noite, quando vi Jesus caminhar, empurrado desumanamente pelos oficiais, entre pragas e pancadas, sobre o pedregulho cortante e pedaços de rochas, através de cardos e espinheiros. O caminho passava para o outro lado do Cedron; era estreito e já muito estragado e havia atalhos paralelos a ele, ora mais acima, ora mais abaixo. Os seis malvados fariseus ficavam onde o caminho permitia, sempre perto de Jesus; cada um tinha na mão um instrumento de tortura, uma vara curta, com ponta aguda, com a qual lhe batiam ou, empurrando-o, picavam. Nos lugares por onde Jesus andava, com os pés descalços e sangrentos, sobre as pedras cortantes, por urtigas e espinheiros, arrastado pelos oficiais, que andavam nas veredas mais cômodas do lado, o coração terno do pobre Jesus ainda era ferido pelo malicioso escárnio dos seus fariseus, que diziam, por exemplo: "Aqui o teu Precursor, João Batista, não te preparou um bom caminho". Ou: "Aqui não se cumpre a palavra do profeta Malaquias: 'Eis aí o meu anjo e ele preparará o caminho diante de ti'"; ou: "Por que não ressuscita Ele a João Batista, para preparar-lhe o caminho?". Tais palavras escarnecedoras daqueles miseráveis, acompanhadas de risadas impertinentes dos outros, instigavam também os oficiais a afligirem Jesus com novas crueldades.

Tendo arrastado o Senhor por algum tempo, notaram que diversos homens se avistavam ao longe, seguindo o cortejo, pois, à notícia da prisão de Jesus, vieram muitos discípulos de Betfagé e de outros esconderijos, para ver o que sucedia ao Mestre. À vista disso, começaram os inimigos de Jesus a recear que aqueles homens pudessem agredi-los e libertar o preso; fizeram por isso sinais na direção do arrabalde de Ofel, gritando que lhes mandassem reforço, como antes tinham combinado.

O cortejo tinha ainda um caminho de alguns minutos até à porta que, mais ao sul do Templo, conduzia, através de um arrabalde pequeno, ao Monte Sião, onde moravam Anás e Caifás, quando vi sair dessa porta um pelotão de cinqüenta soldados, para reforçar a guarda de Jesus. Marchavam em três grupos: o primeiro de dez, o último de quinze homens; esses contei, o do meio tinha dez, portanto, vinte e cinco. Traziam diversas lanternas e avançavam muito barulhentos e impertinentes, dando gritos altos, como para anunciar a sua vinda aos soldados do cortejo e dar-lhes os parabéns pela vitória. Aproximaram-se, com grande vozeria. No momento em que o primeiro grupo se juntou ao cortejo de Jesus, vi Malco e alguns outros da retaguarda aproveitarem a desordem para se afastarem furtivamente, dirigindo-se de novo ao Monte das Oliveiras.

Quando esse destacamento saiu ao encontro do outro cortejo, à luz das lanternas e com grande gritaria, dispersaram-se os discípulos que tinham aparecido nos arredores. Vi, porém, a Santíssima Virgem e nove mulheres, impelidas pelo medo, virem de novo ao Vale de Josafá. Estavam com ela Marta, Madalena, Maria, filha de Cléofas, Maria Salomé, Maria Marcos, Suzana, Joana de Cusa, Verônica e Salomé. Estavam ao sul de Getsêmani, defronte daquela parte do Monte das Oliveiras, onde há outra gruta, na qual Jesus, em outras ocasiões, costumava rezar. Vi com elas também Lázaro, João Marcos, como também o filho de Verônica e de Simeão. Esse estivera também com os oito apóstolos em Getsêmani e passara no meio dos soldados em tumulto. Trouxeram a notícia às santas mulheres. Nesse momento ouviram a gritaria e avistaram as lanternas das duas tropas, que se encontravam. A Santíssima Virgem perdeu então os sentidos, caindo nos braços das companheiras, que se retiraram com ela a certa distância, para, depois de passado o cortejo, levá-la à casa de Maria Marcos.

Lamentações dos habitantes de Ofel

Os cinqüenta soldados faziam parte de uma tropa de trezentos homens, que haviam ocupado de improviso as portas e ruas de Ofel e arredores; pois Judas, o traidor, prevenira o Sumo Sacerdote que os habitantes de Ofel, na maior parte pobres operários autônomos, carregadores de água e lenha, a serviço do Templo, eram os partidários mais convictos de Jesus e que era para recear que fizessem tentativas de livrá-lo, ao ser conduzido por lá. O traidor bem sabia que Jesus tinha ali muitas vezes ensinado, consolado, socorrido e curado muitos pobres obreiros. Foi também ali que Jesus se demorou, por ocasião da viagem de Betânia a Hebron, depois da morte de São João Batista, para consolar os amigos deste; nessa estadia em Ofel, Jesus curara muitos operários e serventes, feridos no desabamento do aqueduto e da grande torre de Silo. A maior parte dessa pobre gente reuniu-se, depois da vinda do Espírito Santo, à primeira comunidade cristã; quando depois os cristãos se separaram dos judeus e fundaram várias colônias da comunidade, erigiram-se tendas e cabanas dali por todo o vale, até o Monte das Oliveiras. Naquele tempo era também ali o campo de ação de Estêvão. Ofel é uma colina cercada de muralhas, situada ao sul do Templo e habitada na maior parte por serventes pobres; parece-me que não é muito menor do que Dülmen.

Os habitantes de Ofel foram acordados do sono pelo barulho da tropa, que ocupou o bairro. Saíram das casas a correr, aglomeraram-se nas ruas e diante da porta onde estavam os soldados, e perguntaram o que sucedia; mas foram repelidos para suas casas com zombarias e rudes insultos pelos soldados, que eram na maior parte escravos de índole baixa e impertinente. Quando, porém, tiveram a informação dada por alguns soldados: "Trazem preso o falso profeta Jesus, o malfeitor; o Sumo Sacerdote quer acabar-lhe com as práticas; provavelmente morrerá na Cruz", levantou-se alto pranto e lamentação em toda a vila, acordada do sono noturno. Essa pobre gente, homens e mulheres, correram pelas ruas, chorando ou caindo de joelhos, com os braços estendidos, clamando ao Céu ou lembrando em alta voz os benefícios que Jesus lhes havia feito. Mas os soldados fizeram-nos voltar para as casas, empurrando-os e batendo-lhes; insultaram também a Jesus, dizendo: "Eis aqui uma prova evidente de que é um agitador do povo". Não conseguiram, porém, sossegar inteiramente o povo, temendo também que, com maiores violências, ficasse ainda mais excitado; contentaram-se, pois, em retê-lo fora da rua pela qual Jesus devia ser conduzido.

Entretanto aproximava-se cada vez mais da porta de Ofel o cortejo desumano, que trazia Jesus preso. Nosso Senhor já caíra diversas vezes e parecia não poder sustentar-se mais em pé. Um soldado compadecido aproveitou essa ocasião e disse: "Vós mesmo vedes que Ele não pode mais andar: se o quiserdes levar vivo à presença do Sumo Pontífice, soltai-lhe um pouco as cordas que lhe prendem as mãos, para que, caindo, possa apoiar-se". Enquanto o cortejo parava, os oficiais lhe desligavam um pouco as mãos, outro soldado misericordioso trouxe-lhe água para beber, de um poço que se achava na vizinhança. Colhia a água com um saquinho de cortiça, que os soldados e viajantes nesse país costumam usar para beber. Jesus disse-lhe algumas palavras de agradecimento, citando um trecho de um profeta, sobre "beber água viva" ou "fontes de água viva", não sei mais exatamente; os fariseus zombaram e insultaram-no por isso.

Acusaram-no de vangloriar-se e de blasfemar, disseram-lhe que deixasse tais palavras vaidosas; que não daria mais a beber nem a um animal, muito menos a um homem. Foi-me, porém, revelado que aqueles dois homens, um que fez desligar as mãos de Jesus e outro que lhe deu a beber, tiveram a graça de uma iluminação interna. Converteram-se já antes da morte de Jesus e uniram-se, como discípulos, à comunidade cristã. Eu lhes sabia os nomes e também os nomes que receberam como discípulos e todas as circunstâncias da sua conversão; mas é impossível guardar tudo na memória: é uma imensidade de coisas.

O cortejo continuou então a caminho, maltratando o Senhor; subindo por uma encosta, entrou pela porta de Ofel, onde foi recebido pelos lamentos pungentes dos habitantes, que tinham por Jesus grande afeto e gratidão. Só à força podiam os soldados reter a multidão de homens e mulheres, que se acercaram de todos os lados. Vinham correndo, prostravam-se de joelhos, estendendo os braços e exclamando: "Soltai este homem, soltai este homem. Quem nos há de socorrer, quem nos há de curar e consolar? Entregai-nos este homem". Era um espetáculo que dilacerava o coração: Jesus, pálido, desfigurado, ferido, o cabelo em desordem; o vestido molhado, sujo, mal arregaçado, puxado pelas cordas, empurrado a pauladas; impelido pelos oficiais impertinentes, meio nus, como se conduzissem um animal meio morto ao sacrifício; vê-lo arrastado pela soldadesca arrogante, através da multidão dos habitantes de Ofel, cheios de gratidão e compaixão, que lhe estendiam os braços que Jesus havia curado da paralisia, que o aclamavam com as línguas a que Jesus restituíra a voz, que olhavam e choravam com os olhos a que Jesus dera vista.

Já no Vale do Cedron se juntara à tropa muita gente de classe baixa, agitada pelos soldados e provocada pelos agentes de Anás e Caifás e outros inimigos de Jesus; insultavam e injuriavam a Jesus e ajudavam também a ultrajar e afrontar o bom povo de Ofel. Este lugar está situado numa colina; vi o ponto mais alto, no meio da vila, um largo onde estava empilhada muita madeira de construção, como no pátio de uma carpintaria. Descendo dali, o cortejo dirigiu-se a uma porta do muro, pela qual saiu do arrabalde.

Depois do cortejo ter saído de Ofel, os soldados impediram o povo de segui-lo. O cortejo desceu ainda um pouco no vale, deixando à direita um edifício vasto, um resto, se me lembro bem, de obras de Salomão, e, à esquerda, o tanque de Betesda. Assim marcharam, descendo sempre o caminho do vale chamado Milo, depois se dirigiram um pouco para o sul, subindo as altas escadarias do Monte Sião, para a casa de Anás. Em todo esse caminho continuavam a insultar e maltratar Jesus e o povo baixo, que vindo da cidade se juntara ao cortejo, instigava os infames oficiais a repetirem as crueldades. Do Monte das Oliveiras até a casa de Anás caiu Jesus sete vezes.

Os habitantes de Ofel ainda estavam cheios de susto e tristeza, quando outro incidente lhes renovou a compaixão: a Mãe de Jesus, conduzida pelas santas mulheres e pelos amigos de Jesus, vindo do Vale de Cedron, passou por Ofel, indo à casa de Maria Marcos, situada ao pé do Monte Sião. Quando a boa gente de Ofel a reconheceu, começou de novo a chorar compadecida; aglomerava-se de tal modo em torno de Maria e dos companheiros, que a Mãe de Jesus foi quase transportada pela multidão.

Maria, muda de dor, não falava, nem depois de chegar à casa de Maria Marcos, senão quando chegou mais tarde João; então começou a perguntar com grande tristeza e João contou-lhe tudo o que vira, desde a saída do Cenáculo, até aquela hora. Mais tarde levaram a Santíssima Virgem à casa de Marta, a leste da cidade, ao pé do palácio de Lázaro. Conduziram-na novamente por desvios, evitando os caminhos pelos quais Jesus fora conduzido, para não lhe aumentar demais a tristeza e a dor.

Pedro e João que, a certa distância, tinham seguido o cortejo, quando este entrou na cidade, recorreram depressa a alguns conhecidos que João tinha entre os empregados do Sumo Sacerdote, para acharem uma oportunidade de entrar na sala do tribunal, para onde o Mestre devia ser levado. Esses conhecidos de João eram uma espécie de mensageiros do tribunal, que naquela hora receberam ordem de percorrer a cidade para acordar os anciãos de várias classes e mais outras pessoas, e convocá-los para a sessão do tribunal. Desejavam mostrar-se prestativos aos dois apóstolos, mas não acharam outro meio senão o de fazer João e Pedro vestirem-se dos mantos de mensageiros e ajudá-los a convocar os anciãos, e revestidos desses mantos, entrarem depois no tribunal de Caifás; pois ali estava reunida somente gente de classe baixa, todos subornados, soldados e falsas testemunhas; todos os outros eram expulsos. Como, porém, José de Arimatéia e Nicodemos e outras pessoas bem-intencionadas também fossem membros do Sinédrio, aos quais os fariseus talvez deixassem de avisar de propósito, foram Pedro e João convidar todos esses amigos de Jesus. Judas, no entanto, como um criminoso desvairado, que a seu lado vê o Demônio, andava errante pelas encostas íngremes ao sul de Jerusalém, para onde se jogavam o lixo e todas as imundícies.

Preparativos dos inimigos de Jesus

Anás e Caifás tinham imediatamente recebido notícias da prisão de Jesus. Em suas casas estava tudo em pleno movimento. As salas dos tribunais estavam iluminadas e todas as respectivas entradas e passagens guardadas; os mensageiros percorriam a cidade, para convocar os membros do Conselho, os escribas e todos quantos tinham voto no tribunal. Muitos, porém, já estavam reunidos com Caifás, desde a hora da traição de Judas, para esperar o resultado. Foram também chamados os anciãos das três classes de cidadãos. Como os fariseus, saduceus e herodianos de todas as partes do país tinham chegado para a festa a Jerusalém, já havia alguns dias, e tendo sido combinado havia muito tempo, entre eles e o Sinédrio, a prisão de Jesus, foram chamados também entre eles os mais encarniçados inimigos do Salvador (Caifás tinha uma lista com os nomes de todos); receberam a ordem de juntar, cada um no seu meio, todas as provas e testemunhas contra o Senhor e trazê-las ao tribunal. Estavam, porém, reunidos em Jerusalém todos os fariseus e saduceus e outra gente malvada de Nazaré, Cafarnaum, Tirza, Gabara, Jotapata, Silo e outros lugares, aos quais Jesus tinha dito tantas vezes a verdade crua, cobrindo-os de vergonha e confusão, diante de todo o povo; estavam todos cheios de ódio e raiva e cada um foi então procurar alguns patifes, entre peregrinos conterrâneos, que moravam em acampamentos separados, conforme as várias regiões; subornaram-nos com dinheiro, para agitarem contra Jesus e o acusarem. Mas, fora algumas evidentes mentiras e calúnias, não sabiam proferir senão aquelas acusações, a respeito das quais Jesus os reduzira inumeráveis vezes ao silêncio nas sinagogas.

Todos esses homens reuniram-se pouco a pouco no tribunal de Caifás e mais toda a multidão de inimigos de Jesus, entre os orgulhosos fariseus e escribas e toda a escória mentirosa de seus partidários em Jerusalém. Havia lá alguns mercadores furiosos, escribas e toda a escória mentirosa de partidários em Jerusalém. Havia lá alguns dos mercadores, furiosos porque Jesus os expulsara do Templo, muitos doutores vaidosos que Ele fizera emudecer no Templo, diante do povo, e talvez ainda houvesse alguns que não lhe podiam perdoar tê-los convencido de seus erros quando, menino de doze anos, ensinara pela primeira vez no Templo. Entre os inimigos de Jesus ali reunidos havia pecadores reincidentes, que depois da cura, de novo adoeceram; jovens vaidosos, que o Mestre não aceitara como discípulos; caçadores de heranças, furiosos por Ele ter dividido entre os pobres tantos bens que esperavam possuir; criminosos, cujos camaradas convertera; libertinos e adúlteros, cujas amantes reconduzira ao caminho da virtude; homens que já se rejubilavam de herdar riquezas, cujos proprietários foram por Ele curados da doença; e muitos vis aduladores, capazes de toda maldade, muitos instrumentos de Satanás, cujos corações odiavam tudo quanto era santo e, portanto, mais ainda, o Santo dos santos. Essa escória de uma grande parte do povo judaico, reunida para a festa, foi posta em movimento, excitada pelos inimigos principais de Jesus, e afluía de todos os lados ao palácio de Caifás, para acusar falsamente de todos os crimes ao verdadeiro Cordeiro pascal de Deus, que tomara sobre si os pecados do mundo; vinham manchá-lo com os efeitos dos pecados que tomara sobre si, suportando e expiando-os.

Enquanto esse lodo do povo judaico se agitava, para enlamear o Salvador imaculado, aproximavam-se também muitas pessoas piedosas e amigos de Jesus, acordados pelo tumulto e entristecidos pela terrível notícia; não estavam iniciados nas intenções secretas dos inimigos, e quando ouviam e choravam, eram enxotados, quando se calavam, olhavam-nos de soslaio. Outros, mais fracos, bem-intencionados, e outros meio convencidos, se escandalizavam ou caíam em tentações, duvidando de Jesus. O número dos que ficaram firmes na fé não era grande; aconteceu como ainda acontece hoje, que muitos querem ser bons cristãos, enquanto lhes convêm, mas se envergonham da Cruz onde ela não é bem vista. Já no princípio, porém, muitos se retiraram abatidos e calados, pois estavam enojados do processo injusto, da acusação infundada, dos insultos e ultrajes vis e revoltantes e também comovidos pela paciência resignada do Salvador.

Uma visão geral sobre a situação em Jerusalém àquela hora

Terminadas as numerosas cerimônias e orações, tanto públicas como particulares, acabados os preparativos para a festa, a vasta cidade populosa e os extensos acampamentos dos peregrinos pascais, nos arredores, estavam mergulhados em profundo sono e descanso, quando veio a notícia da prisão de Jesus, excitando tanto inimigos como amigos do Senhor. De todos os pontos da cidade se põem em movimento os convocados pelos mensageiros do Sumo Sacerdote. Correm, aqui ao claro luar, acolá à luz de lanternas, pelas ruas de Jerusalém, as quais de noite, pela maior parte, estão escuras e desertas, pois em geral se passa a vida das famílias nos pátios interiores, para onde também dão as janelas. Todos aqueles homens caminham para Sião, de cuja eminência brilha a luz das lanternas e ressoa grande vozeria. Ouve-se ainda, cá e lá, bater às portas dos vestíbulos para acordar os que ainda dormem. Em muitas partes da cidade há tumulto, barulho e gritaria; abrem-se as portas aos que batem, pergunta-se o que há e obedece-se à ordem de ir a Sião. Curiosos e criados seguem, para trazer depois notícias dos acontecimentos aos que ficam em casa. Ouve-se o fechar de portas e o puxar barulhento de ferrolhos e trancas. O povo é medroso e receia uma insurreição. Cá e lá saem pessoas das casas, pedindo informações a conhecidos que passam ou esses entram apressadamente em casa de amigos; ouvem-se aí muitas conversas maliciosas, como em semelhantes ocasiões, também hoje em dia, são bastante comuns; dizem, por exemplo: "Agora Lázaro e a irmã vão ver com quem travaram amizade. Joana de Cusa, Suzana, Maria, mãe de João Marcos, e Salomé se arrependerão do procedimento que tiveram. Como deve agora Seráfia se humilhar diante do marido, Siraque, que tantas vezes a tem censurado por causa das relações com o Galileu! Todo o bando dos partidários deste agitador fanático olhava com compaixão para os que não os acompanhavam, mas agora muitos não saberão onde se esconder. Agora não se apresenta ninguém que Lhe estenda mantos e véus ou ramos de palmeira sob os pés do jumento. Esses hipócritas, que sempre querem ser melhores do que os outros, bem merecem cair agora na suspeita, pois todos estão implicados na causa do Galileu. Isto tem raízes mais longas do que se pensa. Eu queria saber como Nicodemos e José de Arimatéia se hão de haver; há muito que se desconfia deles, dão-se muito com Lázaro, mas são uns espertos. Agora há de esclarecer-se tudo, etc.". Desse modo se ouve falar muita gente que tem sanha contra certas famílias, especialmente contra aquelas mulheres que creram em Jesus e desde então Lhe manifestaram publicamente a fé.

Em outras partes o povo recebe as notícias de maneira mais digna; alguns se assustam e outros choram sozinhos ou procuram ocultamente um amigo que pense como eles, para desafogar o coração. Poucos, porém, se atrevem a manifestar compaixão franca e resolutamente.

Não é, porém, em toda a cidade que reina a excitação, mas apenas onde os mensageiros levam a chamada para o tribunal, onde os fariseus procuram as falsas testemunhas e especialmente no entroncamento das ruas que conduzem a Sião. É como se em diferentes partes de Jerusalém se alumiassem faíscas de fúria e raiva que, correndo pelas ruas, se unissem a outras que encontrassem e, cada vez mais fortes e densas, se derramassem finalmente, como um rio lúgubre de fogo, no tribunal de Caifás sobre Sião. Em algumas partes da cidade reina ainda silêncio, mas também ali já começa aos poucos o alarme.

Os soldados romanos não tomam parte, mas os guardas estão reforçados e as tropas reunidas; observam atentamente o que acontece. Nos dias da Páscoa estão sempre muito quietos por causa do grande concurso do povo, mas ao mesmo tempo sempre prontos e de sobreaviso. O povo que percorre as ruas evita os pontos onde estão os guardas, pois contraria muito aos judeus farisaicos ter de responder ao grito da sentinela. Os sumos sacerdotes certamente informaram antes a Pilatos o motivo por que ocuparam Ofel e uma parte de Sião com os seus soldados; mas eles desconfiam uns dos outros. Pilatos também não dorme; recebe informações e dá ordens. A esposa está deitada no leito, dormindo profundamente, mas está inquieta, geme e chora, como opressa por pesadelos; dorme, mas aprende muitas coisas, mais do que Pilatos.

Em nenhuma parte da cidade se manifesta tanta compaixão como em Ofel, entre os pobres escravos do Templo e os trabalhadores que habitam essa colina. A dolorosa nova surpreendeu-os tão repentinamente, no meio da noite silenciosa; a crueldade despertou-os do sono: aí passara o santo Mestre, o benfeitor que os curara e consolara, passara como uma horrível visão noturna, ferido e maltratado; depois se lhes concentrou novamente a compaixão na Mãe dolorosa de Jesus, passando pelo meio deles, com as companheiras. Ai! Que espetáculo triste, a Mãe lacerada pela dor, e as amigas de Jesus obrigadas a percorrer as ruas, inquietas e tímidas, à hora insólita da meia-noite, refugiando-se de uma casa amiga à outra! Diversas vezes se vêem obrigadas a esconder-se em um canto das casas, para deixar passar um grupo de impertinentes; outras vezes são insultadas como mulheres da noite; freqüentemente ouvem ditos maliciosos dos transeuntes, raras vezes uma palavra de compaixão para com Jesus. Chegadas afinal ao abrigo, caem abatidas por terra, chorando e torcendo as mãos, todas igualmente desconsoladas e sem forças; sustentam ou abraçam umas às outras, ou sentam-se, em dor silenciosa, apoiando sobre os joelhos a cabeça velada. Batem à porta, todas escutam em silêncio e medo; batem devagar e timidamente: não é um inimigo; abrem com receio: é um amigo ou um criado de um amigo de seu Senhor e Mestre; rodeiam-no pedindo notícias, e ouvem falar de novos sofrimentos; a compaixão não as deixa ficar em casa, saem de novo à rua, para se informar, mas voltam sempre com crescente tristeza.

A maior parte dos apóstolos e discípulos andam vagando medrosos pelos vales em redor de Jerusalém e escondem-se nas cavernas do Monte das Oliveiras. Cada um se assusta à aproximação do outro; pedem notícias em voz baixa e cada ruído de passos lhes interrompe as tímidas conversas. Mudam freqüentemente de paradeiro e separadamente se aproximam de novo da cidade. Outros procuram furtivamente conhecidos, entre os conterrâneos peregrinos, nos acampamentos, para pedir informações ou mandam-nos à cidade, para trazerem notícias. Outros sobem ao Monte das Oliveiras, espiando inquietos o movimento das lanternas e escutando o barulho em Sião, interpretam tudo de mil diferentes modos e descem de novo ao vale, para ter qualquer informação certa.

O silêncio da noite é cada vez mais interrompido pelo barulho em torno do tribunal de Caifás. Essa região é iluminada pela luz das lanternas e dos archotes. Nos arredores da cidade ressoa o mugido dos numerosos animais de carga ou sacrifício, que tantos peregrinos de fora trouxeram para os acampamentos; como ressoa inocente e comovedor o balir desamparado e humilde dos inumeráveis cordeiros, que amanhã hão de ser imolados no Templo! Mas um só é imolado, porque Ele mesmo quis, e não abre a boca, como a ovelha que é conduzida ao matadouro; e como um cordeiro, que emudece diante de quem o tosa, assim se cala o Cordeiro pascal, puro e sem mancha, Jesus Cristo.

Sobre todo esse quadro se estende um céu sinistro e singularmente impressionante: a Lua caminha ameaçadora, escurecida por estranhas manchas; dir-se-ia estar alterada e horrorizada, como se tivesse medo de tornar-se cheia, pois nessa ocasião Jesus já estará morto. Fora da cidade, porém, no íngreme Vale de Hinom, anda vagando Judas Iscariotes, o traidor, — instigado pelo Demônio, chicoteado pela consciência — fugindo da própria sombra, solitário, sem companheiros, em lugares malditos e sem caminhos, em pântanos lúgubres, cheios de lixo e imundícies; milhares de espíritos maus andam por toda a parte, desnorteando os homens e impelindo-os ao pecado. O Inferno está solto e incita todos ao pecado; o fardo pesado do Cordeiro aumenta. A raiva de Satanás multiplica-se, semeando desordem e confusão. O Cordeiro tem sobre si todo o fardo; Satanás, porém, quer o pecado, e como não cai em pecado esse justo, a quem em vão tentou seduzir, quer pelo menos que os inimigos que o perseguem pereçam no pecado.

Os anjos, porém, vacilam entre tristeza e alegria; desejariam suplicar diante do trono de Deus a permissão de socorrer a Jesus, mas só podem admirar e adorar os milagres da justiça e misericórdia divinas, que já existiam, desde a eternidade, no Santíssimo do Céu e começam a realizar-se agora no tempo, pois também os anjos crêem em Deus Pai, Todo-Poderoso, Criador do Céu e da Terra e em Jesus Cristo, um só seu Filho, Nosso Senhor, o qual foi concebido do Espírito Santo, nasceu de Maria Virgem, que esta noite começará a padecer, sob o poder de Pôncio Pilatos, que amanhã será crucificado, morto e sepultado; que descerá aos infernos, ressurgirá dos mortos ao terceiro dia, que subirá ao Céu, onde se sentará à mão direita de Deus Pai Todo-Poderoso e de onde há de vir a julgar os vivos e os mortos; pois também eles crêem no Espírito Santo, na Santa Igreja Católica, na Comunhão dos Santos, na remissão dos pecados, na ressurreição da carne e na vida eterna. Amém.

Tudo isto é apenas uma pequena parte das impressões que necessariamente enchiam um pobre coração pecador de dilacerante angústia, contrição, consolação e compaixão quando, em busca de alívio, desviava o olhar da cruel prisão do Salvador e o dirigia sobre Jerusalém, nessa hora da meia-noite, o mais solene de todos os tempos, na qual a infinita justiça e a misericórdia infinita de Deus, encontrando-se, abraçando-se e penetrando-se uma a outra, iniciaram a santíssima obra do amor de Deus e dos homens: castigar e expiar os pecados dos homens no Homem-Deus pelo Homem-Deus.

Tal era a situação geral, quando o nosso querido Salvador foi conduzido à casa de Anás.

Jesus diante de Anás

Cerca de meia-noite chegou Jesus ao palácio de Anás e foi conduzido, pelo átrio iluminado, à grande sala que tinha o tamanho de uma pequena igreja. No fundo, em frente à entrada, estava sentado Anás, rodeado de vinte e oito conselheiros, num terraço, sob o qual podia passar, pelo lado. Em frente havia uma escada, interrompida por patamares, que conduzia a esse tribunal de Anás, no qual se entrava por uma porta própria, do fundo do edifício.

Jesus, cercado ainda por uma parte dos soldados que o prenderam, foi puxado pelos oficiais alguns degraus da escada para cima e seguro pelas cordas. A outra parte da sala foi ocupada por soldados e gentalha, judeus que insultavam Jesus, criados de Anás, e parte das testemunhas reunidas por este, que depois se apresentaram em casa de Caifás.

Anás estava esperando impacientemente a chegada de Jesus: tudo nele revelava ódio, malícia e crueldade. Era então presidente de um certo tribunal e reunira ali a junta da comissão, que tinha a tarefa de velar pela pureza da doutrina e de exercer o ofício de procurador-geral no tribunal do Sumo Sacerdote.

Jesus estava em pé diante de Anás, calado, de cabeça baixa, pálido, cansado, com as vestes molhadas e enlameadas, as mãos amarradas, seguro com cordas pelos oficiais. Anás, velho malvado, magro, com pouca barba, cheio de impertinência e de orgulho farisaico, sorria hipocritamente, como se não soubesse de nada e se admirasse de ser Jesus o preso que lhe haviam anunciado. A arenga com que recebeu Jesus, não sei repeti-la com as mesmas palavras, mas era mais ou menos a seguinte: "Olá! Jesus de Nazaré! És tu? Onde estão então teus discípulos, os teus numerosos adeptos? Onde está teu reino? Parece que tudo saiu muito diferente do que pensavas! Acabaram agora as injúrias; esperávamos pacientemente até que estivesse cheia a medida das tuas blasfêmias, dos teus insultos aos sacerdotes e violações do sábado. Quem são os teus discípulos? Onde estão? Agora te calas? Fala, agitador e sedutor do povo! Já comeste o cordeiro pascal de modo insólito, à hora e em lugar fora de costume. Queres introduzir uma nova doutrina? Quem te deu o direito de ensinar? Onde estudaste? Fala! Qual é a tua doutrina?".

Então levantou Jesus a cabeça fatigada, e fitando Anás, disse: "Tenho falado em público, diante de todo o mundo, em lugares onde todos os judeus costumam reunir-se. Não tenho dito nada em segredo. Por que me perguntas a mim? Pergunta àqueles que me ouviam, eles sabem o que tenho falado".

Como o rosto de Anás, a essas palavras de Jesus, manifestasse ódio e raiva, um oficial infame, miserável e adulador, que estava ao lado de Jesus e que o percebeu, bateu, com a mão de ferro, na boca e face de Nosso Senhor, dizendo: "Assim é que respondes ao Sumo Sacerdote?". Jesus, abalado pela veemência da pancada e arrancado e empurrado pelos oficiais, caiu sobre a escada de lado e o sangue escorreu-lhe do rosto; a sala retumbou de escárnio, murmúrio, insultos e risadas. Levantaram Jesus com brutalidade e Ele disse calmamente: "Se falei mal, mostra-me em quê; se eu disse a verdade, por que me feres?".

Anás, enfurecido pela calma de Jesus, convidou todos os presentes a dizer, como ele próprio queria, o que d'Ele tinham ouvido, o que ensinava. Seguiu-se então uma grande vozeria e gritaria daquele populacho: Ele disse que era rei, que era Filho de Deus, que os fariseus eram adúlteros; Ele agitava o povo, curava no sábado, com auxílio do Demônio; o povo de Ofel rodeava-o como dementes, chamava-o seu Salvador e Profeta; Ele se deixava chamar Filho de Deus; Ele mesmo se dizia enviado por Deus, chamava a maldição sobre Jerusalém, falava da destruição da cidade, não guardava o jejum, percorria o país seguido de multidões de povo, comia com ímpios, pagãos, publicanos e pecadores, levava em sua companhia mulheres de má vida, havia pouco tinha dito em Ofel que daria a quem lhe deu água a beber, água da vida eterna, e ele não teria mais sede; seduzia o povo com palavras equívocas, desperdiçava o bem alheio, pregava ao povo muitas mentiras sobre seu reino e muitas outras coisas.

Todas essas acusações foram proferidas ao mesmo tempo, numa grande confusão. Os acusadores avançavam para Jesus, lançando-lhe em rosto essas acusações, acompanhadas de insultos, e os oficiais empurravam-no para cá e para lá, dizendo: "Fala! Responde!". Anás e os conselheiros tomavam também parte, gritando-lhe, com riso escarninho: "Ora, agora ouvimos a tua doutrina. É boa! Que respondes? É essa então a tua doutrina pública? O país está cheio dela. Aqui não tens nada que dizer? Por que não ordenas? Ó, rei? Ó, enviado de Deus, mostra a tua missão!".

A cada uma dessas exclamações dos superiores, seguiam-se arrancos, empurrões e insultos da parte dos oficiais e de outros que estavam próximos, todos os quais de boa vontade teriam imitado o que lhe batera na face.

Jesus cambaleava de um lado para o outro e Anás disse-lhe, com impertinência insultante: "Quem és? Que espécie de rei ou enviado? Eu julgava que fosses o filho de um marceneiro obscuro. Ou és acaso Elias, que foi levado ao Céu em um carro de fogo? Dizem que ele ainda vive. Sabes também te tornar invisível, assim escapastes muitas vezes. Ou és por acaso Malaquias? Sempre tens feito gala com esse profeta, interpretando-lhe as palavras como se falasse de ti mesmo. Anda também a respeito dele um boato, que não tinha pai, que era um anjo e não morreu; boa oportunidade para um embusteiro fazer-se passar por ele. Dize, que espécie de rei és? És maior do que Salomão? Esta é também uma afirmação tua. Está bem, não te quero privar mais tempo do título de teu reino".

Anás mandou, pois, trazer uma tira de pergaminho, de três quartos de côvado de comprimento e da largura de três dedos, a pôs sobre uma tabuinha, que seguravam diante dele, e escreveu com uma pena de cana uma série de letras grandes, cada uma das quais continha uma acusação contra o Senhor. Enrolou-a depois e a pôs em uma pequena cabaça, fechando esta com uma rolha e amarrando-a a uma vara de cana, mandou entregar-lhe esse cetro irrisório e dirigiu-lhe, com riso satírico, algumas palavras, como: "Eis aqui o cetro de teu reino; contém todos os teus títulos, dignidades e direitos. Leva-os ao Sumo Sacerdote, para que conheça a tua missão e o teu reino e te trate como convém à tua posição. Amarrai-lhe as mãos e levai este rei ao Sumo Sacerdote". Então amarraram de novo as mãos de Jesus, que antes tinham desamarrado, cruzando-as sobre o seu peito e pondo nelas o cetro afrontoso, que continha as acusações de Anás. Assim conduziram o Senhor, entre risadas, insultos e brutalidades, da grande sala de Anás para a casa de Caifás.

Jesus é conduzido de Anás a Caifás

Ao ser conduzido à casa de Anás, Jesus passara já pelo lado da casa de Caifás. Reconduziram-no depois para lá, descrevendo um ângulo. Da casa de Anás à de Caifás haveria talvez a distância de trezentos passos. O caminho, que passa entre os muros e pequenos edifícios pertencentes ao tribunal de Caifás, era iluminado por braseiros, colocados em cima de paus, e estava cheio de uma multidão clamorosa de frenéticos judeus. Mal podiam os soldados reter a multidão. Aqueles que tinham ultrajado a Jesus na casa de Anás repetiram, então, a seu modo, as palavras afrontosas desse último diante do povo, e Jesus foi maltratado e injuriado em todo o percurso. Vi criados armados do tribunal afastarem pequenos grupos de pessoas que choravam, lastimando a Jesus, enquanto que deixavam entrar no pátio da casa de Caifás e davam dinheiro a outros que se distinguiam acusando e insultando o Divino Mestre.

O tribunal de Caifás

Para chegar ao tribunal de Caifás, passa-se primeiro por um portão a um vasto pátio exterior, depois por outro portão a outro pátio que, com os outros muros, cerca toda a casa (nos trechos seguintes daremos a este pátio o nome de "pátio interior"). A casa tem de comprimento mais de duas vezes a largura; a parte dianteira consta de uma sala, chamada vestíbulo ou átrio, lajeada, aberta no meio, sem teto, cercada por três lados de colunatas cobertas, nas quais se acham também as entradas para o átrio. A entrada principal do átrio é no lado comprido da casa. Entrando ali, vê-se, à esquerda, uma fossa revestida de alvenaria, onde é mantida uma fogueira; dirigindo-se à direita, avista-se, atrás de algumas colunas mais altas e num plano, alguns degraus mais acima uma sala coberta, que forma o quarto lado do átrio e tem mais ou menos a metade do tamanho desse. Nessa sala, no espaço de alguns degraus acima, estão os assentos dos membros do Conselho, dispostos em um semicírculo. O assento do Sumo Sacerdote está no meio da sala. O lugar do acusado, com os guardas, acha-se no centro do semicírculo; em ambos os lados e atrás dele, até o átrio, o lugar dos acusadores e das testemunhas. A esse estrado semicircular dos juízes, conduzem, no fundo, três entradas que dão para uma sala maior, de forma semicircular, ao longo de cujas paredes há também assentos. Ali têm lugar as sessões secretas. À direita e à esquerda da entrada, vindo do tribunal, há nessa sala portas e escadas, que dão para fora, para o pátio interior, que seguindo a forma da casa, também é semicircular. Saindo pela porta da sala, à direita, e virando-se no pátio à esquerda do edifício, chega-se à porta de uma cadeia subterrânea, que se estende sob a sala posterior, que está num plano mais alto do que o átrio e assim dá lugar para adegas subterrâneas. Há diversos cárceres nesse pátio circular; num deles vi São Pedro e São João presos por uma noite, depois de Pentecostes, quando Pedro curou o paralítico na Porta Bela do Templo.

No edifício e em redor havia inúmeras lanternas e fachos; estava claro como o dia. Além disso concorria também para a iluminação a fossa da fogueira, no centro do átrio; era como um fogão colocado dentro do chão, aberto em cima, onde se lançava o combustível, que me pareceu ser carvão de pedra. Nos lados sobressaíam, à altura de um homem, tubos parecidos com chifres, para deixarem sair a fumaça; no meio, porém, se via o fogo. Soldados, oficiais, muita gente do populacho e falsas testemunhas subornadas aglomeravam-se em volta do fogo. Também se achavam ali mulheres e raparigas de má vida, que ofereciam aos soldados uma bebida vermelha e cozinhavam-lhes bolos por dinheiro. Era um movimento como nos dias de carnaval.

A maior parte dos conselheiros convocados já estavam reunidos em torno do Sumo Sacerdote, no semicírculo elevado do tribunal; de vez em quando chegavam ainda alguns. Os acusadores e testemunhas falsas quase enchiam o átrio. Muita gente quis entrar à força, mas era repelida pelos soldados.

Pouco antes da chegada do cortejo de Jesus, vieram também Pedro e João, revestidos dos mantos dos mensageiros do tribunal, e entraram no pátio exterior. João, com auxílio do empregado, conhecido seu, pôde mesmo entrar pela porta do pátio interior, a qual, porém, foi fechada atrás dele, por causa do povo impetuoso. Pedro, atrasado pela multidão, já encontrou fechada a porta do pátio interior e a porteira não quis deixá-lo entrar. João disse-lhe que lhe abrisse; mas mesmo Pedro não poderia ter entrado, se não tivessem chegado nesse momento Nicodemos e José de Arimatéia, fazendo-o entrar com eles. No pátio interior entregaram os mantos aos tais criados e colocaram-se silenciosos no meio da multidão, à direita, de onde se podiam avistar os assentos dos juízes.

Caifás já estava sentado no meio do semicírculo graduado; em torno dele estavam sentados cerca de setenta membros do Conselho Supremo. Muitos deputados comunais, anciãos e escribas estavam em pé ou sentados aos dois lados em torno deles, muitas testemunhas e patifes. Do pé do tribunal, sob as colunatas, pelo átrio, até à porta pela qual se esperava a entrada de Jesus, foram dispostos soldados; aquela porta não era a que ficava em frente às cadeiras dos juízes, mas uma outra, à esquerda do átrio.

Caifás era um homem de aspecto sério, olhar colérico e ameaçador; estava vestido de um longo manto vermelho, ornado de florões e orlas de ouro, atado sobre os ombros, o peito e a frente por muitas placas brilhantes. Na cabeça trazia um barrete, que na parte superior tinha semelhança com uma mitra; entre as partes anterior e posterior desse, havia aberturas, dos lados, das quais pendiam pequenas faixas de pano, que caíam sobre os ombros. Caifás já convocara havia muito tempo os partidários, entre os membros do Sinédrio; muitos estavam reunidos desde que Judas saíra com a tropa de soldados. Cresceu a tal ponto a impaciência e raiva de Caifás, que desceu do alto assento, correndo, com todo o seu aparatoso ornato, ao átrio, e perguntou furioso se Jesus ainda não estava chegando; nesse momento o cortejo vinha se aproximando e Caifás voltou para o assento.

Jesus diante de Caifás

Entre frenéticos gritos de insulto, com empurrões e arrancos, foi Jesus conduzido pelo átrio, onde a desenfreada fúria do populacho se moderou, reduzindo-se a um sussurro e murmúrio surdo de raiva contida. Da entrada dirigiu-se o cortejo à direita, para o tribunal. Passando por Pedro e João, o querido Salvador olhou-os, mas sem virar a cabeça para eles, para não os trair. Mal Jesus tinha chegado, por entre as colunas, em frente do tribunal, Caifás já lhe gritou: "Então chegaste, blasfemador de Deus, que nos tens profanado esta santa noite".

Tiraram então o cetro irrisório de Jesus, a cabaça, na qual se achavam as acusações escritas por Anás; depois de ler as acusações, Caifás lançou uma torrente de invectivas e acusações contra Jesus, enquanto os oficiais e soldados em volta puxavam e empurravam Nosso Senhor; tinham nas mãos curtos bastões de ferro, em cuja extremidade havia um castão munido de muitas pontas; com esses bastões empurravam a Jesus, gritando: "Responde, abre a boca. Não sabes falar?". Fizeram tudo isso enquanto Caifás, ainda mais assanhado do que Anás, dirigiu um sem número de perguntas a Jesus, que, silencioso e paciente, olhava para baixo sem levantar os olhos para Caifás. Os oficiais quiseram forçá-lo a falar, davam-lhe murros na nuca e nos lados, batiam-lhe nas mãos e picavam-no com pontas; houve até um vil patife que lhe apertou com o polegar o lábio inferior sobre os dentes, dizendo: "Agora morde!".

Seguiu-se a audição das testemunhas. Mas em parte era só uma gritaria confusa do populacho subornado ou então depoimentos de vários grupos dos mais assanhados inimigos de Jesus, entre os fariseus e saduceus de todo o país, reunidos por ocasião da festa. Proferiram de novo tudo o que Ele mil vezes tinha refutado; disseram: "Ele cura e expulsa os demônios pelo próprio Demônio; não guarda o sábado; quebra o jejum; os seus discípulos não lavam as mãos; Ele seduz o povo, chama os fariseus de raça de víboras, de adúlteros; prediz a destruição de Jerusalém; tem relações com pagãos, publicanos, pecadores e mulheres de má vida; percorre o país, seguido de grande multidão de povo; faz-se chamar rei, profeta, até Filho de Deus, fala sempre do seu reino; contesta o direito do divórcio; proferiu ameaças sobre Jerusalém; chama-se pão da vida, ensina coisas inauditas, dizendo que quem não lhe comer a carne e não lhe beber o sangue, não poderá ser salvo".

Desse modo eram torcidas e viradas ao contrário todas as palavras, doutrina e parábolas de Jesus, para servirem de acusações, sempre interrompidas por invectivas e brutalidades. Mas todos contradiziam e se confundiam uns aos outros: "Não, Ele se deixa apenas chamar assim e quando o quiseram proclamar rei, fugiu". Então gritou um: "Mas Ele diz que é Filho de Deus"; outro, porém, replicou: "Não, Ele não disse isso, chama-se Filho, só para fazer a vontade do Pai". Alguns exclamaram que Ele os tinha curado, mas que depois recaíram; as curas eram apenas feitiço. Quase todas as acusações consistiam essencialmente em acusá-lo de feitiçaria. Algumas falsas testemunhas depuseram também sobre a cura do homem na Piscina de Betesda, mas mentiram e confundiram-se. Os fariseus de Séforis, com os quais tinha discutido sobre o divórcio, acusaram-no de falsa doutrina e até aquele jovem de Nazaré a quem Ele não quisera aceitar como discípulo, teve a vileza de comparecer ali, para dar testemunho contra Ele. Acusaram-no também de ter absolvido a adúltera no Templo e de ter acusado os fariseus.

Contudo, não eram capazes de encontrar qualquer acusação solidamente provada. Os grupos de testemunhas que entravam e saíam começaram a insultar Jesus, em lugar de depor contra Ele. Discutiam veementemente uns com os outros e nos intervalos Caifás e alguns dos conselheiros continuavam incessantemente a insultar Jesus, gritando-lhe, entre as várias acusações: "Que rei és tu? Mostra teu poder. Manda vir as legiões de anjos, das quais falaste no Horto das Oliveiras. Que fizeste do dinheiro das viúvas e das pessoas que se deixaram enganar? Tantas riquezas que desperdiçaste, que foi feito delas? Responde, fala! Agora que devias falar, diante do juiz, ficas calado; mas onde terias feito melhor em calar-te, diante do populacho e mulherio, aí te abundavam as palavras, etc.".

Todas essas perguntas eram acompanhadas de incessantes crueldades dos oficiais, que, com pancadas e murros, queriam forçar Jesus a responder. Só por milagre de Deus pôde Jesus agüentar tudo isso, para expiar os pecados do mundo. Algumas testemunhas infames afirmaram que Jesus era filho ilegítimo, mas imediatamente replicaram outros: "É mentira; pois sua Mãe era uma moça piedosa do Templo e nós assistimos à cerimônia do seu casamento com um homem muito religioso". Essas testemunhas começaram a discutir.

Acusaram também Jesus e os discípulos de não oferecerem sacrifícios no Templo. Eu também nunca vi Jesus ou os apóstolos, desde que o seguiam, levarem animais de sacrifício ao Templo, a não ser os cordeiros de Páscoa. José e Maria, porém, durante a sua vida, ofereciam muitos sacrifícios por Jesus. Essa acusação não era justa; pois também os essênios não ofereciam sacrifícios, sem por isso merecerem castigo. A acusação de feitiçaria repetiu-se muitas vezes e o próprio Caifás afirmou diversas vezes que a confusão das testemunhas era efeito da arte mágica.

Algumas acusaram então Jesus de ter comido o cordeiro pascal já de véspera, contrariamente ao costume, e de ter alterado a ordem dessa cerimônia já no ano anterior; por isso começaram de novo a injuriar e insultar Jesus. Mas os depoimentos das testemunhas eram tão confusos e contraditórios, que Caifás e todos do Sinédrio ficaram envergonhados e furiosos, porque não podiam encontrar nada que de qualquer modo pudessem provar. Nicodemos e José de Arimatéia foram também convidados a se justificarem de ter Jesus comido a Páscoa no Cenáculo deles, em Sião. Compareceram diante de Caifás e provaram, com antigos documentos, que os galileus podiam comer o cordeiro pascal um dia antes, conforme um direito imemorial; além disso, acrescentaram, foram observadas as cerimônias prescritas, pois estiveram presentes homens empregados do Templo. Com essa afirmação ficaram as testemunhas muito embaraçadas e o que envergonhava os inimigos de Jesus era ter Nicodemos mandado trazer os rolos de Lei e provado com estes o direito dos galileus. Além de diversos motivos para esse direito dos galileus, os quais esqueci, foi alegado que seria impossível, com a afluência do povo, acabar as cerimônias no tempo prescrito pela lei do sábado; também haveria inconveniências na volta, pela multidão do povo nos caminhos. Apesar dos galileus nem sempre usarem desse direito, ficara, porém, perfeitamente provado pelos documentos alegados por Nicodemos. A sanha dos fariseus cresceu ainda mais quando Nicodemos terminou o discurso pela observação de que todo o Sinédrio se devia sentir ultrajado, diante do povo reunido, por um processo feito com tal precipitação e preconceito, na noite de um dia tão santo e com a confusão e contradição tão aberta de todas as testemunhas, com precipitação e imprudência ainda maior.

Depois de muitos depoimentos falsos, vis e mentirosos, se apresentaram mais duas testemunhas, dizendo: "Jesus disse que queria destruir o Templo feito pelas mãos de homens e construir em três dias outro, que não seria feito por mãos de homens". Mas também esses dois não estavam de acordo; um disse que Jesus queria construir um Templo novo: por isso teria celebrado a Páscoa em um outro edifício, porque queria destruir o antigo Templo; o outro, porém, disse que aquele edifício também fora construído por mãos de homens e que, portanto, não se referia a ele.

Caifás chegou então ao auge da cólera; pois as crueldades praticadas para com Jesus, as afirmações contraditórias das testemunhas, a inefável paciência e o silêncio do Salvador, causaram impressão desfavorável a muitos dos presentes. Algumas vezes foram as testemunhas até vaiadas. Muitos ficaram inquietos no coração, vendo o silêncio de Jesus e cerca de dez soldados afastaram-se, sob pretexto de se sentirem indispostos. Estes, passando diante de Pedro e João, lhes disseram: "Este silêncio do Galileu, em um processo tão infame, dói no coração; é como se a terra se fosse abrir e tragar-nos; dizei-nos aonde nos devemos dirigir".

Caifás, furioso pelos depoimentos contraditórios e a confusão das duas últimas testemunhas, levantou-se do assento, desceu alguns graus, até onde estava Jesus, e disse: "Não respondes nada a esta acusação?". Indignou-se, porém, de Jesus não o olhar; os oficiais puxaram então, pelos cabelos, a cabeça de Nosso Senhor para trás e bateram-lhe com os punhos por baixo do queixo. Mas o Senhor não levantou os olhos. Caifás, porém, estendeu com veemência as mãos e disse em tom furioso: "Conjuro-te pelo Deus vivo, que nos digas se és o Cristo, o Messias, o Filho de Deus Bendito!".

Acalmara-se a vozeria e seguiu-se um silêncio solene em todo o átrio; Jesus, fortalecido por Deus, disse, com uma voz cheia de inefável majestade, que fazia estremecer a todos, com a voz do Verbo Eterno: "Eu o sou, disseste-o bem. E eu vos digo que em breve vereis o Filho do Homem assentado à mão direita da majestade de Deus, vindo sobre as nuvens do Céu".

Durante essas palavras vi Jesus como que luminoso e sobre Ele, no Céu aberto, Deus Pai Todo-Poderoso, numa visão inexprimível; vi os anjos e as orações dos justos, suplicando e orando em favor de Jesus. Vi, porém, como se a divindade de Jesus falasse simultaneamente do Pai e do Filho: "Se eu pudesse sofrer, queria sofrer; mas porque sou misericordioso, aceitei a natureza humana no Filho, para que nela sofresse o Filho do Homem; pois sou justo e ei-lo que toma sobre si os pecados de todos estes homens, os pecados de todo o mundo".

Por baixo de Caifás, porém, vi aberto todo o Inferno, um círculo lúgubre de fogo, cheio de figuras hediondas e ele por cima desse círculo, sustentado apenas por uma espécie de crepe fino. Vi-o penetrado pela fúria do Inferno. Toda a casa me parecia um Inferno agitado por baixo. Quando o Senhor declarou que era o Filho de Deus, o

Cristo, foi como se o Inferno tremesse diante d'Ele e fizesse subir a essa casa toda a sua fúria contra o Salvador.

Mas como tudo me é mostrado em imagens e figuras (cuja linguagem é para mim também mais verdadeira, curta e clara do que outras explicações, pois os homens também são formas corporais e sensíveis e não somente palavras abstratas), vi o medo e o ódio do Inferno manifestar-se sob inúmeras figuras horríveis, que subiam em muitos lugares, como saindo da terra. Entre outras me lembro ainda de bandos de pequenas figuras escuras, semelhantes a cães, que andavam nas patas traseiras, curtas e com garras compridas, mas não me lembro mais que espécies de vício representavam essas figuras; sabia-o naquele tempo, mas agora só lembro da forma. Tais figuras horrendas vi entrar na maior parte dos assistentes ou sentar-se nos ombros ou sobre a cabeça deles. A assembléia estava cheia dessas figuras e a fúria aumentava cada vez mais em todos os maus. Nesse momento vi também muitas figuras hediondas, saindo dos sepulcros, além de Sião; creio que eram espíritos maus. Vi também, perto do Templo, saírem da terra muitas aparições, e entre essas, diversas que pareciam arrastar-se com cadeias, como presos; não sei mais se essas últimas aparições eram espíritos maus ou almas condenadas a habitarem certos lugares da Terra e que talvez se dirigissem ao Limbo, que o Senhor abriu pela sua própria condenação à morte. Não se podem exprimir exatamente essas coisas, nem quero escandalizar aos que as ignoram, mas ao vê-las sente-se um arrepio. Esse momento tinha algo de horrível. Creio que também João deve ter visto alguma coisa, pois ouvi-o falar disso mais tarde; pelo menos todos os que não eram ainda inteiramente maus, sentiram, com um medo profundo, o horror desse momento; os maus, porém, sentiram-se numa violenta erupção de ódio.

Caifás, como que inspirado pelo Inferno, apanhou a orla do manto oficial, cortou-a com uma faca e rasgou o manto, com um ruído sibilante, gritando: "Ele blasfemou. Para quê precisamos de testemunhas? Vós mesmos ouvistes a blasfêmia; que julgais?". Então se levantaram todos quantos ainda estavam presentes e gritaram, com voz terrível: "É réu de morte. É réu de morte".

A esse grito, a fúria do Inferno tornou-se naquela casa verdadeiramente terrível: os inimigos de Jesus estavam como que embriagados por Satanás e do mesmo modo os servos aduladores e abjetos.[1] Era como se as trevas proclamassem o seu triunfo sobre a luz. Causou tal horror aos que ainda conservavam um pouco de bom sentimento, que muitos destes saíram furtivamente, envolvidos nos mantos. Também as testemunhas mais notáveis, como não lhes fosse mais necessária a presença, saíram do tribunal, sentindo remorsos da consciência. Outros, mais vis, vadiavam pelo átrio e em redor da fogueira, onde, depois de recebido dinheiro, começaram a comer e beber.

O Sumo Sacerdote disse, porém, aos oficiais: "Entrego-vos este rei; prestai a este blasfemo a devida honra". Depois se retirou com os membros do Conselho, à sala circular, situada atrás do tribunal, de cujo interior não se podia ver o átrio.

João, cheio de profunda tristeza, lembrou-se então da pobre Mãe de Jesus. Receou que a terrível notícia, comunicada por um inimigo, pudesse feri-la ainda mais e por isso, lançando mais um olhar ao Santo dos santos, disse no seu coração: "Mestre, bem sabeis por que me vou embora" e saiu apressadamente do tribunal, indo à Santíssima Virgem, como se fosse enviado por Jesus mesmo. Pedro, porém, todo abalado pela angústia e pela dor, e sentindo, devido à fadiga, ainda mais o frio penetrante da manhã, dissimulava a tristeza e o desespero o mais que podia e aproximou-se timidamente da fogueira no átrio, rodeada pelo populacho, que ali se aquecia. Não sabia o que estava fazendo, mas não podia separar-se do Mestre.

Jesus é escarnecido e maltratado em casa de Caifás

Quando Caifás saiu, com todo o Conselho do tribunal, deixando Jesus entregue aos oficiais, lançou-se o bando de todos os malvados patifes aí presentes, como um enxame de vespas irritadas, sobre Nosso Senhor, que até então estava seguro com cordas por dois dos quatro primeiros oficiais; os outros tinham se afastado antes do interrogatório

---

[1] Essa adulação cínica (a modo de cães) é talvez a significação esquecida das figuras demoníacas antes mencionadas.

para se revezarem com outros. Já durante a audição, os oficiais e outros malvados arrancaram tufos inteiros do cabelo e da barba do Senhor. Alguns homens bons apanharam parte do cabelo do chão e afastaram-se furtivamente com ele; mas depois lhes desapareceu. O bando vil dos oficiais também já tinha cuspido em Jesus durante o interrogatório, em que lhe tinham dado inúmeros murros, batido com paus que terminavam em bolas munidas de pontas e picado com alfinetes; mas depois descarregaram a raiva de um modo insensato sobre o pobre Jesus. Punham-lhe na cabeça várias coroas, trançadas de palha e cortiça, de formas ridículas, e tiravam-nas novamente, com palavras maldosas de escárnio. Ora diziam: "Ei-lo, o Filho de Davi, com a coroa do pai!", ora: "Eis aqui está quem é mais do que Salomão!" ou: "Este é o rei que prepara as núpcias do filho" e assim escarneciam n'Ele toda a verdade eterna que tinha proferido em ensinamentos e parábolas, para a salvação dos homens... Batiam-lhe com punhos e paus, empurravam-no, cuspindo n'Ele de um modo nojento.

Trançaram ainda uma coroa de palha grossa de trigo, que ali cultivavam, puseram-lhe na cabeça um boné alto, parecido com uma mitra de um bispo de hoje e em cima a grinalda de palha; já antes o tinham despido da túnica tecida. Lá estava o pobre Jesus, vestido apenas de tanga e escapulário sobre o peito e costas; mas também esse último, ainda o arrancaram e não lhe foi mais restituído. Jogaram-lhe sobre os ombros um manto velho, esfarrapado, cuja parte anterior nem lhe cobria os joelhos e em redor do pescoço lhe puseram uma cadeia de ferro, que, como uma estola, lhe pendia sobre o peito, até os joelhos; essa cadeia terminava em duas argolas largas e pesadas, munidas de pontas agudas, que lhe feriam dolorosamente os joelhos, quando andava ou caía. Amarraram-lhe de novo as mãos sobre o peito, pondo nelas um caniço, e cobriram-lhe o rosto divino com o escarro nojento das suas bocas imundas. O cabelo de Jesus, a barba, o peito e a parte superior do manto estavam cobertos de imundícies repugnantes; vendaram-lhe com um farrapo sujo os olhos, batiam-lhe com punhos e bastões, gritando: "Grande profeta! Profetiza, quem te bateu?". Ele, porém, nada dizia: gemia e orava no íntimo do coração por eles, que continuavam a bater-lhe. Assim maltratado, disfarçado e sujo, arrastaram-no pela corrente à sala atrás do tribunal. Empurraram-no diante de si, a pontapés e pauladas, com risadas de escárnio, gritando: "Vamos com o rei de palha; Ele deve apresentar-se também ao Conselho, com as honras que lhe temos prestado". Entrando na sala, onde ainda se achavam Caifás e muitos membros do Conselho, começaram de novo a escarnecer do Divino Salvador, com vis gracejos e alusões sacrílegas a santos usos e cerimônias. Assim como no átrio, cuspiram-lhe e sujaram-no, gritando: "Eis aqui tua unção de profeta e rei!". Aludiram também à unção de Madalena e ao batismo: "Como", gritaram, "queres comparecer tão sujo diante do Supremo Conselho? Querias sempre purificar os outros e não estás limpo; mas vamos limpar-te agora". Trouxeram então uma bacia com água suja fétida, na qual havia um farrapo grosso e nojento, e entre murros, escárnio e insultos, interrompidos apenas por cumprimentos e inclinações debochadas, uns mostrando-lhe a língua, outros virando-lhe as costas em posições indecentes, passaram-lhe o farrapo sujo pelo rosto e os ombros, fingindo limpá-lo, mas sujando-o ainda mais; depois lhe entornaram todo o conteúdo nojento da bacia sobre a cabeça e o rosto, gritando: "Aí tens ungüento precioso, água de nardo a trezentos dinheiros, aí tens o teu batismo da Piscina de Betsaida".

Com essa última palavra escarnecedora compararam-no, sem premeditação, ao cordeiro pascal; pois os cordeiros que nesse dia eram imolados, eram antes lavados no tanque perto da Porta das Ovelhas e depois levados à Piscina de Betsaida, onde recebiam uma aspersão cerimonial, antes de serem imolados no Templo. Os oficiais, porém, aludiam ao doente de 38 anos, que fora curado na Piscina de Betsaida; pois vi-o ali batizar ou lavar; digo "batizar ou lavar" porque não tenho recordação clara disso neste momento.

Depois arrastaram e empurraram Jesus, com murros e pancadas, por toda a sala, passando em frente dos membros do Conselho, ainda reunidos, e todos o insultavam e escarneciam. Vi tudo cheio de figuras diabólicas; era um movimento sinistro, confuso e horrível. Mas em redor de Jesus maltratado vi muitas vezes um esplendor luminoso, desde que disse que era o Filho de Deus. Muitos dos presentes pareciam senti-lo também mais ou menos, vendo com certa inquietação que todos os insultos e maus tratos não lhe podiam tirar a majestade inexprimível. Os inimigos obcecados pareciam sentir esse esplendor somente pela erupção mais forte de sua sanha e de seu ódio; a mim, porém, parecia esse esplendor tão manifesto que não podia deixar de pensar que velavam o rosto de Jesus, só porque o Sumo Sacerdote, desde que ouvira a palavra: "Eu o sou", não podia mais suportar o olhar do Salvador.

A NEGAÇÃO DE PEDRO

Quando Jesus disse, em tom solene: "Eu o sou", quando Caifás rasgou o próprio manto, quando o grito: "É réu de morte!" interrompeu os insultos e ultrajes da gentalha, quando se abriu sobre Jesus o Céu da justiça e o Inferno desencadeou sua fúria, e dos sepulcros saíram os espíritos presos, quando tudo estava cheio de medo e horror, então Pedro e João, que tinham sofrido muito por serem obrigados a ver, em silêncio e inação, o cruel tratamento de Jesus, sem poder manifestar compaixão, não agüentaram mais ficar ali. João saiu, juntamente com muita gente e testemunhas e dirigiu-se apressadamente a Maria, Mãe de Jesus, que se achava com as mulheres piedosas em casa de Marta, perto da Porta do Ângulo, onde Lázaro possuía um grande edifício. Pedro, porém, não podia afastar-se, amava demasiadamente a Jesus. Não podia conter-se; chorava amargamente, esforçando-se para esconder as lágrimas. Não quis ficar, pois sua excitação tê-lo-ia traído, nem podia ir a outra parte, sem causar estranheza aos outros. Dirigiu-se por isso ao átrio, ao canto da fogueira, onde se aglomeravam soldados e muitos homens do populacho, que iam e voltavam, para ver e escarnecer de Jesus e faziam observações baixas e maliciosas. Pedro conservava-se calado, mas esse silêncio e o ar de tristeza do rosto deviam torná-lo suspeito aos inimigos do Mestre. Aproximou-se então também do fogo a porteira, e como todos falassem de Jesus e o insultassem, também entrou na conversa, à maneira das mulheres impertinentes e, olhando para Pedro, disse: "Tu também és um dos discípulos do Galileu!". Pedro tornou-se embaraçado e inquieto e, receando que aquela gente grosseira o maltratasse, disse: "Ó, mulher! Eu não o conheço; não sei e nem compreendo o queres dizer". Levantou-se e com a intenção de livrar-se deles, saiu do átrio; foi à hora em que o galo, fora da cidade, cantou pela primeira vez; não me lembro de tê-lo ouvido, mas senti que então cantou. Saindo Pedro do átrio, viu-o outra criada e disse a alguns que estavam ali: "Este também tem estado com Jesus", e eles disseram: "Não eras também um dos discípulos do Galileu?". Pedro, assustado e confuso, exclamou, protestando: "Em verdade, não o era, nem conheço esse homem". Depois se afastou depressa do primeiro pátio para o exterior, a fim de prevenir do perigo alguns conhecidos, que vira olharem por cima do muro. Chorou e estava tão cheio de angústia e tristeza, por causa de Jesus, que quase não se lembrava da sua negação. No pátio exterior estava muita gente e também amigos de Jesus, que não foram admitidos ao pátio interior; mas a Pedro foi permitido sair. Aquela gente trepara no muro, para espiar o que se passava, e Pedro encontrou entre eles muitos dos discípulos de Jesus, os quais a ânsia de notícias tinha impelido das cavernas do Vale Hinom para lá. Esses se acercaram logo de Pedro, interrogando-o entre lágrimas, a respeito de Jesus; mas ele estava tão abatido e tinha tanto medo de trair-se, que lhes aconselhou retirar-se, por haver ali perigo para eles. Depois se separou deles, indo tristemente pelos pátios, enquanto os outros saíram com pressa da cidade. Estiveram ali cerca de dezesseis dos primeiros discípulos, entre eles Bartolomeu, Natanael, Saturnino, Judas Barsabás, Simeão, mais tarde Bispo de Jerusalém, Zaqueu e Manaem, o profético jovem, cego de nascença e curado por Jesus.

Pedro achou sossego; o amor de Jesus impelia-o ao pátio interior, que cercava a casa; deixaram-no entrar, de novo, porque Nicodemos e José de Arimatéia o mandaram entrar, na primeira vez. Não voltou imediatamente à sala do tribunal, mas dirigiu-se à direita, indo ao longo da casa, para a entrada da sala atrás do tribunal, onde o bando de oficiais já estava conduzindo Jesus em torno da sala, com vaias e insultos. Pedro aproximou-se medroso; posto que se sentisse observado como suspeito, impelia-o a ânsia por Jesus a enfiar-se pela porta ocupada por gente baixa, que estava assistindo àquela cena de escárnio. Nesse momento estavam arrastando Jesus, coroado com a grinalda de palha, em roda da sala. O Senhor lançou a Pedro um olhar sério de repreensão. Pedro ficou como que esmagado pela dor. Mas lutando com o medo e ouvindo alguns dos circunstantes dizerem: "Quem é este sujeito?", saiu novamente para o pátio, tão abatido e tão confuso pelo medo, que andava cambaleando a passos lentos. Vendo-se, porém, observado, entrou de novo no átrio, aproximou-se da fogueira, ficando ali bastante tempo sentado, até que diversas pessoas, que fora lhe tinham notado a confusão, entraram, começando de novo a provocá-lo, falando mal de Jesus e de suas obras. Um deles, chamado Cássio, e mais tarde Longino, disse então: "É verdade, também és daquela gente; és galileu, tua linguagem prova-o". Como Pedro quisesse sair com um pretexto, impediu-o um irmão de Malco, dizendo: "O quê? Não te vi com eles no Horto das Oliveiras? Não feriste a orelha de meu irmão?". Tornou-se Pedro então como que insensato, pelo pavor que o dominou, e livrando-se deles, começou a praguejar (tinha um gênio violento) e jurar que absolutamente não conhecia esse homem, e correu do átrio para o pátio interior. Foi à hora em que o galo cantou de novo; os oficiais conduziram Jesus, nesse mesmo momento, da sala circular, pelo pátio, até o cárcere que ficava sob a sala. Virou-se, porém, o Senhor e olhou para Pedro com grande dor e tristeza; lembrou-se Pedro então da palavra de Jesus: "Antes do galo cantar duas vezes, me negarás três vezes", e essa lembrança pesou-lhe com terrível violência sobre o coração. Fatigado pelas angústias e o medo, tinha-se esquecido da promessa presunçosa de querer antes morrer do que negar o aviso profético de Jesus; mas à vista do Mestre, esmagou-o a lembrança do crime que acabava de cometer. Tinha pecado; pecado contra o Salvador, tão cruelmente tratado, condenado inocente, sofrendo tão resignado toda a horrível tortura. Como desvairado de contrição, saiu apressadamente pelo pátio exterior, a cabeça velada e chorando amargamente; não temia mais ser interrogado; teria então dito a todos quem era e que pecado pesava-lhe na consciência.

Quem se atreveria a dizer que em tais perigos, angústias, em tal pavor e confusão, numa tal luta entre amor e medo, cansado, insone, prestes a perder a razão pela dor de tantos e tão tristes acontecimentos dessa noite horrível, com uma natureza tão simples como ardente, quem se atreveria a dizer que, em iguais condições, teria sido mais forte do que Pedro? O Senhor abandonou-o às próprias forças; tornou-se então tão fraco como o são todos os que esquecem as palavras: "Vigiai e orai, para não cairdes em tentação".

Maria no tribunal de Caifás

A Santíssima Virgem, em contínua e profunda compaixão para com Jesus, sabia e sentia tudo que a Ele faziam. Sofria em contemplação espiritual e, como Ele, continuava em oração pelos algozes. Mas o coração de mãe também clamava a Deus, que não permitisse esses pecados e que afastasse essas torturas do santíssimo Filho; durante todo esse tempo tinha o desejo irresistível de estar com o pobre Filho, tão cruelmente tratado. Quando João, depois do grito: "É réu de morte!", saiu do átrio de Caifás, vindo a ela, em casa de Lázaro, perto da Porta do Ângulo, e lhe confirmou com a triste narração e entre lágrimas todos os terríveis tormentos de Jesus, os quais, em sua compaixão espiritual, já lhe laceravam o coração, Maria pediu-lhe, como também Madalena, quase desvairada de dor, e algumas outras mulheres, que as conduzisse ao lugar onde Jesus sofria. João, que deixara Jesus só para consolar aquela que, depois de Jesus, lhe merecia mais amor, saiu da casa com a Santíssima Virgem, conduzida pelas santas mulheres; Madalena caminhava-lhes ao lado, torcendo as mãos. As ruas estavam iluminadas pelo claro luar e viam-se muitas pessoas, que voltavam para casa. Iam veladas as santas mulheres; mas o andar apressado e as exclamações de dor atraíam sobre elas a atenção de vários grupos de inimigos de Jesus que passavam, e muitas palavras insultuosas e cruéis, proferidas de propósito em alta voz contra Jesus, renovavam-lhe a dor. A Mãe de Jesus, sempre unida a Ele, na contemplação espiritual do seu suplício, caiu diversas vezes desmaiada, nos braços das companheiras; conservava tudo no coração, sofrendo em silêncio com Ele e como Ele. Quando desse modo caiu nos braços das mulheres, sob uma porta ou arcada da cidade interior, vieram-lhes ao encontro um grupo de pessoas bem-intencionadas, que voltavam do tribunal de Caifás, lamentando a sorte do Mestre. Essas se aproximaram das santas mulheres e, reconhecendo a Mãe de Jesus, demoraram-se algum tempo, cumprimentando-a compadecidamente: "Oh! Mãe infeliz! Oh! Mãe, cheia de tristeza. Oh! Mãe dolorosa do mais Santo de Israel!". Maria, voltando a si, agradeceu-lhes e continuaram o triste caminho a passo apressado.

Avizinhando-se do tribunal de Caifás, passaram para o caminho do lado oposto da entrada, onde apenas um muro cerca a casa, enquanto que no lado da entrada conduz por dois pátios. Ali sobreveio nova dor amarga à Mãe de Jesus e às companheiras. Tinham de passar em frente a um lugar, um pouco elevado, onde estavam homens, sob uma leve tenda, aparando a Cruz de Jesus Cristo, à luz de lanternas. Logo que Judas saíra para trair Jesus, os inimigos haviam ordenado que se preparasse uma cruz, para que, se Jesus fosse preso, Pilatos não tivesse motivo para atrasar a execução; pois já tinham a intenção de entregar Nosso Senhor de manhã cedo a Pilatos e não esperavam que levasse tanto tempo até a condenação. As cruzes para os dois ladrões, os romanos já as tinham preparado. Os operários amaldiçoavam e insultavam a Jesus, por terem de trabalhar durante a noite por causa d'Ele; todas as machadadas e todas essas palavras feriam e transpassavam o coração da pobre Mãe; mas ainda assim rezava por esses homens tão horrivelmente cegos, que, com maldições, preparavam o instrumento de sua redenção e do martírio de seu Filho.

Tendo passado em volta da casa e chegado ao pátio exterior, Maria entrou, acompanhada das santas mulheres e de João, dirigindo-se à porta do pátio interior, que estava fechada. Tinha a alma cheia de intensa compaixão para com Jesus. Desejava ardentemente que a porta se abrisse e pudesse entrar, por intermediário de João; pois sentia que apenas essa porta a separava do Filho querido, que, ao segundo canto do galo, estava sendo levado do tribunal à cadeia subterrânea. De súbito se abriu a porta e na frente de algumas pessoas saiu Pedro, correndo para eles, cobrindo com as mãos o rosto velado e chorando amargamente. À luz da Lua e das lanternas, conheceu logo a João e a Santíssima Virgem; parecia-lhe que a voz da consciência lhe vinha ao encontro, na pessoa da Mãe de Jesus, depois que o seu Divino Filho a tinha despertado. Ah! Como ressoava a voz de Maria na alma de Pedro quando ela disse: "Ó! Simão! Que fizeram de Jesus, meu Filho?". Ele não podia enfrentar o olhar de Maria, desviou os olhos para o lado, torcendo as mãos e não pôde proferir palavra. Mas Maria não o deixou, aproximou-se dele e perguntou com voz triste: "Simão, filho de Jonas, não me respondes?". Então exclamou Pedro, na sua dor: "Oh, Mãe, não faleis comigo; vosso Filho sofre coisas indizíveis; não me faleis a mim, pois condenaram-no à morte e eu o neguei vergonhosamente por três vezes". E como João se aproximasse para falar-lhe, fugiu Pedro, desvairado de tristeza, e saindo do pátio e da cidade retirou-se àquela gruta do Monte das Oliveiras, na qual as mãos de Jesus se tinham imprimido na pedra (ver cap. III, 7 pelo fim). Creio que nessa mesma gruta também nosso primeiro pai Adão fazia penitência, quando veio para a terra amaldiçoada por Deus.

A Santíssima Virgem, sentindo com veemente compaixão essa nova dor de Jesus, negado pelo mesmo discípulo que fora o primeiro a reconhecê-lo como Filho de Deus vivo, caiu, após as palavras de Pedro, sobre a pedra ao lado da porta, onde estava, e imprimiram-se as formas das suas mãos e pés na pedra, a qual ainda existe, mas não me lembro onde; tenho-a visto em qualquer parte. As portas dos pátios estavam abertas, porque a maior parte do povo se retirara, depois que Jesus fora fechado na cadeia. Maria Santíssima, tendo voltado a si, desejava estar mais perto do Filho querido; João levou-a e as santas mulheres até diante da prisão do Senhor. Ah! Bem sentia Maria a presença de Jesus e Jesus a de sua Mãe, mas a Mãe fiel quis também ouvir com os sentidos exteriores os gemidos do Filho adorado, e ouvia-os, e também as palavras insultuosas dos guardas. Não podiam demorar-se ali muito sem ser notados; Madalena, na veemência da dor, manifestava a comoção e embora Maria conservasse nessa extrema dor uma santa calma, que impunha respeito, devia também ouvir nesse curto caminho as palavras amargas e maliciosas: "Não é esta a Mãe do Galileu? O Filho com certeza há de morrer na Cruz, mas naturalmente não antes da festa, a não ser que fosse o homem mais celerado". Então ela voltou e, impelida pelo coração, foi ainda até à fogueira do átrio, onde havia ainda alguns populares; as companheiras seguiram-na em dor silenciosa. Nesse lugar de horror, onde Jesus dissera que era Filho de Deus e a raça de Satanás gritara: "É réu de morte!", Maria perdeu de novo os sentidos. João e as santas mulheres levaram-na daí, parecendo mais morta do que viva. A plebe nada disse, calou-se admirada; foi como se um espírito puro tivesse passado pelo Inferno.

O caminho conduziu-as de novo ao longo do pátio posterior da casa; passaram outra vez por aquele lugar triste, onde alguns homens estavam ocupados em aprontar a Cruz; os operários achavam tanta dificuldade em terminar a Cruz, quanto o tribunal em julgar Jesus;

foram obrigados a procurar várias vezes outros madeiros, porque os primeiros não serviam ou se fendiam, até que juntaram os diversos madeiros do modo por que Deus determinara. Tenho tido várias visões a respeito; vi também anjos impedirem o trabalho, até que tudo foi feito segundo a vontade de Deus; mas como não me lembro mais claramente disso, deixo de contá-lo.

Jesus no cárcere

A cadeia em que estava Jesus era um lugar pequeno, abobadado, sob o tribunal de Caifás. Vi que ainda existe parte desse lugar. Dos quatro, só dois oficiais ficavam com Ele; revezavam-se com os outros várias vezes em pouco tempo. Ainda não tinham restituído a roupa a Jesus, que estava vestido apenas daquele manto rasgado, coberto de escarro e com as mãos novamente amarradas.

Ao entrar na prisão, Jesus pediu ao Pai Celeste que aceitasse toda a crueldade e zombaria que sofreu e ainda ia sofrer, como sacrifício expiatório por todos os homens que no futuro pecassem por impaciência e ira, em igual sofrimento.

Também nesse lugar os oficiais não deixavam descansar o Senhor. Amarraram-no a uma coluna baixa, no meio do cárcere, e não lhe permitiam encostar-se, de modo que cambaleava com os pés feridos e inchados pelas quedas e pelas pancadas das cadeias, que lhe pendiam até os joelhos. Não deixavam de insultar e maltratá-lo e, sempre que os dois estavam cansados, eram revezados por outros, que entrando, começavam a fazer-lhe novas injúrias.

Não me é possível contar todas as baixezas que proferiram contra o mais puro e santo de todos os seres; fiquei doente demais e então quase morri de compaixão. Ai! Que vergonha para nós, que por moleza e nojo nem podemos contar ou escutar as crueldades inumeráveis que o Salvador sofreu por nós! Sentimos um terror semelhante ao do assassino a quem mandam pôr a mão nas feridas do assassinado. Jesus sofria tudo sem abrir a boca: eram os homens que soltavam a fúria contra seu irmão, seu Redentor, seu Deus. Também sou pecadora, também por minha causa Ele teve de sofrer. No Dia do Juízo há de manifestar-se tudo. Então veremos que parte nos maus tratos do Filho de Deus tivemos, pelos nossos pecados, que continuamente cometemos e pelos quais consentimos e nos unimos às crueldades perpetradas por aquele bando de oficiais diabólicos. Ai! Se considerássemos isso, pronunciaríamos muito mais seriamente aquelas palavras contidas nas fórmulas de contrição: "Senhor! Faze-me antes morrer do que vos ofender mais uma vez pelo pecado".

Estando em pé no cárcere, Jesus rezava continuamente pelos algozes. Quando esses ficaram enfim cansados e mais calmos, vi Jesus encostado ao pilar e rodeado de luz. Amanheceu o dia, o dia de sua imensa Paixão e expiação; o dia da nossa redenção se insinuava timidamente por um orifício no alto da parede, contemplando o nosso Cordeiro pascal, tão santo e maltratado, que tomara sobre si todos os pecados do mundo. Jesus levantou as mãos amarradas ao novo dia, rezando em voz alta e distinta uma oração tocante ao Pai Celestial, na qual agradeceu a missão desse dia, que almejavam os patriarcas, pelo qual Ele tanto suspirara, desde a sua vinda ao mundo, como disse: "Devo ser batizado com um batismo e quanto desejo que se realize!". Com que fervor agradeceu o Senhor esse dia, em que devia alcançar o alvo de sua vida, nossa salvação, abrir o Céu, vencer o Inferno, abrir para os homens a fonte da graça e cumprir a vontade do Pai Celeste!

Rezei com Ele, mas não sei mais repetir a oração, pois eu estava extenuada de compaixão e de chorar, vendo-lhe os sofrimentos e ouvindo-o ainda agradecer os horríveis tormentos, que tomou sobre si também por minha causa; eu suplicava sem cessar: "Ah! Dai-me as vossas dores; pertencem-me a mim, pois são a expiação das minhas culpas". Amanheceu o dia e Jesus saudou-o com uma ação de graças tão comovente, que fiquei como que aniquilada de amor e compaixão e repeti-lhe as palavras como uma criança. Era um espetáculo indizivelmente triste, afetuoso, santo e imponente, ver Jesus, depois desse tumulto da noite, amarrado à coluna, no meio do estreito cárcere, rodeado de luz, saudando com palavras de agradecimento os primeiros raios do grande dia de seu sacrifício. Ai! Parecia-me que esse raio lhe entrou no cárcere, como um juiz vem visitar um condenado à morte, para reconciliar-se com ele antes da execução. E

Ele ainda lhe agradeceu tão docemente! Os oficiais, que de cansaço tinham adormecido um pouco, acordaram, pois pareciam admirados e assustados. Jesus ficou nesse cárcere pouco mais de uma hora.

Judas aproxima-se da casa do tribunal

Judas, tomado de desespero, impelido pelo Demônio, vagueara pelo Vale Hinom, no lado íngreme, ao sul de Jerusalém, lugar onde se jogava o lixo, ossos e cadáveres; enquanto Jesus estava no cárcere, ele veio aproximar-se da casa do tribunal de Caifás. Rodeava-a, espreitando; ainda lhe pendia, preso ao cinto, o prêmio da traição, as moedas de prata encadeadas em um molho. A noite já se tornara silenciosa e o infeliz perguntou aos guardas, que não o conheciam, o que seria feito do Nazareno. Responderam-lhe: "Foi condenado à morte e será crucificado". Ainda ouviu outros falarem entre si que Jesus fora tratado tão cruelmente e sofrera tudo com paciência e resignação; ao amanhecer seria levado outra vez perante o Supremo Conselho, para ser condenado solenemente. Enquanto o traidor colhia cá e lá essas notícias, para não ser reconhecido, amanheceu o dia e já se via muito movimento dentro e em redor da casa. Então, para não ser visto, retirou-se Judas para os fundos da casa; pois fugia dos homens como Caim e o desespero tomava-lhe cada vez mais posse da alma. Mas eis o que se lhe apresentou ante os olhos: achou-se no lugar onde tinham trabalhado preparando a Cruz; lá estavam as várias peças já arrumadas, e entre elas, envolvidos nos cobertores, estavam os operários dormindo. Por sobre o Monte das Oliveiras cintilava a pálida luz da manhã; parecia tremer de horror ao ver o instrumento da nossa salvação. Judas, ao ver essa cena, fugiu, preso de horror: vira o madeiro do suplício, para o qual vendera o Senhor. Escondeu-se, porém, nos arredores, esperando pelo fim do julgamento da madrugada.

O julgamento de Jesus na madrugada

Ao romper do dia, quando já clareara, reuniram-se novamente Anás e Caifás, os anciãos e os escribas, na grande sala do tribunal, para uma sessão perfeitamente legal; pois o julgamento feito durante a noite não era válido e era considerado apenas um depoimento preparatório das testemunhas, porque urgia o tempo, por causa da festa iminente. A maior parte dos membros do Conselho passou o resto da noite na casa de Caifás, seja em aposentos contíguos, seja na própria sala do tribunal, onde foram colocados leitos para esse fim. Muitos, entre eles Nicodemos e José de Arimatéia, chegaram ao romper do dia. Foi uma assembléia numerosa e em cuja ação houve muita precipitação.

Como os membros do Conselho se incitassem uns aos outros a condenar Jesus à morte, levantaram-se Nicodemos, José de Arimatéia e alguns outros contra os inimigos de Jesus, exigindo que a causa fosse adiada até depois da festa, para não provocar tumultos; também porque não se podia basear um julgamento justo sobre as acusações até então proferidas, por serem contraditórios os depoimentos das testemunhas. Os sumos sacerdotes e seu partido forte irritaram-se com essa oposição e deixaram ver claramente aos adversários que estes também eram suspeitos de favorecerem a doutrina do Galileu e que por isso naturalmente não lhes agradava esse julgamento, porque se dirigia também contra eles mesmos; assim decidiram eliminar do Conselho todos os que eram a favor de Jesus; esses, porém, protestaram contra tal processo e, declarando-se alheios a tudo que o Conselho ainda decidisse, retiraram-se da sala do tribunal e dirigiram-se ao Templo. Depois desses fatos, nunca mais tomaram parte nas sessões do Conselho.

Caifás, porém, mandou tirar Jesus do cárcere e conduzi-lo, fraco, maltratado e amarrado, como estava, diante do Conselho, e preparar tudo de modo que depois do julgamento pudessem levá-lo imediatamente a Pilatos. Os oficiais correram tumultuosamente ao cárcere, lançaram-se com insultos sobre Jesus, desamarraram-no da coluna e tiraram-lhe o manto esfarrapado dos ombros, obrigaram-no, entre golpes, a vestir sua comprida túnica, ainda coberta de toda a imundície, e amarrando-o de novo com as cordas pela cintura, conduziram-no para fora do cárcere. Isso foi feito, como tudo, com grande pressa e horrível brutalidade. Conduziram-no como um pobre animal de sacrifício, entre insultos e golpes, através das fileiras dos soldados, que já estavam reunidos diante da casa, à sala do tribunal. Quando Ele, horrivelmente desfigurado pelos maus tratos, pela extenuação e imundície, vestido apenas da túnica toda suja, apareceu diante do Conselho, o nojo aumentou ainda o ódio desses homens. Nesses corações duros de judeus não havia lugar para a compaixão.

Caifás, porém, cheio de escárnio e raiva de Jesus, que estava em pé diante dele, tão desfigurado, disse-lhe: "Se és o Cristo do Senhor, o Messias, dize-nos". Jesus levantou o rosto e disse, com santa paciência e solene gravidade: "Se vo-lo disser, não acreditareis e se vos perguntar, não me respondereis, nem me dareis a liberdade; de hoje em diante o Filho do Homem se sentará à direita do poder de Deus". Entreolharam-se então e, com um riso de desprezo, disseram a Jesus: "És então o Filho de Deus?". Jesus respondeu, com a voz da verdade eterna: "Sim, é como dissestes, eu o sou". A essa palavra de Nosso Senhor gritaram todos: "Que provas precisamos ainda? Ouvimo-lo nós mesmos da sua própria boca".

Levantaram-se todos, cobrindo Jesus de escárnio e insultos, chamando-o de vagabundo, miserável, de obscuro nascimento, que queria ser o Messias e sentar-se à direita de Deus. Deram ordem aos oficiais de amarrá-lo de novo, pôr-lhe uma cadeia de ferro em redor do pescoço, como aos condenados à morte, para levá-lo assim ao tribunal de Pilatos. Já antes tinham enviado um mensageiro ao procurador, avisando-lhe que preparasse tudo para julgar um criminoso, porque deviam apressar-se, por causa da festa. Ainda murmuravam contra o governador romano, por serem obrigados a levar Jesus ainda àquele tribunal; porque, quando se tratava de coisas estranhas às leis da religião e do Templo, não podiam aplicar a pena de morte; querendo, pois, condenar Jesus com mais aparência de justiça, acusaram-no de crime contra o imperador, mas desta forma competia o julgamento ao governador romano. Os soldados já estavam alinhados no adro, e até fora de casa, e muitos inimigos de Jesus já se tinham reunido diante da casa, com o populacho. Os sumos sacerdotes e parte do Conselho abriam o séquito, seguia-se depois o nosso pobre Salvador, entre os oficiais e cercado da soldadesca, e por fim toda a corja do populacho. Assim desceram do Monte de Sião à cidade baixa, onde ficava o palácio de Pilatos. Uma parte dos sacerdotes que assistiram ao conselho dirigiu-se ao Templo, onde nesse dia tinham muito serviço a fazer.

Desespero de Judas

Judas, o traidor, que não se tinha afastado muito, ouviu então o barulho do séquito, como também as palavras de algumas pessoas, que seguiam de mais longe; entre outras coisas disseram: "Agora vão levá-lo a Pilatos; o Conselho Supremo condenou-o à morte; vai ser crucificado; também não pode mais viver, nesse horrível estado em que o deixaram os maus tratos. Tem uma paciência incrível, não diz nada, apenas que é o Messias e se sentará à direita de Deus; outra coisa não disse e por isso vai morrer na Cruz; se não o tivesse dito, não o podiam condenar à morte, mas assim deve morrer. O patife que o vendeu foi seu discípulo e pouco antes ainda comeu com Ele o cordeiro pascal; eu não queria ter parte nessa ação; seja como for, o Galileu pelo menos nunca entregou um amigo à morte por dinheiro. Deveras, esse patife de traidor merece também ser enforcado". Então o arrependimento tardio, a angústia e o desespero começaram a lutar na alma de Judas. O Demônio impeliu-o a correr. O molho das trinta moedas de prata, no cinto, sob o manto, era-lhe como uma espora do Inferno: segurou-o com a mão, para que não fizesse tanto barulho, batendo-lhe na perna ao correr. Correu a toda pressa, não atrás do cortejo, para lançar-se aos pés de Jesus, pedindo perdão ao Salvador misericordioso, não para morrer com Ele, nem para confessar a culpa diante de Deus; mas para se limpar diante dos homens da culpa e desfazer-se do prêmio da traição; correu como um insensato ao Templo, para onde diversos membros do Conselho, como chefes dos sacerdotes em exercício e alguns dos anciãos, se tinham dirigido, depois do julgamento de Jesus. Olharam-se mutuamente, admirados e com um sorriso desprezível, dirigiam olhares altivos a Judas que, impelido pelo arrependimento do desespero e fora de si, correu para eles; arrancou o feixe de moedas de prata do cinto e, estendendo-lhes a mão direita, disse, com violenta angústia: "Tomai aqui o vosso dinheiro com o qual me seduzistes a entregar-vos o Justo; retomai o vosso dinheiro e soltai Jesus; eu rompo o nosso pacto; pequei gravemente, traindo sangue inocente". Mas os sacerdotes mostraram-lhe então todo o seu desprezo; retiraram as mãos do dinheiro que lhes oferecia, como se não quisessem manchar-se com o prêmio da traição, dizendo: "Que nos importa que pecastes? Se julgas ter vendido sangue inocente, isto é contigo; sabemos o que compramos de ti e julgamo-lo réu de morte; é teu dinheiro, não temos nada com isso, etc.". Disseram-lhe essas palavras no tom que usam os homens que estão muito ocupados e querem livrar-se de um importuno, e viraram as costas a Judas. Esse, vendo-se assim tratado, foi preso de tal raiva e desespero, que ficou como louco; eriçaram-se os seus cabelos e rompendo com as duas mãos o molho das moedas de prata, espalhou-as com veemência no Templo e fugiu para fora da cidade.

Vi-o de novo, correndo como louco, no Vale de Hinom, e o Demônio em figura horrível ao seu lado, segregando-lhe ao ouvido, para levá-lo ao desespero, todas as maldições dos profetas sobre esse vale, onde antigamente os judeus sacrificavam os próprios filhos aos deuses. Parecia-lhe que todas essas palavras o indicavam com o dedo, dizendo, por exemplo: "Eles sairão para ver os cadáveres daqueles que contra mim pecaram, cujo verme não morre, cujo fogo não se apaga". Depois lhe soou aos ouvidos: "Caim, onde está Abel, teu irmão? Que fizeste? O sangue de teu irmão clama a mim; agora, pois, serás maldito sobre a Terra, vagabundo e fugitivo". Quando chegou à torrente do Cedron e olhou na direção do Monte das Oliveiras, estremeceu e virou os olhos. Então ouviu de novo as palavras: "Amigo, para que vieste? Judas, é com um beijo que entregas o Filho do Homem?". Então um imenso horror lhe penetrou no fundo da alma, confundiram-se os seus sentidos e o inimigo segredou-lhe ao ouvido: "Aqui sobre o Cedron, fugiu também Davi diante de Absalão; Absalão morreu pendurado em uma árvore; Davi referia-se também a ti no salmo: 'Retribuíram o bem com o mal, ele terá um juiz severo; Satanás estará à sua direita, todo o tribunal o condenará; os seus dias serão poucos, outro lhe receberá o episcopado; o Senhor recordar-se-á sempre da maldade dos seus pais e dos pecados de sua mãe, porque sem misericórdia perseguiu os pobres e matou os aflitos; ele amava a maldição e esta virá sobre ele; revestia-se da maldição como de uma veste, como água lhe entrou ela nos intestinos, como óleo nos ossos; como uma veste o cobre a maldição, como um cinto que o cinge eternamente'". Entre esses terríveis remorsos da consciência, chegara Judas a um lugar deserto, pantanoso, cheio de lixo e imundície, a sudeste de Jerusalém, ao pé do Monte dos Escândalos, onde ninguém o podia ver. Da cidade se ouvia ainda mais forte o tumulto e o Demônio disse-lhe: "Agora O conduzem à morte; vendeste-O; sabes o que está escrito na Lei? 'Quem vender uma alma entre seus irmãos, os filhos de Israel, morrerá'. Acaba com isto, miserável, acaba com isto!". Então tomou Judas desesperado o cinto e enforcou-se em uma árvore que crescia em vários troncos, numa cavidade daquele lugar. Quando se enforcou, rebentou-se o ventre e os intestinos caíram-lhe sobre a terra.

CAPÍTULO V

Jesus perante Pilatos e Herodes

Jesus é conduzido a Pilatos

Conduziram Jesus, entre muitas crueldades, da casa de Caifás à de Pilatos, através do trecho mais populoso da cidade, que nessa ocasião formigava de peregrinos de toda a parte do país, além de uma multidão de estrangeiros. O cortejo dirigiu-se para o norte, descendo do Monte Sião, atravessando uma rua estreita, no fundo do vale, depois pelo bairro de Acra, ao longo do lado ocidental do Templo, até o palácio e o tribunal de Pilatos, que estava situado na esquina noroeste do Templo, defronte do grande fórum ou mercado.

Caifás e Anás e grande número de membros do Supremo Conselho iam em vestes festivas, à frente do cortejo; atrás deles, alguns servos traziam rolos de Escritura. Seguiam-se a eles muitos outros escribas e judeus, entre eles as falsas testemunhas e os assanhados fariseus, que foram os que mais se empenharam em acusar ao Senhor. A uma pequena distância, seguia nosso bom Senhor Jesus, conduzido pelos oficiais com as cordas, cercado de soldados e dos seus agentes que estavam presentes no ato da prisão. De todos os lados afluiu o populacho, unindo-se com gritos e zombarias ao cortejo; ao longo de todo o caminho esperavam numerosos grupos de gente do povo.

Jesus estava vestido apenas de sua túnica, toda suja de escarro e imundície. Do pescoço pendia-lhe até os joelhos a longa corrente de largos anéis, que, ao andar, lhe batia dolorosamente de encontro aos joelhos. Tinha as mãos amarradas como na véspera e quatro oficiais conduziam-no pelas cordas, que lhe saíam do cinturão. Estava todo desfigurado pelas crueldades com que o haviam torturado durante a noite; andava cambaleando, cabelo e barba em desalinho, o rosto pálido, inchado e cheio de manchas escuras, causadas pelos socos. Impeliam-no com pancadas e injúrias. Tinham instigado a muitos do populacho para apupá-lo, imitando-lhe a entrada triunfal no Domingo de Ramos. Aclamavam-no com todos os títulos de rei, em tom de gozação, jogavam-lhe diante dos pés pedras, pedaços de madeira, paus, trapos sujos e zombavam, em versos e frases debochadas, de sua entrada festiva. Os oficiais conduziam-no aos arrancos sobre os obstáculos jogados no caminho; era uma crueldade sem fim.

Não muito longe da casa de Caifás estava a dolorosa e santa Mãe de Jesus, com Madalena e João, encostados ao canto de um edifício, esperando a aproximação do cortejo. A alma de Maria estava sempre com Jesus, mas quando podia ficar também corporalmente perto d'Ele, não lhe dava descanso o amor, impelindo-a a seguir-lhe o caminho e as pegadas. Depois da visita noturna ao tribunal de Caifás, ficara só pouco tempo no Cenáculo, entregue à muda dor; pois, quando Jesus foi tirado do cárcere, de madrugada, para ser apresentado ao tribunal, a Virgem Santíssima se levantou, cobriu-se com o manto e o véu e, saindo, disse a João e Madalena: "Sigamos meu Filho à casa de Pilatos, quero vê-lo com meus olhos". Dando uma volta, chegaram assim em frente do cortejo; a Santíssima Virgem parara nesse lugar e os outros com ela. A santa Mãe de Jesus sabia bem o que era feito do Divino Filho, que lhe estava sempre ante os olhos da alma; mas com o olhar interior não o podia ver tão desfigurado e maltratado como na realidade estava, pela maldade e crueldade dos homens. De fato via-lhe sempre os horríveis sofrimentos, mas inteiramente penetrados pela luz da santidade, do amor e da paciência, da vontade que se oferecia vítima pelos homens. Mas nesse momento se lhe apresentou à vista a realidade terrível e ignominiosa. Passaram diante dela os orgulhosos e assanhados inimigos de Jesus, os sumos sacerdotes do verdadeiro Deus, nas vestes santas de gala; passaram com a intenção deicida, representantes da malícia, mentira e maldição. Os sacerdotes de Deus haviam-se tornado sacerdotes de Satanás. Que aspecto horrível! Depois o tumulto e a alegria dos judeus, todos os traidores inimigos e acusadores e afinal Jesus, Filho de Deus e do Homem, seu Filho, horrivelmente desfigurado e maltratado, amarrado, batido, empurrado, cambaleando mais do que andando, arrastado pelas cordas por cruéis algozes, no meio de uma nuvem de injúrias e maldições. Aí, se Ele não fosse o mais pobrezinho, o mais desamparado, o único que se conservava calmo, a rezar no íntimo do coração, cheio de amor, no meio dessa tempestade desencadeada do Inferno, a angustiada Mãe não o teria reconhecido, naquele estado, horrivelmente desfigurado. Quando se aproximou, vestido da túnica tão suja, a Virgem Santíssima exclamou, soluçando: "Ai de mim! É esse meu Filho? Ai! É mesmo meu Filho, oh! Jesus, meu Jesus!". O cortejo passou-lhe em frente; o Senhor volveu a cabeça para aquele lado, lançando um olhar comovente à sua Mãe e ela perdeu os sentidos. João e Madalena levaram-na dali, mas logo que voltou a si, fez-se conduzir por João ao palácio de Pilatos.

Jesus tinha de aprender também nesse caminho que os amigos nos abandonam na desgraça; pois os habitantes de Ofel estavam todos reunidos num certo lugar do caminho e quando viram Jesus tão humilhado e desfigurado, entre os oficiais, levado com injúrias e maus tratos, ficaram também abalados na fé; não podiam imaginar o Rei, o Profeta, o Messias, o Filho de Deus em tão miserável estado. Os fariseus, ao passar, ainda zombaram deles, por causa da afeição que dedicavam a Jesus: "Eis o vosso rei, saudai-o; agora e dentro em pouco subirá ao trono! Acabaram-se os seus milagres, o Sumo Sacerdote deu-lhe cabo do feitiço, etc.". Aquela boa gente, que vira tantas curas milagrosas e recebera tantas graças de Jesus, ficou abalada na fé, pelo horrível espetáculo que lhe apresentavam as pessoas mais santas do país, o Sumo Sacerdote e o Sinédrio. Os melhores elementos retiraram-se duvidosos, os piores juntaram-se ao cortejo como podiam, pois a passagem em várias ruas estava impedida por guardas dos fariseus, para evitar qualquer tumulto.

O palácio de Pilatos e os arredores

Ao pé do ângulo noroeste do Monte do Templo[1] está situado o palácio do governador romano, Pilatos, em lugar bastante alto; sobe-se uma escada de mármore de muitos degraus, de onde a vista domina uma vasta praça de mercado, cercado de colunas, sob as quais há acomodações para vendedores. Um posto de guarda de quatro entradas, ao oeste, norte, leste e sul, onde está o palácio de Pilatos, interrompe essas arcadas do mercado, o qual também é chamado "fórum" e se estende para oeste, além do ângulo noroeste do Monte do Templo; desse ponto do fórum pode-se avistar o Monte Sião. O fórum é um pouco mais elevado do que as ruas circunvizinhas, que sobem um pouco, até chegar às portas de entrada do edifício; em várias partes encostam as casas das ruas vizinhas ao extremo da coluna que cerca o fórum. O palácio de Pilatos não está contíguo ao fórum, mas é separado desse por um espaçoso pátio. Esse pátio tem como porta, a leste, uma alta arcada, que abre diretamente para a rua que conduz à Porta das Ovelhas, pela qual passa quem vai ao Monte das Oliveiras; a oeste, tem como porta outra arcada, que abre para a parte oriental da cidade e conduz a Sião, através do bairro de Acra. Da escada do palácio de Pilatos se avista, ao norte, através do pátio, o fórum, em cuja entrada há um pórtico e alguns assentos de pedra, virados para o palácio. Os sacerdotes judeus, dirigindo-se ao tribunal de Pilatos, não iam além desses assentos, para não se contaminarem; o limite que não deviam ultrapassar estava marcado por uma linha traçada sobre o pavimento do pátio. Perto da arcada da porta oriental do palácio, já dentro do recinto do fórum, havia um grande posto de guarda, que, confinando ao norte com o fórum e ao sul com a arcada da porta do pretório de Pilatos, formava uma espécie de vestíbulo ou adro entre o foro e o pretório. Chamava-se pretório a parte do palácio

---

1 Provavelmente junto ao Forte Antônia, cuja situação nesse lugar a vidente descreveu diversas vezes.

de Pilatos onde ele pronunciava julgamentos. O posto de guarda era rodeado de colunatas e tinha no centro um pátio sem teto; sob este se achavam os presos. Em toda parte se viam lá soldados romanos. Não longe do posto da guarda, perto das arcadas que o cercavam, estava no fórum a coluna da flagelação; havia ainda outras colunas no recinto do mercado: as que estavam mais perto, serviam para infligir castigos corporais, as que estavam mais longe, para amarrar o gado à venda. Em frente ao posto da guarda, mesmo no fórum, se subia por uma escadaria a um estrado, construído de pedras e bem ladrilhado, em que havia assentos de pedra; parecia-se com um tribunal público; desse lugar, que era chamado Gábata, pronunciava Pilatos as sentenças. A escada de mármore do palácio de Pilatos conduzia a um terraço aberto, do qual ele falava aos acusadores, sentados nos bancos de pedra defronte, próximo à entrada do fórum. Falando alto, podia-se fazer entender com facilidade.

Atrás do palácio há ainda outro terraço mais elevado, com jardins e um caramanchão. Esses jardins formam a comunicação entre o palácio de Pilatos e a casa da esposa, Cláudia Prócula. Por trás desses edifícios há ainda um fosso, que os separa do Monte do Templo; além deste há ainda casas de empregados do Templo.

Contígua à parte oriental do palácio de Pilatos, está a casa do conselho do tribunal do velho Herodes, em cujo pátio interno foram mortas muitas crianças inocentes. Fizeram depois algumas mudanças; a entrada é agora pelo lado oriental; há também uma entrada para Pilatos, no vestíbulo do palácio.

Desse lado da cidade partem quatro ruas em direção ao oeste: três conduzem ao palácio de Pilatos e ao fórum. A quarta, porém, passa ao lado sul do fórum, em direção à porta que conduz a Betsur. Nesta rua, perto da porta, se acha o belo edifício que Lázaro possui em Jerusalém e no qual também Marta tem uma habitação própria.

Das quatro ruas, a que fica mais perto do Templo vem da Porta das Ovelhas, perto da qual, quando se entra, à direita, se acha a Piscina das Ovelhas; essa fica tão perto do muro da cidade, que nele encostam-se arcadas, que formam uma abóbada sobre as águas. Ela tem um escoadouro, fora do muro, para o Vale de Josafá, o que faz com que o solo, por fora da porta, fique encharcado. Em volta dessa piscina há ainda outros edifícios; é nessa piscina que se lavam os cordeiros pela primeira vez, antes de serem levados ao sacrifício no Templo; mais tarde são lavados outra vez e solenemente na Piscina de Betsaida, ao sul do Templo. Na segunda rua há uma casa com pátio, que pertencia a Santa Ana, mãe de Maria, onde ela e a família moravam e guardavam os animais para os sacrifícios, quando vinham a Jerusalém. Se me lembro bem, foi também nessa casa que foi celebrado o casamento de José e Maria.

O fórum, como já dissemos, fica mais alto do que as ruas circunvizinhas, e a água corre pelos regos das ruas para a Piscina das Ovelhas. Na encosta do Monte Sião há também um fórum semelhante, diante do antigo castelo de Davi; ali perto, ao sudeste, se acha o Cenáculo e, ao norte, o tribunal de Anás e Caifás. O castelo de Davi é agora um forte abandonado e deserto, com pátios, estábulos e salas vazias, que se alugam como albergaria a caravanas e aos estrangeiros e seus animais de carga. Esse edifício já há muito que está abandonado; já o vi nesse estado na época do nascimento de Cristo; nessa ocasião o séquito dos Reis Magos, com numerosos animais de carga, foi conduzido para lá, logo ao entrar na cidade.

Jesus perante Pilatos

Eram talvez seis horas da manhã, segundo o nosso modo de contar, quando o cortejo dos sumos sacerdotes e dos fariseus, com o nosso Salvador horrivelmente maltratado, chegou ao palácio de Pilatos. Entre o mercado e a entrada do tribunal havia assentos em ambos os lados do caminho, onde se divertiam Anás e Caifás e os conselheiros que os acompanhavam. Jesus foi conduzido alguns passos adiante, até a escada de Pilatos, pelos oficiais, que o seguravam pelas cordas. Quando lá chegaram, estava Pilatos deitado sobre uma espécie de leito, na sacada do terraço; tinha ao lado uma mesinha de três pés, em que se viam algumas insígnias de sua dignidade e outros objetos, dos quais não me lembro mais. Cercavam-no oficiais e soldados, que também tinham colocado lá insígnias do poder romano. Os sumos sacerdotes e judeus ficaram afastados do tribunal, porque, aproximando-se mais, se teriam contaminado, segundo a Lei; havia um certo limite, que não transgrediam.

Quando Pilatos os viu chegar tão apressados, com tanto tumulto e gritaria, conduzindo Jesus maltratado, levantou-se e falou em tom tão cheio de desprezo, como talvez algum orgulhoso marechal francês falaria aos deputados de uma cidadezinha: "O que vindes fazer tão cedo? Como pusestes este homem em tão mísero estado? Começais cedo a esfolar e matar". Eles, porém, gritaram aos oficiais: "Adiante! Levai-o ao tribunal". Depois se dirigiram a Pilatos: "Escutai as nossas acusações contra este criminoso; não podemos entrar no tribunal, para não nos tornarmos impuros".

Depois de exclamarem essas palavras, gritou um homem de estatura alta e forte e figura venerável, no meio do povo, apinhado atrás deles no fórum: "É verdade, não podeis entrar neste tribunal, pois está santificado por sangue inocente; só Ele pode entrar, só Ele entre os judeus é puro como os inocentes". Assim dizendo, profundamente comovido, desapareceu na multidão. Chamava-se Sadoc; era homem abastado, primo de Obed, que era marido de Seráfia, também chamada Verônica; dois dos seus filhinhos tinham sido assassinados com as crianças inocentes, no pátio do tribunal, por ordem de Herodes. Desde então se tinha retirado do mundo e vivia como um essênio em continência com a mulher. Tinha visto Jesus uma vez, em casa de Lázaro, e ouvira-o explicar a doutrina; quando viu Jesus tão cruelmente arrastado para a escada de Pilatos, reviveu-lhe no coração a dolorosa lembrança dos filhinhos assassinados naquele lugar e assim deu em alta voz o testemunho da inocência do Senhor. Os acusadores de Jesus estavam com muita pressa, e irritados demais pelo modo desdenhoso de Pilatos e a posição humilhante em que se achavam diante dele, para dar atenção à exclamação de Sadoc.

Os oficiais puxaram Jesus pelas cordas, escada acima, até o fundo do terraço, de onde Pilatos estava falando aos acusadores. O procurador romano já ouvira falar muito de Jesus. Quando o viu tão horrivelmente maltratado e desfigurado e contudo conservando uma dignidade inabalável, sentiu cada vez mais nojo e desprezo dos sacerdotes e conselheiros judaicos, que lhe tinham já antes prevenido que trariam Jesus de Nazaré, réu de morte, perante o tribunal, fazendo-lhes ele sentir que não estava disposto a condená-lo sem culpa provada. Disse-lhes, pois, em tom brusco e desdenhoso: "De que crime acusais este homem?". A que responderam irritados: "Se não o conhecêssemos como malfeitor, não vo-lo teríamos entregado". Disse-lhes Pilatos: "Pois tomai e julgai-o segundo vossa Lei". — "Sabeis", responderam os judeus, "que não nos compete o direito absoluto de executar uma sentença de morte".

Os inimigos de Jesus estavam cheios de sanha e raiva; fizeram tudo com precipitação e veemência, para acabar com Jesus antes de começar o tempo legal da festa, a fim de poderem sacrificar o cordeiro pascal. Mas não sabiam que Ele era o verdadeiro Cordeiro pascal, que eles mesmos conduziam ao tribunal do juiz pagão, servidor de falsos deuses, em cujo limiar não queriam contaminar-se, para poder nesse dia comer o cordeiro pascal.

Como o governador os intimasse a proferir as acusações, apresentaram três acusações principais contra Jesus e por cada acusação depuseram dez testemunhas. Formularam as acusações de modo que apresentavam Jesus como réu de crime de lesa-majestade e assim Pilatos devia condená-lo; pois em causas que diziam respeito às leis da religião e do Templo, poderiam eles mesmos decidir. Primeiro acusaram Jesus de ser sedutor do povo, perturbador do sossego público e agitador, e apresentaram algumas provas, confirmadas por testemunhas. Disseram mais, que andava de um lugar para outro, causando grandes ajuntamentos do povo; que violava o sábado, curando nesse dia. Nisso Pilatos interrompeu-os, num tom sarcástico: "Naturalmente não estais doentes, se não estas curas não vos causariam tanta indignação". Eles, porém, continuaram a acusar Jesus, dizendo que seduzia o povo com horríveis doutrinas, pois afirmava que teriam a vida eterna os que lhe comessem a carne e bebessem o sangue. Pilatos zangou-se, ao ver a fúria precipitada com que proferiram essa acusação; olhou sorrindo para os seus oficiais e dirigiu aos judeus palavras sarcásticas, como, por exemplo: "Parece mesmo que quereis seguir-lhe a doutrina e possuir a vida eterna; tenho a impressão de que quereis comer-lhe a carne e beber-lhe o sangue".

A segunda acusação era que Jesus instigava o povo a não pagar imposto ao imperador. Pilatos interrompeu-os indignado, como homem cujo cargo era velar por essas coisas, e disse, em tom convicto de suas próprias informações: "Isto é mentira grossa; devo sabê-lo melhor do que vós". Os judeus, porém, gritaram, apresentando a terceira acusação: que era mesmo verdade, esse homem, de nascimento baixo, duvidoso e suspeito, tinha formado um partido forte e proferido ameaças contra Jerusalém. Também propagava entre o povo parábolas equívocas, sobre um rei que prepara as núpcias do filho. Certa vez, já uma grande multidão de povo, reunido em uma montanha, tinha tentado proclamá-lo rei; mas Ele, achando que era ainda cedo, tinha-se escondido. Nos últimos dias tinha ousado mais: preparou uma entrada tumultuosa em Jerusalém e fez o povo gritar: "Hosana ao Filho de Davi! Bendito seja o reino que vemos chegar, do nosso pai Davi". Também se fazia prestar honras régias, pois que ensinava que era Cristo, o Unigênito do Senhor, o Messias, o Rei prometido dos judeus, e assim se fazia chamar. Também esta acusação foi confirmada pelos depoimentos de dez testemunhas.

Quando Pilatos ouviu que Jesus se fazia chamar o Cristo, rei dos judeus, tornou-se pensativo. Saindo da sacada, entrou na sala contígua ao tribunal, lançando, ao passar, um olhar atento a Jesus, e deu ordem à guarda para trazê-lo à sala do tribunal.

Pilatos era pagão supersticioso, espírito confuso e inconstante. Conhecia as lendas obscuras de filhos dos deuses que teriam vivido na Terra; também não ignorava que os profetas dos judeus, desde muito tempo, haviam predito a vinda de um ungido de Deus, de um redentor e um libertador e que muitos judeus o estavam esperando. Também sabia que uns reis do Oriente tinham vindo ao velho Herodes, para pedir informações sobre um rei recém-nascido dos judeus, a quem queriam prestar homenagens e que depois disso muitas crianças foram degoladas, por ordem de Herodes. Já ouvira falar da promissão da vinda de um Messias, rei dos judeus, mas como pagão que era, não acreditava, nem podia compreender que espécie de rei seria; quando muito, podia pensar, como os judeus instruídos e os herodianos daquele tempo, em um rei poderoso e conquistador. Tanto mais ridícula lhe parecia por isso a acusação de que esse Jesus que estava diante dele, tão humilhado e desfigurado, pudesse declarar ser aquele Messias, aquele Rei. Como, porém, os inimigos de Jesus apresentassem isso como crime contra os direitos do imperador, mandou conduzir o Salvador à sua presença, para interrogá-lo.

Pilatos olhou para Jesus com assombro e disse-lhe: "És então o rei dos judeus?". Jesus respondeu: "Dizes isto de ti mesmo ou foram outros que te disseram isto de mim?". Pilatos, indignado de ver Jesus julgá-lo tão tolo a ponto de perguntar espontaneamente a um homem tão pobre e miserável se era rei, disse em tom desdenhoso: "Por acaso sou judeu para me interessar por tais misérias? Teu povo e seus sacerdotes entregaram-te a mim, para condenar-te como réu de crime capital; dize-me, pois, o que fizeste?". Respondeu-lhe Jesus, em tom solene: "O meu reino não é deste mundo; se o meu reino fosse deste mundo, eu teria servidores, que combateriam por mim, para não me deixar cair nas mãos dos judeus; mas meu reino não é deste mundo". Pilatos estremeceu ao ouvir essas graves palavras de Jesus e disse pensativo: "Então és mesmo rei?". Jesus respondeu: "É como dizes, sou rei. Nasci e vim a este mundo para dar testemunho da verdade e todo aquele que é da verdade atende à minha voz". Então Pilatos fitou-o, e levantando-se, disse: "Verdade? O que é a verdade?". Falaram-se ainda outras palavras das quais não me lembro bem. Pilatos saiu outra vez para o terraço; não podia compreender Jesus; mas sabia que não era um rei que quisesse prejudicar ao imperador, nem era pretendente a um reino deste mundo; o imperador, porém, não se importava com um reino do outro mundo. Pilatos gritou, pois, da sacada aos sumos sacerdotes: "Não acho nenhum crime neste homem". Os inimigos de Jesus irritaram-se de novo e proferiram uma torrente de acusações contra Ele. O Senhor, porém, permanecia calado e rezava por esses pobres homens, e quando Pilatos se dirigiu a Ele, perguntando-lhe: "Não tens nada a responder a todas essas acusações?", Jesus não proferiu uma só palavra, de modo que Pilatos, surpreso, lhe disse: "Vejo bem que empregam mentiras contra ti" (em vez de mentiras usou outra expressão, que, porém, esqueci). Os acusadores continuavam, cheios de raiva, a acusá-lo, dizendo: "O quê? Não achais crime n'Ele? Não é então crime sublevar todo o povo, espalhar sua doutrina em todo país, da Galiléia até aqui?".

Quando Pilatos ouviu a palavra Galiléia, refletiu um momento e perguntou: "Esse homem é da Galiléia, súdito de Herodes?". Os acusadores responderam: "Sim, seus pais moravam em Nazaré e Ele tem domicílio atual em Cafarnaum". Então disse Pilatos: "Pois que é galileu e súdito de Herodes, conduzi-o a este; ele está aqui na festa e pode julgá-lo". Mandou conduzir Jesus outra vez do tribunal para as mãos dos implacáveis inimigos, enviando também com eles um dos oficiais, para entregar ao tribunal de Herodes o súdito galileu, Jesus de Nazaré. Ficou assim satisfeito de poder livrar-se desse modo da obrigação de julgar Jesus; pois essa causa lhe era desagradável. Ao mesmo tempo tinha nisso um fim político, queria dar um prova de atenção a Herodes, que sempre desejara muito ver Jesus; pois estavam em desavença.

Os inimigos de Jesus, furiosos por lhes haver Pilatos negado a demanda e terem de ir ao tribunal de Herodes, fizeram recair toda a raiva sobre Jesus. Cercaram-no de novo de soldados e, fulos de raiva, amarram-lhe as mãos e, com empurrões e pancadas, conduziram-no a toda pressa através da multidão que se aglomerava no fórum e depois por uma rua, até o palácio de Herodes, que não ficava muito longe. Acompanharam-no soldados romanos.

Cláudia Prócula, esposa de Pilatos, mandara-lhe dizer por um criado, durante as últimas discussões, que desejava falar-lhe urgentemente. Quando Jesus foi conduzido a Herodes, estava escondida em uma galeria alta, olhando com grande angústia e tristeza para o cortejo que passava pelo fórum.

Origem da Via Sacra

Durante toda a acusação perante Pilatos, a Mãe de Jesus, Madalena e João ficaram no meio do povo, em um canto das arcadas do fórum, ouvindo com profunda dor a gritaria raivosa dos acusadores. Quando Jesus foi conduzido a Herodes, João voltou com a Santíssima Virgem e Madalena por todo o caminho da Paixão. Foram até à casa de Caifás e a de Anás, atravessando Ofel, até chegarem ao Getsêmani, no Monte das Oliveiras, e em todos os lugares onde Ele caíra ou onde lhe tinham causado um sofrimento, paravam em silêncio, choravam e sofriam com Ele. Muitas vezes a Santíssima Virgem se prostrava no chão, beijando a terra onde Jesus caíra, Madalena torcia as mãos e João, chorando, consolava-as, levantava-as e continuava com elas o caminho. Foi esse o começo da Via Sacra e da contemplação e veneração da Paixão de Jesus, antes mesmo que estivesse terminada. Foi nessa ocasião que começou, na mais santa flor da humanidade, na Santíssima Virgem Mãe de Deus e do Filho do Homem, a devoção da Igreja às dores do Redentor; já naquele momento, quando Jesus ainda trilhava o caminho doloroso da Paixão, a Mãe cheia de graça venerava e regava com lágrimas as pegadas de seu Filho e Deus. Oh! Que compaixão! Com que violência lhe entrou a espada no coração, ferindo-o sem cessar! Ela, cujo bem-aventurado seio o trouxera, que concebera, acariciara e nutrira o Verbo, que era desde o princípio com Deus e era mesmo Deus; ela, que em si lhe tivera e sentira a vida, antes que os homens, seus irmãos, lhe recebessem a bênção, a doutrina e a salvação; ela participava de todos os sofrimentos de Jesus, inclusive a sua sede da salvação dos homens, pela dolorosa Paixão e Morte. Assim a Virgem Puríssima e Imaculada inaugurou para a Igreja a Via Sacra, para juntar em todos esses lugares os infinitos merecimentos de Jesus Cristo, como se juntam pedras preciosas, ou colhê-los como se colhem flores à beira do caminho, e oferecê-los ao Pai Celeste, por aqueles que crêem. Tudo que tinha havido e haverá de santo na humanidade, todos que têm almejado a salvação, todos que já uma vez celebraram compadecidos o amor e os sofrimentos do Senhor, fizeram esse caminho com Maria, choraram, rezaram e sacrificaram no coração da Mãe de Jesus, que também é terna Mãe de todos os Seus irmãos, os fiéis da Igreja.

Madalena estava como que desvairada pela dor. Tinha um imenso e santo amor a Jesus; mas quando queria verter a alma aos pés do Salvador, como lhe vertera o óleo de nardo sobre a cabeça, abria-se um horrível abismo entre ela e o Bem-Amado. O arrependimento dos pecados, como a gratidão pelo perdão, lhe eram sem limites, e quando o seu amor queria fazer subir a ação de graças aos pés do Divino Mestre, como uma nuvem de incenso, eis que o via maltratado e conduzido à morte, por causa dos pecados dela, que Ele tomara sobre si. Então se lhe horrorizava a alma, diante de tão grande culpa, pela qual Jesus tinha de sofrer tão horrivelmente; precipitava-se no seu abismo do arrependimento, que não podia nem exaurir, nem encher; e de novo se elevava, cheia de amor e saudade, para seu Mestre e Senhor e via-o sofrendo indizíveis crueldades. Assim tinha a alma cruelmente lacerada, vacilava entre o amor e o arrependimento, entre sua gratidão e a dolorosa contemplação da ingratidão do povo para com o Redentor; todos esses sentimentos se lhe manifestavam no rosto, nas palavras e nos movimentos.

João sofria em seu amor; conduzia a Mãe de seu santo Mestre e Deus, que também o amava e sofria por ele; conduzia-a, pela primeira vez, nas pegadas da Via Sacra da Igreja e lia-lhe na alma o futuro.

Pilatos e a esposa

Enquanto Jesus era conduzido a Herodes e lá o cobriam de insultos e escárnio, vi Pilatos ir ao encontro da esposa, Cláudia Prócula. Encontram-se numa pequena casa, construída sobre um terraço do jardim, atrás do palácio de Pilatos. Cláudia estava muito incomodada e comovida. Era mulher alta e esbelta, mas pálida; vestia um véu, que lhe pendia sobre as costas; contudo, viam-se os seus cabelos dispostos em redor da cabeça e alguns adornos; tinha também brincos, um colar, e sobre o peito um broche, em forma de alamar, que lhe prendia o longo vestido de pregas. Conversou muito tempo com Pilatos, conjurando-o por tudo o que era santo para ele a não fazer mal a Jesus, o Profeta, o mais Santo dos santos, e contou-lhe parte das visões maravilhosas que vira, a respeito de Jesus, durante a noite.

Enquanto ela falava, vi-lhe grande parte das visões que tivera; mas não me lembro mais exatamente da ordem em que se seguiram. Recordo-me todavia, que viu todos os momentos principais da vida de Jesus; viu a Anunciação de Nossa Senhora, o nascimento de Jesus, a adoração dos pastores e dos Reis Magos, as profecias de Simeão e Ana, a fuga para o Egito, a matança dos inocentes, a tentação no deserto, etc. Viu-lhe quadros da vida pública, virtudes e milagres; viu-o sempre rodeado de luz e teve visões horríveis do ódio e da maldade de seus inimigos; viu-lhe os inúmeros sofrimentos, o amor e a paciência sem limite, a santidade e as dores de sua santa Mãe.

Para mais fácil compreensão, eram esses quadros ilustrados com figuras simbólicas e pela diferença de luz e sombra. Essas visões lhe causaram indizível angústia e tristeza, pois todas essas coisas lhe eram novas, penetraram-lhe no coração pela verdade intuitiva; parte das visões mostraram-lhe acontecimentos que se deram na vizinhança de sua casa, como, por exemplo, a matança das crianças inocentes e a profecia de Simeão no Templo. De minha própria experiência sei bem quanto um coração compassivo sofre em tais visões, pois compreende melhor os sentimentos de outrem quem já os sentiu em si mesmo.

Ela tinha sofrido desse modo durante a noite e visto muitas coisas maravilhosas e compreendido muitas verdades, umas mais, outras menos claramente, quando foi acordada pelo barulho da multidão, que conduzia a Jesus. Quando mais tarde olhou para fora, viu o Senhor, objeto de todas as coisas maravilhosas que vira durante a noite, desfigurado e cruelmente maltratado pelos inimigos, que o conduziam através do fórum ao palácio de Herodes. Esse espetáculo, após as visões da noite, encheu-lhe o coração de angústia e terror. Mandou imediatamente chamar Pilatos, a quem contou, com medo e pavor, muitas das coisas que vira, porque não tinha compreendido tudo ou não o sabia exprimir em palavras; mas pedia e suplicava e estreitava-se a ele de um modo tocante.

Pilatos ficou muito admirado e até sobressaltado pelo que a esposa lhe contou, comparava-o com tudo que ouvia aqui e ali sobre Jesus, com a raiva dos judeus, com o silêncio do Mestre e as firmes e maravilhosas respostas que lhe dera às perguntas; ficou perturbado e inquieto; deixou-se, porém, em pouco vencer pelas insistências da mulher e disse-lhe: "Já declarei que não acho crime nesse homem; não o condenarei, já percebi toda a maldade dos judeus". Ainda falou sobre as declarações que Jesus tinha feito contra si mesmo e até tranqüilizou a mulher, dando-lhe um penhor, como garantia da promessa. Não sei mais se foi uma jóia ou um anel ou sinete que lhe deu por penhor. Assim se separaram.

Conheci Pilatos como homem confuso, ambicioso, indeciso, orgulhoso e vil ao mesmo tempo. Sem verdadeiro temor de Deus, não recuava diante das ações mais vergonhosas, se delas esperava qualquer lucro, e ao mesmo tempo era um vil covarde, que se entregava a toda espécie de ridículas superstições, procurando a proteção dos deuses, aos quais oferecia incenso, numa sala secreta da casa e dos quais pedia sinais. Também esperava outros sinais supersticiosos, por exemplo, observava como comiam as galinhas; mas todas essas coisas pareciam tão horríveis, tenebrosas e infernais que recuei tremendo de horror e não as posso mais contar exatamente. Tinha ele as idéias confusas e o Demônio sugeria-lhe ora uma, ora outra coisa. Primeiro opinou que devia soltar Jesus, por ser inocente; depois pensou que os deuses se vingariam, se salvasse Jesus, pois havia estranhos sinais e declarações, que provavam ser o Nazareno um semideus, e sendo assim, podia fazer muito mal aos deuses. "Talvez", disse consigo, "seja uma espécie de deus dos judeus, que deve reinar sobre tudo; alguns reis dos adoradores dos astros, vindos do Oriente, já vieram uma vez a Jerusalém, procurar tal rei; talvez este pudesse elevar-se acima dos deuses e do imperador e eu teria uma grande responsabilidade se Ele não morresse. Talvez a sua morte seja o triunfo dos meus deuses". Mas depois se recordou dos sonhos maravilhosos da mulher, que antes nunca vira Jesus, e isso lançou um grande peso na balança oscilante de Pilatos em favor da libertação do Mestre e decidiu-se de fato nesse sentido. Queria ser justo; mas não o podia, porque tinha perguntado: "O que é a verdade?", e não esperara a resposta: "Jesus Nazareno, o rei dos judeus, é a verdade". Havia tanta confusão nos pensamentos do procurador romano que eu não o podia compreender, e ele mesmo também não sabia o que queria, senão certamente não teria consultado as galinhas.

Juntava-se, no entanto, cada vez mais povo no mercado e na vizinhança da rua pela qual Jesus fora conduzido a Herodes. Havia, porém, uma certa ordem, pois o povo reunia-se em certos grupos, segundo as cidades ou regiões de onde vieram à festa. Os fariseus mais encarniçados de todas as regiões onde Jesus tinha ensinado estavam com os patrícios, esforçando-se por excitar contra Jesus o povo instável e perplexo. Os soldados romanos estavam reunidos em grande número no posto de guarda, diante do palácio de Pilatos, outros tinham ocupado todos os pontos importantes da cidade.

Jesus perante Herodes

O palácio do Tetrarca Herodes estava situado ao norte do fórum, na cidade nova, não muito longe do palácio de Pilatos. Um destacamento de soldados romanos acompanhou o cortejo, a maior parte oriunda da região entre a Itália e a Suíça. Os inimigos de Jesus, furiosos por ter de fazer tantas caminhadas, não cessavam de ultrajá-lo e de fazê-lo ser empurrado e arrastado pelos oficiais. O mensageiro de Pilatos chegou antes do cortejo ao palácio de Herodes, que assim, já avisado, o esperava sentado em uma espécie de trono, sobre almofadas, numa vasta sala; rodeavam-no muitos cortesãos e soldados. Os sumos sacerdotes entraram por entre uma galeria de colunas e colocaram-se de ambos os lados; Jesus ficou na entrada. Herodes sentiu-se muito lisonjeado por Pilatos tê-lo publicamente declarado competente, diante dos sumos sacerdotes, de julgar um galileu. Mostrou-se muito importante e vaidoso; também se regozijava de ver diante de si, em situação tão humilhante, o famoso Mestre, que sempre tinha desdenhado apresentar-se a ele. João falara d'Ele com tanta solenidade, e Herodes ouvira os herodianos e outros espiões e fofoqueiros falarem tanto de Jesus, que tinha muita curiosidade de vê-lo; comprazia-se em sujeitá-lo, diante dos palacianos e dos sumos sacerdotes, a um prolixo interrogatório, pelo qual queria mostrar a ambas as partes quanto estava bem informado. Pilatos tinha-lhe também comunicado que não achara crime em Jesus; e o hipócrita tomou-o como aviso para tratar os acusadores com certa frieza, o que ainda mais lhes aumentou a raiva.

Proferiram acusações tumultuosamente, logo ao entrarem; Herodes, porém, olhou com curiosidade para Jesus e quando o viu tão desfigurado e maltratado, o cabelo desgrenhado, o rosto lacerado e coberto de sangue e imundícies, a túnica toda suja de lama, esse rei mole e voluptuoso sentiu dó e nojo. Exclamou um nome de Deus, que me soou como "Jehovah", virou o rosto, com um gesto de nojo, e disse aos sacerdotes: "Levai-o daqui, limpai-o; como podeis trazer à minha presença um homem tão sujo e maltratado?". Os oficiais levaram então Jesus ao átrio; trouxeram água numa bacia e um esfregão e limparam-no cruelmente; pois o rosto estava ferido e passavam o esfregão com brutalidade.

Herodes repreendeu os sacerdotes por causa dessa crueldade e no modo de tratá-los parecia imitar Pilatos; pois também lhes disse: "Vê-se bem que Ele caiu nas mãos de carniceiros; começais a imolação hoje antes da hora". Os sumos sacerdotes, porém, insistiam tumultuosamente nas acusações e incriminações. Quando reconduziram Jesus à sala, quis Herodes fingir benevolência para com Ele e mandou trazer-lhe um cálice de vinho, por estar muito fraco; Jesus, porém, sacudiu a cabeça e não aceitou o vinho.

Herodes dirigiu-se então com muita verbosidade e afabilidade, proferindo tudo que sabia d'Ele. A princípio lhe fez várias perguntas e manifestou o desejo de vê-lo fazer um milagre; como, porém, Jesus não respondesse palavra alguma e permanecesse com os olhos baixos, ficou Herodes irritado e envergonhado diante dos presentes, mas não quis mostrá-lo, e continuou a fazer-lhe uma torrente de perguntas. Primeiro procurou lisonjeá-lo: "Sinto muito te ver tão gravemente acusado; tenho ouvido falar muito de ti; sabes que me ofendeste em Tirza, resgatando sem minha licença, vários presos que eu mandara encerrar lá? Mas fizeste-o com boa intenção. Agora me foste entregue pelo governador romano para te julgar; o que respondes a todas aquelas acusações? Ficas calado? Têm-me falado muito de tua sabedoria, dos teus discursos e da tua doutrina; eu desejaria ouvir-te refutar os teus acusadores. Que dizes? É verdade que és o rei dos judeus? És o Filho de Deus? Quem és? Ouvi dizer que tens feito grandes milagres, prova-o diante de mim, fazendo um milagre. Depende de mim libertar-te. É verdade que deste a visão a cegos de nascença? Ressuscitaste dos mortos Lázaro? Saciaste vários milhares de homens com poucos pães? Por que não me respondes? Conjuro-te a operar um dos teus milagres. Seria muito em teu favor". Como, porém, Jesus continuasse calado, Herodes falou com volubilidade ainda maior: "Quem és? Como chegaste a isto? Quem te deu poder? Por que não tens mais poder agora? És acaso aquele de cujo nascimento se contam coisas tão estranhas? No tempo de meu pai vieram alguns reis do Oriente e perguntaram-lhe por um recém-nascido rei dos judeus, a quem queriam prestar homenagem; dizem que era tu aquele menino; é verdade? Escapastes da matança em que pereceram tantas crianças? Como foi isto? Por que não se ouviu falar de ti tanto tempo? Ou apenas dizem isto a teu respeito para fazer-te rei? Justifica-te. Que espécie de rei és tu? Em verdade, não vejo em ti nada de real. Como me dizem, fizeram-te uma entrada triunfal no Templo. Que significa isto? Fala. Como é que tudo acabou assim?".

A toda essa torrente de palavras não obteve resposta alguma de Jesus. Foi-me explicado agora e, já há mais tempo, que Jesus não lhe respondeu porque Herodes foi excomungado, tanto pelas relações adúlteras com Herodíades, como também pelo assassinato de João Batista. Anás e Caifás aproveitaram a indignação que lhe causou o silêncio de Jesus para de novo proferir as acusações. Entre outras coisas afirmaram que Jesus tinha chamado Herodes de raposa e que já desde muito tempo tinha trabalhado para a queda de toda a família de Herodes; que queria fundar uma nova religião e comera o cordeiro pascal no dia anterior. Essa acusação já a tinham produzido perante Caifás, por traição de Judas, mas fora refutado por alguns amigos de Jesus, os quais para esse fim leram alguns trechos de rolos de Escritura.

Herodes, ainda que irritado pelo silêncio de Jesus, não se esqueceu dos seus interesses políticos. Não quis condenar Jesus; pois este lhe inspirava um terror secreto e já era torturado de remorsos, por causa da morte de João Batista; também odiava os sumos sacerdotes, porque não tinham querido desculpar-lhe o adultério e o haviam excluído dos sacrifícios pelo mesmo motivo. Mas o motivo principal era que não queria condenar Aquele a quem Pilatos declarara inocente; convinha-lhe aos interesses políticos aplaudir a opinião de Pilatos, diante dos príncipes dos sacerdotes. A Jesus, porém, cobriu de desprezo e insultos; disse aos criados e guardas, dos quais contavam alguns duzentos no palácio: "Levai para fora este tolo e prestai a este rei ridículo as honras que se lhe devem; pois é mais um doido do que um criminoso".

Conduziram então o Salvador a um vasto pátio, onde o cobriram de escárnio e indizíveis crueldades. Esse pátio estendia-se por entre as alas do palácio, e Herodes, de pé em um terraço, assistiu por algum tempo a esse espetáculo cruel. Anás e Caifás, porém, andavam sempre atrás dele e procuravam por todos os meios movê-lo a condenar Jesus; mas Herodes disse-lhes, de modo que os romanos da escolta o ouvissem: "Seria um crime de minha parte, se o condenasse". Queria certamente dizer: "Seria um crime contra a sentença de Pilatos, que teve a gentileza de mandá-lo a mim".

Vendo que não conseguiam nada de Herodes, os sumos sacerdotes e os inimigos de Jesus enviaram alguns dos seus, com dinheiro, a Acra, bairro da cidade onde se achavam nessa ocasião muitos fariseus, aos quais mandaram dizer que fossem, com os respectivos partidários, às vizinhanças do palácio de Pilatos; fizeram também distribuir entre o povo dinheiro, para levá-lo a pedir tumultuosamente a morte de Jesus. Outros emissários deviam ameaçar o povo com castigos de Deus, se não conseguisse a morte desse blasfemador sacrílego; também mandaram espalhar entre o povo que se Jesus não morresse, se aliaria aos romanos e seria esse o reino de que sempre falara; então seriam aniquilados os judeus. Em outra parte espalharam o boato de que Herodes condenara Jesus, mas esperava que o povo manifestasse sua vontade; receava-se dos adeptos do Nazareno e se esse fosse solto, seria perturbada toda a festa; pois então ele, com seus partidários e os romanos, tirariam vingança. Desse modo fizeram espalhar os boatos mais contraditórios e assustadores, para irritar e sublevar o povo, enquanto outros emissários deram dinheiro aos soldados de Herodes, a fim de que maltratassem gravemente a Jesus, mesmo até o fazer morrer, pois antes desejavam que morresse do que Pilatos o soltasse.

Enquanto os fariseus estavam ocupados nesses negócios e intrigas, sofreu Nosso Senhor o escárnio e a brutalidade mais ignominiosa da soldadesca ímpia e grosseira, à qual Herodes o tinha entregue, para ser maltratado, como tolo que não lhe quisera responder. Empurraram-no para o pátio e um deles trouxe um comprido saco branco, que achara no quarto do porteiro em que, havia tempos, viera uma remessa de algodão. Cortaram com as espadas um buraco no fundo do saco e meteram-no, por entre grandes gargalhadas, sobre a cabeça de Jesus; outro trouxe um farrapo vermelho e pôs-lhe em redor do pescoço, como um colar; o saco caía-lhe sobre os pés.

Então se inclinavam diante d'Ele, empurravam-no e entre ditos insultantes, cuspiam e batiam-lhe no rosto, porque não tinha respondido ao rei e prestavam-lhe outras mil homenagens debochadas;

atiravam-lhe lama, davam-lhe arrancos como que para fazê-lo dançar; depois o fizeram cair com o longo manto sarcástico e arrastaram-no por um esgoto que passava no pátio, ao longo dos edifícios, de modo que a cabeça sagrada do Salvador batia de encontro às colunas e pedras angulares; depois o levaram e começaram as crueldades de novo. Havia lá cerca de duzentos soldados e servidores do palácio de Herodes, inventando um novo ultraje para Jesus. Faziam tudo precipitadamente, empurrando-se uns aos outros, entre gritos; os inimigos de Jesus deram diversas pauladas na santa cabeça. Jesus fitava-os com os olhos suplicantes, suspirando e gemendo de dor; mas zombavam d'Ele, imitando-lhe os gemidos; a cada nova brutalidade rompiam em gargalhas e insultos, não havia nenhum que lhe mostrasse piedade. Tinha a cabeça toda banhada em sangue e vi-o cair três vezes, sob as pauladas, mas vi também uma aparição como de anjos, que, chorando, desceram sobre Ele e lhe ungiram a cabeça. Foi-me revelado que sem esse auxílio de Deus, as pauladas teriam sido mortais. Os filisteus, que fizeram o cego Sansão correr na pista de Gaza até cair como morto de cansaço, não foram tão violentos e cruéis como esses homens perversos.

Urgia o tempo para os sumos sacerdotes, porque em pouco deviam ir ao Templo, e quando receberam aviso de que todas as suas ordens tinham sido cumpridas, insistiram mais uma vez com Herodes, pedindo-lhe que condenasse Jesus. Mas o tetrarca tinha em vista apenas suas relações com Pilatos e mandou reconduzir-lhe Jesus, vestido do manto sarcástico.

CAPÍTULO VI

Jesus é açoitado, coroado de espinhos e condenado à morte

JESUS RECONDUZIDO A PILATOS

Cada vez mais enfurecidos, tornaram os príncipes dos sacerdotes e os inimigos de Jesus a trazê-lo de novo de Herodes a Pilatos. Estavam envergonhados de não lhe ter conseguido a condenação e de ter de voltar novamente para aquele que já o tinha declarado inocente. Por isso tomaram na volta outro caminho, cerca de duas vezes mais longo, para mostrá-lo naquela humilhação em outra parte da cidade, para poder maltratá-lo tanto mais pelo caminho e dar tempo aos agentes de instigarem o povo a agir conforme as maquinações tramadas.

O caminho pelo qual conduziram Jesus era mais áspero e desigual; acompanharam-no, estimulando os oficiais sem cessar a maltratá-lo. A veste sarcástica, o longo saco, impedia o Senhor de andar; arrastava-se na lama, várias vezes caiu embaraçando-se nele e era levantado cada vez com arrancos nas cordas, pauladas na cabeça e pontapés. Sofreu nesse caminho indizíveis insultos e crueldades, tanto daqueles que o conduziam, como também do povo; mas Ele rezava, pedindo a

Deus que não o deixasse morrer, para poder terminar a sua Paixão e nossa redenção.

Eram oito e quinze da manhã, quando o sinistro cortejo chegou, vindo do outro lado, (provavelmente de leste) ao palácio de Pilatos, atravessando o fórum. A multidão do povo era enorme; estavam reunidos em grupos, conforme as regiões e cidades de procedência, e os fariseus corriam entre o povo, excitando-o. Pilatos, lembrando-se ainda da insurreição dos galileus descontentes na Páscoa do ano anterior, tinha concentrado cerca de mil homens, que ocuparam o pretório ou posto de guarda, que eram as entradas do fórum e do palácio.

A Santíssima Virgem, sua irmã mais velha, Maria Heli, a filha desta, Maria de Cléofas, Madalena e algumas outras mulheres piedosas,[1] cerca de vinte, assistiram aos acontecimentos que se seguiram; ficaram sob as arcadas, de onde podiam ouvir tudo e aproximavam-se furtivamente de vez em quando. João estava a princípio também presente.

Jesus, coberto com a veste sarcástica, foi conduzido através da multidão, entre os apupos do populacho; pois a escória e os mais perversos dentre o povo foram colocados na frente pelos fariseus, que lhes davam o exemplo, ultrajando Jesus. Um palaciano de Herodes já tinha chegado antes, com a mensagem para Pilatos, de que Herodes lhe ficava muito obrigado pela atenção, que, porém, no afamado sábio galileu encontrara apenas um bobo mudo; que o tinha tratado como tal e mandara reconduzi-lo novamente a Pilatos. Este ficou satisfeito de saber que Herodes estava de acordo e não condenara Jesus; mandou levar-lhe de novo cumprimentos e assim se tornaram amigos, de inimigos que eram, desde o desabamento do aqueduto.

Jesus foi novamente conduzido pela rua ao palácio de Pilatos; empurraram-no para subir a escada que conduzia ao terraço; mas pelos brutais arrancos dos oficiais, pisou na longa veste e caiu com tal veemência sobre os degraus de mármore, que os salpicou de sangue sagrado. Os inimigos do Mestre que tinham de novo ocupado os assentos, ao lado do fórum, e o populacho romperam na gargalhada

---

1   A vidente esqueceu de mencionar onde todas essas mulheres se tinham reunido e se Maria, voltando do Monte das Oliveiras a Jerusalém, pela Porta das Ovelhas, se encontrou com o cortejo de Jesus. Mas o "peregrino" lembra-se de narrativas anteriores, de que Maria, indo ao palácio de Herodes, se encontrou com Jesus e seguiu-o até o tribunal de Pilatos.

por essa queda de Jesus e os oficiais empurraram-no a pontapés pelos últimos degraus.

Pilatos estava recostado no seu assento, que se parecia com um pequeno leito de repouso; a pequena mesa estava ao lado; como antes, estavam também agora com ele alguns oficiais e outros homens, com rolos de pergaminho. Ele se dirigiu ao terraço, do qual falava ao povo, e disse aos acusadores de Jesus: "Vós me entregastes este homem como agitador do povo à insurreição; interroguei-o diante de vós e não o achei réu do crime de que o acusais. Também Herodes não lhe achou crime algum; pois vos mandei a Herodes e vejo que não foi condenado à morte. Portanto mandá-lo-ei açoitar e depois soltar". Levantou-se, porém, entre os fariseus violenta murmuração e clamor e a agitação e distribuição de dinheiro entre o povo tomou mais intensidade. Pilatos tratou-os com muito desprezo e expressões mordazes; entre outras, disse essa: "Não vereis por acaso correr bastante sangue inocente ainda hoje, na hora dos sacrifícios?".

Jesus é preterido em favor de Barrabás

Ora, era nesse tempo que o povo vinha, antes da Festa da Páscoa, pedir, segundo um antigo costume, a liberdade de um preso. Os fariseus tinham enviado, justamente por isso, alguns agentes ao bairro de Acra, a oeste do Templo, para dar dinheiro ao povo, instigando-o a que não pedisse a libertação, mas a crucificação de Jesus. Pilatos, porém, esperava que o povo pedisse a liberdade de Jesus e resolveu dar-lhes a escolher entre Jesus e um terrível facínora, que já fora condenado à morte, para que quase não tivessem que escolher. Esse celerado chamava-se Barrabás e era amaldiçoado por todo o povo; tinha cometido assassinatos durante uma insurreição; vi que também tinha cometido muitos outros crimes.

Houve um movimento entre o povo no fórum; um grupo avançou, com os oradores à frente; esses levantaram a voz e bradaram a Pilatos, que estava no terraço: "Pilatos, fazei-nos o que sempre fizestes, por ocasião da festa!". Pilatos, que só estava esperando por isso, respondeu-lhes: "Tendes o costume de receber nas festas a liberdade de um preso. A quem quereis que solte, Barrabás ou Jesus, o rei dos judeus, que dizem ser o Ungido do Senhor?".

Pilatos, todo indeciso, chamava-o "rei dos judeus", por um lado como romano orgulhoso, que os desprezava, por terem um rei tão miserável, que tivessem de escolher entre Ele e um assassino; por outro, com uma certa convicção de que Jesus pudesse ser de fato esse rei maravilhoso dos judeus, o Messias prometido; mas também esse pressentimento da verdade era parte fingimento e mencionou esse título do Senhor porque bem sentia que a inveja era o móvel principal do ódio dos príncipes dos sacerdotes contra Jesus, a quem considerava inocente.

Após a pergunta de Pilatos, houve uma curta hesitação e deliberação entre o povo e só poucas vozes gritaram precipitadamente: "Barrabás!". Pilatos, porém, foi chamado por um criado da mulher; retirou-se um instante do terraço e o criado mostrou-lhe o penhor que ele dera de manhã à esposa e disse-lhe: "Cláudia Prócula manda lembrar-vos vossa promessa". Os fariseus, no entanto, e os príncipes dos sacerdotes estavam em grande agitação; aproximaram-se do povo, ameaçando e instigando-o; mas não precisavam de tanto esforço.

Maria, Madalena, João e as outras piedosas mulheres estavam no canto de uma arcada, tremendo e chorando. Embora a Virgem Santíssima soubesse que não havia salvação para os homens senão pela morte de Jesus, como Mãe, estava cheia de angústia e desejo de salvar a vida do Filho santíssimo; e assim como Jesus, embora escolhesse de livre vontade tornar-se homem e morrer na Cruz, sofria, como qualquer homem, todas as dores e os martírios de um inocente horrivelmente maltratado e conduzido à morte, assim também Maria padecia todos os tormentos e angústias de uma mãe vendo o filho maltratado por um povo ingrato. Ela e as companheiras tremiam, entregues, ora à angústia, ora à esperança; João afastava-se de vez em quando, a pouca distância, para ver se podia colher uma boa notícia. Maria implorava a Deus para que não se cometesse esse imenso crime; rezava como Jesus no Monte das Oliveiras: "Se é possível, passe este cálice". Assim esperava ainda a Mãe no seu amor; pois enquanto as instigações e ameaças dos fariseus ao povo passavam de boca em boca, chegara também a ela o boato de que Pilatos queria soltar Jesus. Viam-se, não longe, grupos de gente de Cafarnaum, entre os quais muitos que Jesus curara e ensinara; fizeram como se não o conhecessem e olhavam furtivamente para João e as infelizes mulheres, envoltas nos véus; mas Maria pensava, como todos, que esses, pelo menos, rejeitariam Barrabás, para salvar o Benfeitor e Salvador. Mas tal não se deu.

Pilatos, lembrando-se, à vista do penhor, da súplica da esposa, devolveu-lhe o objeto como sinal de que cumpria a promessa. Voltou ao terraço e sentou-se ao lado da mesinha; os sumos sacerdotes também tornaram a ocupar os respectivos assentos e Pilatos exclamou de novo: "Qual dos dois quereis que eu solte?". Então se levantou um grito geral por todo o fórum e de todos os lados: "Não queremos este; entregai-nos Barrabás!". Pilatos gritou mais uma vez: "Que farei então de Jesus, que é chamado o Cristo, o rei dos judeus?". "Crucificai-o, Crucificai-o!". Pilatos perguntou então pela terceira vez: "Mas que mal tem feito? Eu pelo menos não lhe acho crime de morte. Mas vou mandá-lo açoitar e depois soltar". Mas o grito "Crucificai-o! Crucificai-o!" rugia pelo fórum, como uma tempestade infernal, e os sumos sacerdotes e fariseus agitavam-se e gritavam como loucos de raiva. Então lhes entregou Pilatos Barrabás, o malfeitor, e condenou Jesus à flagelação.

A FLAGELAÇÃO DE JESUS

Pilatos, juiz covarde e indeciso, pronunciara várias vezes a palavra: "Não lhe acho crime algum; por isso vou mandá-lo açoitar e depois soltar". A gritaria dos judeus, porém, continuava: "Crucificai-o! Crucificai-o!". Contudo, queria Pilatos tentar ainda fazer sua vontade e deu ordem de açoitar Jesus à maneira dos romanos. Então entraram os oficiais e, batendo e empurrando a Jesus brutalmente, com os curtos bastões, conduziram nosso pobre Salvador, já tão maltratado e ultrajado, através da multidão tumultuosa e furiosa, para o fórum, até a coluna de flagelação, que ficava em frente de uma das arcadas do mercado, ao norte do palácio de Pilatos, e não longe do posto da guarda.

Os carrascos, jogando os açoites, varas e cordas no chão, ao pé da coluna, vieram ao encontro de Jesus. Eram seis homens de cor parda, mais baixos do que Jesus, de cabelo crespo e eriçado, barba muito rala e curta; vestiam apenas um pano ao redor da cintura, sandálias rotas e uma peça de couro ou fazenda ordinária, que lhes cobria peito e costas como um escapulário, aberto dos lados; tinham os braços nus. Eram criminosos comuns, das regiões do Egito, que trabalhavam como escravos ou degradados na construção de canais e edifícios públicos; escolhiam-se os mais ignóbeis e perversos para tais serviços de carrascos no pretório.

Amarrados à mesma coluna, alguns pobres condenados tinham sido açoitados até à morte por esses homens horríveis, cujo aspecto tinha algo de bruto e diabólico e pareciam meio embriagados. Bateram em Nosso Senhor com os punhos e com cordas e, apesar de não lhes opor resistência alguma, arrastaram-no com brutalidade furiosa, até à coluna da flagelação. É uma coluna isolada, que não serve para suster o edifício. É de tamanho tal que um homem alto, com o braço estendido, lhe pode tocar a extremidade superior, arredondada e munida de uma argola de ferro; na parte de trás, no meio da altura, há também argolas ou ganchos. É impossível descrever a brutalidade bárbara com que esses cães danados maltrataram a Jesus, nesse curto caminho; tiraram-lhe o manto sarcástico de Herodes e quase jogaram nosso Salvador por terra.

Jesus trepidava e tremia diante da coluna. Ele mesmo se apressou a despir a roupa, com as mãos inchadas e ensangüentadas pelas cordas, enquanto os algozes o empurravam e puxavam. Orava de um modo comovente e volveu a cabeça por um momento para a Mãe Santíssima que, lacerada de dor, estava com as mulheres piedosas num canto das arcadas do mercado, não longe do lugar de flagelação, e disse, voltando-se para a coluna, porque o obrigaram a despir-se também do pano que lhe cingia os rins: "Desvia os teus olhos de mim". Não sei se pronunciou essas palavras ou se as disse só interiormente, mas percebi que Maria as entendeu; pois a vi nesse momento desviar o rosto e cair sem sentidos nos braços das santas mulheres veladas, que a rodeavam.

Então abraçou Jesus a coluna e os algozes ataram-lhe as mãos levantadas à argola de cima, dando-lhe arrancos brutais e praguejando horrivelmente todo o tempo; puxaram-lhe assim todo o corpo para cima, de modo que os pés, amarrados em baixo à coluna, quase não tocavam no chão. O Santo dos santos estava cruelmente estendido sobre a coluna dos malfeitores, em humilhante nudez e indizível angústia, e dois dos homens furiosos começaram, com crueldade sangüinária, a flagelar-lhe todo o santo corpo, da cabeça aos pés. Os primeiros açoites ou varas que usaram pareciam ser de madeira branca e dura; talvez fossem também feixes de tendões secos de boi ou tiras de couro branco.

Nosso Senhor e Salvador, o Filho de Deus, verdadeiro Deus e verdadeiro homem, contraía-se e torcia-se, como um verme, sob os açoites dos celerados; ouviam-se os seus gemidos e lamentos, doces e claros, como uma prece afetuosa no meio de dores dilacerantes, entre o sibilar e estalar dos açoites dos carrascos. De vez em quando ressoava a gritaria do povo e dos fariseus, como uma nuvem escura de tempestade, abafando essas queixas dolorosas e santas, cheias de bênçãos; as turbas gritaram: "Deve morrer! Crucificai-o!", pois Pilatos estava ainda a discutir com o povo. Quando queria fazer-se ouvir, no meio do tumulto da multidão, fazia soar primeiro um toque de trombeta, para impor silêncio. Nesses momentos se ouviam novamente os açoites, os gemidos de Jesus, o praguejar dos carrascos e os balidos dos cordeiros pascais, que eram lavados na Piscina das Ovelhas, ao lado da Porta das Ovelhas, a leste do fórum. Depois de lavados, eram levados, com a boca amarrada, até o caminho do Templo, para se sujarem mais, depois eram conduzidos para o lado de fora, a oeste, onde ainda eram submetidos a uma ablução cerimonial. Esses balidos desamparados dos cordeiros tinham algo de indescritivelmente comovente; eram as únicas vozes que se uniam aos gemidos do Salvador.

A multidão dos judeus mantinha-se afastada do lugar da flagelação, numa distância, talvez, da largura de uma rua. Soldados romanos estavam postos em diferentes lugares, especialmente pelo lado do posto de guarda; perto da coluna de flagelação havia grupos de populacho, que iam e vinham silenciosos ou fazendo chacotas; vi alguns que se sentiram comovidos; era como se os tocasse um raio de luz saindo de Jesus.

Vi também meninos indignos que, ao lado do pretório, preparavam novas varas e outros que iam buscar ramos de espinheiro. Alguns oficiais dos príncipes dos sacerdotes tinham travado relações com os carrascos e deram-lhes dinheiro; trouxeram-lhes também um grande cântaro, cheio de uma bebida vermelha, grossa, da qual beberam até ficar embriagados e enraivecidos. Ao cabo de um quarto de hora deixaram os dois carrascos de açoitar Jesus; foram juntar-se a dois outros e beberam com eles. O corpo de Jesus estava todo coberto de contusões vermelhas, pardas e roxas e o sangue sagrado corria-lhe por terra; agitava-se em movimentos convulsivos. De todos os lados se ouviam insultos e deboches.

Durante a noite tinha feito muito frio; desde a madrugada até essa hora, não se esclarecera o céu e, com grande espanto do povo, caíram algumas curtas chuvas de granizo; pelo meio-dia clareou e apareceu o Sol.

O segundo par de carrascos caiu então com novo furor sobre Jesus; tinham outra espécie de açoites; eram como varas de espinheiro, com nós e esporões. Os violentos golpes rasgaram todas as contusões do santo corpo de Jesus; o sangue regou o chão, em redor da coluna, e salpicou os braços dos carrascos. Jesus gemia, rezava, torcia-se de dor.

Passaram então pelo fórum muitos estrangeiros, montados em camelos; olharam assustados e entristecidos, quando o povo lhes disse o que se estava passando. Eram viajantes, dos quais uns tinham recebido o batismo e outros ouviram o sermão da montanha. O tumulto e os gritos continuavam, no entanto, diante da casa de Pilatos.

Os dois seguintes carrascos bateram em Jesus com flagelos; eram curtas correntes ou correias, fixas num cabo, cujas extremidades estavam munidas de ganchos de ferro, que arrancavam, a cada golpe, pedaços de pele e carne das costas. Oh! Quem pode descrever o aspecto horrível e doloroso deste suplício?

Mas a crueldade dos carrascos ainda não estava satisfeita; desligaram Jesus e amarraram-no de novo, mas com as costas viradas para a coluna. Como, porém, estivesse tão extenuado, que não podia manter-se em pé, passaram-lhe cordas finas sobre o peito e sob os braços e debaixo dos joelhos, amarrando-o assim todo à coluna;

também lhe ataram as mãos atrás da coluna, a meia-altura. Todo o corpo sagrado contraía-se-lhe dolorosamente, as chagas e o sangue cobriram-lhe a nudez. Como cães raivosos, caíram-lhe os carrascos em cima, com os açoites; um tinha uma vara mais delgada na mão esquerda, com que lhe batia no rosto. O corpo de Nosso Senhor formava uma só chaga, não havia mais lugar são. Ele olhava para os algozes, com os olhos cheios de sangue, que suplicavam misericórdia, mas redobravam os golpes furiosos e Jesus gemia, cada vez mais fracamente: "Ai!".

A horrível flagelação durara cerca de três quartos de hora, quando um estrangeiro, homem do povo, parente do cego Ctesifon, curado por Jesus, se aproximou precipitadamente da coluna, pelo lado de trás e, com uma faca em forma de foice na mão, gritou indignado: "Parai! Não flageleis este homem inocente até morrer!". Os carrascos, meio embriagados, pararam espantados e o homem cortou rapidamente, como de um único golpe, as cordas de Jesus, que todas estavam seguras num prego de ferro, atrás da coluna; depois o estrangeiro fugiu e perdeu-se na multidão. Jesus, porém, caiu desfalecido, ao pé da coluna, sobre a terra empapada de sangue. Os carrascos deixaram-no lá e foram beber, depois de chamar os auxiliares do verdugo, que estavam no posto de guarda, ocupados em trançar a coroa de espinhos.

Jesus torcia-se ainda de dor, ao pé da coluna, as chagas a sangrar; nesse momento vi passar perto algumas raparigas licenciosas, com as vestes impudentemente arregaçadas; estavam de mãos dadas e pararam diante de Jesus, olhando-o com repugnância melindrosa; com isso sentiu Jesus ainda mais as feridas e levantou para elas o rosto ensangüentado, com um olhar suplicante; então se afastaram, continuando o caminho e os carrascos e soldados dirigiram-lhes, entre gargalhadas, palavras indecentes.

Vi várias vezes, durante a flagelação, aparecerem anjos tristes em redor de Jesus; ouvi a oração que o Senhor dirigia ao Pai Eterno, no meio dos tormentos e insultos, oferecendo-se para expiação dos pecados dos homens. Mas nesse momento, quando jazia, banhado em sangue, ao pé da coluna, vi um anjo, que lhe restituía as forças; parecia dar-lhe um alimento luminoso.

Então se aproximaram novamente os carrascos e dando-lhe pontapés, mandaram-no levantar-se, dizendo que ainda não tinham acabado com o rei; querendo ainda bater-lhe, arrastou-se Jesus pelo chão, para alcançar a faixa de pano e cobrir a nudez; mas os perversos celerados empurravam-na com os pés para lá e para cá, rindo-se de ver Jesus em sangrenta nudez, arrastar-se penosamente, como um verme esmagado, para alcançar o pano e cobrir o corpo lacerado. Depois o impeliram, a pontapés e pauladas, a levantar-se sobre as pernas vacilantes; não lhe deram tempo de vestir a túnica, mas a lançaram sobre seus ombros e Jesus enxugou nela o sangue do rosto, enquanto o conduziram apressadamente ao corpo da guarda, dando uma volta. Podiam tê-lo levado por um caminho mais curto, porque as arcadas e edifícios em redor do fórum eram abertos, de modo que se podia enxergar o corredor sob o qual jaziam presos os dois ladrões e Barrabás; mas passaram com Jesus diante dos sumos sacerdotes, que gritaram: "Levai-o à morte! Levai-o à morte!", e viraram a cabeça com nojo. Conduziram-no para o pátio interior do corpo da guarda. Quando Jesus entrou, não havia lá soldados, mas escravos, oficiais e marotos, a escória do povo.

Vendo que o povo estava tão agitado, Pilatos mandara vir reforço da cidadela Antônia. Essas forças cercavam em boa ordem o corpo da guarda; podiam falar, rir e insultar a Jesus, mas não sair das fileiras. Pilatos queria com eles manter o povo em respeito. Podia bem haver lá mil homens.

Maria Santíssima durante a flagelação

Vi a Santíssima Virgem, durante a flagelação do Redentor, em contínuo êxtase; via e sofria na alma, e com indizível amor e tormento, tudo quanto sofria o Divino Filho. Muitas vezes lhe saíram fracos gemidos da boca; os olhos estavam inflamados de tanto chorar. Jazia velada nos braços da irmã mais velha, Maria Heli, que já era muito idosa, e se parecia muito com a mãe, Santa Ana. Maria, filha de Cléofas, e Maria Heli, estavam também presentes e seguravam sempre o braço de sua mãe. As santas amigas de Maria e Jesus, todas veladas e envolvidas em mantos, rodeavam a Santíssima Virgem, tremendo de medo e dor, como se esperassem sua própria sentença de morte. Maria vestia uma longa veste azul e, sobre essa, um comprido manto branco de lã e um véu branco-amarelo. Madalena estava desvairada e desolada de dor e lamentação; tinha o cabelo em desalinho sob o véu.

Quando Jesus, depois da flagelação, caíra ao pé da coluna, mandara Cláudia Prócula, a mulher de Pilatos, um fardo de grandes panos à Mãe de Deus. Não sei mais se julgava que Jesus ficaria livre e a Mãe do Senhor lhe devia pensar as feridas com esses panos ou se a pagã compadecida mandou os panos para o fim ao qual a Santíssima Virgem os empregou.

Maria, voltando a si, viu passar o Divino Filho lacerado, conduzido pelos oficiais; Ele enxugou o sangue dos olhos com a túnica, para fitar a Santíssima Virgem, que lhe estendeu as mãos, em um transporte de dor, e lhe seguiu com a vista as pegadas sangrentas. Logo depois vi a Santíssima Virgem e Madalena, quando o povo se dirigia mais para o outro lado, aproximarem-se do lugar da flagelação. Cercadas e ocultas pelas outras santas mulheres e outra gente boa, que se aproximara, prostraram-se por terra, ao pé da coluna da flagelação, e apanharam com os panos todo o sangue de Jesus, por toda a parte onde lhe encontraram algum vestígio.

Não vi nessa hora João, junto das santas mulheres, que eram cerca de vinte. O filho de Simeão, o de Obed e o de Verônica, como também Aram e Temeni, os sobrinhos de José de Arimatéia, estavam todos ocupados no Templo, cheios de tristeza e angústia.

Foi pelas nove horas da manhã que acabou a flagelação.

Vi hoje as faces da Santíssima Virgem[2] pálidas e macilentas, o nariz delgado e comprido, os olhos quase cor de sangue de tantas

---

2 Anna Catarina descreve uma vez Maria Santíssima do modo seguinte: "Madalena é mais alta e mais bonita do que as outras mulheres. Dina, a samaritana, é também bonita, mas muito mais ativa e ágil do que Madalena; é muito viva, amável e serviçal por toda a parte, como uma criada ligeira, prudente e carinhosa e também muito humilde. A Santíssima Virgem, porém, excede todas as outras em maravilhosa beleza. Posto que no porte tenha igual em beleza, e seja superada pela figura de Madalena, com suas maneiras estranhas, entretanto, Maria sempre se distingue entre as outras, pela indescritível modéstia, singeleza, simplicidade, mansidão, dignidade e calma; é tão pura e tão simples, que se tem a impressão de ver nela a imagem de Deus no homem. Não há caráter que se lhe pareça, senão o de

lágrimas que derramou; não é possível descrever a impressão que faz a figura de Maria, na sua simplicidade e graça natural. Já desde ontem e durante toda a noite, tem ela errado, cheia de angústia e amor, pelo Vale de Josafá e pelas ruas de Jerusalém e através do povo e, contudo, não se lhe vê nenhuma desordem nas vestes; cada prega do vestido da Santíssima Virgem respira santidade; tudo nela é simples e digno, puro e inocente. Os movimentos, ao olhar em redor de si, são nobres, e as pregas do véu, quando vira um pouco a cabeça, são de uma singular beleza e simplicidade. Nos movimentos não se lhe nota a veemência e mesmo na mais dilacerante dor, todo porte se lhe conserva simples e calmo. Tem o manto umedecido pelo orvalho da noite e por inúmeras lágrimas, mas em tudo mais está limpo e bem arrumado. É inefavelmente bela e de uma beleza toda sobrenatural; pois toda sua beleza é também pureza, simplicidade, dignidade e santidade.

Madalena, porém, tem um aspecto inteiramente diferente. É mais alta e mais gorda e chama mais a atenção pelas formas e os movimentos; mas toda a beleza lhe foi devastada pelas paixões, pelo arrependimento e excessiva dor; quase causa horror vê-la, tanto se tornou desfigurada, pela veemência sem limite de sua dor. Tem as vestes molhadas e sujas de lama, em desarranjo e rasgadas; o longo cabelo cai-lhe solto e em desalinho, sob o véu molhado e amarrotado. Está toda desfigurada e agitada; não pensa senão em sua dor, e parece quase uma alienada. Há muita gente aqui de Magdala e arredores que a viu antes, na vida tão suntuosa e depois tão pecaminosa, e em seguida tanto tempo retirada do mundo, e agora a apontam com o dedo e a insultam, ao ver-lhe a estranha figura; há também gente baixa de Magdala que, ao passar por ela, lhe atira lama, mas Madalena não o nota, tão absorta está na sua dor.

---

seu Filho. O rosto da Santíssima Virgem, porém, excede em indizível encanto o de todas as mulheres que a acompanham e das que jamais tenho visto. Impressiona pelo porte digno e gracioso, muitas vezes triste, mas nunca se mostra desordenada na dor; apenas as lágrimas lhe correm brandamente pelo rosto calmo". Em outra ocasião Anna Catarina diz: "Maria era imensamente simples. Jesus não a distinguia diante dos outros homens, senão tratando-a sempre com muita dignidade. Ela também não procurava relações com os homens, com exceção de doentes e ignorantes, e apresentava-se sempre muito humilde, recolhida, muito calma e simples. Todos, até os inimigos de Jesus, a estimavam e, contudo, ela não procurava ninguém, permanecia silenciosa e sozinha".

Jesus é coroado de espinhos e escarnecido pelos soldados

Durante a flagelação falou Pilatos ainda várias vezes ao povo, que uma vez até gritou: "Ele deve morrer, ainda que todos nós também pereçamos". Quando Jesus foi conduzido ao corpo da guarda, para ser coroado de espinhos, ainda gritaram: "Morra! Morra!", pois chegavam cada vez novas turbas de judeus, que pelos emissários dos sumos sacerdotes eram incitados a gritar assim.

Houve depois uma curta pausa. Pilatos deu ordens aos soldados e aos sumos sacerdotes e aos conselheiros, que estavam sentados em bancos, de ambos os lados da rua, à sombra das árvores ou sob lonas estendidas, diante do terraço de Pilatos, mandarem os criados trazer alimentos e bebida. Vi também Pilatos de novo perturbado pela superstição; retirou-se sozinho, para oferecer incenso aos deuses e por certos sinais descobrir-lhes a vontade.

Vi que depois da flagelação a Santíssima Virgem e as amigas, tendo enxugado o sangue de Jesus, se afastaram do fórum. Vi-as com os panos ensangüentados em uma pequena casa encostada a um muro; não era longe do fórum; não me lembro mais de quem era. Não me recordo de ter visto João durante a flagelação.

Jesus foi coroado de espinhos e escarnecido no pátio interior do corpo da guarda, construído sobre os cárceres, ao lado do fórum. Esse pátio era cercado de colunas e todas as entradas tinham sido abertas. Havia ali cerca de cinqüenta miseráveis patifes, sequazes dos soldados, servos dos carcereiros, oficiais e auxiliares dos verdugos, escravos e os carrascos que flagelaram Nosso Senhor; esses todos tomaram parte ativa nas crueldades praticadas contra Jesus. No começo o povo tentou entrar, mas pouco depois cercaram mil soldados romanos o edifício. Permaneciam nas fileiras, mas com os deboches e risos provocavam ainda a cruel ostentação dos verdugos, para redobrarem as torturas de Jesus, animando-os com as risadas, como o aplauso anima os atores no palco.

Rolaram para o meio do pátio o pedestal de uma velha coluna, no qual havia um buraco, que talvez tivesse servido para nele ajustar a coluna. Nesse pedestal colocaram um escabelo redondo e baixo, que por detrás tinha uma espécie de cabo, para o manejar; por maldade cobriram o escabelo de pedregulho agudo e cacos de louça.

Arrancaram de novo toda a roupa do corpo ferido de Jesus e impuseram-lhe um manto de soldado, curto, vermelho, velho e já roto, que nem lhe chegava até os joelhos. Pendiam dele ainda alguns restos de borlas amarelas; jazia em um canto do quarto dos verdugos, que costumavam impô-lo aos que tinham açoitado, seja para enxugar-lhes o sangue, seja para escarnecê-lo. Arrastaram a Jesus para a coluna e empurraram-no brutalmente, com o corpo despido e ferido, sobre o escabelo coberto de pedras e cacos. Depois lhe puseram a coroa de espinhos na cabeça. Essa tinha dois palmos de altura, era muito espessa e trançada com arte; em cima tinha uma borda um pouco saliente. Puseram-lhe em redor da fronte, como uma faixa, e ataram-na atrás com muita força, de modo que formavam uma coroa ou um chapéu. Era artisticamente trançada de três varas de espinheiro da grossura de um dedo, que tinham crescido alto, através dos espessos arbustos; os espinhos, pela maior parte, foram propositalmente virados para dentro. Pertenciam a três diferentes espécies de espinheiro branco. Em cima tinham acrescentado uma borda, trançada de um espinheiro semelhante à nossa sarça silvestre e pela qual pegavam e puxavam brutalmente a coroa. Vi o lugar onde os meninos foram buscar esses espinhos.

Puseram-lhe também na mão um grosso caniço, com um tufo na ponta. Fizeram tudo isso com solenidade cômica, como se o coroassem de fato rei. Tiravam-lhe o caniço da mão e batiam com tanta força a coroa, que os olhos de Nosso Senhor se enchiam de sangue. Curvaram os joelhos diante d'Ele, mostravam-lhe a língua, batiam e cuspiam-lhe no rosto, gritando: "Salve, rei dos judeus!". Depois, entre gargalhadas, o fizeram cair no chão, junto com o escabelo, e tornaram a colocá-Lo sobre ele aos empurrões.

Não posso relatar todas as torturas e ultrajes que os verdugos inventaram, para escarnecer o pobre Salvador. Ai! Jesus sofreu horrível sede; pois em conseqüência das feridas, causadas pela desumana flagelação, estava com febre e tremia; a pele e os músculos dos lados estavam dilacerados e deixavam entrever as costelas em vários lugares; a língua contraíra-se-lhe espasmodicamente; somente o sangue sagrado que lhe corria da fronte, compadecia-se da boca ardente, que se abria ofegante; mas aqueles homens horríveis tomaram-lhe a boca divina por alvo de nojentos escarros. Jesus foi assim maltratado por cerca de meia hora e a corte, cujas fileiras cercavam o pretório, aplaudia com gritos e gargalhadas.

Ecce homo

Reconduziram então Jesus ao palácio de Pilatos, a coroa de espinhos sobre a cabeça, o caniço nas mãos amarradas, coberto do manto vermelho. Jesus estava desfigurado, pelo sangue que lhe enchia os olhos e lhe escorria na boca e sobre a barba. O corpo, coberto de pisaduras e feridas, se parecia com um pano ensopado de sangue. Andava curvado e cambaleando; o manto era tão curto, que Jesus precisava curvar-se, para cobrir a nudez, porque lhe tinham arrancado toda a roupa, no ato da coroação de espinhos.

Quando o pobre Jesus chegou ao primeiro degrau da escada, diante de Pilatos, até esse homem cruel estremeceu de horror e compaixão. Apoiou-se a um dos oficiais e como o povo e os sacerdotes ainda gritassem e insultassem, exclamou: "Se o demônio dos judeus é tão cruel, então não deve ser bom morar com ele no Inferno". Quando Jesus foi puxado penosamente, escada acima, e conduzido ao fundo, Pilatos saiu para a sacada; foi dado um toque de trombeta, para chamar a atenção do povo, a que Pilatos queria falar. Disse, pois, aos príncipes dos sacerdotes e a todos os presentes: "Escutai, vou mandá-lo conduzir mais uma vez para diante de vós, para que conheçais que não lhe achei culpa alguma".

Jesus foi então conduzido pelos oficiais à sacada, ao lado de Pilatos, de modo que todo o povo reunido no fórum podia vê-lo. Era um aspecto terrível, pungente, que primeiro causou no povo horror e penoso silêncio, quando a horrível aparição do Filho de Deus ensangüentado dirigiu os olhos cheios de sangue, sob a horrenda coroa de espinhos, para a onda de povo, e Pilatos, ao lado, indicando-o com a mão, gritou aos judeus: "Eis aqui o homem!".

Enquanto Jesus, com o corpo dilacerado, coberto do manto vermelho irônico, abaixando a cabeça traspassada de espinhos e inundada de sangue, segurando nas mãos ligadas o cetro de caniço, curvado para cobrir a nudez com as mãos, aniquilado pela dor e tristeza, mas ainda respirando infinito amor e mansidão, estava diante do palácio de Pilatos, como um espectro sangrento, exposto aos gritos furiosos dos sacerdotes e do povo, passaram pelo fórum grupos de forasteiros, homens e mulheres, com as vestes arregaçadas, em direção à Piscina das Ovelhas, para ajudar a lavar os cordeiros da Páscoa, cujos balidos tristes se misturavam com os clamores sangüinários da multidão, como para dar testemunho em favor da Verdade, que se calava. Somente o verdadeiro Cordeiro pascal de Deus, o revelado, mas não conhecido mistério desse santo dia, cumpriu a profecia e curvou-se em silêncio sobre o matadouro.

Os sumos sacerdotes e os membros do tribunal ficaram cheios de raiva pelo aspecto de Jesus, espelho horrível de sua consciência, e gritaram: "Morra! Crucificai-o!". Pilatos, porém, exclamou: "Ainda não vos basta? Ele foi tão maltratado, que não terá mais desejo de ser rei". Eles, porém, se tornaram ainda mais furiosos, gritando como dementes e todo o povo repetia: "Deve morrer. Crucificai-o!". Então mandou Pilatos dar outro toque de trombeta e disse: "Pois tomai-o e crucificai-o vós, porque não lhe acho culpa". Responderam-lhe alguns dos príncipes dos sacerdotes: "Temos uma Lei e segundo essa Lei ele deve morrer, porque declarou ser o Filho de Deus!". Pilatos replicou: "Pois se tendes tais leis, segundo as quais este homem deve morrer, eu não queria ser judeu".

Mas o dito dos judeus: "Ele se declarou Filho de Deus", inquietou Pilatos e suscitou-lhe de novo o pavor supersticioso; mandou, pois, conduzir Jesus a um lugar separado, onde lhe perguntou: "De onde és?". Jesus, porém, não lhe respondeu. Disse-lhe então Pilatos: "Não me respondes? Porventura não sabes que tenho o poder de crucificar-te ou de soltar-te?". E Jesus respondeu: "Não terias poder sobre mim, se não te fosse dado do Céu; por isso comete pecado mais grave aquele que me entregou em tuas mãos".

Cláudia Prócula, que estava muito angustiada pela hesitação do marido, mandou novamente um mensageiro a Pilatos mostrar-lhe o penhor e lembrar-lhe a promessa; ele, porém, lhe mandou uma resposta muito confusa e supersticiosa, da qual me lembro apenas que se referia aos deuses.

Quando os príncipes dos sacerdotes e os fariseus tiveram conhecimento da intervenção da mulher de Pilatos em favor de Jesus, mandaram espalhar entre o povo: "Os partidários de Jesus subornaram a mulher de Pilatos; se Ele ficar livre, unir-se-á aos romanos e nós todos pereceremos".

Pilatos, na sua indecisão, estava como que embriagado; a razão vacilava-lhe de um lado para outro. Disse uma vez aos inimigos de Jesus que não lhe achava culpa. Mas vendo que esses, com mais veemência ainda, exigiram a morte de Jesus, e inquietado pelos seus próprios pensamentos confusos, como pelos sonhos da mulher e as palavras significativas de Jesus, queria ouvir mais uma resposta do Senhor, que o pudesse tirar dessa situação penosa. Voltou portanto à sala do tribunal, onde estava Jesus, e ficou a sós com Ele. Com um olhar perscrutador e quase medroso, olhou o Salvador desfigurado e ensangüentado, para quem não se podia olhar sem horror, e pensou consigo: "Será possível que seja um deus?". E de repente se lhe dirigiu com veemência, conjurando-o dizer-lhe se era um deus e não um homem, se era rei, até onde se lhe estendia o reino, de que espécie era a sua divindade. Se lhe dissesse, dar-lhe-ia a liberdade. O que Jesus respondeu, posso dizê-lo só pelo sentido, não com as mesmas palavras. O Senhor falou-lhe com terrível severidade. Fez-lhe ver em que sentido era rei e qual o seu reino; mostrou-lhe o que era a verdade, pois disse-lhe a verdade. Nosso Senhor revelou-lhe, com toda a franqueza, os abomináveis crimes que Pilatos ocultava na consciência; predisse-lhe o futuro, a miséria no exílio, o fim horroroso, e que Ele um dia viria julgá-lo com toda a justiça.

Pilatos, meio assustado, meio irritado pelas palavras de Jesus, saiu para a sacada e exclamou mais uma vez que queria soltar Jesus. Então gritaram: "Se o soltares, não és amigo de César; pois quem se declara rei é inimigo de Cesar". Outros gritaram que o acusariam perante o imperador por perturbar-lhes a festa; que devia terminar a causa, porque eram obrigados, sob graves penas, a estar no Templo às dez horas. O grito: "Morra! Crucificai-o!", levantou-se novamente de todos os lados; subiram até sobre os telhados das casas em redor do fórum e gritavam dali.

Então viu Pilatos que contra essa fúria não conseguiria nada; os gritos e o tumulto tinham algo de terrível e toda a multidão diante do palácio estava em tal estado de excitação, que era para recear uma sublevação. Pilatos mandou trazer água; o criado derramou-lhe água da bacia sobre as mãos, à vista de todo o povo, e Pilatos gritou do pretório à multidão: "Sou inocente do sangue deste justo; vós tendes que responder pela sua morte". Então se levantou um grito horrível, unânime, do povo reunido, no meio do qual havia gente de todos os lugares da Palestina: "Que o seu sangue caia sobre nós e nossos filhos!".

REFLEXÃO SOBRE ESTAS VISÕES

Todas as vezes que, nas meditações da dolorosa Paixão de Jesus Cristo, ouço esse grito espantoso dos judeus: "Que o seu sangue caia sobre nós e nossos filhos", o efeito dessa solene maldição me é revelado e tornado sensível, em quadros maravilhosos e terríveis. Vejo acima o povo, que grita, um céu escuro, coberto de nuvens cor de sangue, das quais saem flagelos e espadas de fogo. Vejo como se os raios dessa maldição atravessassem todos até os ossos e neles também os filhos. Vejo o povo como que envolvido em trevas e o grito sair-lhe das bocas como um fogo tenebroso e maligno, unir-se por cima das cabeças e cair de novo sobre ele, entrando mais profundo em alguns, pairando sobre outros. Esses últimos eram aqueles que depois da morte de Jesus se converteram. O número destes não era, porém, pequeno; pois vejo Jesus e Maria, durante todos esses terríveis sofrimentos, rezarem sempre pela salvação dos carrascos, e todos esses horríveis tormentos não lhes causaram nenhum ressentimento. Durante toda a Paixão, no meio das mais cruéis torturas, dos insultos mais insolentes e humilhantes, no meio da fúria sangüinária dos inimigos e dos servos destes, à vista da ingratidão e do abandono de muitos fiéis, que lhe causaram o mais amargo sofrimento físico e moral, vejo Jesus sempre rezando, amando os inimigos, orando pela sua conversão, até o último suspiro; mas vejo que por essa paciência e esse amor ainda mais se inflama a sanha e raiva dos cruéis inimigos; enfureceram-se porque toda a sua brutalidade e crueldade não conseguem arrancar-lhe da boca uma palavra de protesto ou de queixa, que possa desculpar-lhes a maldade. Hoje, que na Festa da Páscoa, matam o cordeiro pascal, não sabem que matam o Cordeiro de Deus.

Quando, durante tais visões, dirijo os meus pensamentos para o coração do povo e dos juízes e para as santas almas de Jesus e Maria, tudo que neles se passa me é mostrado em figuras, que as pessoas naquele tempo não viram, mas sentiram o que representavam. Vejo então inúmeras figuras diabólicas, cada uma diferente, conforme o vício que representa, em terrível ação entre a multidão; vejo-as correr, instigar a raiva, causar confusão dos espíritos, entrar na boca das pessoas; vejo-as sair da multidão, reunir-se em grande número e atiçar a raiva do povo contra Jesus, mas à vista do amor e da paciência do Mestre tremem e desaparecem de novo entre o povo. Toda essa atividade tem algo de desesperado, confuso, contraditório; é um movimento confuso e insensato. Acima e em redor de Jesus e Maria e do pequeno número de santos vejo também se moverem muitos anjos, cujas figuras e vestimentas variam, conforme as respectivas funções e ação; representam consolação, oração, unção, conforto por comida e bebida e outras obras de misericórdia.

De modo semelhante vejo freqüentemente vozes consoladoras ou ameaçadoras saírem, como palavras de diferentes cores e luzes, da boca de tais aparições, e se são mensagens, as vejo em suas mãos, em forma de tiras escritas. Outras vezes, quando preciso ser instruída a esse respeito, vejo os movimentos da alma e as paixões dos corações, o sofrimento e o amor, enfim, tudo que é sentimento; vejo-os passar através do peito e de todo o corpo dos homens, em movimentos de diferentes cores, em variações de luz e sombra, de diversas formas, direções e mudanças de forma e cor, de lentidão e rapidez; assim compreendo tudo, mas é impossível exprimi-lo em palavras; pois é um número infinito de coisas e ao mesmo tempo me sinto tão abatida pela dor e tristeza por meus pecados e os de todo o mundo e tão dilacerada pela dolorosa Paixão de Jesus, que até não compreendo como ainda possa juntar o pouco que estou contando.

Muitas coisas, especialmente aparições e ações de demônios e anjos, contadas por outras pessoas, que tiveram visões da Paixão de Nosso Senhor, são fragmentos de tais intuições de movimentos interiores, invisíveis no momento em que se realizaram outrora, as quais variam, segundo o estado da alma das pessoas videntes, e são entremeadas nas narrações. Por isso há tantas contradições, porque esquecem algumas coisas, saltam outras e só uma parte é que contam. Tudo que há de mau no mundo, contribuiu para atormentar Jesus; tudo que é amor, n'Ele sofreu. Como Cordeiro de Deus, tomou sobre si os pecados do mundo: que infinidade de coisas, tanto abomináveis como também santas, se podem, pois, ver e contar. Se, portanto, as visões e contemplações de muitas pessoas piedosas não concordam em tudo, é porque não tiveram o mesmo grau de graça para ver, contar e fazer-se compreender.

Jesus condenado à morte na Cruz

Pilatos, que não procurava a verdade, mas apenas uma saída para a dificuldade, estava mais indeciso que nunca. A consciência dizia-lhe: "Jesus é inocente". A esposa mandara dizer-lhe: "Jesus é santo". A superstição dizia-lhe: "É um inimigo de teus deuses". A covardia dizia-lhe: "É um deus e vingar-se-á". Interroga mais uma vez a Jesus, em tom inquieto e solene, e Jesus lhe fala dos seus mais ocultos crimes, prediz-lhe um futuro e uma morte miseráveis e que um dia virá, sentado sobre as nuvens do Céu, pronunciar sobre ele um juízo justo, o que deita na falsa balança da justiça de Pilatos um novo peso contra a intenção de soltar Jesus. Ficou furioso por se ver em toda a nudez de sua infâmia interior diante de Jesus, a quem não podia compreender; sentiu-se indignado de aquele que mandara açoitar e que podia mandar crucificar, lhe predizer um fim miserável; de essa boca, que nunca fora acusada de mentira, que não proferira uma só palavra em Sua própria defesa, ousar, em ocasião extremamente arriscada, citá-lo perante Seu justo tribunal, naquele dia futuro. Tudo isso lhe ofendeu profundamente o orgulho; mas como não havia sentimento dominante nesse homem miserável e indeciso, ficou cheio de medo diante da ameaça do Senhor e fez a última tentativa de libertar Jesus. Ouvindo, porém, a ameaça dos judeus de acusá-lo perante o imperador, se soltasse Jesus, foi dominado por outro pavor covarde: o medo do imperador terrestre venceu o receio do Rei cujo reino não era deste mundo. O celerado covarde e irresoluto pensava consigo: "Se Ele morrer, morrerá também com Ele o que sabe de mim e o que me predisse". À ameaça dos judeus de acusá-lo perante o imperador, decidiu-se Pilatos a fazer-lhes a vontade, contrariamente à promessa que fizera à esposa, contrariamente à justiça e à própria convicção. Por medo do imperador, entregou aos judeus o sangue de Jesus, mas para a própria consciência não tinha senão água, que fez derramar sobre as mãos, exclamando: "Sou inocente do sangue deste Justo, respondereis por ele". Não, Pilatos, tu és responsável, pois que o chamas de Justo e lhe derramas o sangue; és o juiz injusto, sem consciência. O mesmo sangue de que queria lavar as mãos e de que não podia lavar a alma, os sangüinários judeus chamaram-no sobre os seus filhos, amaldiçoando-se a si mesmos. O sangue de Jesus, que atrai a misericórdia de Deus sobre nós, fizeram-no chamar a vingança sobre eles, gritando: "Que o seu sangue caia sobre nós e nossos filhos".

Ouvindo esses gritos sangüinários, Pilatos mandou preparar tudo para pronunciar a sentença. Deu ordem para trazer outras vestes solenes e vestiu-as; puseram-lhe na cabeça uma espécie de coroa ou diadema, na qual havia uma pedra preciosa ou outra coisa brilhante; vestiram-no também de outro manto e diante dele levavam um bastão. Foi acompanhado de muitos soldados; oficiais do tribunal iam na frente, transportando uma coisa, e seguiam-se escreventes, com rolos de papel e tabuinhas, precedidos por um homem que tocava trombeta. Assim saiu do palácio para o fórum, onde, em frente ao lugar da flagelação, havia um belo assento elevado, construído de pedras, para pronunciar as sentenças; só depois de pronunciadas desse lugar tinham as sentenças vigor legal. Esse tribunal era chamado Gábata e era um estrado circular, para o qual subiam escadas de vários lados; em cima havia um assento para Pilatos e atrás dele um banco, para outros membros do tribunal e em parte ficavam nos degraus das escadas. Muitos dos fariseus já tinham ido do palácio de Pilatos ao Templo. Somente Anás e Caifás, com cerca de outros vinte e oito, se dirigiram ao tribunal do fórum, logo que Pilatos começou a colocar as vestimentas oficiais. Os dois ladrões já haviam sido conduzidos ao tribunal, quando Pilatos apresentou Jesus ao povo, dizendo: *Ecce homo*! O assento de Pilatos estava coberto de uma manta vermelha e sobre essa havia uma almofada azul, com galões amarelos.

Jesus, ainda vestido do rubro manto irônico, com a coroa de espinhos na cabeça, as mãos ligadas, foi então conduzido pelos oficiais e soldados que o cercavam, entre os assobios do povo, para o tribunal, onde o colocaram entre os dois ladrões. Pilatos, sentado no tribunal, disse mais uma vez, em voz alta, aos inimigos de Jesus: "Eis aí o vosso rei!". Eles, porém, gritaram: "Fora! Morra! Crucifica-o!". Pilatos disse: "Devo então crucificar vosso rei?". Mas os príncipes dos sacerdotes gritaram: "Não temos outro rei senão César". Então Pilatos não disse mais palavra em favor de Jesus, nem mais lhe falou, mas começou a pronunciar a sentença. Os dois ladrões tinham sido condenados, já havia mais tempo, à morte na cruz, mas a execução fora adiada para esse dia, a pedido dos sumos sacerdotes, porque queriam ultrajar Jesus, crucificando-o entre assassinos ordinários. As cruzes dos ladrões já estavam ao lado deles, no chão, trazidas pelos ajudantes dos carrascos. A Cruz de Nosso Senhor ainda não estava lá, provavelmente porque a sentença não fora pronunciada.

A Santíssima Virgem, que se tinha afastado depois da apresentação de Jesus por Pilatos e da gritaria sangüinária dos judeus, abriu o caminho, em companhia de algumas mulheres, por entre a multidão, e aproximou-se do tribunal, para ouvir a sentença de morte, proferida contra seu Filho e Deus; Jesus estava nos degraus da escada, diante de Pilatos, rodeado de oficiais, e os inimigos lançavam-lhe olhares cheios de ódio e escárnio. Um toque de trombeta ordenou silêncio e Pilatos pronunciou, com a raiva de um covarde, a sentença de morte contra o Salvador.

Senti-me sufocada de indignação, diante de tanta baixeza e duplicidade; o aspecto desse celerado arrogante, do triunfo e ódio sangüinário dos príncipes dos sacerdotes, satisfeitos após tantos esforços fatigantes, o estado lastimoso e os sofrimentos do pacientíssimo Salvador, a indizível angústia e os tormentos da Mãe Santíssima e das santas mulheres, a raivosa avidez com que os judeus esperavam a morte da presa, o frio orgulho dos soldados e minha visão das horrendas figuras diabólicas entre a multidão do povo, tudo isso me tinha aniquilado completamente. Ai! Percebi que eu devia estar no lugar de Jesus, meu querido esposo; então a sentença seria justa. Eu estava tão dilacerada pela dor, que não me lembro mais da ordem exata das coisas. Vou contar mais ou menos o que me lembro.

Pilatos começou por um longo preâmbulo, em que se referiu com os mais pomposos títulos ao Imperador Cláudio Tibério. Depois expôs a acusação contra Jesus, que fora condenado à morte pelos sumos sacerdotes e cuja crucificação tinha sido unanimemente exigida pelo povo, por ser um rebelde, perturbador da paz pública, violador da Lei judaica, por se fazer chamar Filho de Deus e rei dos judeus. Quando, porém, acrescentou ainda que achava essa sentença justa, — ele que por várias horas continuara a declarar Jesus inocente — quase não pude conter-me mais, à vista desse homem infame e mentiroso. Ele disse ainda: "Por isso condeno Jesus Nazareno, rei dos judeus, a ser pregado na Cruz". Depois deu ordem aos carrascos que fossem buscar a Cruz. Também me lembro, mas não tenho plena certeza, que ele quebrou uma vara comprida, cuja metade era visível, e lançou os pedaços aos pés de Jesus.

A essas palavras a Mãe de Jesus caiu por terra sem sentidos e como morta; agora então estava decidida, era certa a morte de seu santíssimo e amantíssimo Filho e Salvador, morte horrível, dolorosa, humilhante. As companheiras e João levaram-na para fora da multidão, para que aqueles homens cegos de coração não pecassem, insultando a dolorosa Mãe do Salvador; mas Maria não podia deixar de seguir o caminho da Paixão de Jesus; as companheiras viram-se obrigadas a levá-la outra vez de lugar em lugar; pois o culto misterioso de unir-se a Ele nos sofrimentos impelia a Santíssima Mãe a oferecer o sacrifício de suas lágrimas em todos os lugares onde o Redentor, seu Filho, sofrera pelos pecados dos homens, seus irmãos; e assim a Mãe do Senhor consagrou com as lágrimas todos esses santos lugares e tomou posse deles para a futura veneração pela Igreja, Mãe de todos nós, como Jacó erigiu uma pedra e, ungindo-a com óleo, consagrou-a em memória da promissão, que ali recebera.

A sentença foi escrita, ali mesmo no tribunal, por Pilatos, e copiada mais de três vezes por aqueles que lhe estavam atrás. Enviaram vários mensageiros, porque alguns dos documentos precisavam ser assinados por outras pessoas; não me lembro se esses documentos faziam parte da sentença ou se eram outras ordens. Contudo foram também alguns desses documentos levados a lugares distantes. Havia, porém, ainda outra sentença, escrita por Pilatos mesmo e que lhe provava claramente a duplicidade; pois tinha teor totalmente diferente da sentença que pronunciara; vi como escreveu contra a vontade, com o espírito atormentado e um anjo irado a dirigir-lhe a mão. Esse documento, de cujo conteúdo tenho apenas uma lembrança vaga, dizia mais ou menos o seguinte:

"Compelido pelos sumos sacerdotes e o Sinédrio e ameaçado por uma iminente insurreição do povo, que acusava Jesus de Nazaré de agitação contra a autoridade, de blasfêmia e de desprezo da Lei judaica, exigindo-lhe a morte, entreguei-lhes o mesmo Jesus, para ser crucificado não tanto movido pelas acusações, que em verdade não achei fundadas, mas para não ser acusado, perante o imperador, de favorecer a insurreição e negar justiça aos judeus. Entreguei-o porque lhe exigiram com violência a morte, como transgressor da Lei; e com Ele dois ladrões, já antes condenados, cuja execução fora adiada por maquinações dos judeus, porque queriam que fossem executados junto com Jesus".

Nesse documento, pois, escreveu o malvado um relatório totalmente diferente. Depois escreveu ainda a inscrição da Cruz em três linhas, com verniz, sobre uma tabuinha de cor escura. O documento em que Pilatos desculpava a sentença, foi copiado várias vezes e enviado a diversos lugares. Os sumos sacerdotes discutiram ainda com Pilatos no tribunal; não estavam contentes com a sentença, queixando-se sobretudo porque tinha escrito que eles haviam exigido o adiamento da execução dos ladrões, para que fossem executados com Jesus; contestaram também o título de Jesus: queriam que escrevesse "que se declarou rei dos judeus" e não simplesmente "rei dos judeus". Mas Pilatos perdeu a paciência, tratou-os com arrogância, gritando furioso: "O que escrevi, fica escrito". Ainda insistiram, dizendo que a Cruz de Jesus não devia ficar mais alta que as dos ladrões; era preciso, porém, fazê-la mais alta, porque, por um erro dos operários, ficara mais curta a parte acima da cabeça, não cabendo o título escrito por Pilatos; esse protesto contra o alongamento da Cruz era apenas um subterfúgio, para evitar a inscrição, que lhes parecia injuriosa. Mas Pilatos não cedeu e assim foram obrigados a alongar a Cruz, adaptando-lhe uma peça de madeira, à qual se pudesse fixar o título. Assim concorreram várias circunstâncias para dar à Cruz aquela forma significativa que sempre lhe tenho visto, isto é, com os braços um pouco elevados, como os galhos de uma árvore, os quais, ao sair do tronco, se estendem para cima; tinham a forma da letra Y, com a linha do centro alongada por entre os braços. Os dois braços eram mais finos do que o tronco e estavam embutidos nesse, sendo os encaixes reforçados de ambos os lados por uma cunha fincada por baixo. Como, porém, o tronco acima da cabeça, por um erro, tivesse saído curto demais, para se fixar bem visível a inscrição de Pilatos, foi preciso ajustar mais uma peça ao tronco. No lugar dos pés pregaram um pedaço de madeira, para os sustentar.

Enquanto Pilatos pronunciava a sentença injusta, vi Cláudia Prócula, sua mulher, remeter-lhe o penhor e separar-se dele. Na mesma noite fugiu ocultamente do palácio e foi para junto dos amigos de Jesus, que a levaram a um esconderijo, em um subterrâneo da casa de Lázaro, em Jerusalém. Vi também um amigo de Jesus gravar, numa pedra esverdeada atrás do tribunal do Gábata, duas linhas, que diziam respeito à sentença injusta de Pilatos e à separação da mulher do procurador; ainda me lembro das palavras "judex injustus" e do nome "Cláudia Prócula".

Mas não me recordo se foi no mesmo dia ou alguns dias mais tarde; lembro-me apenas que nesse lugar do fórum estava um numeroso grupo de homens conversando, enquanto o outro homem, encoberto por eles, gravou aquelas linhas, sem ser visto. Vi que aquela pedra ainda está em Jerusalém, embora desconhecida, nos alicerces de uma casa ou de uma igreja, situada onde antigamente era o Gábata. Cláudia Prócula tornou-se cristã e depois de se ter encontrado com São Paulo, tornou-se sua amiga dedicada.

Pronunciada a sentença, enquanto Pilatos escrevia e discutia com os sumos sacerdotes, era Jesus entregue aos carrascos; antes houvera ainda algum respeito ao tribunal, mas depois estava o Divino Mestre inteiramente à mercê desses homens abomináveis. Trouxeram-lhe a roupa, que lhe tinham tirado para escarnecê-lo em casa de Caifás; fora guardada e parece-me que também fora lavada por gente compassiva, pois estava limpa. Creio também que era costume entre os romanos levar os condenados à execução vestidos de sua própria roupa. Despiram de novo Jesus: desataram-lhe as mãos, para poder revesti-lo, arrancaram-lhe o manto vermelho do corpo chagado, abrindo-lhe assim muitas feridas. Ele mesmo vestiu, com mãos trêmulas, a faixa em torno da cintura, e os algozes lançaram-lhe o escapulário sobre os ombros. Como, porém, a coroa de espinhos fosse muito larga para deixar passar-lhe pela cabeça a túnica inconsútil, que lhe fizera a Virgem Santíssima, arrancaram-lhe a coroa e todas as feridas começaram a sangrar, com indizíveis dores. Depois de lhe porem a túnica sobre as feridas do corpo, vestiram-no da veste larga de lã branca, que cingiram com a faixa larga, e puseram-lhe finalmente o manto. Feito isso, amarraram-no novamente com o cinturão, munido de pontas de ferro, no qual estavam presas as cordas para conduzi-lo. Durante todo esse tempo batiam e empurravam-no, tratando-o com atroz crueldade.

Os dois ladrões estavam um ao lado direito, outro ao lado esquerdo de Jesus; tinham as mãos amarradas e pendia-lhes, como a Jesus diante do tribunal, uma cadeia de ferro do pescoço. Vestiam apenas um pano na cintura e um gibão semelhante a um escapulário, de fazenda ordinária, sem mangas e aberto nos lados; na cabeça tinham bonés, tecidos de palha, que se pareciam com barretinhas estofadas de crianças. A pele dos ladrões era de um pardo sujo, coberta de cicatrizes, causadas pela flagelação passada. Aquele que se converteu depois, já estava calmo e pensativo; o outro, porém, irritado e impertinente, unindo-se aos carrascos para insultar e amaldiçoar Jesus, que os olhava a ambos com olhos cheios de caridade e desejo de salvá-los, oferecendo também por eles todos os seus sofrimentos.

Os carrascos estavam ocupados em juntar todas as ferramentas; preparavam-se para a triste e terrível marcha, em que o nosso amante e doloroso Salvador quis carregar o peso dos pecados de nós todos, homens ingratos, e para os expiar ia derramar o Santíssimo Sangue do cálice de seu Corpo, traspassado pelos homens mais abomináveis.

Anás e Caifás terminaram afinal a discussão acalorada com Pilatos; receberam algumas tiras compridas ou rolos de pergaminho, com cópias dos documentos, e dirigiram-se apressadamente ao Templo; e só por pouco não chegaram tarde.

Então se separaram os sumos sacerdotes do verdadeiro Cordeiro pascal; correram ao Templo de pedra, para imolar e comer o cordeiro simbólico, e a realização do símbolo, o verdadeiro Cordeiro de Deus, fizeram-no conduzir por vis carrascos ao altar da Cruz. Separaram-se ali os dois caminhos, dos quais um conduzia ao símbolo e outro à realização do sacrifício; abandonaram o Cordeiro de Deus, a pura vítima expiatória, que tentaram macular exteriormente e insultar com todo o horror da perversidade, entregaram-no a carrascos ímpios e desumanos e correram ao Templo de pedra, para imolar cordeiros lavados, purificados e bentos. Haviam tomado todo o cuidado para não se sujarem exteriormente e tinham as almas todas sujas, transbordantes de ódio, inveja e ultrajes. "Que o seu sangue caia sobre nós e nossos filhos", tinham exclamado, e com essas palavras cumpriram a cerimônia, impuseram a mão de sacrificador sobre a cabeça da vítima. Separam-se ali os dois caminhos, que conduziam ao altar da lei e ao altar da graça.

CAPÍTULO VII

Jesus leva a Cruz ao Gólgota

Jesus toma a Cruz aos ombros

Quando Pilatos desceu do tribunal do Gábata, seguiram-no uma parte dos soldados e postaram-se diante do palácio, para acompanhar o séquito. Um pequeno destacamento ficou com os condenados. Vinte e oito fariseus armados, entre os quais os seis inimigos assanhados de Jesus que estavam presentes quando foi preso no Horto das Oliveiras, vieram a cavalo ao fórum, para acompanhar o séquito. Os carrascos conduziram Jesus ao meio do fórum; alguns escravos entraram pela porta ocidental, trazendo a Cruz, e jogaram-na ruidosamente aos pés do Salvador. Os dois braços da Cruz, mais finos, estavam amarrados com cordas ao tronco largo e pesado; as cunhas, o cepo para sustentar os pés e a peça ajustada ao tronco para a inscrição, junto com outras ferramentas, eram carregados por alguns meninos a serviço dos carrascos.

Quando jogaram a Cruz no chão, aos pés de Jesus, Ele se ajoelhou junto à mesma e, abraçando-a, beijou-a três vezes, dirigindo ao Pai Celestial, em voz baixa, uma oração comovente de ação de graças pela Redenção do gênero humano, a qual ia realizar. Como os sacerdotes, entre os pagãos, abraçam um altar novo, assim abraçou Jesus a Cruz, o eterno altar do sacrifício cruento da expiação. Os carrascos, porém, com um arranco nas cordas, fizeram Jesus ficar ereto, de joelhos, obrigando-o a carregar penosamente o pesado madeiro ao ombro direito e com o braço direito segurá-lo, com pouco e cruel auxílio dos carrascos. Vi anjos ajudando-o invisivelmente, pois sozinho não teria conseguido suspendê-lo; ajoelhava-se, curvado sob o pesado fardo.

Enquanto Jesus estava rezando, outros algozes puseram sobre os pescoços dos ladrões os madeiros transversais das respectivas cruzes, amarrando-lhes os braços erguidos de ambos os lados. Essas travessas não eram inteiramente retas, mas um pouco curvas, e na hora da crucifixão eram ajustadas na extremidade superior dos troncos, que eram transportados atrás deles por escravos, junto com outros utensílios. Ressoou um toque de trombeta da cavalaria de Pilatos e um dos fariseus a cavalo aproximou-se de Jesus, que estava de joelhos, sob o fardo, e disse-lhe: "Acabou agora o tempo dos belos discursos"; e aos carrascos: "Apressai-vos, para que fiquemos livres dele. Vamos avante!". Fizeram-no levantar-se então aos arrancos e caiu-lhe assim sobre o ombro todo o peso da Cruz, que nós devemos também carregar para segui-lo, segundo as suas santas palavras, que são a verdade eterna. Então começou a marcha triunfal do Rei dos reis, tão infame na Terra, tão gloriosa no Céu.

Tinham atado duas cordas à extremidade posterior da Cruz e dois carrascos levantaram-na por meio delas, de modo que ficava suspensa e não se arrastava pelo chão. Um pouco afastados de Jesus seguiam quatro carrascos, segurando as quatro cordas que saíam do cinturão novo, com que o tinham cingido. O manto, arregaçado, fora-lhe atado em redor do peito. Jesus, carregando ao ombro os madeiros da Cruz, ligados em um feixe, lembrava-se vivamente de Isaque levando a lenha para a sua própria imolação ao Monte Moriá.

A trombeta de Pilatos deu então o sinal de partir, porque Pilatos também queria sair com um destacamento de soldados, para impedir qualquer movimento de revolta na cidade. Estava a cavalo, vestido da armadura e rodeado de oficiais e de um destacamento da cavalaria; seguia depois um batalhão de infantaria de cerca de trezentos soldados, todos oriundos da fronteira da Itália e Suíça.

Em frente do cortejo em que ia Jesus, seguia um corneteiro, que tocava nas esquinas das ruas, proclamando a sentença e a execução. Alguns passos atrás, marchava um grupo de meninos e homens das camadas ínfimas do povo, transportando bebidas, cordas, pregos, cunhas e cestos, com diversas ferramentas; escravos mais robustos carregavam as escadas e os troncos das cruzes dos ladrões. As escadas constavam apenas de um pau comprido, com buracos, nos quais fincavam cavilhas. Seguiam-se depois alguns fariseus a cavalo e atrás deles um rapazinho, segurando sobre os ombros, suspensa numa vara, a coroa de espinhos, que não puseram na cabeça de Jesus, porque parecia impedi-lo de carregar a Cruz. Esse rapazinho não era muito ruim.

Seguia então Nosso Senhor e Salvador, curvado sob o pesado fardo da Cruz, cambaleando sobre os pés descalços e feridos, dilacerado e contundido pela flagelação e outras brutalidades, exausto de forças, por estar sem comer, sem beber, nem dormir desde a Ceia, na véspera, enfraquecido pela perda de sangue, pela febre e sede, atormentado por indizíveis angústias e sofrimentos da alma. Com a mão segurava o pesado lenho sobre o ombro direito; a esquerda procurava penosamente levantar a larga e longa veste, para desembaraçar os passos, já pouco seguros. Tinha as mãos inchadas e feridas pelas cordas, com que haviam estado antes fortemente amarradas. O rosto estava coberto de lesões e sangue; cabelo e barba em desalinho e colados pelo sangue; o pesado fardo e o cinturão apertavam-lhe a roupa pesada de lã de encontro ao corpo ferido e a lã pegava-se às suas feridas reabertas. Em redor só havia ódio e insultos. Mas também nessa imensa miséria e em todos esses martírios se manifestava o amor do Divino Mártir: a sua boca movia-se em oração e o olhar suplicante e humilde prometia perdão. Os dois carrascos que suspendiam a Cruz, pelas cordas fixadas na extremidade posterior, aumentavam ainda o martírio de Jesus, deslocando o pesado fardo, que alternadamente levantavam e deixavam cair.

Em ambos os lados do cortejo marchavam vários soldados, armados de lanças. Depois de Jesus, vinham os dois ladrões, cada um conduzido por dois carrascos, que lhes seguravam as cordas, presas ao cinturão; transportavam sobre a nuca os madeiros transversais das respectivas cruzes, separados dos madeiros. Andavam meio embriagados por uma bebida que lhes tinham dado. Contudo o bom ladrão estava muito calmo; o mau, porém, impertinente, praguejava furioso. Os carrascos eram homens baixos, mas robustos, de pele morena, cabelo preto, crespo e eriçado; tinham a barba rala, aqui e acolá uns tufinhos de pêlos. Não tinham fisionomia judaica; pertenciam a uma tribo de escravos do Egito que trabalhava na construção de canais; vestiam somente tanga e um escapulário de couro, sem mangas. Eram verdadeiros brutos. Atrás dos ladrões vinham metade dos fariseus, fechando o cortejo. Esses cavaleiros cavalgavam durante todo o caminho, separados, ao longo do séquito, apressando a marcha ou conservando a ordem. Entre a gentalha que ia na frente do cortejo, transportando as ferramentas e outros objetos, achavam-se também alguns meninos perversos, filhos de judeus, que se lhe tinham juntado voluntariamente.

Depois de um considerável espaço, seguia o séquito de Pilatos; na frente uma trombeta a cavalo, atrás dele cavalgava Pilatos, vestido de armadura de guerra entre os oficiais e cercado de um grupo de cavaleiros; em seguida marchavam os trezentos soldados de infantaria. O séquito atravessou o fórum, mas entrou depois em uma rua larga.

O cortejo que conduzia Jesus passou por uma rua muito estreita, pelos fundos das casas, para deixar livre o caminho para o povo, que se dirigia ao Templo, como também para não pôr obstáculos ao séquito de Pilatos.

A maior parte da multidão já se pusera a caminho, logo depois de pronunciada a sentença; os demais judeus dirigiram-se às respectivas casas ou ao Templo, pois haviam perdido muito tempo durante a manhã e apressavam-se em continuar os preparativos para a imolação do cordeiro pascal. Contudo era ainda muito numerosa a multidão, composta de gente de todas as classes do povo: forasteiros, escravos, operários, meninos, mulheres e a ralé da cidade; corriam pelas ruas laterais e por atalhos para a frente, para ver mais uma ou outra vez o triste séquito. O destacamento de soldados romanos que seguia impedia o povo de juntar-se atrás do séquito, assim era preciso correr sempre para a frente, pelas ruas laterais; a maior parte da multidão dirigiu-se diretamente ao Gólgota.

A rua estreita pela qual Jesus foi conduzido primeiro tinha apenas a largura de alguns passos, e passava pelos fundos das casas, onde havia muita imundície. Jesus teve que sofrer muito ali; os carrascos andavam-lhe mais perto; das janelas dos buracos dos muros o vaiava a gentalha; escravos que lá trabalhavam atiravam-lhe lama e restos imundos da cozinha; patifes perversos derramavam-lhe em cima água suja e fétida dos esgotos; até crianças, instigadas pelos velhos, juntavam pedras nos vestidinhos, e saindo das casas e atravessando o séquito a correr, jogavam-nas no caminho, aos pés de Jesus. Assim foi Jesus tratado pelas crianças, que tanto amava, abençoava e chamava bem-aventuradas.

A PRIMEIRA QUEDA DE JESUS SOB A CRUZ

A rua estreita dirige-se no fim para a esquerda, torna-se mais larga e começa a subir. Passa ali um aqueduto subterrâneo, que vem do Monte Sião; creio que passa ao longo do fórum, onde há também, sob a terra, canais abobadados, e desemboca na Piscina das Ovelhas, perto da Porta das Ovelhas. Eu ouvia o murmúrio e correr das águas nos canos. Naquele ponto, antes de subir a rua, há um lugar mais fundo, onde, por ocasião das chuvas, se junta água e lama e há lá uma pedra saliente, que facilita a passagem, como as há em muitas outras ruas de Jerusalém, as quais, em grande parte, são bastante toscas. Quando Jesus, carregado do pesado fardo, chegou a esse lugar, não tinha mais força para ir adiante; os carrascos arrastavam e empurravam-no sem piedade; então Jesus, nosso Deus, tropeçando sobre a pedra, caiu estendido por terra e a Cruz tombou-lhe ao lado. Os carrascos praguejaram, puxaram-no pelas cordas, deram-lhe pontapés; o séquito parou, formou-se um grupo tumultuoso em redor do Divino Mestre. Debalde estendia a mão, para que alguém o ajudasse a levantar-se. "Ai!", exclamou, "dentro em pouco estará tudo acabado", e os seus lábios moviam-se em oração. Os fariseus gritaram: "Vamos! Fazei-o levantar-se, senão nos morre nas mãos!". Aqui e acolá, dos lados da rua, se viam mulheres a chorar, com crianças que também choramingavam assustadas. Com auxílio sobrenatural, conseguiu Jesus afinal levantar a cabeça, e esses homens abomináveis e diabólicos, em vez de o ajudarem e aliviarem, ainda lhe impuseram novamente a coroa de espinhos. Levantaram-no depois brutalmente e puseram-lhe a Cruz de novo ao ombro. Com isso era obrigado a pender para outro lado a cabeça, torturada pelos espinhos, para assim poder carregar a pesada Cruz. Com novo e maior martírio subiu então pela rua, que dali em diante se tornava mais larga.

O encontro de Jesus com a Santíssima Mãe.
Segunda queda de Jesus debaixo da Cruz.

A Mãe de Jesus, transpassada de dor, tinha-se retirado do fórum, com João e algumas mulheres, depois de ouvir a sentença que lhe condenara injustamente o Filho. Tinham visitado muitos dos lugares sagrados pela Paixão de Jesus, mas quando o correr do povo, o toque dos clarins e o séquito de Pilatos, com os soldados, anunciaram a partida para o Calvário, Maria não pôde conter-se mais: o amor impelia-a a ver o Divino Filho no seu sofrimento, e pediu a João que a conduzisse a um lugar onde Jesus tivesse de passar.

Eles tinham vindo dos lados de Sião; passaram ao lado do tribunal de onde Jesus, havia pouco, fora levado por portas e alamedas que em outros tempos estavam fechadas, mas nessa ocasião abertas, para dar passagem à multidão. Passaram depois pela parte ocidental de um palácio, que do outro lado dá por um portão para a rua larga, na qual o séquito entrou depois da primeira queda de Jesus. Não sei mais com certeza se esse palácio era uma ala da casa de Pilatos, com a qual parece estar ligada por pátios e alamedas ou se é, como me lembro agora, a própria habitação do Sumo Sacerdote Caifás; pois a casa em Sião era apenas o tribunal. João conseguiu de um criado ou porteiro compassivo a licença de passar, com Maria e as companheiras, para o outro lado, e o mesmo empregado abriu-lhes o portão para a rua larga. Estava com eles um sobrinho de José de Arimatéia. Suzana, Joana de Cusa e Salomé de Jerusalém seguiram a Santíssima Virgem.

Quando vi a dolorosa Mãe de Deus, pálida, olhos vermelhos de chorar, tremendo e gemendo, envolta da cabeça aos pés em um manto azul-cinzento, passando com as companheiras por aquela casa, senti-me presa de dor e susto. Já se ouviram por sobre as casas o tumulto e os gritos do séquito, que se aproximava, o toque da trombeta e a voz do arauto, anunciando nas esquinas das ruas a execução de um condenado à cruz. O criado abriu o portão; o ruído tornou-se mais distinto e assustador. Maria rezava e disse a João: "Que devo fazer, ficar para vê-lo ou fugir? Como poderei suportar vê-lo neste estado?". João disse: "Se não ficardes, arrepender-vos-eis amargamente toda a vida". Então saíram da casa, ficando à espera, sob a arcada do portão; olhavam para a direita, rua abaixo, que até lá subia, mas continuava plana, do lugar onde estava Maria.

Ai! Como o som da trombeta lhe penetrou no coração! O séquito aproximava-se, ainda estaria distante uns oitenta passos, quando saíram do portão. Ali o povo não andava na frente, mas aos lados, e atrás havia alguns grupos; grande parte da gentalha, que saíra por último do tribunal, corria por atalhos para a frente, para ocupar outros lugares, de onde pudessem ver passar o séquito.

Quando os servos dos carrascos, que transportavam os instrumentos do suplício, se aproximaram, impertinentes e triunfantes, começou a Mãe de Jesus a tremer e chorar e torcer as mãos de aflição. Um dos miseráveis perguntou aos que iam ao lado: "Quem é essa mulher, que está ali lamentando?". Um deles respondeu: "É a mãe do Galileu". Ouvindo isso os celerados insultaram-na com palavras de troça, apontaram-na com os dedos e um desses homens perversos tomou os cravos, com os quais Jesus devia ser pregado na Cruz e mostrou-o à Santíssima Virgem, com ar de escárnio. Ela, porém, torcendo as mãos, olhava na direção de seu Filho, e esmagada pela dor, encostou-se ao pilar do portão. Tinha a palidez de um cadáver e os lábios roxos. Passaram os fariseus a cavalo; depois veio o menino, com o título da Cruz e, ai!, alguns passos atrás, Jesus, o Filho de Deus, seu próprio Filho querido, o Santo, o Redentor: lá ia cambaleando e curvado, afastando penosamente a cabeça, com a coroa de espinhos, do pesado fardo da Cruz. Os carrascos arrastavam-no pelas cordas para a frente; tinha o rosto pálido, coberto de sangue e lesões, a barba toda junta e colada sob o queixo pelo sangue. Os olhos encovados e sangrentos do Salvador, sob o horrível enredo da coroa de espinhos, lançaram um olhar grave e cheio de piedade à Mãe dolorosa e depois, tropeçando, Ele caiu pela segunda vez, sob o peso da Cruz, sobre os joelhos e as mãos. A Mãe, na veemência da dor, não via mais bem soldados, nem carrascos, via só o Filho querido em estado tão lastimoso e tão maltratado. Estendendo os braços, correu os poucos passos do portão até Jesus, através dos carrascos, e abraçando-o, caiu-lhe ao lado de joelhos. Ouvi as palavras: — Meu Filho! — Minha Mãe! — não sei se foram pronunciadas pelos lábios ou só no coração.

Houve um tumulto: João e as mulheres tentavam afastar Maria, os carrascos praguejavam e insultavam-na; um deles gritou: "Mulher, que queres aqui? Se o tivesses educado melhor, não estaria agora em nossas mãos". Vi que alguns dos soldados estavam comovidos; eles afastaram a Santíssima Virgem, nenhum, porém, a tocou. João e as mulheres levaram-na e ela caiu de joelhos, como morta de dor, sobre a pedra angular do portão, a qual suportava o muro; estava de costas viradas para o séquito, apoiando-se com as mãos na parte superior da pedra inclinada, sobre a qual caíra. Era uma pedra com veias verdes; onde os joelhos de Nossa Senhora tocaram, ficaram cavidades e onde as mãos se lhe apoiaram, deixaram marcas menos profundas. Eram impressões chatas, com contornos pouco claros, semelhantes a impressões causadas por uma pancada sobre massa de farinha. Era uma pedra muito dura. Vi que no tempo do Bispo Tiago, o Menor, essa pedra foi colocada na primeira Igreja Católica, que foi construída ao lado da Piscina de Betesda.

Já o tenho dito várias vezes e digo-o mais uma vez, que vi em diversas ocasiões tais impressões causadas pelo contato de pessoas santas em acontecimentos de grande importância. Isso é tão certo que há até a expressão: "Uma pedra sentir-se-ia comovida", ou a outra: "Isso faz impressão". A Eterna Sabedoria não tinha necessidade da arte da imprensa para transmitir à posteridade os testemunhos dos santos.

Como os soldados, armados de lanças, que marchavam ao lado do séquito, impeliam o povo para adiante, os dois discípulos que estavam com a Mãe de Jesus reconduziram-na pelo portão, que foi fechado atrás deles.

Os carrascos tinham, no entanto, levantado Jesus aos arrancos e puseram-lhe a Cruz de novo ao ombro, mas de outra maneira. Os braços da Cruz, amarrados ao tronco, haviam ficado um pouco soltos e um deles descera um pouco ao lado do tronco; foi esse que Jesus abraçou então, de modo que o tronco da Cruz pendia atrás, mais no chão.

Terceira queda de Jesus sob a Cruz. Simão de Cirene.

O séquito continuou nessa rua larga, até chegar à porta de um antigo muro da cidade interior. Diante dessa porta há uma praça, em que desembocam três ruas. Ali Jesus tinha de passar sobre outra pedra grande, mas tropeçou e caiu. A Cruz tombou para o lado e Jesus, apoiando-se sobre a pedra, caiu por terra e tão enfraquecido estava que não pôde levantar-se mais. Passaram grupos de gente bem vestida, que iam ao Templo, e vendo-o, exclamaram: "Coitado, o pobre homem morre!". Deu-se um tumulto; não conseguiram mais levantar Jesus, e os fariseus que conduziam o cortejo disseram aos soldados: "Assim não chegaremos lá com Ele vivo; deveis procurar um homem que lhe ajude a levar a Cruz". Vinha justamente descendo pela rua do meio Simão de Cirene, um pagão, acompanhado pelos três filhinhos; transportava um feixe de ramos secos debaixo do braço. Era jardineiro e vinha dos jardins situados perto do muro oriental da cidade, onde trabalhava. Todos os anos vinha, com mulher e filhos, para a festa em Jerusalém, como muitos outros da mesma profissão, para podar as sebes. Não pôde sair do caminho, porque a multidão se aglomerava na rua. Os soldados, que pela roupa viam que era pagão e pobre servente, apoderaram-se dele e, levando-o para onde estava Jesus, mandaram-lhe que ajudasse o Galileu a transportar a Cruz. Simão resistiu e mostrou muita repugnância, mas obrigaram-no à força. Os filhinhos choravam alto e algumas mulheres, que conheciam o homem, levaram-nos consigo. Simão sentiu muito nojo e repugnância, vendo Jesus tão miserável e desfigurado e com a roupa tão suja e cheia de imundície. Mas Jesus, com os olhos cheios de lágrimas, olhou para Simão com olhar tão desamparado, que causava dó. Simão foi obrigado a ajudá-lo a levantar-se; os algozes amarraram o braço da Cruz mais para trás e penduraram-no, com uma volta da corda, sobre o ombro de Simão, que andava muito perto, atrás de Jesus, que deste modo não tinha mais de carregar tanto peso. Finalmente o lúgubre séquito se pôs em movimento.

Simão era homem robusto, de quarenta anos. Andava com a cabeça descoberta; vestia uma túnica curta, apertada, e na cintura uma faixa de pano velho; as sandálias, atadas aos pés e pernas com correias, terminavam na frente em bico agudo. Os filhos vestiam túnicas listadas de várias cores; dois já eram quase moços, chamavam-se Rufo e Alexandre e juntaram-se mais tarde aos discípulos. O terceiro era ainda pequeno; vi-o ainda menino, em companhia de Santo Estêvão. Simão ainda não tinha seguido muito tempo Jesus, carregando a Cruz, e já se sentia profundamente comovido.

Verônica e o sudário

A rua em que se movia nessa hora o séquito, era longa, com uma leve curva para a esquerda e nela desembocavam várias ruas laterais. De todos os lados vinha gente bem vestida, que se dirigia ao Templo; ao ver o séquito, uns se afastavam, com o receio farisaico de se contaminarem, outros manifestavam certa compaixão. Havia cerca de duzentos passos que Simão ajudava Jesus a carregar a Cruz, quando uma mulher de figura alta e imponente, segurando uma menina pela mão, saiu de uma casa bonita, ao lado esquerdo da rua e que tinha um átrio cercado de muros e de um belo gradil brilhante, onde se penetrava por um terraço, com escadaria. Ela correu, com a menina, ao encontro do cortejo. Era Seráfia, mulher de Siraque, membro do Conselho do Templo, a qual, pela boa ação praticada nesse dia, recebeu o nome de Verônica (de *vera icon*: verdadeira imagem).

Seráfia tinha preparado em casa um delicioso vinho aromático, com o piedoso desejo de oferecê-lo como refresco a Jesus, no caminho doloroso para o suplício. Já tinha ido uma vez ao encontro do séquito, em expectativa dolorosa; vi-a velada, segurando pela mão uma mocinha que adotara, passar ao lado do séquito, quando Jesus se encontrou com a Santíssima Virgem. Mas, com o tumulto, não achou ocasião de aproximar-se e voltou às pressas para casa, para lá esperar o Senhor.

Saiu, pois, velada de casa para a rua; um pano pendia-lhe do ombro; a menina, que podia ter nove anos, estava-lhe ao lado, ocultando sob o manto o cântaro com o vinho, quando o séquito se aproximou. Os que o precediam, tentaram em vão retê-la; ela estava fora de si de amor e compaixão. Com a menina, que se lhe segurava, pegando-lhe o vestido, atravessou a gentalha que ia dos lados, e por entre soldados e carrascos avançou para Ele o pano, estendido de um lado, suplicando: "Permiti-me enxugar o rosto de meu Senhor". Jesus tomou o pano com a mão esquerda e apertou-o com a palma da mão de encontro ao rosto ensangüentado; movendo depois a mão esquerda, com o pano, para junto da mão direita, que segurava a Cruz, apertou-o entre as duas mãos e restituiu-lhe o pano, agradecendo; ela o beijou, escondendo-o sobre o coração, debaixo do manto, e levantou-se. Então a menina ofereceu timidamente o cântaro com o vinho; mas os soldados e carrascos, praguejando, impediram-na de confortar Jesus. A audácia e rapidez dessa ação provocou um ajuntamento curioso do povo e causou assim uma pausa de dois minutos apenas na marcha, o que permitiu a Seráfia oferecer o sudário a Jesus. Os fariseus a cavalo e os carrascos irritaram-se com essa demora e, mais ainda com a veneração pública manifestada ao Senhor, começaram a maltratá-lo e empurrá-lo. Verônica, porém, fugiu com a menina para dentro de casa.

Apenas entrara no aposento, estendeu o sudário sobre a mesa e caiu por terra desmaiada; a menina, com o cântaro de vinho, ajoelhou-se ao seu lado, chorando. Assim as encontrou um amigo da casa, que entrara para a visitar e a viu como morta, sem sentidos, ao lado do sudário estendido, no qual o rosto ensangüentado do Senhor estava impresso de um modo maravilhosamente distinto, mas também horrível. Muito assustado, fê-la voltar a si e mostrou-lhe o rosto do Senhor. Cheia de dor, mas também de consolação, Seráfia ajoelhou-se diante do sudário, exclamando: "Agora vou abandonar tudo, o Senhor deu-me uma lembrança".

Esse sudário era de lã fina, cerca de três vezes mais longo do que largo. Costumava-se usar em volta do pescoço; às vezes usavam ainda outro em torno dos ombros. Era costume ir ao encontro das pessoas aflitas, cansadas, tristes ou doentes e enxugar-lhes o rosto; era sinal de luto e compaixão; nas regiões quentes também costumavam dá-lo de presente. Verônica guardava esse sudário sempre à cabeceira da cama. Depois de sua morte veio chegar, por intermédio das santas mulheres, às mãos da Santíssima Mãe de Deus e dos apóstolos e depois da Igreja.

A quarta e quinta queda de Jesus sob a Cruz. As compassivas filhas de Jerusalém.

O séquito estava ainda a boa distância da porta; a rua descia um pouco até lá. A porta era uma construção extensa e fortificada; passava-se primeiro por uma arcada abobadada, depois sobre uma ponte e finalmente por outra arcada. A porta ficava em direção sudoeste; ao sair dela, se via o muro da cidade estender-se para o sul, a uma distância como, por exemplo, da minha casa até a Matriz (cerca de dois minutos de caminho); depois virava, a uma boa distância, para oeste e voltava novamente à direção do sul, fazendo a volta do Monte Sião. À direita se estendia o muro para o norte, até à Porta do Ângulo, dirigindo-se depois ao longo da parte setentrional de Jerusalém, para leste.

Quando o séquito se aproximou da porta, impeliam-no os algozes com mais violência. Justamente diante da porta, havia no caminho desigual e arruinado uma grande poça: os carrascos arrastavam Jesus para frente, apertavam-se uns aos outros; Simão Cirineu procurou passar ao lado da poça, pelo caminho mais cômodo; com isso deslocou-se a Cruz e Jesus caiu pela quarta vez sob a Cruz e tão duramente, no meio do lodaçal, que Simão quase não pôde segurar a Cruz; Jesus exclamou em voz fina, fraca e contudo alto: "Ai de ti! Ai de ti! Jerusalém! Quanto te tenho amado! Como uma galinha, que esconde os pintinhos sob as asas, assim queria reunir os teus filhos e tu me arrastas tão cruelmente para fora das tuas portas". O Senhor disse essas palavras com profunda tristeza, mas os fariseus, virando-se para Ele, insultaram-no dizendo: "Este perturbador do sossego público ainda não acabou; ainda tem a língua solta?", e outros deboches semelhantes. Espancaram e empurraram Jesus, arrastando-o para fora do lodaçal, para o levantar. Simão Cirineu ficou tão indignado com as crueldades dos carrascos, que gritou: "Se não acabardes com essa infâmia, jogarei a Cruz no chão e não carregarei mais, mesmo que me mateis também".

Logo depois de passar a porta, separa-se da estrada, do lado direito, um caminho estreito e áspero que, dirigindo-se para o norte, conduz em poucos minutos ao Monte Calvário. A estrada grande ramifica-se, a pouca distância dali, em três direções: à esquerda, para sudoeste, pelo Vale Gihon, em direção a Belém; para oeste, em direção a Emaús e Jope e para noroeste, rodeando o Monte Calvário, em direção à Porta Angular, que conduz a Betur. Olhando da porta pela qual Jesus saiu, à esquerda para sudoeste, pode-se ver a porta de Belém. Essas duas portas são, entre as portas de Jerusalém, as menos distantes. No meio da estrada, fora da porta, de onde parte o caminho para o Monte Calvário, havia uma estaca, com uma tabuleta pregada, na qual estavam escritas as sentenças de morte proferidas contra Jesus e os ladrões, escritas em letras brancas salientes, que pareciam coladas sobre a tabuleta. Não longe daí, na esquina do caminho do Gólgota, estava um numeroso grupo de mulheres, a chorar e lamentar. Em parte eram moças e mulheres pobres, com crianças, vindas de Jerusalém, que se tinham adiantado ao séquito; em parte mulheres vindas de Belém, Hebron e outros lugares circunvizinhos, que tinham chegado para a festa e se juntaram àquelas mulheres.

Jesus não caiu ali inteiramente por terra; ia caindo como quem desmaia, de modo que Simão pôs a extremidade da Cruz no chão e, aproximando-se de Jesus, segurou-o; o Senhor encostou-se em Simão. Essa foi a quinta queda do Salvador sob a Cruz. As mulheres e moças, ao verem Jesus tão desfigurado e ensangüentado, começaram a chorar e lamentar alto, oferecendo-lhe os sudários, segundo o costume entre os judeus, para que enxugasse o rosto. Jesus virou-se para elas e disse: "Filhas de Jerusalém, (isso significa também: filhas de Jerusalém e cidades vizinhas), não choreis por mim, mas chorai por vós e vossos filhos; porque sabei que virá tempo em que se dirá: 'Ditosas as que são estéreis, ditosos os ventres que não geraram e ditosos os peitos que não deram de mamar'. Então começarão os homens a dizer aos montes: 'Caí sobre nós!' e aos outeiros: 'Cobri-nos'. Porque, se isto se faz no lenho verde, o que se fará no seco?". Ainda lhes disse outras belas palavras, as quais, porém, esqueci; entre outras disse que aquelas lágrimas lhes seriam recompensadas, que doravante deviam seguir outros caminhos, etc.

Houve ali uma pausa, pois o séquito parou por algum tempo. Aqueles que levavam os instrumentos do suplício continuaram o caminho para o Calvário; seguiram-se depois cem soldados do destacamento de Pilatos, o qual tinha acompanhado o cortejo até ali, mas chegado à porta da cidade, voltara para o palácio.

Jesus no Monte Gólgota.
Sexta e sétima queda de Jesus e seu encarceramento.

O séquito pôs-se novamente em caminho. Jesus, curvado sob a Cruz, impelido a empurrões e golpes, arrastado pelas cordas, subiu penosamente o áspero caminho que segue para o norte, entre o Monte Calvário e os muros da cidade; depois, no alto, se volta o caminho tortuoso outra vez para o sul. Lá caiu Jesus, tão enfraquecido, pela sexta vez; foi uma queda dura, e a Cruz, ao cair, ainda mais o feriu. Os carrascos, porém, espancaram e impeliram-no com mais brutalidade do que antes, até que Jesus chegou ao cimo, no penedo do Gólgota, e ali caiu novamente com a Cruz por terra, pela sétima vez.

Simão Cirineu, também maltratado e cansado, estava cheio de indignação e compaixão; quis ajudar Jesus a levantar-se, mas os carrascos, aos empurrões e insultos, fizeram-no voltar pelo caminho, morro abaixo; pouco depois se associou aos discípulos do Mestre Divino. Também os outros que trouxeram os instrumentos ou seguiram o cortejo e de que os algozes não precisavam mais, foram enxotados do monte. Os fariseus a cavalo subiram o Monte Calvário por outros caminhos, mais cômodos, do lado oeste. Do cume se avistam justamente os muros da cidade.

A face superior, o lugar do suplício, tem a forma circular e caberia bem no largo diante da nossa Matriz; é do tamanho de um bom picadeiro e cercado de um aterro baixo, cortado por cinco caminhos. Essa disposição de cinco caminhos encontra-se em quase todos os lugares do país, em lugares de banhos públicos ou de batismo, como na Piscina de Betesda; muitas cidades também têm cinco portas. Essa disposição acha-se em todas as construções dos tempos antigos e também em mais modernos, e assim foram feitas em atenção às antigas tradições. Como em todas as coisas da Terra Santa, há também nisso um profundo sentido profético, cumprido nesse dia, em que se abriram os caminhos de toda salvação, as cinco Sagradas Chagas de Jesus.

Os fariseus a cavalo pararam fora do círculo, no lado oriental do monte, onde o declive é mais suave; o lado que dá para a cidade e por onde eram conduzidos os condenados é escarpado e íngreme. Estavam ali também cem soldados romanos, nativos das fronteiras entre a Itália e a Suíça, que estavam distribuídos em parte em vários lugares da execução. Alguns ficaram com os dois ladrões, que, por falta de lugar no cimo, não tinham levado para cima, mas fizeram deitar de costas, com os braços amarrados aos madeiros transversais das cruzes, na encosta do monte, um pouco abaixo do topo, onde o caminho vira para o sul. Muita gente, na maior parte das classes baixas, estrangeiros, servos, escravos, pagãos e muitas mulheres, gente que não se importava de contaminar-se, juntava-se em redor do largo do cume ou formava grupos, cada vez mais numerosos, nas alturas circunvizinhas, acrescidos de gente que se dirigia à cidade. Para oeste, ao pé do Monte Gihon, havia um grande acampamento de forasteiros, vindos para a Festa da Páscoa; muitos ficavam olhando de longe, outros se aproximavam pouco a pouco.

Eram cerca de onze horas e três quartos, quando Jesus, arrastado com a Cruz para o lugar do suplício, caiu por terra e Simão foi expulso de lá. Os algozes levantaram o Salvador aos arrancos das cordas e desligaram os madeiros da Cruz, jogando-os no chão, um em cima do outro. Ai! Que aspecto terrível apresentava Jesus, em pé no lugar do suplício, abatido, triste, coberto de feridas, ensangüentado, pálido. Os carrascos deitaram-no brutalmente por terra, dizendo em tom de zombaria: "Ó rei dos judeus, devemos tomar medida de teu trono?". Mas Jesus deitou-se de livre vontade sobre a Cruz e se a fraqueza lhe tivesse permitido, os carrascos não teriam tido necessidade de jogá-lo por terra. Estenderam-no sobre a Cruz e marcaram nesta os lugares das mãos e dos pés, enquanto os fariseus em redor riam e insultavam o Divino Salvador.

Levantando-o novamente, conduziram-no amarrado uns setenta passos ao norte, descendo a encosta do Monte Calvário, a uma fossa cavada na rocha, que parecia uma cisterna ou adega; levantando o alçapão, empurravam-no para dentro tão brutalmente, que se não fosse por auxílio divino, teria chegado ao fundo duro da rocha com os joelhos esmagados. Ouvi-lhe os gemidos altos e agudos. Fecharam o alçapão e deixaram um guarda. Segui-o nesses setenta passos; parece-me lembrar ainda de uma revelação sobrenatural de que os anjos o socorreram, para que não esmagasse os joelhos; mas a pobre Vítima gemia e chorava de modo que cortava o coração. A rocha amoleceu, ao contato dos joelhos sagrados do Redentor.

Os carrascos começaram então os preparativos. Havia no centro do largo do suplício uma elevação circular, de talvez dois pés de altura, para a qual se tinham de subir alguns degraus: era o ponto mais alto do penedo do Calvário. Nesse cume estavam cavando a cinzel os buracos nos quais as três cruzes deviam ser plantadas; já tinham tomado medida para isso na extremidade inferior das cruzes. Colocaram os troncos das cruzes dos ladrões à direita e à esquerda, sobre essa elevação; esses lenhos eram toscamente aparados e mais baixos do que a Cruz de Jesus; em cima haviam sido cortados obliquamente. Os madeiros transversais, aos quais os ladrões ainda estavam amarrados, foram depois ajustados um pouco abaixo da extremidade superior dos troncos.

Os carrascos colocaram então a Cruz de Nosso Senhor no lugar onde o queriam pregar, de modo que a pudessem comodamente levantar e fazer entrar na escavação. Encaixaram os dois braços da Cruz no tronco, pregaram a peça de madeira para os pés, abriram com uma broca os furos para os cravos e para o prego do título, fincaram à martelo as cunhas, sob os braços da Cruz, e fizeram aqui e ali algumas cavidades no tronco da Cruz, para dar espaço para a coroa de espinhos e as costas, de modo que o corpo ficasse mais suportado pelos pés do que pendurado pelas mãos, que podiam rasgar-se com o peso do corpo, e para que Jesus sofresse maior martírio. Ainda fincaram em cima um madeiro transversal, para servir de apoio às cordas, com as quais queriam puxar e elevar a Cruz, e fizeram ainda outros preparativos semelhantes.

Maria e as amigas vão ao Calvário

Depois do doloroso encontro da Santíssima Virgem com o Divino Filho, carregando a Cruz, quando Maria caiu sem sentidos sobre a pedra angular, Joana de Cusa, Suzana e Salomé de Jerusalém, com auxílio de João e do sobrinho de José de Arimatéia, conduziram-na para dentro da casa, impelidos pelos soldados, e o portão foi fechado, separando-a do Filho bem-amado, carregado do peso da Cruz e cruelmente maltratado. O amor e o ardente desejo de estar com o Filho, de sofrer tudo com Ele e de não o abandonar até o fim, davam-lhe uma força sobrenatural; as companheiras foram com ela à casa de Lázaro, na proximidade da Porta Angular, onde estavam reunidas as outras santas mulheres, com Madalena e Marta, chorando e lamentando-se; com elas estavam também algumas crianças. De lá saíram um número de dezessete, seguindo o caminho doloroso de Jesus.

Vi-as todas, sérias e decididas; não se importavam com os insultos da gentalha, mas impunham respeito pela sua tristeza; passaram pelo fórum, a cabeça coberta pelos véus; no ponto onde Jesus tomara ao ombro a Cruz, beijaram a terra; depois seguiram todo o caminho da Paixão de Jesus venerando todos os lugares onde Ele mais sofrera. Maria e as que eram mais inspiradas procuravam seguir as pegadas de Jesus. A Santíssima Virgem, sentindo e vendo-lhes tudo na alma, guiava-as, onde deviam parar e quando deviam prosseguir nessa Via Sacra. Todos esses lugares se lhe imprimiram vivamente na alma; ela contava até os passos e mostrava às companheiras os santos lugares.

Desse modo a primeira e mais tocante devoção da Igreja foi escrita no coração amoroso de Maria, Mãe de Deus; escrita pela espada profetizada por Simeão; os santos lábios da Virgem transmitiram-na aos companheiros do sofrimento e por esses a nós. Esta é a santa tradição vinda de Deus ao coração da Mãe Santíssima e do coração da Mãe aos corações dos filhos; assim continua sempre a tradição na Igreja. Quando se vêem as coisas como as vejo, parece este modo de transmissão mais vivo e mais santo. Os judeus de todos os tempos sempre veneravam os lugares consagrados por uma ação santa ou por um acontecimento de saudosa memória. Eles não esquecem um lugar onde se deu uma coisa sobrenatural: marcam-no com monumento de pedras e vão em peregrinação, para rezar. Assim também nasceu a devoção da Via Sacra, não por uma intenção premeditada, mas da natureza do homem e das intenções de Deus para com seu povo, do fiel amor de uma mãe e, por assim dizer, sob os pés de Jesus, que foi o primeiro que a trilhou.

Chegou então esse piedoso grupo à casa de Verônica, onde entraram, porque Pilatos com os cavalheiros e os duzentos soldados, voltando da porta da cidade, lhes vinha ao encontro. Ali Maria e os companheiros viram o sudário com a imagem do rosto de Jesus e, entre lágrimas e suspiros, exaltaram a misericórdia de Jesus para com sua fiel amiga. Levaram o cântaro com o vinho aromático, com que Verônica não conseguira confortar Jesus, e dirigiram-se todos, com Verônica, à porta do Gólgota. No caminho se lhes juntaram ainda muitas pessoas bem-intencionadas e outras comovidas pelos acontecimentos, entre as quais também certo número de homens, formando um cortejo que, pela ordem e seriedade com que passou pelas ruas, me fez uma singular impressão. Esse cortejo era quase maior do que aquele que conduziu a Jesus, não contando o povo que o acompanhou.

As angústias e dores lancinantes de Maria nesse caminho, ao ver o lugar do suplício, com as cruzes no alto, não se podem exprimir em palavras; a alma amantíssima da Virgem sentia os sofrimentos de Jesus e era ainda torturada pelo sentimento de não poder segui-lo na morte. Madalena, toda transtornada e como que embriagada de dor, andava cambaleando, arremessada de angústia em angústia; passava do silêncio às lamentações, do estupor ao desespero, das lamentações às ameaças. Os companheiros eram obrigados a sustê-la, a protegê-la, a exortá-la e a escondê-la da vista dos curiosos.

Subiram o Monte Calvário pelo lado mais suave, ao oeste, e aproximaram-se em três grupos do aterro circular do topo, a certa distância, um atrás do outro. A Mãe de Jesus, a sobrinha desta, Maria de Cléofas, Salomé e João avançaram até o lugar do suplício; Marta, Maria Heli, Verônica, Joana de Cusa, Suzana e Maria, mãe de Marcos, ficaram um pouco afastadas, rodeando Maria Madalena, que não podia conter a dor.[1] Um pouco mais atrás estavam ainda sete pessoas e entre os três grupos havia gente boa, que mantinha uma certa comunicação entre eles. Os fariseus a cavalo estavam em diversos lugares em redor do local do suplício, enquanto os soldados romanos ocupavam as cinco entradas.

Que espetáculo doloroso para Maria: o lugar do suplício, o topo com as cruzes, a terrível Cruz do Filho adorado e diante dela, no chão, os martelos, as cordas, os horrendos pregos e os repelentes carrascos, meio nus, quase embriagados, fazendo o horroroso trabalho entre insultos. Os troncos das cruzes dos ladrões já estavam arvorados, munidos de paus encaixados para subir. A ausência de Jesus ainda prolongava o martírio da Mãe Santíssima; ela sabia que ainda estava vivo; desejava vê-lo, tremia ao pensar em que estado o veria; ia vê-lo em indizíveis tormentos.

Desde a madrugada até às dez horas, quando foi pronunciada a sentença, caíra várias vezes chuvas de granizo; durante o caminho de Jesus ao Calvário clareou o céu e brilhava o Sol; mas pelas doze horas começou uma neblina avermelhada a velar o Sol.

---

[1] Os santos evangelistas Mateus (27, 56) e Marcos (15, 40) mencionam, além da Mãe de Jesus, as seguintes mulheres piedosas: Maria Madalena, Maria, filha de Cléofas ("Maria, mãe de Tiago e de José" em Mateus), e Salomé (em Mateus, "a mãe dos filhos de Zebedeu", chamada por Ana Catarina algumas vezes de Maria Salomé). São João fala da primeira e de Maria Heli. Pelo menos podem as suas palavras ser tomadas nesse sentido: "Estavam ao pé da Cruz de Jesus sua Mãe, a irmã de sua Mãe, Maria, mulher de Cléofas, e Maria Madalena".

CAPÍTULO VIII
Crucificação e morte de Jesus

OS CARRASCOS DESPEM JESUS PARA A CRUCIFICAÇÃO E OFERECEM-LHE VINAGRE

Dirigiram-se então quatro carrascos à masmorra subterrânea, situada a setenta passos ao norte; Jesus rezava todo o tempo a Deus, pedindo força e paciência, e oferecendo-se mais uma vez em sacrifício expiatório, pelos pecados dos inimigos. Os carrascos arrancaram-no para fora e, empurrando-o, batendo-lhe e insultando-o, levaram-no para o suplício. O povo olhava e insultava; os soldados, frios e altivos, mantinham a ordem, dando-se ares de importância; os algozes, cheios de raiva sangüinária, arrastaram Jesus brutalmente para o largo do suplício.

Quando as santas mulheres viram Jesus chegar, deram dinheiro a um homem, que o devia levar, junto com o vinho aromático, aos algozes, para que esses o dessem de beber a Jesus. Mas esses celerados não lhe deram, mas beberam-no depois. Tinham lá dois vasos de cor parda, dos quais um continha vinagre, que afirmavam ser vinho, com mirra e absinto; dessa bebida ofereceram um copo pardo a Jesus, que apenas o provou, tocando-o com os lábios, mas não bebeu. Estavam no lugar do suplício dezoito carrascos; os seis que o tinham açoitado, quatro que o conduziram, dois que suspenderam a extremidade da Cruz pelas cordas e seis que o deviam crucificar. Parte deles estavam ocupados com Jesus, outros com os ladrões, trabalhando e bebendo alternadamente. Eram homens baixos, robustos, sujos e meio nus, de feições estranhas, cabelo eriçado, barba rala: homens abomináveis e bestiais. Serviam a judeus e romanos por dinheiro.

O aspecto de tudo isso era mais terrível ainda, porque eu via o mal, em figuras visíveis para mim e invisíveis para os outros. Via grandes e hediondas figuras de demônios, agindo entre todos esses homens cruéis; era como se auxiliassem em tudo, aconselhando, passando as ferramentas; havia inúmeras aparições de figuras pequenas e medonhas, de sapos, serpentes e dragões de muitas garras, vi todas as espécies de insetos venenosos voarem em redor e escurecerem o ar. Entravam na boca e no coração dos assistentes ou pousavam-lhes nos ombros; eram homens cujos corações estavam cheios de pensamentos de ódio e maldade ou que proferiam palavras de maldição e escárnio. Acima do Senhor, porém, vi várias vezes, durante a crucifixão, aparecer grandes figuras angélicas, que choravam, e aparições luminosas, nas quais distingui apenas pequenos rostos. Vi aparecer tais anjos de compaixão e consolo também sobre a Santíssima Virgem e todos os bons, confortando e animando-os.

Os carrascos tiraram então ao Senhor o manto, que lhe tinham antes enrolado em redor do peito; tiraram-lhe o cinturão, com as cordas e o próprio cinto. Despiram-no da longa veste de lã branca, passando-a pela sua cabeça, pois estava aberta no peito, ligada com correias. Depois lhe tiraram a longa faixa estreita que caía do pescoço sobre os ombros e como não lhe podiam tirar a túnica inconsútil, por causa da coroa de espinhos, arrancaram-lhe a coroa da cabeça, reabrindo assim todas as feridas; arregaçando depois a túnica, a puxaram, com vis gracejos, pela cabeça ferida e sangrenta de Jesus.

Lá estava o Filho do Homem, coberto de sangue, de contusões, de feridas fechadas ou outras ainda sangrentas, de lesões e manchas escuras. Estava apenas vestido ainda do curto escapulário de lã sobre o peito e costas e da faixa que cingia os rins. O escapulário de lã aderira às feridas secas e estava colado com sangue na nova ferida profunda, que o peso da Cruz lhe fizera no ombro e que lhe causava um sofrimento indizível. Os algozes arrancaram-lhe o escapulário impiedosamente do peito e assim ficou Jesus em sangrenta nudez, horrivelmente dilacerado e inchado, coberto de chagas. No ombro e nas costas se lhe viam os ossos através das feridas, e a lã branca do escapulário ainda estava colada em algumas feridas e no sangue ressecado do peito.

Arrancaram-lhe então a última faixa de pano da cintura e eis que ficou de todo nu e curvou-se, cheio de confusão e pudor; e como estava a ponto de cair sob as mãos dos carrascos, sentaram-no sobre uma pedra, pondo-lhe novamente a coroa de espinhos sobre a cabeça e ofereceram-lhe a beber do outro vaso, que continha vinagre com fel; mas Jesus desviou a cabeça em silêncio.

Quando, porém, os carrascos o pegaram pelos braços com que cobria a nudez e o levantaram, para estendê-lo sobre a Cruz, ouviram-se gritos de indignação e descontentamento, e os lamentos dos amigos por essa vergonha e desonra. A Mãe Santíssima suplicou a Deus com ardor; já estava a ponto de tirar o véu da cabeça e, abrindo caminho por entre os carrascos, oferecê-lo ao Divino Filho. Mas Deus ouvira-lhe a oração; pois nesse momento um homem, vindo da porta e correndo todo o caminho com as vestes arregaçadas, atravessou o povo e precipitou-se ofegante entre os carrascos; entregou um pano a Jesus que, agradecendo-lhe, o aceitou, e cobriu a nudez, cingindo-a à moda dos orientais, passando a parte mais comprida por entre as pernas e ligando-a com a outra em redor da cintura.

Esse benfeitor do Divino Redentor, enviado para atender à súplica da Santíssima Virgem, tinha na sua impetuosidade algo de imperioso; ameaçou os carrascos com o punho e disse apenas: "Tomem cuidado de não impedir este homem de cobrir-se". Não falou com ninguém mais e retirou-se tão rapidamente como tinha vindo. Era Jonadabe, sobrinho de São José, da região de Belém, filho daquele irmão a que José, depois do nascimento de Jesus, empenhara o jumento. Não era amigo declarado de Jesus; também nesse dia se tinha mantido afastado e limitara-se a observar tudo de longe. Já quando ouvira contar que Jesus fora despido na flagelação, ficara muito indignado; depois, quando se aproximou a hora da crucifixão, estava no Templo e sentia uma indizível angústia. Quando a Mãe de Jesus, no Gólgota, dirigiu o grito da alma a Deus, sentiu Jonadabe de repente um impulso irresistível de correr do Templo ao Calvário para cobrir a nudez do Senhor. Sentia na alma uma viva indignação contra o ato desonroso de Cam, que rira da nudez de Noé, embriagado pelo vinho, e sentiu-se impelido a correr, como um novo Sem, para cobrir a nudez do dono do lagar. Os crucificadores eram os camitas e Jesus pisava as uvas no lagar, para o vinho novo, quando Jonadabe veio cobri-lo. Essa ação foi o cumprimento de uma figura simbólica do Antigo Testamento e foi mais tarde recompensada, como vi e hei de contar.

Jesus é pregado na Cruz

Jesus, imagem viva da dor, foi estendido pelos carrascos sobre a Cruz; Ele próprio se sentou sobre ela e eles brutalmente o deitaram de costas. Colocaram-lhe a mão direita sobre o orifício do prego, no braço direito da Cruz, e aí lhe amarraram o braço. Um deles se ajoelhou sobre o seu santo peito, enquanto outro lhe segurava a mão, que estava se contraindo, e um terceiro colocou o cravo grosso e comprido, com a ponta limada, sobre essa mão cheia de bênção, e cravou-o nela, com violentas pancadas de um martelo de ferro. Doces e claros gemidos ouviram-se da boca do Senhor; o sangue sagrado salpicou os braços dos carrascos; rasgaram-lhe os tendões da mão, os quais foram arrastados, com o prego triangular, para dentro do estreito orifício. Contei as marteladas, mas esqueci, na minha dor, esse número. A Santíssima Virgem gemia baixinho e parecia estar sem sentidos exteriormente; Madalena estava desvairada.

As brocas eram grandes peças de ferro, da forma de um T; não havia nelas nada de madeira. Também os pesados martelos eram, como os cabos, de ferro, e todos de uma peça inteiriça; tinham quase a forma dos martelos de pau que os marceneiros usam entre nós, trabalhando com formão.

Os cravos, cujo aspecto fizera tremer Jesus, eram de tal tamanho que, seguros pelo punho, excediam em baixo e em cima cerca de uma polegada. Tinham cabeça chata, da largura de uma moeda de cobre, com uma elevação cônica no meio. Tinham três gumes; na parte superior tinham a grossura de um polegar e na parte inferior a de um dedo pequeno; a ponta fora aguçada com uma lima; cravados na Cruz, vi-lhes a ponta sair um pouco do outro lado dos braços da Cruz.

Depois de terem pregado a mão direita de Nosso Senhor, viram os crucificadores que a mão esquerda, que tinham também amarrado ao braço da Cruz, não chegava até o orifício do cravo, que tinham perfurado a duas polegadas distantes das pontas dos dedos. Por isso ataram uma corda ao braço esquerdo do Salvador e, apoiando os pés sobre a Cruz, puxaram a toda força, até que a mão chegou ao orifício do cravo. Jesus dava gemidos tocantes; pois deslocaram-lhe inteiramente os braços das articulações; os ombros, violentamente distendidos, formavam grandes cavidades axilares, nos cotovelos se viam as junturas dos ossos. O peito levantou-se-lhe e as pernas encolheram-se sobre o corpo. Os algozes ajoelharam-se sobre os seus braços e o peito, amarraram-lhe fortemente os braços e cravaram-lhe então cruelmente o segundo prego na mão esquerda; jorrou alto o sangue e ouviram-se os agudos gemidos de Jesus, por entre as pancadas do pesado martelo. Os braços do Senhor estavam tão distendidos que formavam uma linha reta e não cobriam mais os braços da Cruz, que subiam em linha oblíqua; ficava um espaço livre entre esses e as axilas do Divino Mártir.

A Santíssima Virgem sentiu todas essas torturas com Jesus; estava de uma palidez cadavérica e fracos gemidos saíam-lhe da boca. Os fariseus dirigiram insultos e deboches para o lado onde ela estava; por isso os amigos conduziram-na para junto das outras santas mulheres, que estavam um pouco mais afastadas do lugar do suplício. Madalena estava como louca; feria o rosto de modo que tinha as faces e olhos cheios de sangue.

Havia na Cruz, embaixo, talvez a um terço da respectiva altura, uma peça de madeira, fixada por um prego muito grande, destinada a suportar os pés de Jesus, a fim de que ficasse mais em pé do que suspenso; de outro modo as mãos teriam sido rasgadas pelo peso do corpo e os pés não poderiam ser pregados sem que se quebrassem. Nessa peça de madeira tinham perfurado o orifício para o cravo. Tinham também feito uma cavidade para os calcanhares, como também havia outras, em vários pontos da Cruz, para que o Mártir pudesse ficar suspenso mais tempo e o peso do corpo não lhe rasgasse as mãos, fazendo-o cair.

Todo o corpo de nosso Salvador tinha-se contraído para o alto da Cruz, pela violenta extensão dos braços, e os seus joelhos tinham-se dobrado. Os algozes lançaram-se então sobre esses e, por meio de cordas, amarraram-nos ao tronco da Cruz; mas pela posição errada dos orifícios dos cravos, os pés ficavam longe da peça de madeira que os devia suportar. Então começaram os algozes a praguejar e insultar. Alguns julgavam que se deviam furar outros orifícios para os pregos das mãos; pois mudar o suporte dos pés era difícil. Outros fizeram horrível troça de Jesus: "Ele não quer estender-se, disseram, mas nós lhe ajudaremos". Atando cordas à perna direita, puxaram-na com horrível violência, até o pé tocar no suporte, e amarraram-na à Cruz. Foi uma deslocação tão horrível, que se ouvia estalar o peito de Jesus, que gemia alto: "Ó Meu Deus! Meu Deus!". Tinham-lhe amarrado também o peito e os braços, para os pregos não rasgarem as mãos; o seu ventre encolheu-se inteiramente, as costelas pareciam a ponto de destacar-se do esterno. Foi uma tortura horrorosa.

Amarraram depois o pé esquerdo com a mesma brutal violência, colocando-o sobre o pé direito, e como os pés não repousavam com bastante firmeza sobre o suporte, para serem pregados juntos, perfuraram primeiro o peito do pé esquerdo com um prego mais fino e de cabeça mais chata do que os cravos, como se fura a sola. Feito isso, tomaram o cravo mais comprido que o das mãos, o mais horrível de todos e, passando-o brutalmente pelo furo feito no pé esquerdo, atravessaram-lhe a marteladas o direito, cujos ossos estalavam, até o cravo entrar no orifício do suporte e, através desse, no tronco da Cruz. Olhando de lado a Cruz, vi como o prego atravessou os dois pés.

Essa tortura era a mais dolorosa de todas, por causa da distensão de todo o corpo. Contei trinta e seis golpes de martelo, no meio dos gemidos claros e penetrantes do pobre Salvador; as vozes em redor, que proferiam insultos e imprecações, pareciam-me sombrias e sinistras.

A Santíssima Virgem tinha voltado ao lugar do suplício; a deslocação do corpo do Filho adorado, o som das marteladas e os gemidos de Jesus causaram-lhe tão veemente dor e compaixão que caiu novamente nos braços das companheiras, o que provocou um ajuntamento de povo. Então acorreram alguns fariseus a cavalo, insultando-as, e os amigos afastaram-na outra vez a alguma distância. Durante a crucifixão e a elevação da Cruz, que se lhe seguiu, se ouviam, especialmente entre as mulheres, gritos de compaixão, como: "Por que a terra não traga esses miseráveis? Por que não cai fogo do céu, para os devorar?". A essas manifestações de amor respondiam os carrascos com insultos e escárnio.

Os gemidos que a dor arrancava a Jesus misturavam-se com contínua oração; recitava trechos dos salmos e dos profetas, cujas predições nessa hora cumpria; em todo o caminho da Cruz, até à morte, não cessava de rezar assim e de cumprir as profecias. Ouvi e rezei com Ele todas essas passagens e às vezes me lembro delas, quando rezo os salmos; mas fiquei tão acabrunhada com o martírio de meu Esposo celeste, que não sei mais juntá-las. Durante esse horrível suplício, vi anjos chorando aparecerem acima de Jesus.

O comandante da guarda romana fizera pregar no alto da Cruz a tábua, com o título que Pilatos escrevera. Os fariseus estavam indignados porque os romanos se riam alto do título "rei dos judeus". Por isso voltaram alguns fariseus à cidade, depois de ter tomado medida para uma outra inscrição, para pedir a Pilatos novamente outro título.

Enquanto Jesus era pregado à Cruz, estavam ainda alguns homens a trabalhar na escavação em que a Cruz devia ser colocada; pois era estreita a cova e a rocha muito dura. Alguns dos algozes, em vez de dar a Jesus para beber o vinho aromático trazido pelas santas mulheres, beberam-no eles mesmos e ficaram embriagados; queimava-lhes as entranhas e causava-lhes tanta dor nos intestinos que ficaram desvairados; insultavam a Jesus, chamando-o de feiticeiro, e enfureciam-se à vista da paciência do Divino Mestre; desceram várias vezes o Calvário, a correr, para beber leite de jumenta. Havia lá perto algumas mulheres, que pertenciam a um acampamento de peregrinos vindos para a Festa da Páscoa, as quais tinham jumentas, cujo leite vendiam.

Pela posição do Sol era cerca de doze horas e um quarto, quando Jesus foi crucificado. No momento em que elevaram a Cruz, ouviu-se do Templo o soar de muitas trombetas: era a hora em que imolavam o cordeiro pascal.

Elevação da Cruz

Depois de terem pregado Nosso Senhor à Cruz, ataram cordas na parte superior da mesma, por meio de argolas, lançaram as cordas sobre o cavalete antes erigido no lado oposto e puxaram a Cruz pelas cordas, de modo que a parte superior se lhe ergueu; alguns dirigiram-se com paus munidos de ganchos, que fincaram no tronco e fizeram o pé da Cruz entrar na cova. Quando o madeiro chegou à posição vertical, entrou na escavação com todo o peso e tocou no fundo com um terrível choque. A Cruz tremeu do abalo e Jesus soltou um grito de dor; pelo peso vertical desceu-lhe o corpo, as suas feridas alargaram-se, o sangue corria mais abundantemente e os ossos deslocados entrechocaram-se. Os carrascos ainda sacudiram a Cruz, para a pôr mais firme, e fincaram cinco cunhas na cova, em redor da Cruz: uma na frente, uma no lado direito, outra à esquerda e duas atrás, onde o madeiro estava um pouco arredondado.

Foi uma impressão terrível e ao mesmo tempo comovedora, quando, sob os gritos insultuosos dos carrascos e dos fariseus, como também de muitos homens do povo, mais afastados, a Cruz se elevou, balançando, e entrou estremecendo na escavação; ouviram-se também vozes piedosas de compaixão, as vozes mais santas da Terra: a da Mãe Santíssima, de João, das amigas e de todos que tinham um coração puro, saudaram com expressão dolorosa o Verbo eterno, feito carne e elevado sobre a Cruz. Estenderam as mãos ansiosamente como para o segurar, quando o Santo dos santos, o Esposo de todas as almas, pregado vivo na Cruz, foi elevado pelas mãos dos pecadores enfurecidos. Quando, porém, o madeiro erguido com estrondo entrou na respectiva cova, houve um momento de silêncio solene; todo o mundo parecia experimentar uma sensação nova, nunca até então sentida. O próprio Inferno sentiu assustado o choque do lenho sobre a rocha e levantou-se contra ele, redobrando nos seus instrumentos humanos o seu furor e os insultos. Nas almas do Purgatório e do Limbo, porém, causou alegria e esperança: soava-lhes como o bater do triunfador às portas da Redenção. A Santa Cruz estava pela primeira vez plantada no meio da Terra, como aquela árvore da vida no Paraíso, e das chagas dilatadas do Cristo corriam quatro rios santos sobre a Terra, para expiar a maldição que pesava sobre ela e para fertilizar e a tornar um Paraíso do novo Adão.

Quando nosso Salvador foi elevado na Cruz e os gritos de insulto foram interrompidos por alguns minutos de silencioso espanto, ouvia-se do Templo o som de muitas trombetas, que anunciavam o começo da imolação do cordeiro pascal, do símbolo, interrompendo de um modo solene e significativo os gritos de furor e de dor, em redor do verdadeiro Cordeiro de Deus, imolado na Cruz. Muitos corações endurecidos foram abalados e pensaram nas palavras do Precursor, João Batista: "Eis aí o Cordeiro de Deus, que tomou sobre si os pecados do mundo".

O lugar onde fora plantada a Cruz estava elevado cerca de dois pés acima do terreno em redor. Quando a Cruz ainda se achava fora da cova, estavam os pés de Jesus à altura de um homem, mas depois de introduzida na respectiva escavação, podiam os amigos chegar aos pés do Mestre, para os abraçar e beijar. Havia um caminho para essa eminência. O rosto de Jesus estava virado para nordeste.

A crucificação dos ladrões

Durante a crucifixão do Senhor jaziam os ladrões de costas, com as mãos ainda amarradas aos madeiros transversais das cruzes, que tinham sobre a nuca, ao lado do caminho, na encosta oriental do Calvário; estava com eles um guarda. Suspeitos de terem assassinado uma mulher judaica, com os filhos, no caminho de Jerusalém a Jope, foram presos em um castelo daquela região, onde morava às vezes Pilatos, por ocasião das manobras do exército, e onde se apresentaram como ricos negociantes. Tinham estado muito tempo no cárcere, antes do julgamento e da condenação. Esqueci os pormenores. O ladrão do lado esquerdo era o mais velho e grande celerado, o sedutor e mestre dos outros. Geralmente são chamados Dimas e Gesmas; esqueci-lhes os nomes verdadeiros; vou chamar, por isso, ao bom, Dimas e ao mau, Gesmas.

Ambos pertenciam à quadrilha de salteadores que, nas fronteiras do Egito, tinham dado agasalho à Sagrada Família, com o Menino Jesus, na fuga para o Egito. Dimas fora o menino leproso que, a conselho de Maria, fora lavado pela mãe na água em que o Menino Jesus se tinha banhado e que ficara curado no mesmo instante. A caridade e a proteção que a mãe proporcionara à Sagrada Família fora recompensada naquela ocasião pela cura simbólica, que se realizou na Cruz, quando foi limpo pelo sangue de Jesus. Dimas caíra em muitos crimes, mas não era perverso; não conhecia Jesus, a paciência do Senhor comoveu-o. Enquanto jaziam por terra, falava sem cessar de Jesus com o companheiro: "Maltratam horrivelmente este Galileu", dizia, "o que Ele fez, pregando a nova doutrina, deve ser pior do que os nossos crimes; mas Ele tem grande paciência e poder sobre todos os homens". Gesmas respondeu: "Que poder tem? Se fosse tão poderoso, como dizem, podia salvar-nos todos". Desse modo continuavam a falar e quando a Cruz do Senhor foi elevada, vieram carrascos dizer-lhes: "Agora é a vossa vez", e arrastaram-nos para o lugar do suplício. Desamarraram-nos dos madeiros transversais a toda a pressa, pois o Sol já se escurecia e havia um movimento na natureza: como se uma tempestade se aproximasse.

Os algozes encostaram escadas às árvores das cruzes e ajustaram os lenhos transversais em cima, com cavilhas. Foram então colocadas duas escadas junto a cada cruz, para os carrascos. No entanto deram a beber aos ladrões vinagre misturado com mirra e vestiram-lhes o gibão já rasgado, ataram-lhes cordas nos braços e lançando-as sobre os braços da cruz, puxaram-nos para cima, obrigando-os, a pancadas e pauladas, a subir pelos paus que estavam fincados no tronco das cruzes. Nos madeiros transversais e nos troncos já estavam amarradas as cordas, que pareciam ser feitas de cortiça torcida. Os braços dos condenados foram amarrados aos madeiros transversais; ataram-lhes os pulsos e cotovelos, como também os joelhos e os pés à cruz e apertaram-nos com tanta violência, torcendo as cordas por meio de paus, que os ossos estalavam e o sangue lhes esguichou dos músculos. Os infelizes soltaram gritos horríveis e Dimas, o bom ladrão, disse: "Se nos tivésseis tratado como a este Galileu, não teríeis mais o trabalho de puxar-nos aqui para cima".

Os carrascos tiram à sorte as vestes de Jesus

Os carrascos juntaram as vestes de Jesus no lugar onde tinham jazido os ladrões e fizeram delas vários lotes, para tirar à sorte. O manto era mais largo em baixo do que em cima e tinha várias pregas; sobre o peito estava dobrado e formava assim bolsos. Rasgaram-no em várias tiras, como também a longa veste branca, aberta no peito, onde havia correias para atá-la, e distribuíram-nas pelos lotes; assim fizeram também com várias partes da faixa de pano que vestia em volta do pescoço, do cinto, do escapulário e do pano com que cobria o corpo; todas essas vestes estavam ensopadas do sangue de Nosso Senhor. Como, porém, não chegaram a um acordo a respeito da túnica inconsútil, que, rasgada em partes, não serviria mais para nada, tomaram uma tabuleta com algarismos e dados em forma de pedrinhas, com marcas, que trouxeram consigo, e jogando esses dados, tiraram à sorte a túnica. Viu-lhes, porém, um mensageiro de Nicodemos e José de Arimatéia, dizendo-lhes que ao pé do Calvário havia quem quisesse comprar as vestes de Jesus; juntaram então depressa todas as vestes, e correndo para baixo, venderam-nas; assim ficaram essas relíquias com os cristãos.

Jesus crucificado e os ladrões

Depois do violento choque da Cruz, a cabeça de Jesus, coroada de espinhos, foi fortemente abalada e derramou grande abundância de sangue; também das chagas das mãos e dos pés correu o sangue em torrentes. Os carrascos subiram então pelas escadas e desataram as cordas com que tinham amarrado o santo corpo para que o abalo não o fizesse cair. O sangue, cuja circulação fora quase impedida pela forte pressão das cordas e pela posição horizontal, afluiu-lhe então de novo por todo o corpo e chagas, renovando todas as dores e causando-lhe um forte atordoamento. Jesus deixou cair a cabeça sobre o peito e ficou suspenso como morto, cerca de sete minutos.

Houve um momento de calma. Os carrascos estavam ocupados em repartir as vestes de Jesus; o som das trombetas perdia-se no ar, todos os assistentes estavam exaustos de raiva ou de dor. Olhei, cheia de susto e compaixão, para meu Jesus, meu Salvador, a salvação do mundo; vi-o imóvel, desfalecido de dor, como morto, e eu também estava à morte; pensava antes morrer do que viver. Minha alma estava cheia de amargura, de amor e dor; minha cabeça, que eu sentia cercada de uma rede de espinhos, fazia-me quase endoidecer de dor; minhas mãos e meus pés eram como fornalhas ardentes; dores indizíveis passavam-me, como milhares de raios, pelas veias e nervos, encontrando-se e lutando em todos os membros interiores e exteriores de meu corpo, tornando-se uma nova fonte de sofrimentos. E todos esses terríveis tormentos não eram senão amor e todo esse fogo penetrante de dores era contudo uma noite, em que não via senão meu Esposo, o Esposo de todas as almas, pregado à Cruz, e contemplava-o com muita tristeza e muita consolação.

A cabeça de Jesus, com a horrível coroa, com o sangue que lhe enchia os olhos, os cabelos, a barba e a boca ardente, meio entreaberta, tinha caído sobre o peito e também mais tarde só podia levantar-se com indizível tortura, por causa da larga coroa de espinhos. O peito do Divino Mártir estava violentamente dilatado e alçado; os ombros, os cotovelos e os pulsos distendidos até saírem fora das articulações; o sangue corria-lhe das largas feridas das mãos sobre os braços; o peito levantado deixava em baixo uma cavidade profunda; o ventre estava encolhido e diminuído; como os braços, estavam também as coxas e pernas horrivelmente deslocadas. Os membros estavam tão horrivelmente distendidos e os músculos e a pele a tal ponto esticados, que se podiam contar os ossos. O sangue escorria-lhe em redor do enorme prego que lhe traspassava os pés sagrados, regando a árvore da Cruz. O santo corpo estava todo coberto de chagas, lesões vermelhas, manchas amarelas, pardas e roxas, inchaços e lugares escoriados. As feridas reabriram-se, pela violenta distensão dos músculos, e sangravam em vários lugares; o sangue que corria era, a princípio, ainda vermelho, mas pouco a pouco se tornou pálido e aquoso e o santo corpo cada vez mais branco; por fim tomou a cor de carne exangue. Mas, apesar de toda essa cruel desfiguração, o corpo de Nosso Senhor na Cruz tinha um aspecto extremamente nobre e comovedor; na verdade, o Filho de Deus, o Amor Eterno, que se sacrificou no tempo, permaneceu belo, puro e santo nesse corpo do Cordeiro pascal moribundo, esmagado pelo peso dos pecados de toda a humanidade.

A cútis da Santíssima Virgem, como a de Nosso Senhor, tinha por natureza uma bela cor ligeiramente amarelada, mesclada de um vermelho transparente. As fadigas e as viagens do Mestre nos anos anteriores lhe tinham tornado as faces, sob os olhos e a base do nariz um pouco tostadas pelo Sol. Jesus tinha um peito largo e forte, branco e sem pêlo, enquanto o de João Batista estava todo coberto de pêlo ruivo. Tinha ombros largos e os músculos dos braços bem desenvolvidos; as pernas eram nervosas e musculosas, os joelhos fortes e robustos, como os de um homem que tem andado muito e rezado muito de joelhos. Tinha as pernas compridas e a barriga das pernas fortes, de muito viajar em terras montanhosas. Os pés eram belos e bem desenvolvidos, a planta dos pés tinha-se tornado calosa, porque geralmente andava descalço por caminhos rudes. As mãos eram de bela forma, com os dedos longos e delgados, não delicados demais, mas também não como as de um homem que as emprega em trabalhos pesados. Não tinha o pescoço curto, mas forte e musculoso. A cabeça tinha boas proporções, não grande demais; a testa era alta e larga e todo o rosto de um belo e puro oval. O cabelo, de um castanho avermelhado, não muito grosso, singelamente repartido no alto da cabeça, caía-lhe sobre os ombros; a barba não era comprida, mas aparada em ponta e repartida sob o queixo.

Agora, porém, o cabelo fora arrancado em grande parte, o resto colado com sangue; o corpo era uma só chaga, o peito estava como que despedaçado, o ventre escavado e encolhido; em vários lugares se viam as costelas, através da pele lacerada; todo o corpo estava de tal modo distendido e alongado que não cobria mais inteiramente o tronco da Cruz.

O madeiro era um pouco arredondado do lado posterior, na frente liso, com várias escavações; a largura igualava-lhe mais ou menos à grossura. As diversas partes da Cruz eram de madeira de diferentes cores, umas pardas, outras amareladas; o tronco era mais escuro, como madeira que tem estado muito tempo na água.

As cruzes dos ladrões, trabalhadas mais grosseiramente, foram instaladas do lado direito e esquerdo do topo, a tal distância da Cruz de Jesus que um homem podia passar a cavalo entre elas; estavam um pouco mais baixo e colocadas de modo que olhavam um para o outro. Um dos ladrões rezava, o outro insultava Jesus que, olhando para baixo, disse uma coisa a Dimas. O aspecto dos ladrões na cruz era horrendo, especialmente o do que ficava à esquerda, celerado, enraivecido, embriagado, de cuja boca só saíam insultos e imprecações. Os corpos, pendentes da cruz, estavam horrivelmente deslocados, inchados e cruelmente amarrados. Os seus rostos tornaram-se roxos e pardos, os lábios escuros, tanto da bebida, como da pressão do sangue; os olhos inchados e vermelhos, quase a sair das órbitas. Soltavam gritos e uivos de dor, que lhes causavam as cordas; Gesmas praguejava e blasfemava. Os pregos com que os madeiros transversais foram ajustados ao tronco forçavam-nos a curvar a cabeça. Moviam-se e torciam-se convulsivamente na tortura e, apesar das pernas estarem fortemente amarradas, um deles conseguiu puxar um pé para cima, de modo que o joelho dobrado se lhe ergueu um pouco.

Primeira palavra de Jesus na Cruz

Depois de crucificar os ladrões e de repartir as vestes do Senhor, juntaram os verdugos todos os instrumentos e ferramentas e, insultando e escarnecendo mais uma vez a Jesus, foram-se embora. Também os fariseus, que ainda estavam, montaram nos cavalos e, passando diante de Jesus, dirigiram-lhe muitas palavras insultuosas e seguiram para a cidade. Os cem soldados romanos, com os respectivos comandantes, puseram-se também em marcha, pois veio outro destacamento, de cinquenta soldados romanos, ocupar-lhes o lugar. Esse destacamento era comandado por Abenadar, árabe de nascimento, que mais tarde, no batismo, recebeu o nome de Ctesifon. O oficial subalterno que estava com essa tropa chamava-se Cássio; era também muitas vezes encarregado por Pilatos de levar mensagens; recebeu depois o nome de Longino. Vieram também a cavalo doze escribas e alguns anciãos do povo, entre os quais os que foram pedir mais uma vez outra inscrição para o título da Cruz. Pilatos nem os tinha deixado entrar. Cheios de raiva, andaram a cavalo ao redor do lugar do suplício e expulsaram dali a Santíssima Virgem, chamando-a de mulher perdida. João levou-a para junto das outras mulheres, que estavam mais afastadas; Madalena e Marta ampararam-na nos braços.

Quando, fazendo a volta da Cruz, chegaram diante de Jesus, menearam a cabeça, dizendo: "Arre! Impostor! Como é que destróis o Templo e o reedificas em três dias? Queria sempre socorrer os outros e agora não se pode salvar a si mesmo. Se és o Filho de Deus, desce da Cruz. Se é o Rei de Israel, então desça da Cruz e creremos n'Ele. Sempre confiava em Deus, que Ele venha salvá-lo agora". Os soldados também zombavam, dizendo: "Se és o rei dos judeus, salva-te agora".

Quando Jesus ainda pendia desmaiado, disse Gesmas, o ladrão à esquerda: "O Demônio abandonou-o". Um soldado fincou então uma esponja embebida em vinagre sobre a ponta de uma vara e chegou-a aos lábios de Jesus, que pareceu chupar um pouco. As zombarias continuavam. O soldado disse: "Se és o rei dos judeus, salva-te". Tudo isso se deu enquanto o destacamento anterior era substituído pelo de Abenadar.

Jesus levantou um pouco a cabeça e disse: "Meu Pai, perdoai-lhes, porque não sabem o que fazem"; depois continuou a rezar em silêncio. Então gritou Gesmas: "Se és o Cristo, salva-te a ti e a nós". Escarneciam-no sem cessar; mas Dimas, o ladrão da direita, ficou comovido, ouvindo Jesus rezar pelos inimigos. Quando Maria ouviu a voz de seu Filho, ninguém mais pôde retê-la: penetrou no círculo do suplício; João, Salomé e Maria, filha de Cléofas, seguiram-na. O centurião não as expulsou.

Dimas, o bom ladrão, obteve pela oração de Jesus uma iluminação interior, no momento em que a Santíssima Virgem se aproximou. Reconheceu em Jesus e em Maria as pessoas que o tinham curado quando era criança, e exclamou em voz forte distinta: "O quê? É possível que insulteis Àquele que reza por vós? Ele se cala, sofre com paciência, reza por vós e vós o cobris de escárnio? Ele é um profeta, é nosso Rei, é o Filho de Deus". A essa inesperada repreensão da boca de um miserável assassino, suspenso na cruz, deu-se um tumulto entre os escarnecedores; apanhando pedras, quiseram apedrejá-lo ali mesmo. Mas o centurião Abenadar não permitiu; mandou dispersá-los e restabeleceu a ordem.

Durante esse tempo a Santíssima Virgem se sentia confortada pela oração de Jesus. Dimas, porém, disse a Gesmas, que estava gritando a Jesus — "Se és o Cristo, salva-te a ti e a nós": "Também tu não temes a Deus, apesar de sofreres o mesmo suplício que Ele? Quanto a nós, é muito justo, pois recebemos o castigo de nossos crimes; este, porém, não fez mal algum. Pensa nisto, nesta última hora e converte-te de coração". Essas palavras e outras mais disse a Gesmas, pois estava todo comovido e iluminado pela graça; confessou suas faltas a Jesus e disse: "Senhor, se me condenardes, será muito justo; mas tende misericórdia de mim". Respondeu Jesus: "Experimentarás a minha misericórdia". Dimas recebeu, por um quarto de hora, a graça de um profundo arrependimento.

Tudo que acabo de contar agora, se deu pela maior parte ao mesmo tempo ou sucessivamente, entre as doze horas e doze e meia, pelo Sol, alguns minutos depois da exaltação da Cruz. Mas daí a pouco mudaram rapidamente os sentimentos nos corações da maior parte dos assistentes; pois enquanto o bom ladrão ainda estava falando, eis que se deu na natureza um fenômeno extraordinário, que encheu de pavor todos os corações.

Eclipse do Sol. Segunda e terceira palavras de Jesus na Cruz.

Até pelas dez horas, quando Pilatos pronunciou a sentença, caíra várias vezes chuva de granizo; depois, até as doze horas, o céu estava claro e havia Sol; mas depois do meio-dia, apareceu uma neblina vermelha, sombria, diante do Sol. Pela hora sexta, porém, ou tal como vi pelo Sol, mais ou menos às doze e meia, — a maneira dos judeus de contar as horas é diferente da nossa — houve um eclipse milagroso do Sol. Vi como isso se deu, mas infelizmente não pude guardá-lo na memória e não tenho palavras para o exprimir. A princípio fui transportada como que para fora da Terra; vi muitas divisões no firmamento e os caminhos dos astros, que se cruzavam de modo maravilhoso. Vi a Lua do outro lado da Terra; vi-a voar rapidamente ou dar um salto, como um globo de fogo; depois me achei novamente em Jerusalém e vi a Lua aparecer sobre o Monte das Oliveiras, cheia e pálida, — o Sol estava velado pelo nevoeiro — e ela se moveu rapidamente do Oriente, para se colocar diante do Sol. No começo vi, no lado oriental do Sol, uma lista escura, que tomou em pouco tempo a forma de uma montanha, cobrindo-o depois inteiramente. O disco do Sol parecia cinzento-escuro, rodeado de um círculo vermelho, como uma argola de ferro em brasa. O céu tornou-se escuro; as estrelas tinham um brilho vermelho. Um pavor geral apoderou-se dos homens e dos animais, o gado fugiu mugindo, as aves procuravam um esconderijo e caíam em bandos sobre as colinas em redor do Calvário; podiam-se apanhá-los com as mãos. Os zombadores começaram a calar-se; os fariseus tentavam explicar tudo como fenômeno natural, mas não conseguiram acalmar o povo e eles mesmos ficaram interiormente apavorados. Todo o mundo olhava para o céu; muitos batiam no peito, e torcendo as mãos exclamavam: "Que o seu sangue caia sobre os seus assassinos". Muitos, de perto e de longe, caíram de joelhos, pedindo perdão a Jesus, que no meio das dores volvia os olhos para eles.

A escuridão aumentava, todos olhavam para o céu e o Calvário estava deserto; ali permaneciam apenas a Mãe de Jesus e os mais íntimos amigos; Dimas, que estivera mergulhado em profundo arrependimento, levantou com humilde esperança o rosto para o Salvador e disse: "Senhor, fazei-me entrar num lugar onde me possais salvar; lembrai-vos de mim, quando estiverdes no vosso reino". Jesus respondeu-lhe: "Em verdade te digo: hoje estarás comigo no Paraíso".

A Mãe de Jesus, Madalena, Maria de Cléofas, Maria Heli e João estavam entre as cruzes dos ladrões, em redor da Cruz de Jesus, olhando para Nosso Senhor. A Santíssima Virgem, em seu amor de mãe, suplicava interiormente a Jesus que a deixasse morrer com Ele. Então olhou o Senhor com inefável ternura para a Mãe querida e, volvendo os olhos para João, disse a Maria: "Mulher, eis aí o teu filho; será mais teu filho do que se tivesse nascido de ti". Elogiou ainda João, dizendo: "Ele teve sempre uma fé sincera e nunca se escandalizou, a não ser quando a mãe quis que fosse elevado acima dos outros". A João, porém, disse: "Eis aí tua Mãe!". João abraçou com muito respeito, como um filho piedoso, a Mãe de Jesus, que se tinha tornado também sua Mãe, sob a Cruz do Redentor moribundo. A Santíssima Virgem ficou tão abalada de dor, após essas solenes disposições do Filho moribundo, que, caindo nos braços das santas mulheres, perdeu os sentidos exteriormente; levaram-na para o aterro em frente à Cruz, onde a sentaram por algum tempo e depois a conduziram para fora do círculo, para junto das outras amigas.

Não sei se Jesus pronunciou alto todas essas palavras; percebi-as interiormente, quando, antes de morrer, entregou Maria Santíssima, como Mãe, ao apóstolo querido, e este, como filho, à Sua Mãe. Em tais contemplações se percebem muitas coisas, que não foram escritas; é pouco apenas o que pode exprimir a língua humana. O que lá é tão claro, que se julga compreender por si mesmo, não se sabe explicar com palavras. Assim não é de admirar que Jesus, dirigindo-se à Santíssima Virgem, não dissesse: "Mãe", mas "mulher"; pois que ela ali estava na sua dignidade de mulher que devia esmagar a cabeça da serpente, naquela hora em que aquela promessa se realizava, pelo sacrifício do Filho do Homem, seu próprio Filho. Não era de admirar lá que Jesus desse João por filho àquela a quem o anjo saudava: "Ave Maria, cheia de graça", porque o nome de João significa "graça", pois todos são o que os respectivos nomes significam e João tornara-se filho de Deus e Jesus Cristo vivia nele. Percebia-se que Jesus, naquele momento, dava com aquelas palavras uma mãe, Maria, a todos que, como João, O recebem e, crendo n'Ele, se tornam filhos de Deus, que não foram nascidos do sangue, nem da vontade da carne, nem da vontade do homem, mas do próprio Deus. Sentia-se que a mais pura, a mais humilde, a mais obediente de todas as mulheres, que se tornara a Mãe do Verbo feito carne, respondendo ao anjo: "Eis aqui a serva do Senhor, faça-se em mim segundo a vossa palavra!", agora, ouvindo do Filho moribundo que se devia tornar Mãe espiritual de outro filho, dizia, obediente e humilde, as mesmas palavras, no íntimo do coração, lacerado das dores da separação: "Eis aqui a serva do Senhor, faça-se em mim segundo a vossa palavra", aceitando assim por filhos todos os filhos de Deus, todos os irmãos de Jesus. Tudo isso parece lá tão simples e necessário, mas aqui é tão diferente, que é mais fácil senti-lo, pela graça de Deus, do que o exprimir em palavras.

Estado da cidade e do Templo durante o eclipse do Sol

Eram mais ou menos duas horas e meia, quando fui conduzida à cidade, para ver o que lá se passava. Encontrei-a cheia de pavor e consternação; as ruas em trevas, cobertas de nevoeiro; os homens erravam aqui e ali, às apalpadelas; muitos estavam prostrados por terra, nos cantos, com a cabeça coberta, batendo no peito; outros olhavam para o céu ou estavam sobre os telhados, lamentando-se. Os animais mugiam e escondiam-se, os pássaros voavam baixo e caíam. Vi que Pilatos fizera uma visita a Herodes, de manhã, assistira à humilhação de que Jesus fora alvo. "Isto não é natural", disseram, "excederam-se nos maus tratos ao Nazareno". Vi-os depois irem juntos ao palácio de Pilatos, atravessando o fórum; ambos estavam muito assustados, indo a passos apressados e cercados de soldados. Pilatos não ousou olhar para o lado do Gábata, o tribunal de onde tinha pronunciado a sentença contra Jesus. O fórum estava deserto; aqui e acolá alguns homens voltavam apressadamente para casa, outros passavam chorando.

Juntavam-se também alguns grupos de povo nas praças públicas. Pilatos mandou chamar os anciãos do povo ao palácio e perguntou-lhes o que significavam aquelas trevas; disse-lhes que as tomava por um sinal de desgraça iminente; o Deus dos judeus parecia estar irado porque haviam exigido à força a morte do Galileu, que certamente era profeta e rei dos judeus; enquanto a ele, Pilatos, não tinha culpa, lavara as mãos, etc.

Os judeus, porém, ficaram endurecidos, queriam explicar tudo como fenômeno comum e não se converteram. Converteu-se, contudo, muita gente, entre outros também todos os soldados que, na véspera, tinham caído por terra e se levantado, quando prenderam Jesus no Monte das Oliveiras.

No entanto juntou-se uma multidão de povo diante do palácio de Pilatos e onde de manhã tinham gritado: "Crucifica-o! Crucifica-o", gritavam agora: "Fora o juiz injusto! Que o sangue do Crucificado caia sobre os seus assassinos!". Pilatos viu-se obrigado a rodear-se de guardas. Sadoc, que, de manhã, quando Jesus fora conduzido ao pretório, lhe proclamara alto a inocência, agitou-se e falou com tal veemência diante do palácio, que Pilatos esteve a ponto de mandá-lo prender. Pilatos, o miserável desalmado, atribuiu toda a culpa aos judeus: disse que não tinha nada com isso, que Jesus era o Rei, o Profeta, o Santo dos judeus, a quem estes tinham levado à morte, e nada tinha com isso, nem lhe cabia culpa; os próprios judeus é que lhe tinham exigido a morte, etc.

No Templo reinava extremo susto e terror. Estavam ocupados na imolação do cordeiro pascal, quando veio de repente a escuridão. Tudo estava em confusão e aqui e ali se ouviam gritos angustiosos. Os príncipes dos sacerdotes fizeram tudo para conservar a calma e a ordem: fizeram acender todas as lâmpadas, apesar de ser meio-dia, mas a confusão crescia cada vez mais. Vi Anás preso de susto e terror; corria de um canto a outro, para se esconder. Quando tornei a sair da cidade, ouvi as grades das janelas das casas tremerem, sem haver tempestade. A escuridão crescia cada vez mais. Na parte exterior da cidade, ao noroeste, perto do muro, onde havia muitos jardins e sepulturas, desabaram algumas entradas de sepulcros, como se houvesse um tremor de terra.

Abandono de Jesus. A quarta palavra de Jesus na Cruz.

Sobre o Gólgota fizeram as trevas uma impressão terrível. A horrorosa fúria dos verdugos, os gritos e imprecações na elevação da Cruz, os uivos dos ladrões ao serem amarrados ao madeiro, os insultos dos fariseus a cavalo, o revezar dos soldados, a barulhenta partida dos algozes embriagados, tudo isso diminuiria a princípio um pouco o efeito das trevas. Seguiram-se depois as repreensões do ladrão penitente, Dimas, e a raiva dos fariseus contra ele. Mas à medida que crescia a escuridão, tornavam-se mais pensativos os espectadores, afastando-se da Cruz. Foi então que Jesus recomendou sua Mãe a João e que Maria foi conduzida a alguma distância do lugar do suplício. Houve um momento de solene silêncio; o povo estava assustado com as trevas; a maior parte olhava para o céu; em muitos corações se levantou a voz da consciência; muitos se arrependeram e, olhando para a Cruz, bateram no peito; pouco a pouco se formaram grupos de pessoas que sentiam essas mesmas impressões. Os fariseus, ocultando o terror, ainda procuravam explicar tudo pelas leis naturais, mas baixavam cada vez mais a voz e afinal quase não ousavam mais falar; de vez em quando ainda proferiam uma palavra insolente, mas soava um tanto forçada. O disco do Sol estava meio escuro, como uma montanha ao luar; estava rodeado de um anel vermelho. As estrelas tinham um brilho rubro; os pássaros caíam sobre o Calvário e nas vinhas vizinhas entre os homens, e deixavam-se pegar com a mão; os animais dos arredores mugiam e tremiam; os cavalos e jumentos dos fariseus apertavam-se uns de encontro aos outros, baixando as cabeças. O nevoeiro úmido envolvia tudo.

Em redor da Cruz reinava silêncio; todos se tinham afastado, muitos fugiram para a cidade. O Salvador, naquele infinito martírio, mergulhado no mais profundo abandono, dirigindo-se ao Pai Celestial, rezava pelos inimigos, impelido pelo amor. Rezava, como durante toda a Paixão, recitando versos de salmos que n'Ele se cumpriram. Vi figuras de anjos em redor d'Ele. Quando, porém, a escuridão cresceu e o terror pesava sobre todas as consciências e todo o povo estava em sombrio silêncio, ficou Jesus abandonado de todos e privado de toda a consolação. Sofria tudo quanto sofre um pobre homem, aflito e esmagado pelo absoluto abandono, sem consolação divina ou humana, quando a fé, a esperança e a caridade, privadas de iluminação e consolo, de visível assistência, ficam sozinhas no deserto da provação, vivendo de si mesmas, em um infinito martírio. Tal sofrimento não se pode exprimir. Nessa tortura moral, Jesus nos alcançou a força de resistirmos na extrema miséria do abandono, quando se rompem todos os laços e relações com a existência e a vida terrena, com o mundo e a natureza em que vivemos, quando se desfazem também as perspectivas que esta vida em si nos abre, para outra existência; nessa provação venceremos, se unirmos nosso abandono com os merecimentos do abandono de Jesus na Cruz. O Salvador conquistou-nos os méritos da perseverança, na extrema luta do absoluto abandono, e ofereceu por nós, pecadores, a miséria, a pobreza, o martírio, o abandono que sofreu na Cruz, de modo que o homem, unido a Jesus no seio da Igreja, não deve mais desesperar na hora extrema, quando tudo se escurece e toda a luz e consolação acaba. Não temos mais de descer nesse deserto da noite interior, sozinhos e sem proteção. Jesus lançou no abismo desse mar de amargura o abandono exterior e interior que padeceu na Cruz, e assim não mais deixou os cristãos desamparados no abandono da morte, quando desaparece toda a consolação. Não há mais para o cristão nem deserto, nem solidão, nem abandono, nem desespero, na hora da morte, no último combate; pois o Salvador, a luz, o caminho e verdade, também andou por esse caminho tenebroso, derramando bênçãos e vencendo todos os terrores, e erigiu sua Cruz também nesse deserto.

Jesus, inteiramente desamparado e abandonado, ofereceu-se como faz o amor, a si mesmo por nós, e fez até do abandono um riquíssimo tesouro; pois se ofereceu, com toda sua vida, seus trabalhos, amor e sofrimento e a dolorosa fraqueza e pobreza. Fez testamento diante de Deus e ofereceu todos os seus merecimentos à Igreja e aos pecadores. Pensou em todos; naquele abandono estava com todos, até o fim dos séculos; e assim rezou também por aqueles hereges que afirmam que sendo Deus, não sentiu as dores da Paixão e não sofreu, ou sofreu menos do que um homem comum em igual martírio. Participando dessa oração e sentindo com Ele as angústias, parecia-me ouvi-lo dizer, que "se devia ensinar o contrário, isto é, que Ele sentiu esse sofrimento do abandono com mais amargura do que um homem comum, porque estava intimamente unido à divindade, porque era verdadeiro Deus e verdadeiro homem e no sentimento da humanidade abandonado por Deus, bebeu, como Deus-Homem, até o fundo o cálice do abandono completo".

E testemunhou por um grito a dor do abandono, dando assim a todos os aflitos, que reconhecem a Deus por Pai, a liberdade de uma queixa cheia de confiança filial. Pelas três horas, Jesus exclamou em alta voz: *Eli, Eli, lama Sabachtani!*, o que quer dizer: "Meu Deus, meu Deus, por que me abandonastes?".

Quando esse grito de Nosso Senhor interrompeu o angustioso silêncio que reinava em redor da Cruz, os escarnecedores se voltaram novamente para Ele e um deles disse: "Ele está chamando Elias", e outro: "Vamos ver se Elias vem ajudá-lo a descer da Cruz". Quando, porém, Maria ouviu a voz do Filho, nada mais pôde retê-la; voltou para junto da Cruz, seguida por João, Maria, filha de Cléofas, Madalena e Salomé.

Enquanto o povo tremia e gemia, vinha passando perto um grupo de cerca de trinta homens a cavalo, notáveis da Judéia e da região de Jope, que tinham vindo para a festa; e quando viram Jesus tão horrivelmente tratado e os sinais ameaçadores que se mostravam na natureza, exprimiram em alta voz o horror que sentiam, exclamando: "Ai desta cidade abominável! Se nela não estivesse o Templo, devia-se destruí-la a fogo, por ter se tornado culpada de tanta iniqüidade".

As palavras desses distintos estrangeiros foram como um ponto de apoio para o povo, que rompeu em murmuração e altos lamentos; os que tinham os mesmos sentimentos, juntaram-se em grupos. Todos os presentes formaram dois partidos: uns murmuravam e lamentavam-se, outros proferiam insultos e imprecações. Os fariseus, porém, ficavam cada vez menos arrogantes; temendo um levante do povo, porque também o povo de Jerusalém estava sobressaltado; aconselharam-se com o centurião Abenadar; deram-se ordens para fechar a porta da cidade que dava para o Calvário, cortando assim toda a comunicação; mandaram também um mensageiro a Pilatos, para pedir quinhentos soldados, e também a guarda real de Herodes, para impedir uma insurreição. No entanto conseguiu o centurião Abenadar, pela energia, restabelecer a ordem e a calma, proibindo qualquer insulto a Jesus, para não irritar o povo.

Logo depois das três horas, o céu começou a esclarecer-se; a Lua afastou-se gradualmente do Sol, para o lado oposto àquele de que viera. O Sol reapareceu, sem brilho, ainda vedado pelo nevoeiro vermelho e a Lua ia descendo rapidamente para o outro lado, como se caísse. Pouco a pouco o Sol readquiriu mais claridade e as estrelas desapareceram; contudo o dia ainda permanecia sombrio. À medida que reaparecia a luz, tornavam-se os inimigos escarnecedores mais arrogantes; foi nessa ocasião que disseram: "Ele está chamando Elias". Abenadar, porém, impôs-lhes silêncio e manteve a ordem.

Quinta, sexta e sétima palavras de Jesus na Cruz. Morte de Jesus.

Quando a luz voltou, surgiu o corpo de Nosso Senhor, pálido, extenuado, como que inteiramente desfalecido, mais branco do que antes, por causa da grande perda de sangue. Jesus disse ainda, não sei se o percebi só interiormente ou se Ele o disse a meia-voz: "Sou espremido como as uvas, que foram pisadas aqui pela primeira vez; devo dar todo meu sangue, até sair água, e o bagaço ficar branco; mas não se fará mais vinho neste lugar".

Mais tarde, numa visão a respeito dessas palavras, vi que foi nesse lugar que Jafé pela primeira vez pisou as uvas para fazer vinho.

Jesus consumia-se de sede e disse com a língua seca: "Tenho sede". E como os amigos o olhassem com tristeza, disse-lhes: "Não me podíeis dar um gole de água?". Queria dizer que durante a escuridão ninguém os teria impedido. João, muito incomodado, respondeu: "Senhor, esquecemo-lo mesmo". Jesus disse ainda algumas palavras cujo sentido era: "Também os amigos mais íntimos deviam esquecer-se e não me dar a beber, para que se cumprisse a Escritura". Mas esse esquecimento lhe doeu amargamente. Ofereceram então dinheiro aos soldados, para lhe dar um pouco de água; eles recusaram, mas um deles tomou uma esponja em forma de pêra, embebeu-a em vinagre, que havia lá em um pequeno barril de casca de árvore, e ainda lhe misturou fel. Mas o centurião Abenadar, compadecido de Jesus, tomou a esponja do soldado, espremeu-a e embebeu-a de vinagre puro. Ajustou depois um lado da esponja num pedaço curto de uma haste de hissope, que servia de boquilha para chupar, fincou-a na ponta da lança e levantou-a à altura do rosto de Jesus, aproximando-lhe a esponja dos lábios.

Nosso Senhor ainda disse algumas palavras de exortação ao povo; lembro-me apenas que disse: "Quando minha voz não se fizer mais ouvir, falará a boca dos mortos"; ao que alguns gritaram: "Ainda continua blasfemando". Abenadar, porém, os mandou calar.

Tendo chegado a hora da agonia, Nosso Senhor lutou com a morte e um suor frio cobriu-lhe os membros. João estava sob a Cruz e enxugou-lhe os pés com o sudário. Madalena, esmagada pela dor, encostava-se à Cruz no lado de trás. A Santíssima Virgem estava entre a cruz do bom ladrão e a de Jesus, amparada pelos braços de Maria de Cléofas e Salomé, olhando para o Filho, que lutava com a morte. Então disse Jesus: "Tudo está consumado!" e, levantando a cabeça, exclamou em alta voz: "Meu Pai, em vossas mãos entrego o meu espírito". Foi um grito doce e forte, que penetrou o Céu e a Terra; depois inclinou a cabeça e expirou. Vi a alma de Jesus, em forma luminosa, entrar na terra, ao pé da Cruz e descer ao Limbo. João e as santas mulheres prostraram-se com a face na terra.

O centurião Abenadar, árabe de nascimento, depois, como discípulo, batizado com o nome de Ctesifon, desde que oferecera o vinagre a Jesus, ficara a cavalo junto à elevação onde estavam erigidas as cruzes, de modo que o cavalo tinha as patas dianteiras mais no alto. Profundamente abalado, entregue a sérias reflexões, contemplava incessantemente o semblante de Nosso Senhor, coroado de espinhos. O cavalo baixara assustado a cabeça e Abenadar, cujo orgulho estava domado, não puxava mais as rédeas. Nesse momento pronunciou o Senhor as últimas palavras em voz alta e forte e morreu dando um grito, que penetrou o Céu, a Terra e o Inferno. A terra tremeu e o rochedo fendeu-se, deixando uma larga abertura entre a Cruz do Senhor e a do ladrão à esquerda. O testemunho que Deus deu de seu Filho abalou com susto e terror a natureza enlutada. Estava consumado! A alma de Nosso Senhor separou-se do corpo e ao grito de morte do Redentor moribundo estremeceram todos que o ouviram, junto com a Terra que, tremendo, reconheceu o Salvador; os corações amigos, porém, foram transpassados pela espada da dor. Foi então que a graça desceu à alma de Abenadar; estremeceu emocionado, cederam-lhe as paixões e o seu coração orgulhoso e duro fendeu-se como o rochedo do Calvário. Lançou longe de si a lança, bateu no peito com força e exclamou alto, com a voz de um homem novo: "Louvado seja Deus, Todo-Poderoso, o Deus de Abraão e Jacó! Este era um homem justo; em verdade, Ele é o Filho de Deus!". E muitos dos soldados, tocados pela palavra do centurião, fizeram o mesmo. Abenadar, tornado novo homem, salvo pela graça e tendo rendido publicamente homenagem ao Filho de Deus, não quis ficar mais tempo servo dos inimigos de Cristo. Dirigiu-se a cavalo ao oficial subalterno, Cássio, também chamado Longino, apeou-se, apanhou a lança e a ele entregou-a; disse algumas palavras aos soldados e a Cássio, que então montou o cavalo e tomou o comando. Abenadar desceu do Calvário e, atravessando o Vale de Gihon, dirigiu-se às cavernas do Vale de Hinom, onde estavam escondidos os discípulos; anunciou-lhes a morte do Senhor e voltou de lá à cidade, ao palácio de Pilatos.

Grande espanto apoderou-se dos assistentes, ante o grito de morte de Jesus, quando a terra tremeu e o rochedo do Calvário se fendeu. Esse terror fez-se sentir em toda a natureza; pois rasgou-se o véu do Templo, muitos mortos saíram das sepulturas, desabaram algumas paredes do Templo, ruíram muitos edifícios e desmoronaram montes em muitas regiões da Terra.

Abenadar deu testemunho em alta voz, muitos soldados testemunharam com ele, grande parte do povo presente e também alguns dos fariseus, chegados no fim, se converteram. Muitos bateram no peito e, descendo do monte, voltaram chorando pelo vale para casa; outros rasgaram as vestes e lançaram pó sobre a cabeça. Todo o mundo estava cheio de medo e terror.

João levantou-se e algumas das santas mulheres, que até então tinham ficado afastadas, aproximaram-se da Cruz; levantaram a Mãe de Jesus e as amigas, conduziram-nas a alguma distância da Cruz, para as confortar.

Quando Jesus, cheio de amor, Senhor de toda a vida, pagou pelos pecadores a dolorosa dívida da morte; quando entregou, como homem, a alma a Deus, seu Pai, e abandonou o corpo, tomou esse santo vaso esmagado a fria e pálida cor da morte; o corpo tremeu-lhe convulsivamente nas últimas dores e tornou-se lívido, e os vestígios do sangue derramado das chagas ficaram mais escuros e distintos. O seu rosto alongou-se, as faces encolheram-se, o nariz ficou mais delgado e pontiagudo, o queixo caiu, os olhos, cheios de sangue e fechados, abriram-se, meio envidraçados. O Senhor levantou pela última vez e por poucos momentos a cabeça, coroada de espinhos, e deixou-a depois cair sobre o peito, sob o peso dos sofrimentos. Os seus lábios lívidos e contraídos entreabriram-se, deixando ver a língua ensangüentada. As mãos, antes fechadas sobre a cabeça dos cravos, abriram-se; estenderam-se os seus braços, as costas endureceram-se ao longo da Cruz e todo o peso do santo corpo desceu sobre os pés. Os seus joelhos curvaram-se, tornando para um lado, e os pés viraram-se um pouco em redor do prego que os trespassara.

Então se esticaram as mãos da Mãe Dolorosa, a sua vista escureceu-se, palidez de morte cobriu-lhe o rosto, os ouvidos deixaram de escutar, os pés vacilaram e ela caiu por terra; também Madalena, João e os outros se prostraram, com a cabeça velada, entregues à dor.

Quando ergueram a mais amorosa, a mais desolada das mães, dirigindo os olhos à Cruz, ela viu o corpo do Filho adorado, concebido na virgindade, por obra e graça do Espírito Santo, carne de sua carne, ossos de seus ossos, coração de seu coração, vaso sagrado formado no seu seio pela virtude divina, agora privado de toda a beleza e formosura, separado da alma santíssima, entregue às leis da natureza que Ele próprio criara e de que os homens tinham abusado pelo pecado, desfigurando-a; viu o corpo do Filho Unigênito esmagado, maltratado, desfigurado, morto pelas mãos daqueles que viera salvar e vivificar. Ai! O vaso de toda beleza e verdade, de todo amor, pendia da Cruz, entre dois assassinos, vazio, rejeitado, desprezado, insultado, semelhante a um leproso. Quem pode compreender toda a dor da Mãe de Jesus, rainha de todos os mártires?

A luz do Sol ainda era sombria e nebulosa. O tremor de terra foi acompanhado de calor sufocante; mas seguiu-se-lhe depois um frio sensível. O corpo de Nosso Senhor morto, na Cruz, causava um sentimento de respeito e estranha comoção. Os ladrões pendiam em horríveis contorções, como embriagados. Ambos estavam no fim calados; Dimas rezava.

Era pouco depois das três horas, quando Jesus expirou. Passado o primeiro terror causado pelo tremor de terra, alguns dos fariseus recobraram a anterior arrogância. Aproximando-se da fenda no rochedo do Calvário, jogaram-lhe pedras, e atando várias cordas, amarraram uma pedra, fizeram-na entrar na fenda, para medir-lhe a profundidade; quando, porém, não tocaram no fundo, tornaram-se mais pensativos. Também se sentiam inquietos com os lamentos do povo, que batia no peito; e por isso, montando a cavalo, retiraram-se; alguns se sentiam mudados interiormente. O povo também se retirou em pouco tempo, indo pelo vale para a cidade, cheio de medo e terror. Muitos se tinham convertido. Uma parte dos cinqüenta soldados romanos foi reforçar a guarda da porta, até a chegada dos quinhentos, requeridos a Pilatos. A porta tinha sido fechada; alguns soldados ocuparam outros pontos da vizinhança, para impedir ajuntamento e tumulto. Cássio (Longino) e cerca de cinco soldados ficaram no lugar do suplício. Os parentes de Jesus estavam em redor da Cruz ou sentados em frente, chorando. Algumas santas mulheres tinham voltado à cidade. Silêncio e tristeza reinavam em volta do lenho sagrado. De longe, no vale e nas alturas afastadas, se via de vez em quando um ou outro discípulo, olhando com curiosidade e receio para a Cruz, mas retirando-se timidamente, ao aproximar-se alguém.

O TREMOR DE TERRA. APARIÇÃO DOS MORTOS EM JERUSALÉM.

Quando Jesus, com um grito forte, entregou o espírito nas mãos do Pai Celestial, a alma do Salvador, qual forma luminosa, acompanhada de brilhante cortejo de anjos, entrou na terra, ao pé da Cruz; entre os anjos estava também São Gabriel. Vi esses anjos expulsarem grande número de espíritos maus da Terra para o abismo. Jesus, porém, mandou muitas almas do Limbo para que, retomando os corpos, assustassem os impenitentes, os exortassem a converter-se e dessem testemunho d'Ele.

O tremor de terra, na hora da morte do Redentor, quando o rochedo do Calvário se fendeu, causou muitos desmoronamentos e desabamentos em todo mundo, especialmente na Palestina e em Jerusalém. Mal o povo na cidade e no Templo sossegara um pouco, ao desaparecer a escuridão, eis que os abalos do solo e o estrondo do desabamento dos edifícios, em muitos lugares, espalharam um terror geral e ainda maior do que antes. O pavor chegou ao extremo quando apareceram os mortos ressuscitados, andando pelas ruas e admoestando com voz rouca o povo, que fugia, chorando, em todas as direções.

No Templo, os príncipes dos sacerdotes acabavam justamente de restabelecer a ordem e recomeçar os sacrifícios, suspensos pelo terror das trevas, e triunfavam com a volta da luz, quando de repente tremeu o solo, ouvindo-se um estrondo e o fracasso de muros a desabar, acompanhado do ruído sibilante do véu do Templo, que se rasgou de alto a baixo, causando um momento de mudo terror na imensa multidão, interrompido em diversos lugares por gritos e lamentos. Mas a multidão estava tão habituada à ordem do Templo, o imenso edifício tão repleto de gente, a ida e vinda dos que ofereciam sacrifícios estava tão bem regulada, as cerimônias da imolação dos cordeiros e da aspersão do altar com sangue se desenrolavam tão regularmente, através das longas fileiras dos sacerdotes, acompanhadas de canto e do alto som das trombetas, que o susto não produziu logo no princípio uma confusão e desordem geral. Assim, pois, continuavam os sacrifícios em algumas partes do imenso edifício do Templo, com as inúmeras passagens e salas, quando em outra parte já reinava o espanto e terror e em outros lugares sacerdotes já conseguiam acalmar o povo; mas ao aparecimento dos mortos, em várias partes do Templo, todo o povo se dispersou e o sacrifício foi interrompido, como se o Templo fosse profanado. Contudo nem isso se deu repentinamente, de modo que a multidão se tivesse precipitado pelos degraus abaixo, empurrando e esmagando-se uns aos outros; mas dissolveu-se gradualmente, saindo em grupos, enquanto outros eram ainda contidos pelos sacerdotes ou estavam em partes separadas do Templo. Todavia, manifestava-se o medo e o terror em toda parte, em diversos graus, de um modo incrível.

Pode-se fazer uma idéia da desordem e confusão que reinava, imaginando um grande formigueiro, de tranqüilo movimento, em que se jogam pedras ou se remexe com um pau; enquanto reina confusão num ponto, em outro ainda continua o movimento e a atividade toda regular, e ainda no mesmo lugar onde houve desarranjo, logo começa a restabelecer-se a ordem.

O Sumo Sacerdote Caifás e seu partido, com audácia desesperada, não perderam a cabeça. Como um hábil governador de uma cidade revoltada, conjurou o perigo, ameaçando aqui, exortando ali, desunindo os partidos, atraindo outros com muitas promessas. Devido ao seu endurecimento diabólico e aparente calma, conseguiu impedir uma perigosa perturbação geral, fazendo com que a massa do povo não visse nesses acontecimentos assustadores um testemunho da morte inocente de Jesus. A guarnição do Forte Antônia também fez tudo para conservar a ordem; deste modo eram o terror e a confusão grandes, é verdade, mas cessou a celebração da festa sem que houvesse tumulto. O povo dispersou-se, ficando ainda com um oculto pavor, que também foi pouco a pouco abafado pela ação dos fariseus.

Essa era a situação geral da cidade; seguem-se agora alguns incidentes particulares, de que ainda me lembro: as duas grandes colunas situadas à entrada do santuário do Templo, e entre as quais estava suspensa a magnífica cortina, afastaram-se no alto, a da esquerda para o sul e a da direita para o norte; a verga que suportavam abaixou-se, e a grande cortina partiu-se em duas, de alto a baixo, com um som sibilante, e abrindo as duas partes para os lados, abriu-se o santuário. Esta cortina era vermelha, azul, branca e amarela; trazia o desenho de muitas constelações dos astros e também figuras, como, por exemplo, a da serpente de bronze. O santuário estava aberto a todos os olhares. Perto da cela onde Simeão costumava rezar, no muro sul, ao lado do santuário, tombou uma pedra grande e a abóbada da cela desabou; em várias salas se afundou o solo, umbrais deslocaram-se, colunas cederam para os lados.

No santuário apareceu, proferindo palavras de ameaça, o Sumo Sacerdote Zacarias, que fora assassinado entre o Templo e o altar; falou também da morte do outro Zacarias[1] e de João Batista, como

---

1   Em 1821 Anna Catarina contemplou o primeiro ano da vida pública de Jesus e, em meados de setembro, contou muitas coisas sobre as relações do Senhor com um velho essênio, Eliud, sobrinho de Zacarias, pai de João Batista. Eliud morava em um lugar situado antes de Nazaré, onde também Jesus ficara alguns dias, antes de ser batizado. Das conversas de Eliud e Jesus, Anna Catarina aprendeu muitos fatos, que se referem aos primórdios da história da Sagrada Família. Entre outros contou, a 18 de setembro, pelas visões que teve, de dez dias antes do batismo de Jesus: "Hoje ouvi o seguinte: no sexto ano de João Batista foi Isabel, sua mãe, viver com ele no deserto. Não podia mais ficar em casa, por causa da tristeza que a acabrunhava: pois Herodes mandara prender o marido, Zacarias,

em geral da morte dos profetas. Ele saiu pela abertura que ficara, onde caiu a pedra na cela de Simeão, o Justo, bisavô do velho sacerdote Simeão que profetizara na apresentação de Jesus no Templo; apareceram como espíritos grandes, perto da grande cátedra (cadeira dos doutores), proferindo palavras severas sobre a morte dos profetas e sobre o sacrifício que ia cessar; exortaram a todos a que seguissem a doutrina de Jesus crucificado. Perto do altar apareceu o profeta Jeremias, proclamando em voz ameaçadora o fim do sacrifício antigo e o começo do novo. Essas aparições e palavras, em lugares onde só Caifás e os sacerdotes as ouviram, foram negadas ou ocultadas e foi proibido falar nisso, sob pena de grande excomunhão. Mas ouviu-se ainda um grande ruído. Abriram-se as portas do Santo e uma voz gritou: "Saiamos daqui!". Vi então anjos, que se retiraram do Templo. O altar do incenso tremeu e caiu um dos vasos de incenso; o armário que continha os rolos das Escrituras tombou e os rolos caíram fora, em desordem; a confusão aumentou, não sabiam mais que hora do dia era.

Nicodemos, José de Arimatéia e muitos outros abandonaram o Templo e foram-se embora. Jaziam corpos de mortos, em vários lugares; outros mortos ressuscitados andavam no meio do povo, exortando-o com palavras severas; à voz dos anjos que se afastaram do Templo, também eles voltaram às sepulturas. A grande cátedra, no átrio do Templo, caiu. Vários dos trinta e dois fariseus que tinham ido ao Calvário, mais tarde voltaram, durante essa confusão e, como se tinham convertido ao pé da Cruz, ficaram ainda mais comovidos com esses sinais, de modo que censuraram com veemência a Anás e Caifás, retirando-se depois do Templo.

Anás, o verdadeiro chefe dos inimigos de Jesus, que desde muito tempo dirigira todas as intrigas secretas contra o Salvador e os discípulos e que também instruíra os acusadores, estava quase doido de terror; fugia de um canto para outro das salas secretas do Templo;

---

que estava em viagem de Hebron a Jerusalém, para fazer o serviço no Templo: depois de o ter sujeitado a cruéis torturas, mandara matá-lo, por não querer revelar o esconderijo do filho. Amigos sepultaram o corpo perto do Templo. Esse não é, porém, aquele Zacarias que fora morto entre o Templo e o altar, a quem vi aparecer depois da morte de Jesus; saiu do muro, ao lado do oratório do velho Simeão e andou pelo Templo; o túmulo em que estava era no muro e ruiu, como vários outros sepulcros no Templo" etc.

vi-o gritando e torcendo-se em convulsões; levaram-no a um quarto secreto, rodeado de alguns partidários. Caifás deu-lhe uma vez um forte abraço, para o reanimar, mas em vão; a aparição dos mortos tinha-o levado ao desespero.

Caifás, apesar de estar cheio de pavor, estava de tal modo possesso do demônio do orgulho e da obstinação que não deixava perceber nada do susto que sentia. Cheio de raiva e orgulho, ocultava o medo e mostrava uma testa de bronze aos sinais ameaçadores da cólera divina. Quando, porém, apesar de todos os esforços, não pôde mais fazer as cerimônias da festa, deu ordem de guardar silêncio sobre os prodígios e aparições de que o povo não tinha conhecimento. Disse e mandou outros sacerdotes também dizerem que esses sinais de cólera divina eram provocados pelos partidários do Galileu crucificado, que entraram no Templo sem se terem purificado; que somente os inimigos da santa Lei, a qual Jesus também quisera derrubar, tinham causado esse terror. Muito se devia também à feitiçaria do Galileu que, como em vida, assim também na morte, perturbava a paz do Templo. Desse modo conseguiu acalmar muitos e intimidar outros com ameaças; muitos, porém, estavam profundamente abalados e ocultavam os sentimentos. A festa foi adiada, até a purificação do Templo. Muitos cordeiros foram imolados; o povo dispersou-se pouco a pouco.

O túmulo de Zacarias, sob o muro do Templo, desabara, arrastando consigo as pedras do muro; Zacarias saiu do túmulo, mas não voltou mais para lá, não sei onde depositou de novo os restos mortais. Os filhos ressuscitados de Simeão, o Justo, depositaram os corpos novamente no túmulo, ao pé do Monte do Templo, na hora em que o corpo de Jesus foi preparado para a sepultura.

Enquanto tudo isso se passava no Templo, reinava o mesmo espanto em muitas partes de Jerusalém. Logo depois das três horas, ruíram muitos túmulos, particularmente na região dos jardins, ao noroeste, dentro da cidade. Vi lá, nos túmulos, mortos ainda envoltos em panos; em outros jaziam esqueletos, com farrapos apodrecidos, de muitos saía um mau cheiro insuportável. No tribunal de Caifás desabaram as escadas em que Jesus fora escarnecido, também parte do fogão do átrio, onde Pedro começara a negar Jesus. A destruição era tal que era preciso procurar outra entrada. Ali apareceu o corpo do Sumo Sacerdote Simeão, o Justo, de cuja descendência pertencia Simeão, que proferiu a profecia, na apresentação do Menino Jesus no Templo. Esse falou algumas palavras ameaçadoras, a respeito do julgamento injusto que se fizera ali. Estavam reunidos alguns membros do Sinédrio. Os criados que no dia anterior deixaram entrar Pedro e João, converteram-se e fugiram para as cavernas onde estavam escondidos os discípulos. No palácio de Pilatos se fendeu a pedra e afundou-se o solo onde Jesus fora apresentado ao povo por Pilatos. Todo o edifício tremeu e vacilou; no pátio do tribunal vizinho se afundou todo o lugar onde estavam sepultados os corpos das inocentes crianças que Herodes mandara assassinar. Em vários outros lugares da cidade se fenderam muros, caíram paredes; mas nenhum edifício foi totalmente destruído.

Pilatos, supersticioso e confuso, estava preso de terror e incapaz de desempenhar o cargo; o terremoto abalou-lhe o palácio, o solo tremia-lhe debaixo dos pés, fugia de uma sala para outra. Os mortos mostravam-se para ele no átrio do palácio, lançando-lhe em rosto o julgamento iníquo e a sentença contraditória. Julgando que fossem os deuses do profeta Jesus, encerrou-se num quarto secreto do palácio, onde ofereceu incenso e sacrifícios aos deuses pagãos, fazendo promessas para que os ídolos impedissem os deuses do Galileu de fazerem-lhe mal. Herodes estava no palácio, desvairado de pavor; mandara fechar todas as portas do palácio.

Foram cerca de cem os mortos, de todas as épocas, que em Jerusalém e arredores se levantaram dos sepulcros destruídos e na maior parte se dirigiram, dois a dois, a diversos pontos da cidade, apresentando-se ao povo, que fugia em todas as direções e dando, em algumas palavras, severo testemunho de Jesus. A maior parte dos túmulos estavam situados na solidão dos vales, fora da cidade; mas havia-os também nos novos bairros da cidade, especialmente na região dos jardins, ao noroeste, entre a Porta Angular e a do Calvário; também em redor e debaixo do Templo havia muitos túmulos ocultos ou esquecidos.

Nem todos os mortos, que pela destruição dos túmulos ficaram à vista, ressuscitaram; havia muitos que se tornaram visíveis só porque estavam numa sepultura comum com os outros. Muitos, porém, cujas almas Jesus mandara do Limbo à Terra, se levantaram, descobriram o rosto e andavam, como que levitando, pelas ruas, iam às casas dos parentes, entravam nas casas dos descendentes, censurando-os com palavras ameaçadoras, por terem tomado parte na morte de Jesus. Vi as aparições procurarem juntar-se, conforme as antigas amizades, e andar duas a duas pelas ruas da cidade. Não vi movimento dos pés sob as longas túnicas mortuárias, pareciam pairar sobre o solo, sem o tocar; as mãos ou estavam envoltas em largas faixas de linho, ou escondidas nas largas mangas pendentes e ligadas em redor dos braços; os véus do rosto estavam levantados e postos sobre a cabeça; as faces pálidas, amareladas e secas, destacavam-se das longas barbas; as vozes tinham um som estranho e insólito. Essas vozes eram a única manifestação dos corpos, que passavam de lugar em lugar, sem parar e sem se importar com o que encontravam no caminho; parecia que eram só vozes. Estavam diversamente vestidos, conforme a época da morte e segundo a classe e a idade. Nas encruzilhadas, onde fora promulgada a sentença de morte contra Jesus, paravam, proclamando a glória de Jesus e a maldição dos assassinos. Os homens ficavam longe tremendo, escutando-os, e fugiam quando eles continuavam o caminho. No fórum, diante do palácio de Pilatos, ouvi-os proferir palavras ameaçadoras; lembro-me da palavra: "Juiz sangüinário!". Todo o povo se ocultou nos cantos mais recônditos das casas; havia grande medo e susto na cidade. Pelas quatro horas da tarde voltaram os mortos para os túmulos. Mas depois da ressurreição de Jesus Cristo ainda apareceram muitos espíritos, em vários lugares. O sacrifício foi interrompido; era uma confusão geral; só uma pequena parte do povo comeu o cordeiro pascal à noite.

Outras aparições depois da morte de Jesus

Entre os muitos mortos ressuscitados, que dentro e em redor de Jerusalém se contavam cerca de cem, não havia nenhum parente de Jesus. Os túmulos ao noroeste estavam antes fora da cidade, mas pelo alargamento da mesma, ficaram depois dentro dos muros. Tive também visões de diversos mortos, que em vários lugares da Terra

Santa ressuscitaram, aparecendo aos parentes e dando testemunho de Jesus e da missão que viera cumprir na Terra. Assim vi Zadoc, homem muito piedoso, que tinha dado todos os bens aos pobres e ao Templo e fundado a comunidade dos essênios, perto de Hebron; foi um dos últimos profetas antes de Cristo e esperava e suspirava pela vinda do Messias, de quem tinha muitas revelações; tinha também relações com os antepassados da Sagrada Família. Vi esse Zadoc, que viveu uns cem anos antes de Jesus, ressuscitar e aparecer a diversas pessoas, na região de Hebron. Em uma visão anterior vi que foi um dos que primeiro depositaram novamente o respectivo corpo e depois acompanharam a alma de Jesus. Vi também vários mortos aparecerem aos discípulos do Senhor, escondidos nas cavernas, exortando-os à fé.

Vi que as trevas e o terremoto espalharam terror e destruição, não só em Jerusalém e arredores, mas também em outras partes do país, mesmo em lugares longínquos. Ainda me lembro dos seguintes casos: em Tirza desabaram as torres da cadeia, da qual Jesus resgatara alguns presos, e vários outros edifícios. Na terra do Cabul houve desabamentos em muitos lugares. Em toda Galiléia, onde Jesus tinha vivido e pregado mais tempo, vi desabar, em muitos lugares, edifícios, sobretudo muitas casas de fariseus que tinham perseguido Jesus com mais ódio e que então estavam todos na festa em Jerusalém e cujas mulheres e filhos morreram soterrados sob os destroços das casas.

As devastações em redor do Lago de Genesaré (Mar da Galiléia) eram consideráveis. Em Cafarnaum caíram muitíssimos edifícios; a povoação dos escravos, situada entre Tibérias e os jardins de Zorobabel, centurião de Cafarnaum, foi quase completamente destruída.

O rochedo que formava uma pequena península no lago e fazia parte dos belos jardins do centurião, perto de Cafarnaum, desmoronou-se todo; o lago entrou pelo vale adentro e chegou até perto de Cafarnaum, que antes estava distante quase meia hora. A casa de Pedro e a morada da Santíssima Virgem, entre Cafarnaum e o lago, ficaram intactas. As águas do Mar da Galiléia estavam muito agitadas; as margens ruíram em algumas partes e em outras se levantaram. O lago mudou consideravelmente de forma, ficando mais ou menos como está hoje, e a configuração das respectivas margens quase não se conhece mais. De maior importância foram as mudanças na extremidade sudoeste do lago, logo abaixo de Tariqueia, onde havia um dique comprido e escuro, que separava o lago de um pântano e dava firme direção às águas do Jordão, ao saírem do lago; todo esse dique foi levado pelas águas, causando vastas destruições.

No lado oriental do lago, onde os porcos dos gerasenos se tinham lançado no pântano, afundaram-se muitas terras, como também em Gergesa, Geresa e em todo o distrito de Corazim. Também o monte da segunda multiplicação dos pães sofreu forte abalo e a pedra, sobre a qual fora colocado o pão, partiu-se ao meio. Dentro e em redor de Panéas desabaram também muitas casas. Na Decápolis desapareceram partes inteiras de cidades; muitos lugares na Ásia sofreram grandes prejuízos, como, por exemplo, Nicéia e principalmente muitos lugares a leste e nordeste de Panéas. Também na Galiléia superior vi grande destruição e os fariseus encontraram, ao voltar da festa, muita desgraça em casa. Alguns receberam a notícia já em Jerusalém. Foi por isso que os inimigos de Jesus ficaram tão abatidos, até depois de Pentecostes, e não ousaram tomar medida alguma importante contra a comunidade do Senhor.

No Monte Garizim vi ruir grande parte do Templo. Havia lá um ídolo em cima de um poço, num pequeno templo, cujo telhado, junto com o ídolo, caiu na água do poço. Em Nazaré, desabou metade da sinagoga da qual os judeus expulsaram Jesus; também a parte do rochedo da qual quiseram lançá-lo no abismo desmoronou-se.

Muitas montanhas, vales e cidades sofreram forte destruição. O leito do Jordão mudou-se em várias partes; pois pelos abalos do litoral do Mar da Galiléia e pelas mudanças das correntes dos riachos, formaram-se obstáculos e mudou-se a corrente das águas, de modo que o leito do Jordão é hoje muito diferente do que era antes. Em Machérus e em outras cidades de Herodes, ficou tudo calmo e inalterado; essa região estava fora do círculo da penitência e da ameaça, como aqueles homens no Horto das Oliveiras, que não caíram e por isso também não se levantaram.

Em algumas regiões, onde havia muitos espíritos maus, vi-os em grande número afundar-se na terra, juntamente com os edifícios e montes destruídos; os tremores de terra recordaram-me então convulsões dos possessos, quando o demônio sente que é obrigado a sair.

No momento em que, perto de Gergesa, se afundou no pântano parte do monte, de onde outrora os demônios se lançaram no pântano, com a manada de porcos, vi imensa multidão de maus espíritos cair, como uma nuvem sinistra, e afundar-se com o monte no abismo.

Creio que foi em Nicéia que vi um acontecimento, de cujos pormenores me lembro só imperfeitamente. Vi um porto com muitos navios, e numa casa, com uma torre alta, perto do porto, vi um homem; era pagão, o capitão do porto. Tinha por obrigação subir muitas vezes à torre e observar o mar, a ver se chegavam navios ou velar por qualquer acontecimento. Vi que, ouvindo forte estrondo sobre os navios do porto e temendo a aproximação de um inimigo, subiu apressadamente à torre; olhando para os navios, viu-lhes pairar acima grande número de figuras escuras, que, com vozes lamentosas, lhe gritaram: "Se queres conservar os navios, leva-os para fora do porto; pois devemos voltar ao abismo; morreu o grande Pã". É o que me lembro ainda distintamente dessa visão; disseram-lhe outras coisas ainda e deram-lhe muitas ordens, onde e como devia revelar, em uma viagem marítima iminente, o que lhe tinham dito; exortaram-no também a receber bem os mensageiros que viriam, anunciando a doutrina e a morte daquele que nesse momento tinha falecido.

Os maus espíritos foram desse modo obrigados pelo poder de Deus a avisar esse homem bom, tornando-se assim anunciadores de sua própria humilhação. O capitão do porto mandou, pois, pôr a seguro os navios, quando estava iminente uma veemente tempestade; vi então os demônios se lançarem rugindo no mar e metade da cidade ficou destruída pelo terremoto. A casa com a torre ficou intacta. O homem fez depois longas viagens em navio, cumprindo todas as ordens que recebera e anunciando a morte do grande Pã, como os demônios tinham chamado ao Senhor; mais tarde chegou também a Roma, onde se admiraram muito daquela narração. Vi ainda muitas outras coisas desse homem, mas esqueci-as; entre outras, vi que uma das suas narrativas de viagens, misturada com os acontecimentos que contei, se propagou muito entre os povos, mas não me lembro mais da conexão. Creio que tinha um nome semelhante a Tamus ou Tramus.

José de Arimatéia pede a Pilatos o corpo de Jesus

Mal se tinha restabelecido um pouco a calma em Jerusalém, depois de tantos acontecimentos assustadores, quando Pilatos, tão consternado, foi importunado de todos os lados com narrativas do que sucedera. Também o Supremo Conselho lhe mandou, como já resolvera de manhã, um requerimento, pedindo que mandasse esmagar as pernas dos sacrificados, para que morressem mais depressa, e tirá-los depois da cruz, para que não ficassem pendurados durante o sábado. Pilatos enviou, pois, os algozes para esse fim ao Calvário.

Pouco depois vi José de Arimatéia entrar no palácio de Pilatos. Já recebera a notícia da morte de Jesus e resolvera, com Nicodemos, sepultar o corpo do Senhor no sepulcro novo que escavara na rocha do seu jardim, não longe do Monte Calvário. Creio tê-lo visto já fora da porta da cidade, onde observou tudo que se passou e deliberou o que se devia fazer; pelo menos vi lá homens que, por ordem dele limpavam o jardim do sepulcro e ainda terminavam algumas obras no interior do mesmo. Nicodemos também foi a diversos lugares, para comprar panos e especiarias para o embalsamamento do corpo; depois esperou a volta de José.

Esse encontrou Pilatos muito assustado e incomodado; pediu-lhe francamente e sem hesitação licença para tirar da Cruz o corpo de Jesus, rei dos judeus, porque queria sepultá-lo no seu próprio sepulcro. O fato de um homem tão distinto pedir, com tal insistência, licença para prestar a última homenagem ao corpo de Jesus, a quem o juiz iníquo tão ignominiosamente mandara crucificar, abalou-lhe ainda mais a consciência; aumentou-se-lhe ainda mais a convicção da inocência de Jesus e com ela, o remorso; mas fingindo calma, perguntou: "Então já está morto?", pois havia poucos minutos apenas que mandara os algozes matar os crucificados, quebrando-lhes as pernas. Mandou por isso chamar o centurião Abenadar, que voltara das cavernas, onde falara com alguns dos discípulos; perguntou-lhe se o rei dos judeus já tinha morrido. Então relatou Abenadar a morte do Senhor, às três horas, as últimas palavras e o grito forte de Jesus, o tremor de terra e o abalo que fendeu o rochedo. Exteriormente parecia Pilatos admirar-se apenas que tivesse morrido tão cedo, porque os crucificados em geral viviam mais tempo; mas interiormente estava assustado e amedrontado, pela coincidência desses sinais com a morte de Jesus. Queria talvez aliviar um pouco a crueldade com que procedera; pois despachou imediatamente uma ordem escrita, entregando a José de Arimatéia o corpo do rei dos judeus, com a licença de tirá-lo da Cruz e sepultá-lo. Estava satisfeito de poder assim pregar uma peça aos príncipes dos sacerdotes, que teriam visto com prazer Jesus ser enterrado vergonhosamente com os dois ladrões. Mandou também alguém ao Calvário, para fazer executar essa ordem. Creio que foi o mesmo Abenadar, pois que o vi tomar parte no descendimento de Jesus da Cruz.

Saindo do palácio de Pilatos, foi José de Arimatéia encontrar-se com Nicodemos, que o estava esperando na casa de uma boa mulher, situada numa rua larga, próxima do beco em que Jesus, logo no começo do doloroso caminho da Cruz, fora tão vilmente ultrajado. Nicodemos tinha comprado muitas ervas e especiarias para o embalsamamento, em parte da mesma mulher, que vendia ervas aromáticas, em parte em outros negócios, onde a própria mulher fora comprar as especiarias que não tinha, como também vários panos e faixas, necessárias para o embalsamamento. De todos esses objetos fez-lhe um pacote que pudesse comodamente transportar. José de Arimatéia também foi ainda a outro lugar, para comprar um pano grande de algodão, muito bonito e fino, com seis côvados de comprimento e vários côvados de largura. Os criados foram buscar no armazém, ao lado da casa de Nicodemos, escadas, martelos, ponteiros, odres, vasilhas, esponjas e outros objetos necessários para aquele fim. Colocaram os objetos menores em uma maca, semelhante àquela em que os discípulos levaram o corpo de João Batista, que tinham raptado do castelo forte de Herodes.[2]

---

2   Ela descreve a mencionada maca como uma longa maca de couro, que tomava a forma de caixão fechado, devido aos três varais, fortes, mas leves, da largura de um palmo, pelos quais podia ser transportada ao ombro.

O Coração de Jesus trespassado por uma lança. Esmagamento das pernas e morte dos ladrões.

Durante todo esse tempo reinava silêncio e tristeza sobre o Gólgota. O povo assustado dispersara-se, indo esconder-se em casa. A Mãe de Jesus, João, Madalena, Maria, filha de Cléofas, e Salomé estavam, em pé ou sentados, em frente à Cruz, com as cabeças veladas, chorando. Alguns soldados estavam sentados no barranco, com as lanças fincadas no chão. Cássio, a cavalo, ia de um lado para outro. Os soldados conversavam do alto do Calvário com outros que estavam mais em baixo. O céu estava nublado e toda a natureza parecia abatida e de luto. Vieram então seis carrascos, subindo o Monte Calvário; trouxeram escadas, pás e cordas, como também pesadas maças de ferro de três gumes, para esmagar as pernas dos executados.

Quando os carrascos entraram no círculo do suplício, os parentes de Jesus retiraram-se um pouco. A Santíssima Virgem foi novamente presa de angústia e receio de que os verdugos ainda maltratassem o corpo de Jesus; pois encostaram as escadas à Cruz e subindo sacudiram o santo corpo afirmando que apenas se fingia morto. Como, porém, notassem que o corpo já estava inteiramente frio e duro, e João, a pedido das mulheres piedosas, a eles se dirigisse para impedir a crueldade, deixaram provisoriamente o corpo do Senhor, mas não pareciam convencidos de que estivesse morto. Subiram então pelas escadas nas cruzes dos ladrões; dois esmagaram, com as maças cortantes, os ossos dos braços acima e abaixo do cotovelo, um terceiro fez o mesmo acima e nas canelas, abaixo dos joelhos. Gesmas soltou gritos horríveis. Esmagaram-lhe em três golpes o peito, para acabar de matá-lo. Dimas gemeu com a tortura e morreu; foi o primeiro mortal que tornou a ver o Redentor. Os carrascos desataram então as cordas, deixando cair os corpos no chão e arrastando-os depois com cordas, para o vale entre o Calvário e o muro da cidade, onde os enterraram.

Os carrascos ainda pareciam duvidar da morte do Senhor e os parentes de Jesus estavam ainda mais assustados pela brutalidade com que haviam procedido e com medo de que pudessem voltar. Mas Cássio, oficial subalterno, homem de 25 anos, ativo e um pouco precipitado, cuja vista curta e cujos olhos tortos, juntamente com os ares de importância que se dava, provocavam freqüentemente a troça dos subordinados, recebeu de repente uma inspiração sobrenatural. A crueldade e vil brutalidade dos carrascos, o medo das santas mulheres e um impulso repentino, causado por uma graça divina, fizeram-no cumprir uma profecia. Ajustando a lança, que trazia em geral dobrada e encurtada, firmou-lhe a ponta e virando o cavalo, esporeou-o para subir ao topo onde estava a Cruz e onde o cavalo quase não podia virar; vi como o afastou da fenda do rochedo. Parando assim entre a cruz do bom ladrão e a de Jesus, ao lado direito do corpo de Nosso Salvador, tomou a lança com ambas as mãos e introduziu-a com tal força no lado direito do santo corpo, através das entranhas do coração, que a ponta da lança saiu um pouco do lado esquerdo, abrindo uma pequena ferida. Quando tirou depois com força a santa lança, brotou da larga chaga do lado direito do Redentor um rio de sangue e água que, caindo, banhou o rosto de Cássio, como uma onda de salvação e graça. Ele saltou do cavalo e, prostrando-se de joelhos, bateu no peito e confessou a fé em Jesus em alta voz, diante de todos os presentes.

A Santíssima Virgem e os outros, cujos olhos estavam sempre fixos no Salvador, viram a súbita ação do oficial com grande angústia e acompanharam o golpe da lança com um grito de dor, precipitando-se para a Cruz. Maria caiu nos braços das amigas, como se a lança lhe tivesse atravessado o próprio coração e sentisse o ferro cortante atravessá-lo de lado a lado. Cássio, caindo de joelhos, louvava a Deus, pois, iluminado pela graça, ficou crendo, e também os olhos do corpo se lhe curaram e desde então via tudo claro e distinto. Mas ao mesmo tempo ficaram todos profundamente comovidos à vista do sangue que, misturado com água, se juntara, espumante, numa cavidade da rocha, ao pé da Cruz; Cássio, Maria Santíssima, as santas mulheres e João apanharam o sangue e a água em tigelas, guardando-o depois em frascos e enxugando-o da rocha com panos.

Cássio estava como que transformado. Tinha recobrado a vista perfeita e, profundamente comovido, curvava-se diante de Deus, com coração humilde. Os soldados presentes, tocados pelo milagre que se operara nele, prostraram-se de joelhos, batiam no peito e louvavam a Jesus. O sangue e a água corriam abundantemente da larga chaga do lado direito do Salvador, sobre a rocha limpa, onde se juntaram; apanharam-no, com indizível comoção, e as lágrimas de Maria e Madalena misturavam-se-lhe. Os algozes, que nesse ínterim tinham recebido ordem de Pilatos de não tocar no corpo de Jesus, que doara a José de Arimatéia, para o sepultar, não voltaram mais.

A lança de Cássio contava de várias peças, que eram ajustadas uma sobre a outra. Quando dobrada, parecia apenas um bastão, de pouco comprimento. A parte de ferro que feria tinha a forma de pêra achatada; quando se queria servir da lança, enfiava-se-lhe a ponta e abriam-se em baixo duas lâminas de ferro, curvas e movediças.

Tudo isso se passou em redor da Cruz de Jesus, logo depois das quatro horas, quando José de Arimatéia e Nicodemos estavam ocupados em juntar as coisas necessárias para o enterro. Os criados de José de Arimatéia foram enviados para limpar o sepulcro e anunciaram aos amigos de Jesus, no Gólgota, que José recebera de Pilatos licença para tirar da Cruz o corpo do Mestre e sepultá-lo no seu sepulcro; então voltou João, com as santas mulheres, à cidade, dirigindo-se ao Monte Sião, para que a Santíssima Virgem pudesse tomar algum alimento e também para buscar alguns objetos para o enterro. Maria tinha uma pequena habitação nos edifícios laterais do Cenáculo. Não entraram pela porta mais próxima, mas, mais ao sul, pela porta que conduz a Belém; pois a porta para o Calvário estava fechada e ocupada por dentro pelos soldados que os fariseus tinham requisitado, com medo de um levante do povo.

A DESCIDA DE JESUS AOS INFERNOS

Quando Jesus, com um grito forte, rendeu a santíssima alma, vi-a, qual figura luminosa, acompanhada de muitos anjos, entre os quais Gabriel, descer pela terra adentro, ao pé da Cruz. Vi, porém, que a divindade lhe ficou unida tanto à alma, como também ao corpo, pregado à Cruz. Não sei explicar o modo pelo qual se passou. Vi o lugar aonde se dirigiu a alma de Jesus; era dividido em três partes, parecendo três mundos, e eu tinha a sensação de que tinha a forma redonda e que cada um estava separado do outro por uma esfera.

Antes de chegar ao Limbo, havia um lugar claro e, por assim dizer, mais verdejante e alegre. Era o lugar em que vejo sempre entrarem as almas remidas do Purgatório, antes de serem levadas ao Céu. O Limbo, onde se achavam os que esperavam a Redenção, estava cercado de uma esfera cinzenta, nebulosa e dividido em vários círculos. Nosso Salvador, conduzido pelos anjos como em triunfo, entrou por entre dois desses círculos, dos quais o esquerdo encerrava os patriarcas até Abraão e o direito as almas de Abraão até João Batista. Jesus penetrou por entre os dois; eles, porém, ainda não o conheciam, mas estavam todos cheios de alegria e desejo; foi como se dilatassem esses desertos da saudade angustiosa, como se ali entrassem o ar, a luz e o orvalho da Redenção. Tudo se deu rapidamente, como o sopro do vento. Jesus penetrou através dos dois círculos, até um lugar cercado de brumas, onde se achavam Adão e Eva, nossos primeiros pais. Falou-lhes e adoraram-no com indizível felicidade. O cortejo do Senhor, ao qual se juntou o primeiro casal humano, dirigiu-se então à esquerda, ao Limbo dos patriarcas que tinham vivido antes de Abraão. Era uma espécie de purgatório; pois entre eles se movia, aqui e ali, maus espíritos, que atormentavam e inquietavam algumas dessas almas de muitas maneiras. Os anjos bateram e mandaram que abrissem; pois havia lá uma entrada, uma espécie de porta, que estava fechada; os anjos anunciaram a vinda do Senhor, parecia-me ouvi-los exclamar: "Abri as portas!". Jesus entrou triunfalmente; os espíritos maus, retirando-se, gritaram: "Que tens conosco? Que queres fazer de nós? Queres crucificar-nos também?", etc. Os anjos, porém, amarraram-nos e empurraram-nos para diante. Essas almas sabiam pouco de Jesus, tinham só uma idéia obscura do Salvador; Jesus anunciou-lhes a Redenção e eles lhe cantaram louvores. Dirigiu-se então a alma do Senhor ao espaço à direita, ao verdadeiro Limbo, em frente ao qual se encontrou com a alma do bom ladrão, conduzida por anjos ao seio de Abraão, e com a do mau ladrão que, cercado de espíritos maus, foi precipitada no Inferno. A alma de Jesus dirigiu-lhes algumas palavras e entrou então no seio de Abraão, acompanhada dos anjos, das almas remidas e dos demônios expulsos.

Esse lugar parecia-me situado um pouco mais alto. Era como se se subisse do subterrâneo de uma igreja à igreja superior. Os demônios amarrados quiseram resistir, não queriam passar; mas foram levados à força pelos anjos. Neste lugar estavam todos os santos israelitas, à esquerda os patriarcas, Moisés, os juízes, os reis; à direita os profetas e todos os antepassados e parentes de Jesus, até Joaquim, Ana, José, Zacarias, Isabel e João. Nesse lugar não havia nenhum mau espírito, nem tormento algum, a não ser o desejo ansioso da Redenção, que se realizara enfim. Indizível delícia e felicidade enchiam as almas todas, que saudavam e adoravam o Salvador; os demônios amarrados foram obrigados a confessar sua humilhação diante delas. Muitas dessas almas foram enviadas à Terra, para entrar nos respectivos corpos e dar testemunho do Senhor. Foi nesse momento que tantos mortos saíram dos sepulcros em Jerusalém; apareciam como cadáveres ambulantes, depositando depois novamente os corpos, como um mensageiro da justiça deposita o manto oficial, depois de ter cumprido as ordens do superior.

Vi depois o cortejo triunfal do Salvador entrar em uma esfera mais baixa, uma espécie de lugar de purificação, onde se achavam piedosos pagãos que tinham tido um pressentimento da verdade e o desejo de conhecê-la. Havia entre eles espíritos maus porque tinham ídolos; vi os espíritos malignos forçados a confessar o embuste e as almas adorarem o Senhor com alegria tocante. Os demônios desse lugar foram também amarrados e levados no cortejo. Assim vi o Salvador passar triunfalmente, com grande velocidade, por vários lugares onde estavam almas encerradas, libertando-as e fazendo ainda muitas outras coisas, mas no meu estado de miséria não posso contar tudo.

Por fim o vi aproximar-se, com o ar severo, do centro do abismo, do Inferno, que me apareceu sob a forma de um imenso edifício horrível, formado de negros rochedos, de brilho metálico, cuja entrada tinha enormes portas, terríveis, pretas, fechadas com fechaduras e ferrolhos que causavam medo. Ouviam-se uivos de desespero e gritos de tormento, abriram-se as portas e apareceu um mundo hediondo e tenebroso.

Assim como vi as moradas dos bem-aventurados sob a forma de uma cidade, a Jerusalém Celeste, com muitos palácios e jardins, cheios de frutas e flores maravilhosas, de várias espécies, conforme as inúmeras condições e graus de santidade, assim vi também o Inferno como um mundo separado, com muitos edifícios, moradas e campos. Mas tudo destinado, ao contrário, à tortura e às penas dos condenados. Como na morada dos bem-aventurados tudo é disposto segundo as causas e condições da eterna paz, harmonia e alegria, assim no Inferno se manifesta em tudo a eterna ira, discórdia e desespero. Como no Céu há muitíssimos edifícios, indizivelmente belos, diáfanos, destinados à alegria e à adoração, assim há no Inferno inúmeros e variados cárceres e cavernas, cheios de tortura, maldição e desespero. No Céu há maravilhosos jardins, cheios de frutos de gozo divino; no Inferno horrendos desertos e pântanos, cheios de tormentos e angústias e de tudo que pode causar horror, medo e nojo. Vi templos, altares, castelos, tronos, jardins, lagos, rios de maldição, de ódio, de horror, de desespero, de confusão, de pena e tortura; como há no Céu rios de bênção, de amor, de concórdia, de alegria e felicidade; aqui a eterna, terrível discórdia dos réprobos; lá a união bem-aventurada dos santos. Todas as raízes da corrupção e do erro produzem aqui tortura e suplício, em inumeráveis manifestações e operações; há só um pensamento reto: a idéia austera da justiça divina, segundo a qual cada condenado sofre a pena, o suplício, que é o fruto necessário de seu crime; pois tudo que se passa e se vê de horrível nesse lugar é a essência, a forma e a perversidade do pecado desmascarado, da serpente que atormenta com a peçonha maldosa os que a alimentaram no seio. Vi lá uma colunata horrorosa em que tudo se referia ao horror e à angústia, como no reino de Deus à paz e ao repouso. Tudo se compreende facilmente, ao vê-lo, mas é quase impossível exprimir tudo em palavras.

Quando os anjos abriram as portas, viu-se um caos de contradição, de imprecações, de injúrias, de uivos e gritos de dor. Vi Jesus falar à alma de Judas. Alguns dos anjos prostraram exércitos inteiros de demônios. Todos foram obrigados a reconhecer e adorar Jesus, o que foi para eles o maior suplício. Grande número deles foram amarrados a um círculo, que cercava muitos outros, que deste modo também ficaram presos. No centro havia um abismo de trevas; Lúcifer foi amarrado e lançado nesse abismo, onde vapores negros lhe ferviam em redor. Tudo se fez segundo os decretos divinos. Ouvi dizer que Lúcifer, se não me engano, cinqüenta ou sessenta anos antes do ano 2000 de Cristo, seria novamente solto por certo tempo. Muitas outras datas e números foram indicados, dos quais não me lembro mais. Deviam ser soltos ainda outros demônios antes desse tempo, para provação e castigo dos homens. Creio que também em nosso tempo era a vez de alguns deles e de outros pouco depois do nosso tempo.

É-me impossível contar tudo quanto me foi mostrado; são coisas demais e não as posso relatar em boa ordem; também me sinto tão doente e, quando falo dessas coisas, elas se me representam novamente diante dos olhos e só o aspecto já é suficiente para nos fazer morrer.

Ainda vi exércitos imensos de almas remidas saírem do Purgatório e do Limbo, acompanhando o Senhor, para um lugar de delícias abaixo da Jerusalém Celeste. Foi lá que vi também, há algum tempo, um amigo falecido. A alma do bom ladrão foi também conduzida para lá e viu assim o Senhor no Paraíso, conforme a promessa. Vi que nesse lugar foram preparados banquetes de alegria e conforto, como os tenho visto já muitas vezes, em visões consoladoras.

Não posso indicar com exatidão o tempo e a duração de tudo que se passou, como também não posso contar tudo quanto vi e ouvi, em parte porque eu mesma não compreendo mais tudo, em parte porque podia ser mal compreendida pelos ouvintes. Vi, porém, o Senhor em lugares muito diferentes, até no mar; parecia santificar e libertar todas as criaturas; em toda parte fugiam os maus espíritos diante d'Ele e lançaram-se no abismo. Vi também a alma do Senhor em muitos lugares da Terra. Vi-o aparecer no sepulcro de Adão e Eva, sob o Gólgota. As almas de Adão e Eva juntaram-se-lhe novamente; falou-lhes e com elas o vi passar, como sob a Terra, em muitas direções, e visitar os túmulos de muitos profetas, cujas almas se lhe juntaram, próximo das respectivas ossadas, e explicou-lhes o Senhor muitas coisas. Vi-o depois, com esse séquito escolhido, em que seguia também Davi, passar em muitos lugares de Sua vida e Paixão, explicando-lhes com indizível amor todos os fatos simbólicos que se tinham dado ali e o cumprimento dessas figuras em Sua pessoa.

Vi-o especialmente explicar às almas tudo quanto se dera de fatos figurativos no lugar em que foi batizado e contemplei muito comovida a infinita misericórdia de Jesus, que as fez participar da graça do seu santo batismo.

Causou-me inexprimível comoção ver a alma do Senhor, acompanhada por esses espíritos bem-aventurados e consolados, passar, como um raio de luz, através da terra escura e dos rochedos, pelas águas e pelo ar, e pairar tão serenamente sobre a Terra.

É o pouco de que me lembro ainda de minha contemplação da descida do Senhor aos infernos e da redenção das almas dos patriarcas, depois de Sua morte. Mas além dessa visão dos tempos passados, vi nesse dia uma imagem eterna de sua misericórdia para com as pobres almas do Purgatório. Vi que em cada aniversário desse dia lança, por meio da Igreja, um olhar de salvação ao Purgatório; vi que já no Sábado Santo remiu algumas almas do Purgatório que tinham pecado contra Ele na hora da crucificação.

A primeira descida de Jesus ao Limbo é o cumprimento de figuras anteriores e, por sua vez, é a figura da redenção atual. A descida aos infernos que vi, referia-se ao tempo passado, mas a salvação de hoje é uma verdade permanente; pois a descida de Jesus aos infernos é o plantio de uma árvore da graça, destinada a administrar os seus méritos divinos às almas do Purgatório, e a redenção contínua e atual dessas almas é o fruto dessa árvore da graça no jardim espiritual do ano eclesiástico. A Igreja militante deve cuidar dessa árvore, colher-lhe os frutos, para os outorgar à Igreja padecente, porque essa nada pode fazer em próprio proveito. Eis o que se dá em todos os merecimentos de Nosso Senhor; é preciso cooperar, para ter parte neles. Devemos comer o pão ganho com o suor de nosso rosto. Tudo quanto Jesus fez por nós no tempo dá frutos eternos; mas devemos cultivá-los e colhê-los no tempo, para poder gozá-los na eternidade. A Igreja é como um bom pai de família; o ano eclesiástico é o jardim mais perfeito, com todos os frutos eternos no tempo; em um ano tem bastante de tudo para todos. Ai dos jardineiros preguiçosos e infiéis!, que deixam perder uma graça, que poderia curar um enfermo, fortalecer um fraco, saciar um faminto: no Dia do Juízo terão de dar conta até do menor pezinho de erva.

Resumo da vida da Serva de Deus Anna Catarina Emmerich[1]

Anna Catarina Emmerich, filha de camponeses pobres, mas piedosos, nasceu na aldeia de Flamske, perto de Coesfeld, na Westfália, no dia 8 de setembro de 1774 e foi batizada no mesmo dia. Desde a primeira infância, não cessou de receber do Céu uma direção superior. Via freqüentemente o Anjo da Guarda e brincava com o Menino Jesus, nos prados e no jardim. A Mãe de Deus, a Rainha do Céu, apresentava-se para ela muitas vezes e também os santos lhe eram bons e afetuosos amigos. Quando era criança, falava com toda a simplicidade dessas visões e fatos íntimos, pensando que as outras crianças vissem e experimentassem o mesmo; vendo, porém, que se admiravam das suas narrações, começou a guardar silêncio, pensando que era contra a modéstia falar dessas coisas.

Anna Catarina tinha um gênio alegre e amável; andava, porém quase sempre calada e recolhida. Os pais, julgando que fosse por teimosia, tratavam-na com bastante rigor. Ela conta mais tarde: "Meus pais muitas vezes me censuravam, mas nunca me elogiavam; como, porém, eu ouvisse outros pais louvarem os filhos, julgava-me a pior criança do mundo". Era, contudo, de uma grande delicadeza de consciência; a menor transgressão afligia-a tanto que lhe perturbava

---

1   Anna Catarina Emmerich foi beatificada pelo Papa São João Paulo II no dia 3 de outubro de 2004.

a saúde. Quando fez a primeira confissão, sentia tanta contrição, que chorou alto e foi preciso levá-la para fora do confessionário. Na primeira comunhão, cheia de ardente amor, ofereceu-se de novo, sem reservas, ao seu Deus e Senhor.

No verdor da mocidade, dos 12 aos 15 anos, Catarina trabalhou, como criada, em casa de um parente camponês, pastoreando rebanhos; depois voltou à casa paterna. Certa vez, trabalhando no campo, ouviu ao longe o toque lento e sonoro do sino do Convento das Anunciadas, em Coesfeld. Contava então 16 anos apenas. Sentiu-se tão fortemente enlevada com a voz daqueles sinos, que lhe pareciam mensageiros do Céu convidando-a para a vida religiosa, e tão grande lhe foi a comoção, que caiu desmaiada e foi levada para casa, onde esteve por muito tempo adoentada.

Para conseguir mais facilmente admissão em um convento, foi durante três anos trabalhar na casa de uma costureira, em Coesfeld, economizando assim 20 táleres (cerca de 3 libras). Depois se mudou para a casa do piedoso organista Soentgen, esperando que, aprendendo a tocar órgão, sua entrada para um convento fosse facilitada. Mas a pobreza da família de Soentgen inspirou-lhe tanta compaixão que, renunciando a tocar órgão, trabalhava na casa como criada, dando até as suas economias para aliviar a miséria do lar. "Deus deve ajudar agora", disse depois à mãe, "dei-lhe tudo, Ele saberá socorrer-nos a todos".

O bom Deus não deixou de ajudá-la, ainda que Anna Catarina só com 29 anos visse realizado o seu desejo de entrar para um convento. Quatro anos antes recebeu da bondade de Deus uma graça especial. Estava de joelhos na Igreja dos Padres Jesuítas, em Coesfeld, meditando e rezando diante de um crucifixo. "Então vi", conta ela mesma, "vindo do tabernáculo, onde se guardava o Santíssimo Sacramento, o meu Esposo celeste em forma de um jovem resplandecente. Na mão esquerda trazia uma grinalda de flores, na direita uma coroa de espinhos; apresentou-me ambas, para eu escolher. Tomei a coroa de espinhos, Ele a pôs na minha cabeça e eu a apertei com ambas as mãos; depois desapareceu e voltei a mim, sentindo uma dor veemente em torno da cabeça. No dia seguinte a minha testa e as têmporas, e até as faces, estavam muito inchadas e sofria horrivelmente. Essas dores e a inflamação voltaram muitas vezes. Não notei sangue em volta da cabeça, até que as minhas companheiras me induziram a vestir outra touca, porque a minha já estava cheia de manchas vermelhas, ferrugentas".

Como Anna Catarina não tinha mais dote, ficaram-lhe fechadas as portas dos conventos, segundo o pensamento dos homens. Mas Deus ajudou-a, como esperava. Clara Soentgen, a filha do organista, sendo também organista perfeita, foi de boa vontade recebida no Convento das Agostinianas, em Dülmen. Soentgen, porém, declarou então que deixava entrar a filha somente sob a condição de que admitissem também Anna Catarina. Em conseqüência disso, entraram as duas jovens para o convento, em 18 de setembro de 1802.

O tempo do noviciado foi para Anna Catarina uma verdadeira escola da cruz, porque ninguém lhe compreendia o estado d'alma. Sofria, porém, tudo com paciência e amor, observando conscienciosamente a regra da Ordem. No dia 13 de novembro de 1803, um ano depois de começar o noviciado, fez os votos solenes, tornando-se esposa de Jesus. O Esposo Divino cumulou-a de novas abundantes graças. "Apesar de todas as dores e sofrimentos", disse ela,

> nunca estive tão rica no coração; minha alma transbordava de felicidade. Eu vivia em paz com Deus e com todas as criaturas. Quando trabalhava no jardim, vinham as avezinhas pousar sobre minha cabeça e meus ombros e cantávamos juntas os louvores de Deus. Via sempre o meu Anjo da Guarda ao meu lado e, ainda que o mau espírito me assustasse e agredisse, não me podia fazer mal. O meu desejo do Santíssimo Sacramento era tão irresistível, que muitas vezes deixava de noite a minha cela para ir rezar na igreja, quando estava aberta; se não, ficava ajoelhada diante da porta ou perto do muro, mesmo no inverno, ou prostrada no chão, com os braços estendidos e em êxtase. Assim me encontrava o capelão do convento, Abade Lambert (sacerdote francês, exilado da pátria por não prestar juramento exigido pela constituição atéia), que tinha a caridade de vir mais cedo para dar-me a Sagrada Comunhão. Mas, logo que se aproximava para abrir a igreja, eu voltava a mim, indo depressa à mesa da comunhão, onde achava o meu Deus e Senhor.

Como tantos conventos, no princípio do século XIX, também o Convento de Agnetenberg foi fechado, a 3 de dezembro de 1811. As piedosas freiras foram obrigadas a abandonar, uma após a outra, o querido mosteiro. Anna Catarina, doente e pobre, ficou até a primavera seguinte, quando se mudou para uma pequena casa em Dülmen. No outono do mesmo ano (1812), lhe apareceu de novo o Divino Salvador, como um jovem resplandecente, e entregou-lhe um crucifixo, que ela apertou com fervor de encontro ao coração. Desde então lhe ficou gravado no peito um sinal da cruz, do tamanho de cerca de três polegadas, o qual sangrava muito, a princípio todas as quartas-feiras, depois nas sextas-feiras, mais tarde menos freqüentemente. A estigmatização deu-se nela poucos dias depois, a 29 de dezembro. Nesse dia, às 3 horas da tarde, estava deitada, com os braços estendidos, em êxtase, meditando na Sagrada Paixão de Jesus. Viu então, em uma luz brilhante, o Salvador crucificado, e sentiu um veemente desejo de sofrer com Ele. Esse desejo foi satisfeito, pois saíram logo das mãos, dos pés e do lado do Senhor raios luzidos cor de sangue, que penetram nas mãos, nos pés e no lado da Serva de Deus, surgindo logo gotas de sangue nos lugares das chagas. Abade Lambert e o confessor da vidente, Pe. Limberg, viram-nas sangrar dois dias depois, mas com sábio propósito fingiram não dar importância ao fato na presença da Serva de Deus. Ela mesma procurava esconder os sinais das chagas, o que lhe era fácil, porque desde o dia 2 de novembro de 1812 estava de cama, adoentada. Desde então não pôde mais tomar alimento, a não ser água, misturada com um pouco de vinho; mais tarde só água ou, raras vezes, o suco de uma cereja ou ameixa. Assim vivia só da Sagrada Comunhão. Esse estado e a estigmatização tornaram-se públicos na cidade, em março de 1813. O Vigário de Dülman, Pe. Rensing, encarregou dois médicos, os Drs. Wesener e Krauthausen, como também o confessor, de fazerem um exame das chagas, que freqüentemente sangravam. Os autos foram mandados à autoridade diocesana de Münster, a qual enviou o Rev. Pe. Clemente Augusto de Droste Vischering, mais tarde Arcebispo de Colônia, o deão Overberg e o conselheiro médico Dr. Von Drueffel a Düelmen, para fazerem outra investigação, que durou três meses. O resultado foi a confirmação da verdade das chagas, da virtude e também o reconhecimento do caráter sobrenatural do estado da jovem religiosa.

Também a autoridade secular, querendo examinar e "desmascarar a embusteira", mandou, em 1819, uma comissão de médicos e cientistas; isolaram-na por isso em outra casa, rigorosamente observada, do dia 7 a 29 de agosto, o que lhe causou muita humilhação e sofrimento; também o resultado desse exame lhe foi favorável.

No ano anterior, viera visitá-la pela primeira vez o poeta Clemente Brentano, recomendado pelo deão Overberg; a 17 de setembro ele a viu pela primeira vez. Ela, porém, já o tinha visto muito antes, nas visões, e recebido ordem do Céu para comunicar-lhe tudo. "O Peregrino", como o chamava, ficou até janeiro de 1819, mas voltou para ficar com ela no mês de maio. Foi para Catarina um amigo fiel até a morte, mas fê-la sofrer também às vezes, com seu gênio veemente. Reconheceu a tarefa que lhe fora dada por Deus, de escrever as visões desta mártir privilegiada e dedicou-se a isso com cuidado consciencioso. "O Peregrino" escrevia durante as narrações, em tiras de papel, os pontos principais, que imediatamente depois copiava, completando-os de memória. A cópia, a limpo, lia à Serva de Deus, corrigindo, acrescentando e riscando sob direção de Catarina, não deixando nada que não tivesse recebido a confirmação expressa de fiel interpretação. Pode-se imaginar a grande facilidade que a prática diária, através de alguns anos, trouxe ao Peregrino para esse trabalho, dada a sua extraordinária inteligência e perseverança, como também o fato de ver nesse serviço uma obra santa, para a qual costumava preparar-se com orações e exercícios piedosos; assim podemos confiar que não lhe tenha faltado aos esforços o auxílio de Deus. O escrúpulo e a consciência com que procedia nesse trabalho nunca lhe permitiram, durante tantos anos, resposta alguma aos que atribuíam grande parte das visões à imaginação do poeta, o que equivale a dizer que, homem sério que era, na tarde da vida se teria dado a esse incrível trabalho, para enganar conscientemente a si mesmo e aos outros.

Clemente Brentano[2] podia por isso dizer, no prólogo de *A dolorosa Paixão de Nosso Senhor Jesus Cristo*:

---

2 Schmoeger, *Vida de Jesus*, p. 88.

> Ela falava geralmente baixo-alemão, no êxtase, também o idioma mais puro; a sua narração era, ora de grande singeleza, ora cheia de elevação e entusiasmo. Tudo que ouvi e que, nas dadas condições, só raras vezes e apenas em poucas palavras podia anotar, escrevia eu mais extensamente em casa, imediatamente depois. O Doador de todos os bens deu-me a memória, a aplicação e a elevação da alma acima dos sofrimentos que tornaram possível a obra, como está. O escritor fez tudo que era possível e pede, nesta convicção, ao benévolo leitor a esmola da oração.

Anna Catarina deu também a este trabalho plena aprovação. Quando estava num profundo êxtase, a 18 de dezembro de 1819 e Brentano lhe apresentou uma folha, com as anotações, disse ela: "Estes são papéis de letras luminosas. O homem (isto é, o Peregrino) não escreve de si mesmo; tem para isto a graça de Deus. Nenhum outro pode fazê-lo; é como se ele mesmo visse".

Anna Catarina viu no êxtase toda a vida e Paixão do Divino Salvador e de sua Santíssima Mãe; viu os trabalhos dos apóstolos e a propagação da Santa Igreja, muitos fatos do Velho Testamento, como também eventos futuros. Tocando em relíquias, geralmente via a vida, as obras e os sofrimentos dos respectivos santos. Com certeza reconhecia e determinava as relíquias dos santos, distinguindo em geral facilmente objetos sagrados de profanos.

Adversários da Serva de Deus querem negar-lhe o caráter sobrenatural das informações recebidas durante os êxtases, alegando que Anna Catarina tirava a maior parte dos conhecimentos de livros que antes teria lido. Mas isso não está em conformidade com o que Peregrino escreveu, em 8 de maio de 1819:[3]

> Ela me disse que nunca fora capaz de aproveitar coisas de livros e que sempre pensava: — Ora, não quero que um livro seja um pecado para mim! Também não pôde guardar na memória coisas da Escritura Sagrada; mas tem da vida do Senhor a graça de tal intuição, que a consciência e certeza, que disso tenho, às vezes me fazem tremer, por manter um trato tão familiar e simples com uma criatura de Deus tão privilegiada, como talvez não haja outra.

3 *Vida de Jesus*, I, p. 29.

Em outra ocasião ela disse ao Peregrino:

> Nunca tive lembrança viva de histórias do Antigo Testamento ou dos Evangelhos, pois vi tudo com os meus próprios olhos, durante a minha vida inteira; o mesmo vejo cada ano de novo e nas mesmas circunstâncias, ainda que às vezes em outras cenas. Umas vezes estive naqueles lugares, no meio dos espectadores, assistindo aos acontecimentos, acompanhando-os e mudando de lugar; mas não estive sempre no mesmo lugar, pois às vezes fui levada para cima da cena, olhando deste modo para baixo. Outras coisas, principalmente os mistérios, vi-os mais com a vista interior da alma, outras em figuras separadas da cena: em todos os casos tudo se apresentava para mim transparente, de modo que nenhum corpo cobria o outro, nem havia confusão.

Com todas estas grandes graças, Anna Catarina permanecia humilde, simples e singela como uma criança. Mostrava-se sempre obediente aos pais e às superioras religiosas, como também ao confessor e diretor espiritual. Se lhe mandavam tomar remédio, consentia, apesar de prever-lhe o mau efeito. Mesmo em êxtase, obedecia imediatamente à chamada do confessor.

Era à dolorosa Paixão de Nosso Senhor que tinha uma devoção especial e rezava por isso muitas vezes, enquanto lhe era possível, a Via Sacra erigida ao longo de um caminho de quase duas léguas, nos arredores de Coesfeld. Nos domingos fazia essa devoção em companhia de algumas jovens piedosas, nos dias úteis a fazia muitas vezes de noite. Clara Soentgen, sua amiga, conta: "Muitas vezes ela se levantava de noite, saindo furtivamente de casa e rezava descalça a Via Sacra. Se a porta da cidade estava fechada, pulava os altos muros, para poder ir à Via Sacra; às vezes caía dos muros abaixo, mas nunca se machucava".

Além dos muitos padecimentos que sofria com paciência e perseverança, exercitava-se constantemente nas mortificações voluntárias. Já na infância costumava privar-se de parte do sono e da comida. Muitas horas da noite passava velando e rezando; comia e bebia o que os outros recusavam, levando as comidas melhores aos doentes e pobres, dos quais tinha muita compaixão. O amor ao próximo impelia-a a pedir a Deus que, por favor, lhe fizesse sofrer as doenças e dores dos outros ou que a deixasse cumprir os castigos merecidos pelos pecadores. Já o fizera na infância e fazia-o depois de um modo muito mais intenso. "A tarefa principal da sua vida", escreve Clemente Brentano, "era sofrer pela Igreja ou por alguns membros da mesma, cuja necessidade lhe era dada a conhecer em espírito ou que lhe pediam a intercessão". Anna Catarina aceitava de boa vontade tais sofrimentos e trabalhos. Muitas vezes, porém, se tornavam estes tão grandes e pesados que parecia prestes a morrer. Quando um dia, quase sucumbindo ao peso das dores, pediu ao Senhor que não a deixasse sofrer mais do que podia suportar, apareceu-lhe o Esposo celeste e disse: "Coloquei-te no meu leito nupcial das dores, com as graças dos sofrimentos, adornada com os tesouros da reconciliação e com as jóias das boas ações. Deves sofrer. Não te abandono; estás amarrada à videira, não perecerás".

Também as almas do Purgatório se dirigiam a ela muitas vezes, pedindo-lhe socorro; e ela provava de boa vontade sua compaixão ativa. "Fiz um contrato com meu doce Esposo do Céu", conta ela, "que cada gota de sangue, cada pulsar do coração, toda a minha vida e todos os meus atos devem sempre clamar: 'Almas queridas do Purgatório, saúdo-vos pelo doce Coração de Jesus'. Isso faz bem a essas infelizes e alivia-as, pois são tão pacientes!".

Depois de muitos e indizíveis sofrimentos, chegou o dia da sua morte — 9 de fevereiro de 1824.

A 15 de janeiro desse ano dissera a Serva de Deus: "Na Festa de Natal o Menino Jesus me trouxe muitos sofrimentos, hoje meu deu ainda maiores, dizendo: 'Tu me pertences, és minha esposa: sofre como eu sofri; não perguntes o porquê, é para a vida e para morte'".

"Ela jaz com febre, com dores reumáticas e convulsões", escreve o Peregrino, "mas sempre em atividade espiritual, em prol da Santa Igreja e dos moribundos. O confessor pensa que ela em pouco terminará, porque disse no êxtase, com grande serenidade: 'Não posso aceitar outro trabalho, já estou próxima do fim'. Ela pronuncia, com voz moribunda, só o nome de Jesus".

A 27 de janeiro recebeu a extrema-unção. Aumentaram-lhe as dores: mas repetia de vez em quando: "Ai, meu Jesus, mil vezes vos agradeço toda a minha vida; não a minha vontade, mas a vossa seja feita". Na véspera da morte rezou: "Jesus, para vós morro; Senhor, dou-vos graças, não ouço nem enxergo mais". Quiseram mudar-lhe a posição, para aliviá-la, mas Anna Catarina disse: "Estou deitada na Cruz; deixem-me; em pouco acabarei". Recebeu mais uma vez a Sagrada Comunhão, a 9 de fevereiro. Suspirando pelo Divino Esposo, rezou diversas vezes: "Oh! Senhor, socorrei-me; vinde, meu Jesus". O confessor assistiu à moribunda, dando-lhe muitas vezes o crucifixo para beijar e rezando preces pelos moribundos. Ela ainda lhe disse: "Agora estou tão sossegada; tenho tanta confiança, como se nunca tivesse cometido pecado". Deram justamente 8 horas da noite, quando exclamou três vezes, gemendo: "Oh! Senhor, socorrei-me, vinde, oh! Meu Senhor!". E a alma pura voou ao encontro do Esposo celeste, para permanecer, como esperamos confiadamente, eternamente unida com Ele, na infinita felicidade do Céu.

Com grande concorrência do povo foi sepultado o corpo da Serva de Deus, no cemitério de Dülmen, onde jaz ainda. Nas noites de 21 e 22 de março de 1824 foram abertos o sepulcro e o caixão, em presença do prefeito da cidade e do delegado de polícia. Viu-se que a decomposição ainda não tinha começado. Uma segunda abertura do sepulcro foi feita, no dia 6 de outubro de 1858, pela autoridade eclesiástica.

Anna Catarina achou muitos veneradores na Alemanha e longe, além das fronteiras, que se alegraram pela abertura do processo chamado de informação, feito pela autoridade diocesana de Münster, no ano de 1892. Encerrou-se esse processo no ano de 1899, sendo os documentos enviados à Santa Sé em Roma, para pedir a beatificação da piedosa sofredora. Queira Deus que essa honra seja dada pelo chefe da Igreja, para a glória de Deus, que é "admirável nos seus santos!".

FICHA CATALOGRÁFICA

Emmerich, Anna Catarina.
Vida e Paixão do Cordeiro de Deus /
Anna Catarina Emmerich —
Campinas, SP: Ecclesiae, 2022.

ISBN: 978-65-87135-48-9

Título original: *Das leidende und verherrlichte Gotteslamm oder Leben*

1. Cristianismo. 2. Paixão. 3. Vida espiritual
I. Título. II. Autor.

CDD — 230 / 232.96 / 235

ÍNDICES PARA CATÁLOGO SISTEMÁTICO
1. Cristianismo — 230
2. Paixão — 232.96
3. Vida espiritual — 235

Este livro foi composto em Sabon LT Std
e impresso pela Gráfica Eskenazi, São Paulo-SP, Brasil, nos
papéis Pólen Bold 70 gr/m² e Papel cartão 250 gr/m².